“十三五”国家重点出版物出版规划项目

现代企业管理

第2版

主　编　宁　凌　唐楚生
副主编　刘群慧　孟光兴
参　编　高树林　孟飞荣　张　慧
　　　　周昌仕　吴克勤　胡海波

机械工业出版社

本书共设11章。第1章是企业概述，介绍企业的概念、一般特征与分类，企业系统的内部结构、联系和运动及功能，现代企业制度。第2章是企业管理原理简述，介绍企业管理的性质、企业管理理论的产生与发展、企业管理的基本职能和基本内容。从第3章开始，以现代企业战略管理为核心，围绕企业经营管理的流程和所需要的资源展开，分别介绍了企业战略管理、企业新产品开发与创新管理、企业生产管理、企业质量管理、企业市场营销管理、企业财务管理、企业人力资源管理、企业文化管理与建设和企业信息化管理等内容。

本书可作为非经济管理类专业培养学生综合能力的基础教材。

本书为“十三五”国家重点出版物出版规划项目。

图书在版编目（CIP）数据

现代企业管理/宁凌，唐楚生主编．—2版．—北京：机械工业出版社，2019.5（2025.1重印）

“十三五”国家重点出版物出版规划项目

ISBN 978-7-111-62238-3

Ⅰ．①现…　Ⅱ．①宁…②唐…　Ⅲ．①企业管理-高等学校-教材　Ⅳ．①F272

中国版本图书馆CIP数据核字（2019）第047366号

机械工业出版社（北京市百万庄大街22号　邮政编码100037）

策划编辑：常爱艳　责任编辑：常爱艳　易　敏

封面设计：张　静　责任校对：肖　琳　梁　静

责任印制：邓　博

北京盛通数码印刷有限公司印刷

2025年1月第2版第6次印刷

184mm×260mm・17.75印张・440千字

标准书号：ISBN 978-7-111-62238-3

定价：49.80元

凡购本书，如有缺页、倒页、脱页，由本社发行部调换

电话服务

服务咨询热线：010-88379833

读者购书热线：010-68326294

网络服务

机 工 官 网：www.cmpbook.com

机 工 官 博：weibo.com/cmp1952

教育服务网：www.cmpedu.com

金 书 网：www.golden-book.com

前言

PREFACE

本书为“十三五”国家重点出版物出版规划项目。

现代企业管理作为系统研究现代企业基本特征、运作规律、管理方法的一门学科，是管理学科的一个分支。作为面向非经济管理类专业的一门培养学生综合职业能力的基础课程，现代企业管理课程是学生在校学习期间了解企业和社会的重要窗口，也是对学生进行综合素质教育的公共课程。在市场经济条件下，高等学校的学生不仅要掌握一定的专业知识和操作技能，而且必须掌握企业管理方面的基本知识，熟悉企业的运作过程，掌握现代企业管理的基本原理、方法，具备初步解决企业管理实际问题的能力，以提高自身的管理素质，适应社会经济生活。

本书在编写过程中，力求突出以下特色：变过去的“以教师为中心”为“以学生为中心”，反映新的教育思想，有利于应用型人才的培养，同时让学术见解融入教学内容。我们注意到，现有教材理论性都比较强，不符合非经济管理专业学生的要求，尤其是不能适应应用型人才的培养目标。编写组在广泛阅读相关文献著作并比较不同学派对一些概念认识的基础上，吸收现有教材的先进理念和思想，将多年研究成果渗透到本教材中，形成适合教学需要的内容体系。

本书共11章。第1章是企业概述，介绍企业的概念、一般特征与分类，企业系统的内部结构、联系和运动及功能，现代企业制度。第2章是企业管理原理简述，介绍企业管理的性质、企业管理理论的产生与发展、企业管理的基本职能和基本内容。从第3章开始，以现代企业战略管理为核心，围绕企业经营管理的流程和所需要的资源展开，分别介绍了企业战略管理、企业新产品开发与创新管理、企业生产管理、企业质量管理、企业市场营销管理、企业财务管理、企业人力资源管理、企业文化管理与建设和企业信息化管理等内容。

本书由广东海洋大学宁凌、广东药科大学唐楚生担任主编，岭南师范学院刘群慧、广东药科大学孟光兴担任副主编。各章的修订分工如下：第1、第9章由宁凌修订，第2章由刘群慧修订，第3章由唐楚生修订，第4章由刘群慧、高树林修订，第5章由孟飞荣修订，第6章由孟光兴修订，第7章由张慧修订，第8章由孟光兴、周昌仕修订，第10章由吴克勤修订，第11章由胡海波修订。全书由唐楚生修订统纂。

为方便教学，我们为选择本书为授课教材的教师免费提供教学电子课件（PPT）、教学大纲及课后习题答案，请联系责任编辑索取：changay@126.com。

在本书编写过程中，我们参考了大量的国内外有关研究成果，对所有涉及的专家、学者表示衷心的感谢，并期待更多的批评和指教。

编　者

目录

CONTENTS

第1章

企业概述

学习《现代企业管理学》，首先要掌握有关企业的一些基本知识。本章首先介绍了企业的基本概念和特征；然后从企业所从事的经济活动、生产要素的结构、规模、法律形式等多个角度对企业进行分类，介绍各类企业的特点；接着分析企业内部系统结构，描述其供应子系统、生产子系统、营销子系统、研究和开发子系统四大子系统的功能；最后着重阐述什么是现代企业制度、建立现代企业制度的必要性、现代企业制度的基本特征及其主要内容。

1.1 企业的概念、一般特征与分类

1.1.1 企业的概念

企业是指从事生产、流通和服务等经济活动，为满足社会需要和获取利润，实行独立核算，进行自主经营、自负盈亏，具有法人资格的基本经济单位。一个企业必须具备以下基本要素：

(1) 拥有一定数量的生产设备和资金。
(2) 要有一定的生产经营活动的场所。
(3) 有一定数量和质量的工人和管理者。
(4) 从事社会商品的生产、流通等经济活动。
(5) 自主经营、自负盈亏，具有法人地位。
(6) 生产经营活动的目的主要是为了获得利润。

在这些基本要素中，最本质的要素是企业的生产经营活动要获取利润。对于这一点，国内外许多企业家都有评述。一种观点直言不讳地认为，企业是以获取利润为目的的经济组织。企业作为一个经济系统，其中心任务就是要千方百计地提高经济效益，若企业把利润作为最高目标加以追求，那么其他的一切都只是实现这一目标的手段而已。这种观点容易导致经营方面的短期行为，影响战略目标的稳定，也不利于企业在长期竞争中着重提高自身素质。另一种观点认为，追求利润不是企业的唯一目的，企业需要利润，同时又必须

承担某些社会责任，为社会提供服务，利润只是为社会提供服务的合理报酬，是服务的结果，因此，企业要把为社会提供服务作为自己的宗旨。相比较而言，后一种看法比较全面，具有企业家的战略眼光，在追求利润的同时，更讲求企业的社会责任，代表了当今企业发展的趋势。

1.1.2 企业的一般特征

1. 企业的职业特征

企业是从事商品或劳务的生产和经营的基本经济组织。企业的这一特征，表明在社会经济活动中企业主要进行的是什么活动，发挥的是什么作用，从事的是什么行业等。

2. 企业的行为特征

企业是自主经营、自负盈亏的经济实体。企业的这一特征，是判断经济组织能否形成真正的企业形态的重要标志。企业能够根据市场的需要，独立自主地使用和支配其所拥有的人力、物力和财力，并能够对其经济结果独立地享有相应的权益并承担相应的责任。企业自主经营必须自负盈亏，用自负盈亏来制约自主经营。

3. 企业的人格特征

企业是具有法人资格的经济实体。企业的人格特征决定了企业必须依法成立，具有民事权利能力和民事行为能力，是依法独立享有民事权利和承担民事义务的组织。它必须拥有自己能够独立支配和管理的财产，有专门的组织名称、固定的经营场所和一定的从业人员，有一定的组织机构和组织章程等。

4. 企业的目标特征

企业的目标是满足社会需要和获取利润，其中追求利润最大化是基本目标。企业不同于政府部门、事业单位，它必须追求经济效益，获取利润。利润是企业创造附加价值的重要组成部分，也是社会对企业所生产的产品或服务能否满足社会需要的认可和评价。

1.1.3 企业的分类

随着市场的不断发展，现代企业形式越来越多样化。而不同企业的运行规律并不完全相同。为了更深入地研究企业管理的特点与规律，可以根据不同的分类标准，把现代企业分为不同的类型。

1. 根据企业所从事的经济活动的不同，可以划分为生产型企业、流通型企业和服务型企业

生产型企业主要是指从事生产的工业企业、农业企业和建筑安装企业等。流通型企业主要是指交通运输企业、邮政电信企业和贸易型企业等。服务型企业主要是指金融、饮食、旅游、咨询和信息服务等行业的企业。

2. 根据企业生产要素结构的不同，可以划分为劳动密集型企业、资本密集型企业和知识技术密集型企业

劳动密集型企业是指技术装备程度较低、用人较多、产品成本中劳动消耗所占比重较大的企业，如纺织、服装、食品和家用电器等行业的企业。资本密集型企业是指所需投资较多、技术装备程度较高、用人较少的企业，如钢铁、造船和汽车制造等行业的企业。知识技术密集型企业是指拥有较多中、高级科技专家，综合运用先进科学技术成果的企业。

一般把航天、电子计算机和生物工程等行业的企业划分为知识技术密集型企业。

3. 根据企业规模的不同，可以划分为大型企业、中型企业和小型企业

衡量企业规模的主要指标包括企业的生产能力、机器设备的数量或装机容量、固定资产原值、职工人数、总投资或注册资本以及销售收入等。划分企业规模的具体数值和内容重点，随着科学技术水平和生产社会化程度的不断提高以及行业的不同而有所变化，如汽车行业一般以生产能力的大小即汽车的年产量作为划分标准，而综合经营的公司一般以年销售收入作为划分标准。规模不同的企业，其内部组织结构与运行方式以及在市场竞争中占有的优、劣势地位各不相同，对经营者素质的要求也不同。另外，企业规模的划分也为企业确立合理的经济规模、获得规模经济效益创造了条件。

4. 根据企业的法律形式划分，可以划分为业主制独资企业、业主制合伙企业和公司制企业

(1) 业主制独资企业。业主制独资企业是由业主个人出资兴办、个人直接经营的企业。这类企业完全归业主个人所有，即业主不仅享有企业的全部经营所得，同时对企业的债务负有完全责任，如果经营失败，出现资不抵债，业主要用自己的所有财产来清偿。这种企业在法律上是自然人企业，不是法人企业，是最古老和最简单的企业形式。在西方国家，这种企业数量庞大，占到企业总数的大多数，但在整个经济中并不占据支配地位，如个体农业、个体服务业、自由职业者（注册医师、注册会计师、注册律师、职业投资者等）。这种企业具有家族性、世袭性和传统性的特点。

因为单靠业主个人出资受个人财力的限制，故业主制独资企业一般规模较小，内部管理机构也比较简单。其优点是：①设立和解散的程序十分简单易行。②产权能够自由转让，经营者与所有者合一。③经营方式灵活，决策迅速，利润独享，保密性强。其缺点是：①经营范围较窄，多数个体企业因本身财力有限，难以从事需要大量投资的大规模工商业活动。②企业的生命力弱，如果业主无意经营或因健康状况不佳等无力经营，企业的业务就要中断。③企业完全依赖于业主个人的素质，素质低的业主，也难以由外部人员替换。

(2) 业主制合伙企业。业主制合伙企业是由两个或两个以上的出资者共同出资兴办，实行联合经营和控制的企业。我国现行法律规定了合伙企业有普通合伙企业和有限合伙企业两种形式。普通合伙企业由普通合伙人组成，合伙人对合伙企业债务承担无限连带责任。有限合伙企业由普通合伙人和有限合伙人组成，普通合伙人对合伙企业债务承担无限连带责任，有限合伙人以其认缴的出资额为限对合伙企业债务承担责任。合伙企业的出资创办人（即合伙人）为两人以上，基于合伙合同建立企业。成立合伙企业时必须有书面协议，以合伙合同形式规定该合伙经济组织的合伙人的范围、组织管理、出资数额、盈余分配、债务承担及入伙、退伙、解散等基本事项。合伙企业的财产归合伙人共同所有，由合伙人统一管理和使用，合伙人都有表决权，不以出资额为限，合伙人经营积累的财产，归合伙人共同所有。普通合伙企业的每个合伙人对企业债务负无限连带清偿责任，即使其中某合伙人不能全部负起他应负的责任，其他合伙人也要对他负不起责任的部分负责到底。合伙人内部之间按协议规定承担责任，协议未规定的按照出资比例承担责任。有限合伙企业中普通合伙人与普通合伙企业合伙人责任形式相同，而有限合伙人仅以其出资为限对合伙企业承担相关责任。

与业主制独资企业相比，业主制合伙企业有很多优点：①可以从众多的合伙人处筹集资本，合伙人共同偿还债务，减少了银行贷款的风险，使企业的筹资能力有所提高。②合伙人对企业盈亏负有完全责任，这意味着所有普通合伙人都以自己的全部财产为企业担保，因而有助于提高企业的信誉。但业主制合伙企业也存在明显的缺点：①契约的遵守是合伙企业存续的必要条件，一旦违背契约，合伙企业则解散。②由于所有的合伙人都有权代表企业从事经济活动，重大决策需要得到所有合伙人的同意，因而容易造成决策上的延误。③合伙人有一人退出或加入都会引起企业的解散或重组，企业存续相对不稳定。④企业规模仍存在局限性。因此，在现代经济生活中，业主制合伙企业所占比重较小，不如业主制独资企业那样普遍。一般来说，资本需求量较少，对合伙人个人信誉要求较高的企业，如律师事务所、会计师事务所、诊所常采用这一形式。

（3）公司制企业。公司制企业是最典型的现代企业形式。公司是依法成立的、以盈利为目的的企业法人。具体来讲，公司有以下特征：

1）公司具有独立的法人主体资格，具有法人的行为能力和权利。

2）公司实现了股东财产所有权与法人财产权的分离，即不再由所有者亲自经营自己的财产，而将其委托给具有专业管理才能的经营者代为经营，也就是实现了企业内部管理权利的分工，提高了管理效率。

3）公司法人财产与其成员财产相分离。公司股东投到企业的股份不能随意抽回，保证了公司独立地享有法人财产的支配权，保证了公司的正常经营及对外信用。公司的股份可以转让，但公司的财产不因股份的转让而发生变化，可以连续使用，从而保持了一定的连续性。只要公司存在，公司的法人就不会丧失财产权，公司的信誉因此大为提高。

4）公司实行有限责任制度。对股东而言，他们以其出资额为限对公司的债务承担有限责任。对公司法人而言，公司以其全部自有资产为限对公司的债务承担责任，有限责任一般只是到公司破产时才表现出来。

公司制企业有以下两种主要形式：

1）股份有限公司。股份有限公司是指注册资本由等额股份构成，通过发行股票筹集资本，股东以其所认购的股份为限对公司承担责任，公司以其全部资产对公司债务承担有限责任的企业法人。股份有限公司是典型的资合公司，出资人不受资格限制，任何愿意出资的人都可以成为股东，他们的权益主要体现在股票上，并随股票的转移而转移。其优点有：①可以向社会公众发行股票筹集资本，集资能力极强，并以其雄厚的资金构建对外信用基础。②最终所有权与法人财产权能够很好地分离，大大提高了管理的效率。③股份公司股权的分散程度高，保证了企业能够实现有效的内部监督及管理层能很好地实现企业自主经营。④在交易所上市的股份有限公司，其股票可以自由转让，但不能退股，保持了公司资本的稳定性。⑤股东只以其认购的股份对公司承担责任，大大降低了其投资风险。为了保护股东权益，各国法律一般要求股份有限公司公开其账目，具体包括经营报告书、资产负债表、损益表、盈余分配表、财产目录等，这有利于投资者了解企业的经营状况，确保社会资源流入生产经营状况好的企业，优化微观资源的配置。其缺点有：①公司设立程序复杂，组建和歇业不像其他类型的公司那样方便；②股东众多造成保密性差；③股份转让的自由性增添了公司的风险；④所有权与经营权的分离，会产生复杂的委托代理关系等。

2）有限责任公司。有限责任公司又称有限公司，是指由50人以下股东共同出资，每个股东以其所认缴的出资额对公司承担有限责任，公司以其全部资产对其债务承担责任的企业法人。有限责任公司也是一种法人企业制度，其特点主要表现在：①各国法律对有限责任公司股东人数有严格的规定，如英国、法国、日本等国的标准为2～50人，如有特殊情况超过50人时，必须向法院申请特许；②由于股东人数较少，利益目标明确，因而有限责任公司能够较好地监督企业经理，防止其损害股东的权益；③有限责任公司不公开发行股票，公司的股份由全体股东协商入股，股东交付股金后，由公司发给出资证明书，股东凭出资证明书代表的股权享受权益；④有限责任公司的财务状况，只需按公司章程规定的期限交给各股东即可，无须公告和备查，财务状况相对保密；⑤股东可以用货币出资，也可以用实物、知识产权、土地使用权等能够用货币估价并能够依法转让的非货币财产作价出资；⑥出资证明书不能像股票那样自由流通买卖；有限责任公司严格限制股权的转让；⑦有限责任公司的注册资本额起点低，在我国，有限责任公司注册资本的最低限额为3万元；⑧企业成立的法律程序较为简单；⑨有限责任公司筹资渠道较为狭窄，无法像股份有限公司那样大规模地集中资本；⑩有限责任公司的股东相对比较稳定，但股权流动性差，社会化水平比股份有限公司低。

公司制企业是商品经济发展和现代化大生产的产物，是适合于现代企业经营的一种企业组织形式，为现代市场经济国家的企业普遍采用。

1.2 企业系统的内部结构、联系和运动及功能

1.2.1 企业系统的内部结构

从过程的角度看，企业内部是由供应子系统、生产子系统、营销子系统、研究和开发子系统四大子系统构成。它们的有效运作，可以保证企业日常生产与经营，保证企业战略的顺利实施和生产经营目标的最终实现。

1. 供应子系统

供应子系统主要提供生产、经营、研究开发等所必需的人力、资金、物资等生产要素。

2. 生产子系统

生产子系统根据企业生产经营的目标对投入的生产要素进行最佳配置，完成产品的生产过程，并按时、按质、按量向营销子系统提供产品。

3. 营销子系统

营销子系统协调企业上市产品与市场开发的关系。它既要把研究和发展子系统及生产子系统的产品推销出去，又要及时反馈市场信息给研究和发展子系统及生产子系统。

4. 研究和开发子系统

研究和开发子系统根据企业和市场的战略发展需要，制订企业未来发展的基本对策，开发新产品、新工艺、新技术。

四大子系统之间的结构与功能的关系如图1-1所示。

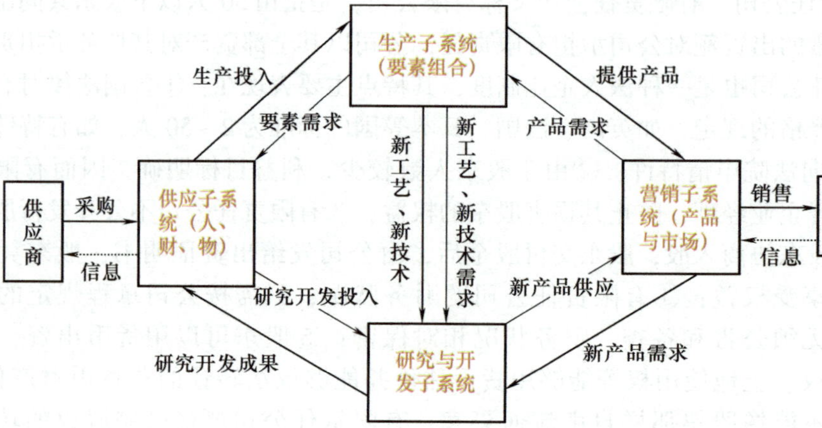

图 1-1　企业内部各子系统之间的结构与功能关系

1.2.2　企业系统的联系和运动

1. 企业系统的联系

企业系统内部联系的基本类型有下列四种：

（1）生产技术联系。企业内各部门、各岗位或企业与企业之间围绕同一产品（或同一类产品），通过物质传递（原料、零部件、动力、工具、成品等）联系在一起。

（2）经济联系。企业内各部门，企业与企业之间，存在资金、劳务转移及相互结算关系。图 1-2 反映了企业内部的经济联系。

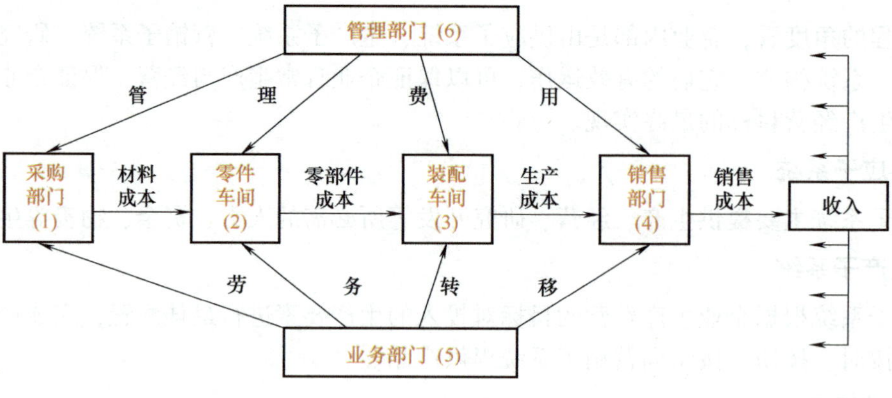

图 1-2　企业内部的经济联系

（3）行政联系。企业内各部门之间、人与人之间有确定的权利、责任关系，从而形成正式的组织体系，它包括行政指挥系统、党团系统、工会系统。

（4）信息和文化联系。企业内部各部门之间、人与人之间、企业内外存在各种信息的传递，存在民族、地区对企业、群体、文化的同化作用。

2. 企业系统的运动

企业上述四种联系相互关联、相互作用就构成了企业内的四种基本运动形式，即人流、生产物流、资金流、信息流。这四种“流”是否畅通，直接关系到企业系统的功能是否良好。

（1）人流。人流是指把不同能力的人员安排在适宜的工作岗位上，以促进人员在企业内合理活动，适应工作任务的变化，从而合理地使用人才。

具体就企业生产经营系统来说，即应当按照各项生产任务和管理工作的需要确定人员编制，配备人员，量才使用；并且根据任务的变化加以调度，以便合理确定各生产环节、各工序占用劳动力的比例关系，保证生产过程有秩序地进行。

（2）生产物流。生产物流是指企业从投入原材料开始到生产成品的过程，物质资料经过的若干生产环节和工序，如图1-3所示。生产物流畅通意味着上一个环节（工序）能为下一个环节（工序）提供原材料，并在生产批量、速度上相互协调，生产过程得以有节奏地进行。

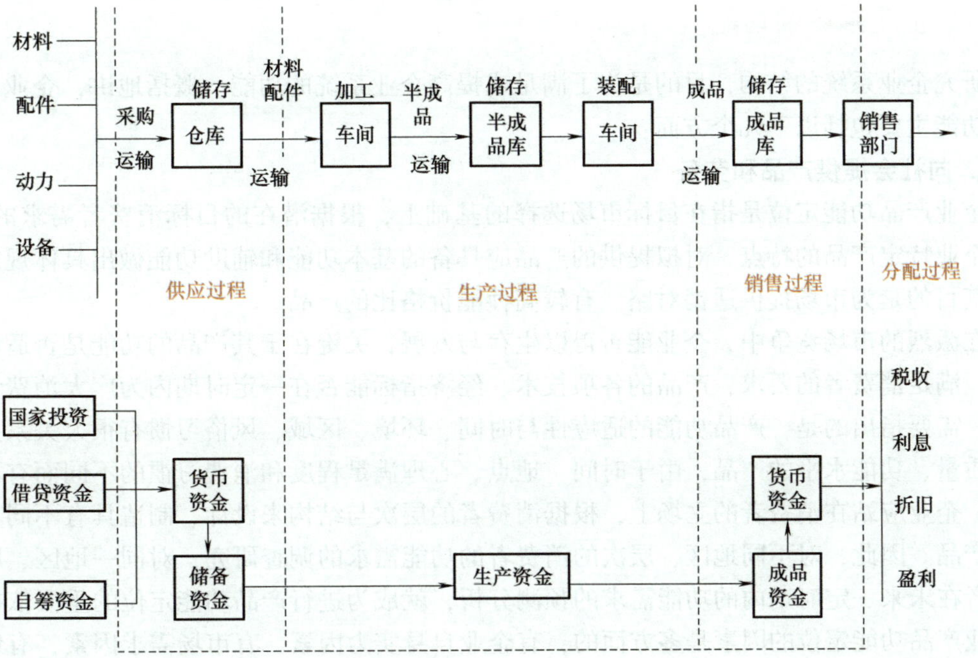

图1-3 企业的生产物流与资金流

（3）资金流。就企业来说，资金流主要是指企业内资金形态的变化，是指流动资金的循环与周转。随着生产经营的进行，货币资金依次转化为储备资金、生产资金、成品资金，然后再变为货币资金，如图1-3所示。

（4）信息流。信息流是指企业系统与环境之间，企业系统内各单位、部门之间的信息沟通，如图1-4所示。借助信息流及时获取内部和外部信息，沟通组织体上下级之间、协作单位之间的联系，可保证企业经营系统顺利运行。

总之，企业系统的联系和运动状况对其功能有重大影响。例如，企业内物资的储存、积压会引起流动资金的紧张，或者直接影响再生产过程的进行，或者因增加资金数额而加大生产成本。因此日本丰田汽车公司倡导了一种“看板管理”的生产方式，由后工序决定前工序提供的产品数量和时间，使在制品库存降低到最小限度，从而大大降低了成本。

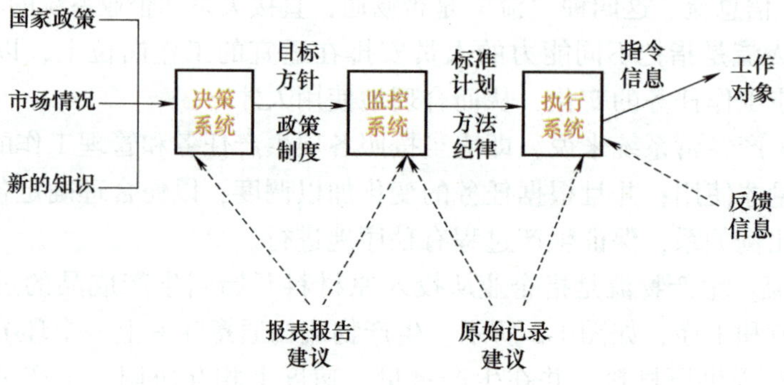

图 1-4　企业内信息流

1.2.3　企业系统的功能

研究企业系统的结构，目的是为了满足或提高企业系统的功能。概括地讲，企业系统的基本功能主要包括以下几个方面：

1. 向社会提供产品和劳务

企业产品功能定位是指在目标市场选择的基础上，根据潜在的目标消费者需求的特征，结合企业特定产品的特点，对拟提供的产品应具备的基本功能和辅助功能做出具体规定的过程，其目的是为市场提供适销对路、有较高性能价格比的产品。

在激烈的市场竞争中，企业能否得以生存与发展，关键在于其产品的功能是否适应市场需要，满足消费者的要求，产品的各项技术、经济指标能否在一定时期内为广大消费者乐于接受。需要指出的是，产品功能的适应性与时间、环境、区域、风俗习惯有很大关系。具有同样质量、功能水平的产品，由于时间、地点、心理满足程度和消费习惯的不同而有不同的评价。企业应站在消费者的立场上，根据消费者的层次与结构来设计、制造具有不同功能水平的产品。因此，对不同地区、层次的消费者的功能需求的调查研究，对同一地区、层次的消费者在未来一定时期内的功能需求的预测分析，就成为进行产品功能定位的重要依据。影响企业产品功能定位的因素是多方面的，有企业自身实力因素，有市场需求因素，有地域市场因素，有消费者因素等。在进行功能定位的过程中，企业要综合考虑这些因素，并且能够明确哪些因素是决定性因素。

向社会提供劳务是企业的社会功能。“劳务”的范围主要依据《国民经济行业分类》（GB/T 4754—2002）的规定，同时借鉴国际通行的经济活动的同一性原则进行划分。劳务是无形的商品，是指为他人提供服务的行为，包括体力和脑力劳动。提供劳务的行业也较为广泛，既包括工业，也包括第三产业等。具体来说有以下行业：建筑安装、修理修配、交通运输、仓储租赁、金融保险、邮电通信、咨询经纪、文化体育、科学研究、技术服务、餐饮住宿、中介代理、卫生保健、社区服务、旅游、娱乐业和加工等，此外还包括其他提供劳务的行业。

2. 获取利润，积累企业财富

奥地利马克思主义的代表人物希法亭·鲁道夫（Hilferding Rudolf）指出，企业的生产旨在获取利润，获得最大利润是每个企业的动机，也是它们在市场经济条件下必然产生出来的经营行为的指导原则。哈佛大学经济学教授 N. 格里高利·曼昆（N. Gregory Mankiw）指出，每个企业骨子里都有获取垄断利润的冲动。

企业在为了获取利润而组织生产经营的过程中，会遇到一系列问题。如有的企业太强调个人经验和作用，如“你去问××，他说如何做就如何做”“我告诉你，就只有这件事是这样”；有的企业产品的同一质量问题反复出现，今天在工程部出现，明天在生产部出现，上次在生产部 a 组出现，下次在生产部 b 组出现；有的企业新进人员制作工程样品就爱犯以前曾经出现过的错误等。了解企业系统的结构，有助于将企业存在的问题明晰化。企业通过以下做法：建立档案室、记录、整理、归档，组织交流、培训，进行宣传等，逐步解决企业存在的问题，将企业系统内个人的经验转化为企业的经验。这样，当仓库主管突然离职时，仓库就不会运作混乱；当负责变压器样板的工程师突然离职时，变压器的样板也不会出乱子；当某组长突然离职时，该组的生产仍能保证正常进行等。这个过程，也就是企业财富的积累过程。

3. 满足员工就业、发挥专长、成才及物质方面的需要

员工是企业价值的创造者，是构成企业核心竞争力的重要因素，员工的成长与企业的成长是互为基础、互相促进的。员工能力落后于业务运作需要的企业势必会在市场中失去竞争优势。尤其当管理人员的能力严重滞后于企业业务发展的需要时，只有依靠挤压员工的个人时间，依靠加班、再加班才能弥补低效的管理机制，这是让员工为低效的企业管理者买单。所以企业提供给员工的不应仅是一个就业机会，更应是一个发挥专长、发挥聪明才智、发挥创造力的舞台。一个不给员工成长机会的企业也难以持续发展。

了解企业系统的结构，有助于帮助企业搞清楚自己需要的人才结构是怎样的，从而才能有针对性地招聘、培训、考评员工，为企业的进一步发展做好人才储备。

1.3 现代企业制度

企业制度是指以产权为核心的企业组织与管理制度。产权，即财产权，是指建立在一定生产资料所有制基础上的财产的归属权利和经营权利，通常包括财产的所有权，财产的占有、使用、收益和处置的权利。产权和所有权并不是对等的，产权代表着与产权客体处置有关的一组财产权利，所有权只是产权的一种表现形式。在这组财产权利中，所有权处于核心地位，其他一切财产权利都是从所有权中派生出来的。

企业制度实质上是企业的特定属性与功能的内在机制。这种机制构建了企业相关权益主体或要素之间的关系及作用的性质与形式，从而形成相应的经营管理机制。企业制度的基本内容主要有产权制度、组织制度和管理制度。产权制度是企业制度的核心，企业组织制度和管理制度是以产权制度为基础的，三者分别构成企业制度的不同层次。

1.3.1 现代企业制度的含义与特征

1.3.1.1 现代企业制度的含义

现代企业制度是相对于传统企业制度而言的，它从传统企业制度发展而来，是商品经济或市场经济及社会化大生产发展到一定阶段的产物。从企业组织发展的历史来看，企业组织形式经历了从独资企业到合伙企业再到公司企业的过程，公司企业是现代企业制度的典型企业组织形式。

所谓现代企业制度，是指以完善的法人产权为基础，以有限责任为基本特征，以专家为中心的法人治理结构为保证，以公司企业为主要形态的企业制度。现代企业制度是一个内涵丰富、外延广泛的概念，它不仅是指企业组织形式本身，还是适应现代市场经济体制的企业产权制度、企业组织制度、企业管理制度、企业领导制度、企业财产制度、企业法律制度、政府与企业的关系等的统称。

建立现代企业制度是国有企业改革的方向。国有企业建立现代企业制度，就是要理顺企业模糊的产权关系，建立健全企业法人制度，按照市场经济的要求，解决和规范企业与投资者、企业与政府、企业与市场、企业与社会、企业与企业、企业与职工等一系列基本关系，做到产权清晰、权责明确、政企分开、管理科学，使国有企业真正成为独立的市场主体，增强企业活力和实力，从而提高企业的市场竞争力。

1.3.1.2 现代企业制度的特征

1. 产权明晰

所谓产权明晰，主要包括两层含义：一是财产归属关系是清晰的，即财产归谁所有，产权的归属主体是清楚的；二是在产权的实现过程中，各个不同权利主体的责、权、义是明晰的，以使各不同权利主体之间的行为、关系得到规范。其中，前者即产权归属主体明晰是产权明晰的核心内容，也是后者得以实现的基础。

产权明晰明确了企业资产的归属权和营运权，谁是投资者谁就是企业资产的最终所有者，资产的营运权则由企业法人行使。在公司制企业中，出资者所有权与法人财产权是相分离的。出资者所有权是指对企业投入资本金所形成的企业法人财产的投资主体所拥有的财产权利，是产权的基本属性和表现形式。出资者所有权是从财产的归属意义上讲的，是出资者向企业投资的行为产生的一种权利。这种所有权从归属意义上分析，出资者对其财产享有占有、使用、收益和处分的权利。法人财产权是指企业授权经营管理者经营管理其财产，经营管理者在此基础上享有占有、使用和依法处理的权利。

产权明晰明确规定了产权主体的权利、义务和责任，保证企业各方面关系的制度化、规范化，保证了企业各项活动的公平、公正和公开，同时也保证了企业能够按照市场需求组织生产经营活动的自主权。产权不明晰往往造成企业产权在变动过程中无人对其真正负责的情况，国有产权的合法权益得不到有效保障，资产经营效率低下，国有资产从各种途径流失严重，企业的相关各方权责不明确，对企业资产产权归属发生纠纷。

2. 权责明确

它是指用法律来界定出资者与企业之间的关系，明确各自的责、权、利，从而形成各生产要素之间的科学的行之有效的相互制衡的法人治理结构。

现代企业制度形成了相互制衡的法人治理结构，这就是用法律来界定投资者、经营者、生产者的相互关系，明确各自的责、权、利，做到利益分配合理，各方权力相互制衡。投资者按照出资比例依法享受股东权益，并以出资额为限承担责任。企业拥有全部法人财产权，独立经营、自负盈亏，并以全部法人财产权为限承担企业债务责任。公司制度、法人制度与有限责任制度是现代企业制度在组织方面的三个典型特征，也是权责明确的基础。

3. 政企分开

这主要是针对国有企业而言的，它是指必须把政府行政管理职能和企业经营管理职能分开，取消企业与政府之间的行政隶属关系。

现代企业制度要求企业自主经营、自负盈亏，就必须改变传统体制下国家对企业“统得过死”的现象，必须将企业从国家的行政束缚下解放出来。在市场经济条件下，政府的主要职责是对国民经济进行宏观调控，通过经济手段、法律手段对企业的经济活动进行引导和有效监督。企业则完全按照市场规则、市场信号自主经营、自负盈亏、自我约束和自我发展。企业与政府之间的关系不再是纵向的行政隶属关系，而应当是横向的经济关系。要实行政企分开，须从以下四个方面着手：

1）转变政府职能，进行行政体制改革。

2）分清行政行为与企业行为，明确政府和企业各自的职责与权利。

3）政府对企业的管理只能通过经济杠杆进行宏观层次的管理。

4）企业只能以市场为导向，进行自我行为的调整。

4. 管理科学

现代企业必须形成一套严格、科学、系统的管理制度。一是科学的组织管理机构，使企业权力机构、经营机构和监督机构权责明确，相互制衡，各司其职；二是科学的内部管理体制，包括合理的领导体制、科学的决策体制、民主的管理体制、严格的核算体制等管理制度；三是科学的企业规章制度等。

管理科学，这是现代企业制度在管理方面的一个重要内涵，是建立现代企业制度的保证。企业的生产经营活动必须严格按照客观经济规律、价值规律、供求规律、竞争规律和社会化大生产的规律来进行，体现社会化大生产和市场经济的客观要求，保证各项工作的标准化、规范化、制度化、民主化。

1.3.2 现代企业制度的主要内容

1. 现代企业产权制度

产权是指在法律的允许下，资产的所有权以及资产的占有、使用、收益和处置权。产权的定义主要有以下四层含义：①产权受法律确认、保护和监督。产权是以所有权为基础，但也包括由所有权派生出来的相关权利和义务。这些权利和义务都受国家法律的确认、保护和监督。②资产的原始产权。它是指受法律确认和保护的经济利益主体对财产的排他性的隶属关系。③法人产权，即法人财产权。它是指企业法人对资产所有者授予其的资产有占有、使用、收益和处分的权利。这是由法人制度的建立而产生的一种权利。④股权和债权。即在实行法人制度后，由于企业拥有对资产的法人所有权，致使原始产权转变为股权或债权。

企业法人财产是由出资者依法向企业法人注入的资本金及其增值和企业在经营中负债所形成的财产。企业法人财产权是指企业法人所拥有的、对法人财产享有占有、使用、收益和处置权，并以法人财产承担民事责任。只要企业法人仍然存在，即只要企业不解散、清算或破产，任何出资者无权从企业中直接抽回或支配他所出资的部分，但可以依法转让，并以出资额为限承担有限责任。

企业产权制度就是企业的法人财产制度，它是以公司的法人财产为基础，以出资者所有权、公司法人财产权与公司经营权相互分离为特征，以股东会、董事会、执行机构为法人治理结构来确定各自权力、责任和利益的企业财产组织制度。

产权归属的明晰化、产权结构的多元化、责任权利的有限性和治理结构的法人性，是现代企业产权制度的基本特征。要建立现代企业制度，首先要求对企业进行公司化改造，明晰企业的产权划分和归属主体，在此基础上引导出多元化的投资来源。在所有权与经营权分开的前提下，企业依照自己的法人财产开展各项经济活动，独立地对外享有民事权利和承担民事义务。企业与国家之间、企业与分散的股东之间，各自的责任与权利是明确的。企业经过公司化改造后，在内部建立股东大会、董事会、监事会和经理部门相互制衡的公司治理结构，确保企业产权关系的有效实施。

建立现代企业产权制度是我国的国有企业建立现代企业制度的基础和前提。其功能主要有以下四个方面：

（1）财产约束功能。在合理的产权制度下，明晰的产权关系可以使所有者通过产权有效约束经营者，从而保证资产增值，实现所有者利益。

（2）自主经营和激励机制功能。产权具有排他性和独立性，企业一旦拥有产权，其生产经营权利即可得到法律保护，进而使经营者在激励机制的作用下，可以也可能真正做到自主经营、自负盈亏。

（3）提高资源配置效率功能。由于产权的各项权能是可以分解、转让的，因此，通过以产权转让为基础的企业间的资产联合、兼并等形式，可以促进资产合理流动。

（4）规范市场交易行为功能。产权关系的界定具体规定了人们与物相关的行为规范，每个人在与他人的相互交往中都必须遵守这些规范，或者必须承担不遵守这些规范的成本。这样，保障受益和受损索赔的原则可以有效抑制企业的不正当交易行为，从而使企业行为合理化。

2. 现代企业组织制度

现代企业组织制度要求企业根据自身的实际情况，建立符合本企业特点的组织机构，以更好的现代企业法人治理结构，更明确地落实股东大会、董事会、经理机构和监事会的权利和责任。

（1）股东大会。股东是指持有公司股权的投资者，它可以是自然人，也可以是法人。《中华人民共和国公司法》规定，股份有限公司由股东组成股东大会。股东大会是公司的最高权力机构，依法行使职权。这些职权包括：①重要的人事决定权。选举和更换非由职工代表担任的董事、监事，决定有关董事、监事的报酬事项。②重大事项决定权。包括修改公司章程，审议批准董事会和监事会的报告，决定公司的经营方针和投资计划，审议批准公司年度财务预算、决算方案等。③利润分配权。讨论批准利润分配方案和亏损弥补方案。④公司资本重大变动的处置权。如公司增加或减少注册资本，发行公司债券的决议，公司的合并、分立、解散或破产清算等涉及股东财产重大变动的事项等，都必须经股东大会讨论决定。

（2）董事会。《中华人民共和国公司法》规定，股份有限公司设董事会，董事会由股东大会选举产生，并对股东大会负责。董事会要代表全体股东利益，执行股东会的决议。在公司经营管理方面，董事会是公司的决策机构，对外代表公司。公司法定代表人依照公司章程的规定，由董事长、执行董事或者经理担任。董事会的职权包括：①决定公司的经营计划和投资方案，决定公司内部管理机构的设置，制定公司的基本管理制度。②制订公司财务预算和决算方案，制订公司利润分配方案和弥补亏损方案，制订公司增加或减少注册资本的方案以及发行公司债券的方案，制订公司合并、分立、解散的方案等。③决定聘任或者解聘公司经理及其报酬事项，并根据经理的提名决定聘任或者解聘公司副经理、财务负责人及其报酬事项。

(3) 以经理为首的执行机构。经理主持公司的生产经营管理工作，组织实施董事会决议，对董事会负责。其主要职权有：①组织实施董事会决议。②组织实施公司年度经营计划和投资方案。③拟订公司内部管理机构设置方案和基本管理制度，制订公司的具体规章。④提请聘任或者解聘公司副经理、财务负责人；决定聘任或者解聘除应由董事会决定聘任或者解聘以外的负责管理人员。有限责任公司可以设经理，由董事会决定聘任或者解聘。

一些大公司的总经理改称为首席执行官（Chief Executive Officer，简称 CEO）。CEO 的盛行始于 20 世纪 80 年代的美国，其主要职能是监督落实董事会通过的各项经营决策。世界 500 强企业中，绝大多数企业都设有这一职位。在 CEO 之下，还有首席运营官（Chief Operating Officer，简称 COO）、首席技术官（Chief Technology Officer，简称 CTO）、首席财务官（Chief Financial Officer，简称 CFO）等。这些称谓逐渐成为国际上惯用的对企业高层管理人员的称谓。

(4) 监事会。监事会是公司的监督机构，负责监督董事会和以经理为首的执行机构。它与董事会并立，直接向股东大会报告，对股东大会负责。为了保证监督的独立性和公正性，公司的董事、高级管理人员不得兼任监事。为保护企业职工权利，监事会成员中职工代表的比例不得低于 1/3。监事会的主要职权有：①提议召开临时股东大会会议，向股东大会会议提出提案；当董事、高级管理人员的行为损害公司的利益时，要求董事、高级管理人员予以纠正。②检查公司财务，对董事、高级管理人员执行公司职务的行为进行监督，对违反法律、行政法规、公司章程或者股东大会决议的董事、高级管理人员提出罢免的建议。③对董事、高级管理人员在执行公司职务时违反法律、行政法规或者公司章程规定而给公司造成损失者提起诉讼。

3. 现代企业管理制度

建立现代企业管理制度，就是要求企业适应现代生产力发展的客观规律，按照市场经济发展的要求，积极应用现代科学技术成果，包括现代经营管理的思想、理论和技术，有效地进行管理，创造最佳经济效益。这就要求企业围绕其战略目标，按照系统观念和整体优化的要求，在管理人才、管理思想、管理组织、管理方法、管理手段等方面实现现代化，并把这几个方面的现代化同各项管理职能有机地结合起来，形成完整的现代化企业管理。

管理制度是有关约束和调整企业经营管理活动中各种经营管理行为方式和关系的行为规则。现代管理制度要适应市场经济的发展，符合企业的实际并且积极应用现代科学技术成果，一般包括以下几个方面：

(1) 具有正确的经营思想，能适应企业内外环境变化，推动企业发展的经营战略。战略管理是现代企业管理的重要内容。现代企业处在多变的经营环境中，只有及时制订战略、强化战略管理，才能在市场中立于不败之地。

(2) 建立适应现代化大生产要求的领导制度。企业领导制度规定了企业内部领导权的归属、划分及如何行使等，建立科学完善的企业领导制度，是搞好企业管理的一项最根本的工作。现代企业领导制度应该体现领导专家化、领导集团化和领导民主化的管理原则。

(3) 实行“以人为本”的经营理念，充分发掘企业的人力资本潜力，包括建立现代企业用工制度和现代企业工资制度。现代企业用工制度要求企业依法享有用工自主权、劳动者依法享有择业自主权。公司与劳动者之间的关系，以双方平等自愿签订劳动合同的契约方式建立，以合同作为保障双方权益的依据，彻底打破企业内部干部与工人之间、不同用工形式之间、不同所有制企业之间的职工身份界限。现代企业工资制度改革的方向是实现完整意义的企业自主分配，公司享有充分的工资分配自主权，国家通过立法进行指导和宏观调控，而不直接干预公司的工资分配。

(4) 建立高效的组织机构和管理制度。企业的机构设置应根据市场竞争的需要，按照职责明确、结构合理、设置科学、人员精干、权力与责任对等等原则，由企业自主决定。大型企业和集团公司应根据自身的情况，逐步形成投资中心、利润中心、成本中心等管理新格局。

(5) 运用现代的生产方式和先进的生产技术。例如，在生产经营各个主要环节普遍地、有效地使用现代化管理方法和手段，建立起完善的电子计算机管理信息系统，推行计算机集成制造系统等。

本章小结

学习和研究企业管理学，首先必须了解企业的含义。通常所说的企业，是指从事生产、流通和服务等经济活动，为满足社会需要和获取利润，实行独立核算，进行自主经营、自负盈亏，具有法人资格的基本经济单位。企业的一般特征包括职业特征、行为特征、人格特征、目标特征四个方面。

企业分类的目的是便于我们针对不同的企业采取相应的管理模式和方法。各种类别的企业除了具有企业的一般特征外，都有各自的特点和运行规律。本书按其所从事的经济活动、生产要素的结构、规模、法律形式等标准对企业进行了分类。

从过程的角度看，企业内部是由供应子系统、生产子系统、营销子系统、研究和开发子系统四大子系统构成。供应子系统主要是提供生产、经营、研究开发等所必需的人力、资金、物资等生产要素。生产子系统的功能是根据企业生产经营的目标对投入的生产要素进行最佳配置，完成产品的生产过程，并按时、按质、按量向营销子系统提供产品。营销子系统是协调企业上市产品与市场开发的关系，它既要把研究和发展子系统及生产子系统的产品推销出去，又要及时反馈市场信息给研究和发展子系统及生产子系统。研究和开发子系统即根据企业和市场的战略发展需要，制订企业未来发展的基本对策，开发新产品、新工艺、新技术。

现代企业制度是指以完善的法人产权为基础，以有限责任为基本特征，以专家为中心的法人治理结构为保证，以公司企业为主要形态的企业制度。它是社会化大生产和市场经济发展到一定阶段的法制完善的产物，基本特征有产权明晰、权责明确、政企分开和管理科学。

现代企业制度是一个内涵丰富、外延广泛的概念，其主要内容包括现代企业产权制度、现代企业组织制度、现代企业管理制度等。

习　题

1. 什么是企业？企业应具备哪些要素？

2. 现代企业有哪些特征？
3. 企业法律形式有哪些？
4. 什么是有限责任公司和股份有限公司？它们的主要特点是什么？
5. 企业内部各子系统的功能是什么？
6. 什么是现代企业制度？它的基本特征是什么？
7. 现代企业制度的主要内容包括哪几个方面？

[本章综合案例]

抓住制度创新，提升管理水平

提升管理水平和管理能力是企业永恒的主题。改革是手段，是基础。长安航空有限责任公司（以下简称“长安航空”）抓住企业体制僵化、机制陈旧这个主要矛盾，走出了“四着棋”。

1. 产权结构多元化

单一的国有产权结构，是国有企业产权虚拟化、所有者不到位，造成企业实际上无人负责的症结所在。长安航空由长安航空（实业）公司、海南航空股份有限公司、海航控股（集团）有限公司共同出资组建，实现了产权结构的多元化。代表所有者利益的股东会，作为公司的最高权力机构，对公司的资产实施了有效的管理。长期以来，困扰长安航空公司的政企不分、政资不分问题得到了有效解决，企业法人财产权落到了实处。长安航空有限责任公司作为法人，实现了自主决策、依法经营、自负盈亏、照章纳税，为企业进行管理创新奠定了基础。

2. 建立规范的法人治理结构

在一切经济活动中，只有当权利、义务关系十分明确的责任人受到适宜企业内外环境的制度约束时，企业的行为才能真正处于理性状态。因此，领导体制改革是国有企业改革的关键。法人治理结构是建立现代企业制度的核心问题。

长安航空董事会作为公司股东会的常设权力机构，代表股东的利益，负责公司的重大决策；监事会作为公司的常设监察机构，对股东会负责，对董事会及其成员和总经理等高级管理人员行使监督职能；在董事会的领导下，总经理全面负责公司的行政、业务、财务等日常工作。职责明确，权力到位，规范了法人治理结构，保证了事、责、权一致，从而极大地调动了管理层干事业的积极性，形成了精干高效、反应灵敏、运作协调、互相监督的领导体制。正是有了这样的领导体制，面对日益激烈的市场竞争，长安航空有限责任公司的经营者们，才能不断提高决策的科学化、民主化、程序化、制度化水平，做到了决策迅速、准确，将失误降到了最低点，把握住了一次次公司发展壮大的机遇。

3. 以组织机构改革作为企业内部改革的先导

长期以来，国有企业内设机构行政化倾向十分严重，职责不清、权限不明、机构重叠、人浮于事、运转不灵的现象十分普遍。长安航空公司也一样。长安航空成立后，首先对公司内部机构进行了大刀阔斧的改革。根据企业的实践，将原来的17个部门精简为7大职能事业部，形成了以市场销售为先导，以财务、计划管理为中心，以生产运行与支援中心为中枢，协调飞行、工程、安全运营监察三大部门生产经营管理的体系。中层以上管理干部由原来的34名减少到20余名，年龄结构由平均49岁降低到40岁。由此，企业构建起了一个层级清楚、职责分明、权力到位、反应灵敏、运转高效的组织框架。

长安航空在组织机构改革中突出了经营生产的计划性和协调性。当前，有一种误解，认为从计划经济到市场经济，计划可以不谈了或少谈了。实际上，由于从短缺经济到相对过剩经济，在社会主义市场经济的环境中，企业的计划性必须越来越强，否则，将难以适应变幻无穷的市场需求。而这一切，都需要高效、协调的组织机构和合理、流畅的生产经营流程作保证。正是由于建立起了信息灵敏、计划周到、监控严密、反应快速的地面服务保障体系和运行保障体系，长安航空才成功完成了“榆林爆炸事件”紧急救援等多次紧急航班保障任务，并使得非天气原因造成的航班延误次数大幅度降低，正点率显著提高。2001年上半年经民航总局统计，长安航空的航班正常率达到81.5%，6月份更是达到88%，进入全国先进行列。

4. 建立起有效的激励机制和制约机制

有效的激励机制是一切经济活动提高效率的先导，成功的制约机制是一切经济活动的保证。现代企业经营机制的核心是建立与企业发展的内外环境相协调的企业激励机制，最大限度地调动每一位员工的积极性，提高工作效率；建立全员的制约机制，以规范员工的行为，保证企业生产经营链条的正常运转；建立合理的监督机制，以提高企业内部运作过程的透明度，使各项规章制度落到实处。

改制以前的长安航空，沿袭传统的做法，员工在低收入的环境中吃企业的“大锅饭”，企业吃国家的“大锅饭”，大家都没有积极性。长安航空的建立，国家的“锅”没有了，企业这“锅”必须依靠全体员工的努力才能有得“吃”。每个人的收入必须与业绩挂钩。

第一，建立起灵活、有效的绩效工资制度，打破国企传统的单一的等级工资，实行按管理、经营、技术、生产分系列按层级岗位定标准，向重点岗位倾斜的增大活工资比例的员工报酬制度。按照能力定岗位，依据业绩定工资，极大地激发了每一位员工的主动性、想象力和创造力，大幅度地提高了工作效率，提高了企业的经济效益。重组后长安航空员工的收入大幅度提高，人员平均工资收入增长40%以上，特别是机务、飞行等一线员工工资收入增加了近一倍。

第二，制订了一整套严格的员工上岗竞争、晋职、晋级和奖励制度，在增强每个员工危机感和优患意识的同时，充分激励员工不断学习、不断努力、不断提高工作热情。现在，公司内部竞争上岗、择优聘用、能者上庸者下的机制已基本形成，一些不思进取、不能胜任工作的中层以上管理干部被调整到一般工作岗位；一大批年富力强、业务素质高的管理干部脱颖而出。为激励刚进入长安航空的员工的创造性，公司降低了临时工和固定工之间的门槛。中长期合同工因为工作失误可能被转为短期合同工；短期合同工因为工作能力超群、工作业绩突出，也可以转为中长期合同工。公司司机石峰同志原为短期合同工，在工作中勤勤恳恳，多次做好人好事，受到旅客的表扬，公司根据其表现给予表彰，转为中长期合同工，成为公司员工学习的楷模。相应地，公司重组不久，少数管理干部由于不能适应新的体制和管理制度，公司妥善安排其离开管理岗位。为进一步开发人力资源，建立竞争激励机制，公司还委托西安交通大学制订新的公司激励方案。

与激励机制配套，公司按照现代人力资源管理的要求，建立起一整套责权明晰、考核严密、奖惩分明的人事劳动制度。例如，各工作部门的“岗位职责”“长安航空有限责任公司员工奖惩规定”等一系列干部、员工管理规定，明确了岗位责权，细分了岗位规范，做到事事有人管，人人担其责。靠制度管人，在制度面前人人平等，严格规范人员行为，对违反工作纪律、要求的行为予以严惩，从而增强了员工严于律己的意识。现在的长安航空，大到重大决策，小到生活行为，都有法可依，有章可循；重奖重罚，有据可查。公司先后对一些违纪员工给予行政处分和经济处罚，如一位机务人员在从黄岩返航后检查时，未将滑油盖拧紧，使油箱渗油，公司为严肃维修作风，给予该员工留用察看一年的处分。还有一名员工在办公区内抽烟，被重罚。严明纪律、严格管理、奖罚分明已成为长安航空基本的治理之策，成为长安航空不断前进的根本保证。

在新的机制下，长安航空员工的精神面貌和工作作风发生了脱胎换骨的变化。工作态度认真了，工作节奏快了，工作标准严格了，工作协调主动了，工作效率提高了，相互扯皮的事没有了，牢骚话听不到了，搬弄是非的人消失了，相互矛盾减少了。用员工的话说：“现在的长安航空上下级关系清晰了，人与人的关系简单了，工作虽然有压力，但心里是踏实的。现在的长安航空，是一个有希望的长安航空。”

（资料来源：王关义等，《现代企业管理》，清华大学出版社，2004，有改动。）

思考题：

试用现代企业制度理论分析长安航空的制度创新。

第2章

企业管理原理简述

人类的管理实践活动源远流长。在现代社会中，管理可以说是无时不有，无处不在，小至个人、家庭，大至单位组织乃至国家，管理随时随地都在影响着人们。企业管理的形成、发展和演变与人类劳动的重要组织形式——企业的形成与发展息息相关。回顾企业管理的发展历史，不难发现，任何一种新的管理理论与方法的诞生，都是企业发展到一定阶段的产物，企业管理的发展客观上为管理理论的发展奠定了基础和创造了条件。

2.1 企业管理的性质

企业管理是社会化大生产发展的客观要求和必然产物，是伴随着企业的产生而产生的一种特殊的人类管理活动。要理解企业管理的性质，必须先了解管理的含义和特性，并正确把握管理与经营的区别和联系。

2.1.1 管理的含义与特性

1. 管理的含义

管理是一个具有广泛含义的名词。从中文字义来看，古时人们将中空贯通的长条物称为“管”，以后引申为规范、准则、法规。“理”字古时为整治土地、雕琢玉器等意思，以后引申为处理事务。由于管与理二字意思相近，又分别从不同侧面反映了人们的一种社会活动，于是人们便逐渐把“管”“理”二字合为一词使用，其原始词义为管辖或疏导，即约束与引导。

随着社会的发展，管理的外延和内涵都得到了不断的丰富和充实，众多学者从不同的角度提出了管理的定义，具有代表性的有以下几种：

（1）管理是组织的某一专业职能或综合职能。法国管理学家亨利·法约尔（Henri Fayol）认为，“管理，就是实行计划、组织、指挥、协调、控制”。美国管理学家赫伯特·西蒙（Herbert A. Simon）提出“管理即制订决策”。

（2）管理是对组织资源或要素进行协调利用以达成组织目的的活动。例如，普伦基特（Plunkett）和阿特纳（Attner）把管理定义为“一个或多个管理者单独或集体通过行使相关职能和利用各种资源来制订并实现目标的活动”。

(3) 管理是一种达成组织目标的活动过程。罗宾斯（Robbins）和库尔塔（Coultar）认为，“管理是指和其他人一起并且通过其他人来有效地完成工作的过程。”刘易斯（Lewis）等人指出，“管理是指有效支配和协调资源，并努力实现组织目标的过程。”上述定义把管理视作过程，既强调了人的重要性，又强调了管理的双重目标：工作和效率。

(4) 管理是一种艺术。福莱特（Follett）把管理描述为“通过其他人来完成工作的艺术”。这一定义把管理视作艺术，强调了人的因素在管理中的重要性。

管理一词还有许多定义，这些定义都是从不同的角度提出来的，也仅仅反映了管理性质的某个侧面。为了对管理进行比较广泛的研究，而不局限于某个侧面，我们认为，管理是在特定的环境下，通过计划、组织、控制、激励和领导等各项职能活动，综合有效地运用组织所拥有的人力、物力、财力和信息等相关资源，以期更好地达成组织目标的过程。

可以从不同的角度深入理解管理的含义：

(1) 管理的载体。管理的载体是组织，包括企事业单位、行政机关、政治党派、社会团体以及宗教组织等。

(2) 管理的对象。管理的对象是组织可调用的相关资源，包括原材料、人员、资金、土地、设备、信息和顾客等。在所有可以调用的资源中，人力资源是最重要的。

(3) 管理的职能。管理的职能包括决策、计划、组织、指挥、协调和创新等内容。对管理职能的认识应随着管理理论和实践的发展而发展。在当今动态复杂的环境中，组织中的管理者每天都面临着新的变化和挑战，管理者必须进行不断创新，才能保证组织的生存和发展，创新也因此成为现代组织管理者必须掌握的基本管理职能。

(4) 管理的目的。管理的目的是为了实现既定的目标，主要是指获得较高的工作效率或较好的经济效益、社会效益、生态效益等。

2. 管理的特性

管理从最基本的意义来看，一是组织劳动，二是指挥、监督劳动。它兼具自然属性和社会属性，既是一门科学，又是一门艺术。

(1) 管理的自然属性与社会属性。管理具有二重性，这是马克思主义管理理论的主要内容。马克思认为，任何社会的管理都具有二重性——自然属性和社会属性。管理的自然属性是由协作劳动和社会化大生产而产生的合理组织生产力的管理职能，它表现为共同劳动和社会化大生产的普遍形态。它们与生产力水平有关，而与生产的不同社会形式无关。管理的社会属性是适应一定的生产关系的要求而产生的维护和调节生产关系的管理职能，它体现着生产过程或劳动过程的特殊历史形态。

管理的二重性是相互联系、相互制约的。一方面，管理的自然属性不可能孤立存在，它总是在一定的社会形式、社会生产关系条件下发挥作用；同时，管理的社会属性也不可能脱离管理的自然属性而存在，否则，管理的社会属性就成为没有内容的形式。另一方面，管理的二重性又是相互制约的。管理的自然属性要求具有一定的社会属性的组织形式和生产关系与其适应；同样，管理的社会属性也必然对管理的科学技术等方面产生影响。

(2) 管理的科学性和艺术性。自19世纪末20世纪初泰勒（Frederick Winslow Taylor）等人经过大量科学实验，提出科学管理原理以后，人们对管理的科学性已经认识得比较清楚。虽然它还没有自然科学那样精确，但毫无疑问管理已成为一门科学。人们经过无数次的失败和成功，通过从实践中收集、归纳、检测数据，提出假设，验证假设，从中抽象、总结出一系列反映管理活动过程中客观规律的管理理论和一般方法。人们利用这些理论和方法来指导自己的管理实践，又以管理活动的结果来衡量管理过程中所使用的理论和方法是否正确，是否行之有效，从而使管理的科学理论和方法在实践中得到不断的验证和丰富。因此，说管理具有科学性，是指它以反映管理客观规律的管理理论和方法为指导，有一套分析问题、解决问题的科学方法。

管理的艺术性，即强调管理的实践性。艺术的含义是指能够熟练运用知识并且通过巧妙的技能来获得某种效果。管理工作像所有其他技艺一样，也要利用系统化的知识，并根据实际的情况加以运用，以获得预期效果。管理者在管理实践中，既要运用管理知识，又要发挥创造性，采取适宜的措施，高效地实现目标。

2.1.2 管理与经营的对比理解

一般谈到企业，人们就会联系到经营管理。经营是现代企业最基本的活动，直接关系到企业的生存与发展。所谓经营，是指企业以市场为对象，以商品生产和商品交换为手段，为了实现企业的目标，根据自身的资源状况和所处的市场竞争环境，使企业的投资、生产、技术和销售等活动与企业的外部环境保持动态均衡的一系列有组织的活动。企业经营的目的旨在解决长期规划和部署、发展方向、愿景目标等战略层次问题，具有全局性和长远性。

古典学派管理大师亨利·法约尔通过对企业全部活动的分析，将管理活动从经营职能中提炼出来成为经营的第六项职能，可见管理与经营是两个密切相关又有区别的概念。经营与管理两个概念的区别主要表现在以下几方面：

（1）对象不同。管理主要以组织的人、财、物等资源和组织事务为对象；经营主要以组织产品和市场为对象。

（2）侧重点不同。管理主要考虑企业制度、人才、方法、激励等关乎效率和成本的问题；经营重点考虑企业发展方向、发展战略、市场、顾客、行业和投资等关乎企业生存和盈亏方面的问题。

（3）直接目的不同。管理的直接目的是提高组织效率，要节流，要控制成本；经营的直接目的是提高组织效益，要开源，要赚钱。

（4）稳定性不同。管理具有相对稳定的运行体系；经营经常要随着市场供应、市场需求以及组织内外部环境的变化而变化。

（5）趋向不同。管理主要针对组织内部，强调对内部资源的整合、协调和建立内部秩序；经营更侧重于组织外部，面向市场，追求从组织外部获取资源和建立影响。

经营与管理二者虽有区别，但是在企业活动中，却又相互渗透、互相作用、密不可分，日本学者就把管理学称为经营学。经营与管理密不可分，经营好比是龙头，管理是基础，管理活动必须为经营活动服务，并始终贯穿于企业经营的整个过程。没有管理，就谈不上经营。

虽然经营与管理关系密切，但是对于企业中的具体部门或个人而言，经营与管理的确应有所侧重，并根据实际情况及时调整。企业中的各类部门，各级组织应该有一个大方向的分工，有的侧重于经营，有的侧重于管理，特别是在组织的快速扩张期，经营与管理的分工尤为必要。但是，一旦组织度过了快速扩张期进入稳定发展阶段，经营与管理则合二为一，呈现经营管理一体化、综合化态势。

2.1.3 企业管理的概念和特性

在社会生产发展的一定阶段，一切规模较大的共同劳动，都或多或少地需要进行指挥以协调个人的活动；需要对整个劳动过程进行监督和调节，使单个劳动服从生产总体的要求，从而保证整个劳动过程按照人们预定的目标正常进行。企业管理正是社会化大生产发展的客观要求和必然产物，是由人们在从事交换过程中的共同劳动所引起的、伴随着企业的产生而产生的一种特殊的人类管理活动。

企业管理是指管理者根据企业的内外部条件、企业特征及其运行规律，运用一定的管理职能和手段对企业的生产、技术、经营等活动进行计划、组织、指挥、协调和控制，以实现企业盈利和满足社会需要的预定目标的一系列活动的总称。

一般而言，企业管理具有以下几种特性：

(1) 企业管理的目的性。企业是一个以不断创造社会所需要的产品和服务作为生存价值的经济组织。因此，企业管理的目的就是不断提高劳动生产率，争取最佳的经济效益，保证企业的稳定和发展。企业管理的目的一般表现为企业组织的共同目的，而不是表现为某个成员或管理者单方面的目的，否则，就难以形成组织协作的意愿，也就很难进行有效的管理。在实践中，企业管理的目的往往体现为管理目标。管理目标是企业管理的出发点和归宿点，也是指导和评价企业管理活动的基本依据。为此，企业管理活动都必须把制订企业管理目标作为首要任务。

(2) 企业管理的有效性。企业管理的有效性通常用企业绩效来反映。企业绩效是一种衡量管理者利用资源实现企业目标的效率和效果的尺度。高效率的企业都是既有效率又有效果的。所谓效率，是指用最少的资源来达到企业目标的能力，即“正确地做事”，它是一个投入与产出的概念，如设备利用率、劳动生产率、资金周转率等。效果是指决定适当目标的能力，即“做正确的事”，其具体指标如销售收入、销售利润率、资金利润率、成本利润率等。效率涉及的是活动的方式，而效果涉及的是活动的结果，效率与效果是相互联系的，企业管理既要注重效率还要注重效果。

(3) 企业管理的人本性。在任何管理活动中，人是决定性的因素。为此，企业管理必须要以人为中心，把提高人的素质，处理好人际关系，满足人的需求，调动人的主动性、积极性、创造性的工作放在首位，这就是企业管理的人本性。人本性不但要求管理者在管理中贯彻以人为本的原则，而且要求在对企业管理的研究中，也要坚持以人为中心，把对人的研究作为管理理论研究的重要内容。

(4) 企业管理的创新性。管理的创新性在于管理本身是一种不断变革、不断创新的社会活动。管理的变革不但能推动社会和经济的发展，在一定的条件下，还可以创造新的生产力。正如斯图尔特·克雷纳（Stuart Crainer）所说：“五十岁的律师完全可以坐下来沉迷于他们所拥有的基础知识，因为他们知道，知识更新只是偶尔发生的事件。但管理者就不能享受这样的奢侈。五十岁的管理者也可以回顾过去，沉湎于过去的知识。但如果这样做的话，他们很快就会发现，他们将失去工作。管理需要持续的变革和持续的改进。没有什么地方可以逃避这样的变革。知识更新是永远不变的要求。”在当今经济全球化与竞争越来越激烈的条件下，面临着动态变化的环境，企业更是要在管理中不断寻求创新，以适应快速变化的环境，在激烈的竞争中获得生存。

2.2 企业管理理论的产生与发展

企业管理经过200多年实践的积累和经验的总结，已经形成了一套成熟的理论体系。它的发展主要经历了早期管理思想、科学管理理论、行为科学理论和现代管理理论及新近发展五个阶段。随着每一个阶段企业管理实践的不断发展，管理理论也进一步得以丰富和发展。

2.2.1 早期管理思想

18世纪中叶到19世纪末，是以手工技术为基础的资本主义工场手工业向大机器生产的资本主义工厂制度过渡的时期。由于产业革命的到来，新的生产方式开始萌芽，人们对管理的认识和研究也有了很大的进步，产生了许多适合当时新的生产力发展和生产关系变革的管理思想和观点。其中，做出重要贡献的主要有英国古典政治经济学的代表人物亚当·斯密、英国空想社会主义者罗伯特·欧文、英国数学家查尔斯·巴贝奇等。

1. 亚当·斯密与《国富论》

英国古典政治经济学家亚当·斯密（Adam Smith，1723—1790）是较早对经济管理思想进行系统论述的学者。他在1776年发表的《国富论》一书中，系统地阐述了劳动价值论和劳动分工协作理论。亚当·斯密认为：

（1）劳动是创造国民财富的源泉。各个国家人们每年消费的生活必需品来源于本国人民每年的劳动。在工厂，劳动创造的价值是工资和盈利的唯一源泉，而工资与盈利之间存在矛盾，工资越低，盈利越高；反之，工资越高，盈利越低。

（2）科学的劳动分工与协作能有效地提高劳动生产率。劳动分工使得每一个生产者的操作变得简单，容易掌握，便于提高劳动熟练程度，从而提高劳动效率。同时，劳动分工也节省了生产者改变生产工序所花费的时间。另外，劳动分工使得复杂的生产分解为许多简单的操作工序，便于创造新的劳动工具和生产设备。

（3）人是“经济人”，即人们主要为谋求经济利益而从事经济活动。但社会中每个人的利益又总是会受到他人利益的制约，必须兼顾他人利益，由此产生了公共利益和社会利益。社会利益以个人利益为基础，工资反映了个人利益。

2. 人事管理之父——罗伯特·欧文

罗伯特·欧文（Robert Owen，1771—1858）是19世纪初英国著名的空想社会主义者、企业家和改革家。他认为工厂是由员工组成的，把他们有效地组织起来，相互合作，就能产生最大效果。欧文曾在其经营的一家大纺织厂中做过试验，试验主要是针对当时在工厂制度下工人劳动条件和生活水平都相当低下这一情况进行的。试验内容主要包括改善工作条件、缩短工作日、提高工资、改善生活条件、发放抚恤金等。试验的目的是探索对工人和工厂所有者双方都有利的方法和制度。他要求工厂主用和善的态度对待工人，使他们的精神不至于受到太多的挫折和刺激。欧文开创了在企业中重视人的地位和作用的先河，被后人誉为“人事管理之父”。

3. 科学管理思想的先驱者——查尔斯·巴贝奇

查尔斯·巴贝奇（Charles Babbage，1792—1871）是英国著名的数学家和机械学家，他进一步发展了斯密的一些学术观点，阐述了许多关于生产组织方面的科学管理思想。他对管理的贡献主要有以下两方面：

（1）对工作方法的研究。他认为，一个体质较弱的人如果所使用的铲的形状、重量、大小等都比较适宜，那么他的工作效率可能胜过体质较强的人。因此，要提高工作效率，必须仔细研究工作方法。

（2）对报酬制度的研究。他主张按照对生产率贡献的大小来确定工人的报酬。工人的收入应由三部分组成：按照工作性质所确定的固定工资；按照对生产率所作出的贡献分得的利润；为增进生产率提出建议而应得的奖金。

2.2.2　科学管理理论

19世纪末到20世纪初是企业管理发展的关键阶段。这一阶段的管理理论包括泰勒的科学管理理论、法约尔的管理组织理论和韦伯的行政组织理论，统称为科学管理理论或古典科学管理理论。

1. 泰勒及科学管理理论

弗里德里克·温斯洛·泰勒（Frederick Winslow Taylor，1856—1915）出生在美国费城一个富裕的家庭，中学毕业后考上哈佛大学法律系，不幸因眼疾而被迫辍学。1875年，泰勒进入费城的一家机械厂当学徒工，1878年转入费城的米德维尔钢铁公司当技工，并由技工迅速提升为工长、总技师，1884年升任公司总工程师，1898—1901年受雇于宾夕法尼亚的伯利恒钢铁公司。1901年后，他花费大量时间著书立说和讲演，宣传他关于企业管理的理论——科学管理（又称泰勒制）。1906年，泰勒担任美国机械工程师协会主席。由于泰勒在管理上的突出贡献，后人尊称他为“科学管理之父”。

泰勒的科学管理理论主要可以概括为以下几方面：

（1）工作定额。泰勒认为，科学管理的中心问题是提高劳动生产率。为了达到这个目的，就要制订出符合实际的工作量定额，因此必须进行时间研究和动作研究。

1）时间研究。就是研究人们在工作期间各种活动的时间构成。这种工作可通过工作日写实和测时来完成。工作日写实就是对工人在工作日内工时消耗情况按照发生的顺序进行记录，以便了解工人在某一特定工时内所做的工作，然后加以分析，保留必要工时，去掉不必要工时，从而更充分地利用时间。测时则是以单独的某项工作为对象，按操作步骤实地研究每道工序所消耗的时间。通过测时，可以尽可能地减少工序时间，提高劳动生产率。

2）动作研究的主要内容是工人工作时动作的合理性。其目的是比较分析工人工作时各身体部位的动作，从而去掉多余动作，改善必要动作，达到提高劳动效率的目的。泰勒于1898年在伯利恒钢铁公司当顾问时，研究如何把使用铁路车场的劳动力加以制度化。铁路车场工人的工作是把驶入车场的车皮上的矿石、石灰石和沙子等原料卸下来，然后把制成品装上车皮运走。这是一件简单的工作：工人搬起一块重为92磅[⊖]的“铁锭”，然后踏着一块木板走上车皮，把铁锭装上车皮运走。他着手确定一个工人在从事繁重的体力劳动时需要多长时间休息的规律，他发现搬运生铁的工人每天只能用42%的时间从事繁重的搬运劳动，其余的58%的时间是不负重的，或者说实际上没有搬运铁块。在泰勒开始推行他的方法前，工人们平均每人每天向车皮上装运12.5长吨的生铁（1长吨=2240磅）。泰勒经过认真的

⊖ 1磅=0.45359237kg。

观察分析计算出，一个好的搬运工每天应该能够搬运47长吨生铁，而且不会危害健康。他精心地挑选了一名工人开始实验，对这位工人发出指示，如搬起铁块、开步走、放下铁块、坐下休息等。到下班时间，这名工人把47长吨生铁块搬上了火车，而且从此他每天都搬运47长吨铁块。泰勒据此把工作定额一下提高了将近3倍。

（2）第一流的工人。泰勒认为要提高劳动生产率，必须挑选出“第一流的工人”。泰勒对“第一流的工人”的要求包括以下内容：①“第一流的工人”必须是有能力做“第一流”工作的人。②“第一流的工人”必须愿意工作，而不是被迫去做某种工作。③一般的工人可以被培训为“第一流的工人”。④“第一流的工人”必须干“第一流”的工作，做到能力与工作相适应。泰勒认为，要根据人的能力和天赋把他们分配到相应的工作岗位上去，而且还要对他们进行培训，教会他们科学的工作方法，激发他们的劳动热情。

（3）标准化。泰勒认为，在制订了科学合理的工作定额，并挑选出“第一流的工人”之后，在工作中应当实行标准化管理。泰勒的标准化原则有三方面的含义：①要使工人掌握标准化的操作方法。②要使用标准化的工具、机器和材料。③要使作业环境标准化。泰勒认为，要真正贯彻标准化原理，必须通过试验来进行。泰勒本人在这方面也进行过许多试验，如在米德维尔钢铁公司进行的金属切削试验，在伯利恒钢铁公司进行的生铁搬运试验，以及在制作标准化工具方面的试验等。

（4）刺激性工资报酬。为了鼓励工人努力工作，泰勒提出要采取刺激性工资报酬制度——差别计件工资制。所谓“差别计件工资制”，就是按照工人完成其定额的情况而采取不同的工资率。如果工人达到或超过了劳动定额，按“高”工资率付酬，是正常工资率的125%，不仅超额部分而且定额内的工作量也以此计酬。如果完不成定额，则按“低”工资率付酬，为正常工资率的80%。泰勒还认为，工资的支付对象是工人而不是职位，即根据工人的实际工作表现和工作量而不是根据工作类别来支付工资。这样既能克服“磨洋工”现象，又能有效提高工人的劳动积极性。

（5）计划职能和执行职能相分开。泰勒认为，职能的分工是科学管理的基本原则之一。他指出，要“有意识地把以前由工人承担的工作分为两部分，其中一部分交由企业管理当局承担”，要实现管理当局和工人“双方之间一种现实的分工”。泰勒还指出，工人凭经验很难找到科学的工作方法，管理当局应承担起这一责任——制订计划，包括三个内容：①时间动作研究。②制订定额和标准操作方法并选用标准工具。③比较标准和执行的实际情况并进行控制。

2. 法约尔与管理组织理论

亨利·法约尔（Henri Fayol，1841—1925），1841年出生于法国一个资产阶级家庭。1860年毕业于圣·艾蒂安国立矿业学院。同年，进入科芒特里—富香博矿业公司，从此他的一生就和这个公司紧紧地联系在了一起。在担任工程师期间，作为煤矿的技术负责人，他发表了许多有关地质学和矿井安全方面的文章。即使在担任总经理以后，他仍然在1893年因技术上的成就而获得德拉斯奖金和工业促进协会金质奖章，并成为法国荣誉勋章的获得者。法约尔的管理才能是在他47岁被任命为总经理以后才显示出来的。75岁时，法约尔发表了其划时代的名著《工业管理与一般管理》（*General and Industrial Management*）。

法约尔把企业的全部活动分为以下六种：①技术活动（包括生产、制造、加工）。②商业活动（包括购买、销售、交换）。③财务活动（筹集和最适当地利用资本）。④安全活动

(保护财产和人员)。⑤会计活动(财产清点、资产负债表、成本、统计等)。⑥管理活动(计划、组织、指挥、协调和控制)。

法约尔认为，不论企业大小、复杂还是简单，这六种活动(或者说基本职能)总是存在的。他指出前五种活动都不负责制订企业的总经营计划，不负责建立社会组织、协调各方面的力量和行动，而这些至关重要的职能应属于管理。所以法约尔把计划、组织、指挥、协调、控制称为管理的要素，并对其进行了逐项分析。法约尔把管理活动与其他职能分开是独具慧眼的，这对以后管理思想的发展起到了重要的作用，为管理过程学派和组织理论的产生与发展奠定了重要基础。

法约尔根据自己多年的工作经验提出了以下著名的十四项管理原则：

(1) 劳动分工。法约尔认为劳动分工属于自然规律的范畴，其目的是同样的劳动得到更多的东西。这个原则不仅适用于技术工作，而且毫无例外地适用于所有涉及或多或少的一批或要求几种类型能力的工作。

(2) 权力和责任。法约尔把权力分成制度权力和个人权力。前者是由职位和地位产生的，后者是与个人的智慧、学识、经验、道德品质和领导能力有关的。出色的管理者要用个人的权力来补充制度权力的不足。责任和权力是相互的，凡有权力的地方就有责任，为了保证权力的正确使用必须规定责任的范围，制订奖惩的标准。

(3) 纪律。任何组织要有效地工作，必须有统一的纪律来规范人的行为。企业要发展，纪律是绝对必要的，如果没有纪律，任何组织都不能兴旺发达。纪律的实质是对协定的尊重。为保证大家都遵守纪律，就必须要求纪律严明，而且高层领导和下级人员都必须接受纪律的约束。

(4) 统一指挥。统一指挥是一条基本的原则，是指一个下属人员只应接受一个领导人的命令。如果这一条不成立的话，纪律就受到危害，秩序将被破坏，稳定就受到威胁。这是一条非常重要的原则。法约尔认为，他的这条原则和泰勒的职能工长制是不同的，因为职能工长制违背了统一指挥的原则，所以他从实际的工作经验出发特别注重这一条原则。

(5) 统一领导。这一条原则表示对于达到统一目标的全部活动，只能有一个领导人和一项计划，这是统一行动、协调组织中一切力量和努力的必要条件。法约尔指出，统一领导和统一指挥的区别在于：人们通过统一领导来完善组织，而通过统一指挥来发挥人员的作用。统一指挥不能没有统一领导而存在，但并不来源于它。也就是说，没有统一领导就不可能有统一指挥，但是如果有统一领导，也不足以保证统一指挥。

(6) 个人利益服从集体利益。法约尔认为，人们在适应整体利益的工作中，无知、贪婪、自私、懒惰、懦弱以及人类的冲动，总是使人们为了个人利益而忘掉整体利益，个人利益与整体利益将是一场持久的斗争。

(7) 人员的报酬。法约尔认为，报酬是人们服务的价格，应该合理，并尽量使企业和所有人员都满意；报酬率的高低不仅取决于人员的才能，而且取决于生活费用的高低、可雇佣人员的多少、业务的一般情况、企业的经济地位，以及报酬的方式等因素。

(8) 集中。这条原则主要讨论了管理的集权与分权的问题。分权是提高下属作用重要性的做法，而集权则是降低这种作用重要性的做法。作为管理的两种制度，它们本身是无所谓好坏的。法约尔认为，这是一个简单的尺度问题，关键在于要找到一个适合企业的“度”。而影响集权与分权的主要因素是：组织规模、领导者与被领导者的个人能力和工作经验、环境的特点。

（9）等级制度。等级制度是指从组织的高权力机构直至基层管理人员的领导系列，它是组织内部传递信息和信息反馈的正常渠道，依据这条路线来传递信息对于各层统一指挥是非常重要的。但它并不是最迅速的途径。如果企业的规模较大、层次较多，利用这种方法有时会影响行动的速度。而行动的速度则往往与组织的效率相联系。因此，为解决这一矛盾，法约尔设计了一个"联系板"的方法，以便使组织中不同等级线路中相同层次的人员能在有关上级同意的情况下直接联系。

（10）秩序。它包括物的秩序和人的秩序。物的秩序要求每件东西有一个位置，每件东西都放在它的位置上。为此，不仅要求物归其位，而且要求正确设计，选择和确定的位置以方便所有的工作程序。人的秩序，即社会的秩序，要求每个人都有一个位置，每个人都在指定给他的位置上。完善的社会秩序要求让适当的人从事适当的工作，因此，要根据工作的要求和人的特点来分配工作。

（11）公平。公平是由善意与公道产生的。公道是实现已订立的协定。为了鼓励下属忠实地执行职责，应该以善意来对待他们。

（12）人员的稳定。人员的稳定对于工作的正常进行、活动效率的提高是非常重要的。一个人要适应新的工作，不仅要求具备相应的能力，而且要给他一定的时间来熟悉这项工作。因为经验的积累是需要时间的，如果这个熟悉过程尚未结束便被指派从事其他的工作，其工作效率就会受到影响。法约尔特别强调指出，这条原则对于企业管理人员来说是尤其重要的。

（13）首创精神。它是指人们在工作中的主动性和创造性。法约尔认为，想出一个计划并保证其成功是一个聪明人最大的快乐，也是人类活动最有力的刺激之一，这就是人的首创精神。对于企业来说，首创精神是企业发展的巨大动力，因此，应尽可能地鼓励和发展员工的这种精神。

（14）人员的团结。全体人员的团结是企业的巨大力量，为了实现团结，管理人员应避免使用可能导致分裂的分而治之的方法。此外，法约尔还认识到，人员间的思想交流特别是面对面的口头交流有助于增强团结，因此他认为应该鼓励口头交流，反对滥用书面的联系方式。

法约尔的十四条管理原则虽然可以适用于一切，但是它们是灵活的。法约尔说："没有原则，人们就处于黑暗和混乱之中；没有经验与尺度，即使有最好的原则，人们仍然处于困惑不安之中。原则是灯塔，它能使人辨明方向，但它只能为那些知道通往自己目的地道路的人所利用。"

3. 韦伯与行政组织理论

马克斯·韦伯（Max Weber，1864—1920），德国著名社会学家，出生于德国的一个富裕家庭。韦伯的父亲曾任普鲁士下院议员、帝国议会议员，其家庭有着相当广泛的社会关系。韦伯于1882年进入海德堡大学学习法律，并先后就读于柏林大学和哥丁根大学。他曾经当过大学教授、政府顾问、编辑、作家，对社会学、经济学、历史、宗教等许多问题都有独到的见解。韦伯曾经受过三次军事训练，1888年参与波森的军事演习，对德国的军事生活和组织制度相当了解，这对他日后建立组织理论有很大的影响。韦伯在代表作《社会组织与经济组织》一书中提出了理想的行政组织体系理论，从而被人们称为"组织理论之父"。

韦伯认为等级、权威和行政制是一切社会组织的基础。对于权威，他认为有三种类型：个人崇拜式权威、传统式权威和理性—合法的权威。其中，个人崇拜式权威的基础是“对个人的明确而特殊的尊严、英雄主义或典范的品格的信仰”；传统式权威的基础是先例和惯例；理性—合法的权威的基础是“法律”或“处于掌权地位的那些人”“发布命令的权利”。韦伯认为，在三种权威中只有理性—合法的权威才是理想组织形式的基础。

韦伯把行政性组织视为组织的理想形式，这种理想的组织形式具有以下特点：

（1）明确的分工。组织内存在明确的分工，每一职位的权力和责任都应有明确的规定。

（2）自上而下的等级系统。组织内的各个职位，按照等级原则进行法定安排，形成自上而下的等级系统。

（3）人员的任用。人员的任用完全根据职务的要求，通过正式考评和教育训练来实现。

（4）职业管理人员。管理人员有固定的薪金和明文规定的升迁制度，是一种职业管理人员。

（5）遵守规则和纪律。管理人员必须严格遵守组织的规则和纪律。

（6）组织中人员之间的关系。组织中人员之间的关系完全以理性准则为指导，仅仅是职位关系而不受个人情感的影响。

2.2.3 行为科学理论

行为科学的产生是生产力发展到一定阶段的必然结果，也是管理思想发展的必然结果。科学管理理论的广泛流传和实践应用，曾经大大提高了企业管理的效率。然而，科学管理理论多着重于生产过程、组织控制方面的研究，较多地强调科学性、精密性、纪律性，而对人的因素重视不够，把工人当作机器的附属品，缺乏人本主义关怀。这些理论在实践中的应用也激起了工人的强烈不满，使得资本家感到再依靠传统的管理理论和方法已不可能有效地控制工人来达到提高生产率和增加利润的目的。因此，一些科学家和管理者试图通过行为科学的研究，认识和掌握人的行为规律，从中发现激励职工工作动机、提高工作效率的新方法和新途径，行为科学理论也由此应运而生。

行为科学理论产生于20世纪20年代的美国，早期被称为人际关系学说，以后发展为行为科学，即组织行为理论。主要代表人物有美国的管理学家梅奥、心理学家马斯洛、社会心理学家麦格雷戈等。

2.2.3.1 梅奥及其领导的霍桑实验

乔治·梅奥（George Elton Mayo，1880—1949），原籍澳大利亚后移居美国的管理学家，早期行为科学——人际关系学说的创始人，在管理思想发展史中有着特殊地位。他出生在澳大利亚的阿德莱德，并于阿德莱德大学获得逻辑学和哲学硕士学位；1919年，在澳大利亚的昆士兰大学任逻辑学、伦理学和哲学讲师，是澳大利亚心理疗法的创始人；1922年，移居美国；1923—1926年，作为宾夕法尼亚大学的研究人员为洛克菲勒基金会进行工业研究；1926年，任哈佛大学工商管理研究院工业研究室的副教授，以后一直在哈佛大学工作直至退休。梅奥领导了1924—1932年在芝加哥西方电气公司霍桑工厂进行的一系列试验（即霍桑实验）中后期的主要工作。该实验分为四个阶段。

第一阶段：车间照明实验（1924—1927年）——“照明实验”。

实验的目的是为了弄清照明强度对生产效率所产生的影响。这项实验前后共进行了两年半的时间，实验是在被挑选的两组绕线工人中间进行的，一组是实验组，另一组是参照组。在实验过程中，实验组不断增加照明强度，例如，将实验组的照明从24盏、46盏、76盏烛光亮度逐渐增强，而参照组的照明强度始终保持不变。

研究者试图通过这一实验，来发现照明的变化对生产效率的影响。但是实验结果显示，两组都在不断地提高产量。后来他们又采取了相反的措施，逐渐降低“实验组”的照明强度，合理地把两名实验组的女工安排在单独的房间里劳动，使照明一再降低，从10盏烛光亮度、3盏烛光亮度一直降到0.06盏烛光亮度，几乎和月光亮度差不多，直到这个时候产量才开始下降。

研究人员在这次实验结果的报告中提到：这次实验的结果是两组的产量均大大增加了，而且增加量几乎相等，两组的效率也几乎没有多大差异，纵然有一些微小的差异，也是在许可的误差之内，因此，无法确定改善照明对于工作效率有什么积极的影响。

第二阶段：继电器装配实验（1927—1928年）——“福利实验”。

为了能够找到更有效地控制、影响职工积极性的因素，梅奥选出6名女工在单独的房间从事装配继电器的工作。在实验过程中，不断地增加福利措施，如缩短工作日、延长休息时间、免费供应茶点等。研究者原来设想这些福利措施能刺激工人生产的积极性，结果却并非如此。后来，他们撤销了这些措施，按照设想生产量应该会下降，但实际情况表明生产量不仅没有下降，反而继续上升了。经过深入的了解发现，产量上升的主要原因是没有工头的监督，工人可以自由地工作，从而提高了积极性。

由于实验过程中比较尊重工人，实验计划的制订、工作条件的变化事先都倾听工人的意见，因而工人与研究小组的人员建立了融洽的人际关系，而且工人之间也产生了团结互助的感情。这说明，管理方式的改变和人际关系的改善比福利措施更能调动工人的积极性。

第三阶段：大规模的访谈计划（1928—1931年）——“访谈实验”。

既然实验表明管理方式与职工的士气和劳动生产率有密切关系，那么就应该了解工人对现有的管理方式有什么意见，为改进管理方式提供依据。于是，梅奥等人制订了一个访谈计划，在不到两年的时间内，研究人员对工厂中2万名左右的工人进行了访谈。

在访谈中，起初是用“直接提问”的方式谈话，例如，问管理工作和工作环境的问题。虽然他们向工人说明，谈话内容均将保密，但是工人的回答仍然有所戒备。后来改用“非直接提问”的方式，甚至让工人自由选择话题。在这样的大规模谈话中，研究人员收集到有关工人态度的大量资料。经过分析，研究人员了解到，工人的劳动效果不但和他们在组织中的地位、身份有关，而且也和小组的其他人的影响有关，工人中似乎存在一种“非正式组织”。

第四阶段：继电器绕线组的工作室实验（1931—1932年）——“群体实验”。

这是一项关于工人群体的实验，其目的是要证实在以上的实验中研究人员似乎感觉到在工人当中存在着一种非正式的组织，而且这种非正式的组织对工人的态度有着极其重要的影响。

实验开始时，研究人员向工人说明：他们可以尽力地工作，因为在这里实行的是计件工资制。研究人员原以为，实行了这一套办法会使职工更为努力地工作，然而结果出乎意料。事实上，工人实际完成的产量只是保持在中等水平上，而且每个工人的日产量都是差不多的。这是什么原因呢？研究者通过观察，了解到工人们自动限制产量的理由是：如果他们过分努力工作，就可能造成其他同伴的失业，或者公司会制订出更高的生产定额来。研究者为了了解他们之间的能力差别，还对实验组的每个人进行了灵敏度和智力测验，测验的结果和实际产量之间的关系使研究者联想到这种非正式的组织对这些工人的重要性。一名工人可以因为提高他的产量而得到小组工资总额中的较大份额，而且减少失业的可能性，然而这些物质上的报酬却会带来群体诘难的惩罚，因此每天只要完成群体认可的工作量就可以相安无事了。

梅奥等人就实验及访问交谈结果进行了总结，得出的主要结论是：生产效率不仅受物理因素和生理因素的影响，还会受到社会环境、社会心理的影响。这一点与科学管理的观点截然不同。以霍桑实验为基础，梅奥等人提出了人际关系学说，主要观点有：

(1) 企业的职工是“社会人”。霍桑实验表明，物质条件的改变，不是劳动生产率提高或降低的决定性原因，甚至计件制的刺激工资制对于产量的影响也不及生产集体所形成的一种自然力量大。因此，梅奥等人创立了“社会人”假说，即认为人不是孤立存在的，还要追求人与人之间的友情、安全感、归属感等社会欲望和心理欲望的满足。

(2) 满足工人的社会欲望，提高工人的士气是提高生产效率的关键。霍桑实验表明，生产效率的提高，关键在于工作态度的改变，即工作士气的提高。梅奥等人从“人是社会人”的观点出发，认为士气高低决定于安全感、归属感等社会、心理方面的欲望的被满足程度。被满足程度越高，士气就越高，生产效率也越高。

(3) 企业中实际存在着一种“非正式组织”。“人的组织”可分为“正式组织”和“非正式组织”两种。所谓“正式组织”，是指企业组织体系中的环节，是指为了实现企业总目标而担当明确职能的机构。人际关系学说认为，企业职工在共同工作、共同生产中，必然产生相互之间的人群关系，产生共同的情感，自然形成一种行为准则或惯例，要求个人服从，这就构成了“非正式组织”。这种非正式组织对于工人的行为影响很大，是影响生产效率的重要因素。

人际关系学说是行为科学理论的早期思想，它为以后行为科学的发展奠定了基础。人际关系学说只强调要重视人的行为，而行为科学还要求进一步研究人的行为规律，找出产生不同行为的影响因素，探讨如何控制人的行为以达到预定目标。

2.2.3.2 马斯洛的需要层次理论

马斯洛需要层次理论亦称基本需要层次理论，是行为科学的理论之一，由美国心理学家亚伯拉罕·马斯洛（Abraham Maslow，1908—1970）于1943年在《人类激励理论》中提出。

马斯洛理论把人的需要分成生理需要、安全需要、社交需要、尊重需要和自我实现需要五类，依次由较低层次到较高层次排列。各层次需要的基本含义如下：

1）生理需要，这是人类维持自身生存的最基本要求，包括对衣、食、住、行、医药、生理等的需求。

2）安全需要，包括对人身安全、健康保障、资源所有权、财产所有权、道德保障、工作职位保障、家庭安全等的需要。

3）社交需要，包括对友情、爱情、归属感等各方面的需要。

4）尊重需要，包括自我尊重、信心、成就、对他人尊重、被他人尊重的需要等。

5）自我实现需要，包括道德、创造力、自觉性、问题解决能力、公正度、接受现实能力的需要。这是最高一级的需要。

马斯洛需要层次理论认为：人是有需要的动物，其需要取决于他已经得到了什么，尚缺少什么，只有尚未满足的需要才能够影响行为（换言之，已得到满足的需要不能起到激励作用）；人的需要都是有顺序有层次的，只有低一级的需要基本得到满足后才会产生高一级需要，但是当低一层次需要受到威胁时，需要还会向反方向发展；在特定的时刻，人的一切需要如果都未得到满足，那么满足最主要的需要就比满足其他需要更迫切。

2.2.3.3 赫茨伯格的双因素理论

弗雷德里克·赫茨伯格（Fredrick Herzberg，1923—2000）曾获得纽约市立学院的学士学位和匹兹堡大学的博士学位，以后在美国和其他 30 多个国家从事管理教育和管理咨询工作。他的主要著作有：《工作的激励因素》（1959）、《工作与人性》（1966）、《管理的选择：是更有效还是更有人性》（1976）。双因素激励理论，简称双因素理论（Two Factor Theory），又称激励保健理论（Motivator-Hygiene Theory），是赫茨伯格 1959 年提出来的。

20 世纪 50 年代末期，赫茨伯格和他的助手们在美国匹兹堡对 200 多名工程师、会计师进行了调查访问。访问主要围绕两个问题：在工作中，哪些事项是让他们感到满意的，并估计这种积极情绪持续多长时间；哪些事项是让他们感到不满意的，并估计这种消极情绪持续多长时间。调查结果发现，使职工感到满意的都是属于工作本身或工作内容方面的；使职工感到不满的，都是属于工作环境或工作关系方面的。赫茨伯格把前者叫作激励因素，后者叫作保健因素。

（1）激励因素。这类因素具备时，可以起到明显的激励作用，不具备时，也不会造成职工的极大不满。这类因素包括：工作上的成就感、受到重视、提升、挑战性的工作、增加的工作责任，以及成长和发展的机会。按照赫茨伯格的观点，管理当局应该认识到保健因素是必需的，不过它一旦使不满意中和以后，就不能产生更积极的效果。只有“激励因素”才能使人们有更好的工作成绩。

（2）保健因素。这类因素对职工行为产生的作用类似于卫生保健对身体健康所起的作用。保健从环境中消除有害于健康的事物，它不能直接提高健康水平，但有预防疾病的效果；它不是治疗性的，而是预防性的。保健因素包括公司政策、管理措施、监督、人际关系、物质工作条件、工资、福利等。当这些因素恶化到人们认为可以接受的水平以下时，人们就会产生对工作的不满意。但是，当人们认为这些因素很好时，它只是消除了不满意，并不会导致积极的态度，这就形成了某种既不是满意、又不是不满意的中性状态。

总的来看，激励因素基本上是以工作为中心的，即以对工作本身是否满意，工作中个人是否有成就、是否得到重用和提升为中心的；保健因素基本上都是与工作环境和工作关系有关的，属于保证工作完成的基本条件。但是，赫茨伯格注意到，激励因素和保健因素都有若干重叠现象，如赏识属于激励因素，基本上起积极作用；但当没有受到赏识时，又可能起消极作用，这时又表现为保健因素。工资是保健因素，但有时也能产生使职工满意的结果。

2.2.3.4 X、Y、超 Y、Z 理论

1. 麦格雷戈的 X 理论和 Y 理论

美国行为科学家道格拉斯·麦格雷戈（Douglas McGregor，1906—1964），麻省理工学院教授，著名的管理专家和社会心理学家，先后获得过韦恩大学文学学士学位、哈佛大学文学硕士学位和哲学博士学位，是 20 世纪 50 年代末期涌现出的人际关系学派的中心人物之一。

麦格雷戈于1957年首次提出X理论和Y理论。在1960年出版的《企业的人事方面》一书中，又对两种理论进行了比较。他认为，在管理中对人性的假设存在两种截然不同的观点，即X理论和Y理论。

麦格雷戈所指的X理论是基于对人性的一种传统假设，主要有以下观点：

人的本性是坏的，一般人都天生好逸恶劳，都尽可能逃避工作；由于人有厌恶工作的特性，因此对大多数人来说，仅用奖赏的办法不足以战胜其厌恶工作的倾向，必须进行强制、监督、指挥，并以惩罚进行威胁，才能使他们付出足够的努力去完成给定的工作目标；一般人都胸无大志，通常满足于平平稳稳地完成工作，而不喜欢具有压迫感的创造性的困难工作。

麦格雷戈认为，X理论对美国各个工业部门都产生了极为深刻的影响。从这种传统人性假设出发，产生了三种不同的管理方法：以处罚为手段的严格管理；以奖赏为手段的温和管理；以两者的折中为特征的严格而公平的管理。这些管理策略和方法，都是企图通过外力的刺激来提高职工的工作热情。然而，这些管理策略和方法都是难以奏效的。

因此，麦格雷戈认为，有必要在对人的特性和人的行为动机更恰当的认识基础上建立新的理论，于是他提出了Y理论。Y理论的主要观点是：

人并不天生厌恶工作，他们对工作的喜好和憎恶取决于这工作对他是一种满足还是一种惩罚；在正常情况下人们愿意承担责任；人们都热衷于发挥自己的才能和创造性。

麦格雷戈认为，按照Y理论看待工人的需要，管理只要创造一个能多方面满足工人需要的环境，就能使人们的智慧、能力得以充分的发挥，从而更好地实现组织和个人的目标。

2. 超Y理论

在麦格雷戈提出X理论和Y理论之后，美国的乔伊·洛尔施（Joy Lorsch）和约翰·莫尔斯（John Morse）对此进行了实验。他们选了两个工厂和两个研究所作为实验对象，其中一个工厂和一个研究所按X理论来管理，另一个工厂和另一个研究所按Y理论来管理。实验结果看出，采用X理论来管理的单位和Y理论的单位都有效率高和效率低的，可见Y理论不一定比X理论优越。这是因为：职工素质各不相同，有的人富于主动性、责任感和创造才能，有的人则不具备这些品质；工作内容也各不相同，有的是单调重复性劳动，有的是丰富新奇的、富有创造性的劳动。因此，应该根据不同的情况采用不同的管理方式。

3. Z理论

Z理论是由日裔美国学者威廉·大内（Willam Ouchi）于20世纪80年代提出的一种新型管理理论。这一理论的提出是鉴于美国企业面临着日本企业的严重挑战。大内选择了日、美两国的一些典型企业（这些企业在本国及对方国家中都设有子公司或工厂）进行研究，发现日本企业的生产率普遍高于美国企业，而美国在日本设置的企业，如果按照美国方式管理，其效率更差。根据这一现象，大内提出了Z理论。Z理论认为企业管理当局与职工的利益是一致的，两者的积极性可融为一体。

按照Z理论，管理的主要内容是：

1）企业对职工的雇用应是长期的而不是短期的。企业在经济恐慌及经营不佳的状况下，一般也不采取解雇职工的办法，而是动员大家“节衣缩食”共度难关。这样，就可使职工感到职业有保障而积极地关心企业的利益和前途。

2）上下结合制订决策，鼓励职工参与企业的管理工作。从调查研究、反映情况，到参与企业重大问题的决策，都启发、支持职工参与。

3）实行个人负责制。要求基层管理人员不机械地执行上级命令，而要敏感地体会上级命令的实质，创造性地去执行。强调中层管理人员对各方面的建议进行协调统一，统一的过程就是反复协商的过程。这样做虽然费些时间，但便于贯彻执行。

4）上下级之间关系要融洽。企业管理当局要处处显示对职工的全面关心，使职工心情舒畅、愉快。

5）对职工要进行全面知识的培训，使职工有多方面工作的经验。如果要提拔一名计划科长担任经营副经理，就要使他在具有担任财务科长、生产科长的能力之后，再提拔到经营副经理的位置上。

6）准备评价与稳步提拔。强调对职工进行长期而全面的考察，不以“一时之事”为根据对职工的表现下结论。

7）控制机制要较为含蓄而不正规，但检测手段要正规。

2.2.4 现代管理理论

20 世纪 60 年代末期开始，各种管理理论和管理学派如雨后春笋般涌现出来，管理学领域出现了学派林立、理论纷呈的现象，带来了管理理论的空前繁荣。这其中主要的代表学派有：管理过程学派、管理科学学派、社会系统学派、管理决策学派、系统理论学派、经验主义学派、经理角色学派和权变理论学派等。这些管理学派研究方法众多，管理理论不统一，各个学派都有自己的代表人物和所主张的理论、概念和方法，哈罗德·孔茨（H. Koontz）称其为“管理理论丛林”。

1. 管理过程学派

管理过程学派又称管理职能学派。该学派认为，无论组织的性质和组织所处的环境有多么的不同，管理人员所从事的管理职能却是相同的。管理过程学派的创始人是古典管理理论阶段的著名管理学者法约尔。法约尔在他的著作《工业管理与一般管理》一书中阐述了这一理论的基础。第二次世界大战后，以美国加利福尼亚大学的教授哈罗德·孔茨和西里尔·奥唐奈（Cyril O'Donnell）为代表的管理学家充实和发展了管理过程理论。孔茨和奥唐奈继承了法约尔的理论，并把法约尔的理论更加系统化、条理化，使管理过程学派成为管理各学派中最具有影响力的学派。孔茨和奥唐奈将管理职能分为计划、组织、人事、领导和控制五项，而把协调作为管理的本质。

该学派的基本观点是：①管理是一个过程，即让他人同自己一道去实现既定的目标的过程。②管理过程的职能有五个，即计划、组织、人事、领导和控制。③管理职能具有普遍性，但侧重点因管理级别的不同而异。④管理应具有灵活性。

2. 管理科学学派

管理科学学派的管理科学理论是指以系统的观点运用数学、统计学的方法和电子计算机的技术，为现代管理的决策提供科学的依据，通过计划和控制解决企业中生产与经营问题的理论。该理论是泰勒科学管理理论的继承和发展，其主要目标是探求最有效的工作方法或最优方案，以最短的时间、最少的支出取得最好的效果。

3. 社会系统学派

社会系统学派也称社会协作系统学派，是继古典管理理论和人际关系学说之后创立的一种从社会学的角度来分析各种组织的管理理论。美国的切斯特·巴纳德（Chester I. Barnard）是这一学派的创始人，他的著作《经理的职能》对该学派有很大的影响。

社会系统学派认为人与人之间的相互关系就是一个社会系统，它是人们在意见、力量、愿望以及思想等方面的一种合作关系，受到社会环境各方面因素的影响。管理人员的作用就是要围绕物质的、生物的和社会的因素去适应总的合作系统。

4. 管理决策学派

管理决策学派是在第二次世界大战之后，吸收了行为科学、系统理论、运筹学和计算机等学科的内容发展起来的，其代表人物是西蒙（Herbert A. Smion）。美国管理学家、计算机学家和心理学家西蒙于1943年获芝加哥大学博士学位，曾任教于美国加利福尼亚大学、纽约大学等高等学府，著有《管理行为》《组织》《管理决策新科学》等著作，是管理决策学派的主要创始人。

管理决策学派认为：管理过程就是决策的过程，管理的实质就是决策。由于决策是管理人员的主要任务，因而必须集中研究决策问题，围绕决策这个核心形成管理理论。组织是由作为有限理性的决策者个人所组成的系统，任何成员在加入组织之前都要首先做出参加或不参加该组织的决策，加入组织后还要继续做出种种个人的决策，组织的决策则是组织成员及其群体参与的结果。然而由于管理人员的有限理性，管理决策不可能是最优的，只能是满意的。决策理论产生后，对现代管理产生了较大的推动作用，后来这一理论得到了广泛的重视和进一步的发展。

5. 系统理论学派

系统理论学派是指将组织作为一个有机整体，把各项管理业务看成相互联系的网络的一种管理学派。该学派重视对组织结构和模式的分析，应用一般系统理论的范畴、原理，全面分析和研究企业和其他组织的管理活动和管理过程，并建立起系统模型以便于分析。系统理论学派的重要代表人物是弗里蒙特·卡斯特（Fremont E. Kast）。他是著名的管理学家，主要著作有《系统理论与管理》（与人合著）、《组织与管理：系统与权变方法》（与人合著）等。

该学派的主要观点如下：组织是一个系统，是由相互联系、相互依存的要素构成的。根据需要，可以把系统分解为子系统，子系统还可以再分解。例如，为了研究一个系统的构成，可以把系统分解为各个结构子系统；为了研究一个系统的功能，可以把系统分解为各个功能子系统。这样，对系统的研究就可以从研究子系统与子系统之间的关系入手。

运用系统观点来考察管理的基本职能，可以提高组织的整体效率，使管理人员不至于只重视某些与自己有关的特殊职能而忽视了系统的大目标，也不至于忽视自己在组织中的地位和作用。

6. 经验主义学派

经验主义学派又称为经理主义学派，以向大企业的经理提供管理当代企业的经验和科学方法为目标，强调经验或案例分析的科学意义，主张通过分析经验（或各种实际案例）来进行管理研究，并从中抽象出管理理论和方法。代表人物有彼得·德鲁克（Peter F. Drucker）、欧内斯特·戴尔（Ernest Dale）等。

经验主义学派认为，传统的管理理论和行为科学理论都不能完全适应企业发展的实际需要，有关企业管理的科学应该从企业管理的实际出发，以大企业的管理经验为主要研究对象，以便在一定情况下可能把这些经验加以概括和理论化。

经验主义学派提出了管理是管理者的技巧，是一个特殊的、独立的活动和知识领域的观点。管理者的任务是形成“生产的统一体”，形成“集体力”。管理者的每一项措施都必须将当前利益和长远利益协调起来。经验主义学派还发展和完善了“目标管理理论”，提出了分权式的“联邦制”即“事业部制”的组织管理模式。

7. 经理角色学派

经理角色学派是以对经理所担任角色的分析为中心来考虑经理的职务和工作。该学派认为，针对经理工作的特点及其所担任的角色等问题，如能有意识地采取各种措施，将有助于提高经理的工作成效。经理角色学派的代表人物是亨利·明茨伯格（Henry Mintzberg）。

8. 权变理论学派

权变理论学派是20世纪70年代在美国形成的一个管理学派。其代表人物卢桑斯（F. Luthans）在1976年出版的《管理导论：一种权变学》是系统论述权变管理的代表著作。权变管理理论着重考察企业有关的环境变量与各种企业管理方式之间的关系，把环境变量当作解释变量，而管理方式当作被解释变量。

该学派认为，企业管理要根据企业所处的内外条件随机应变，没有什么一成不变、放之四海而皆准的“最好的”管理理论和方法。企业管理要根据企业所处的内部条件和外部环境来决定其管理手段和管理方法，即要按照不同的情景、不同的企业类型、不同的目标和价值，采取不同的管理手段和管理方法。例如，在经济衰退时期，由于企业面临供大于求的市场环境，集权的组织结构可能更适合；而在经济繁荣时期，市场环境供不应求，采用分权的组织结构可能更适合。

2.2.5 管理理论的新近发展

20世纪80年代，西方管理理论又产生了一些体现时代特征的管理理论，如学习型组织、业务流程再造理论、知识管理理论、跨文化管理理论、绿色管理理论等。

1. 学习型组织

所谓学习型组织，是指具有持续不断学习、适应和变革能力的组织。美国学者彼得·圣吉（P. M. Senge）在所著的《第五项修炼》（*The Fifth Discipline*）中提出此管理观念，认为学习型组织是人们从工作中获得生命意义、实现共同愿景和获取竞争优势的组织蓝图，企业应建立学习型组织以维持竞争力。学习型组织包括五项要素：①建立共同愿景。②团队学习。③改变心智模式。④自我超越。⑤系统思考。

2. 业务流程再造理论

它是一种管理思想。它强调以业务流程为改造对象和中心、以关心客户的需求和满意度为目标，来对现行的业务流程进行再思考和再设计，并且利用先进的制造技术、信息技术及现代化的管理手段，最大限度地实现技术上的功能集成和管理上的职能集成，从而实现企业经营在成本、质量、服务和速度等方面的巨大改进。该理论的创始人是原美国麻省理工学院教授迈克尔·哈默（M. Hammer）与詹姆斯·钱皮（J. Champy）。1993年，他们在合著的《公司重组——企业革命宣言》一书中指出，200多年来，人们一直遵循亚当·斯密的劳动分工的思想来建立和管理企业，即注重把工作分解为最简单和最基本的步骤；而目前应围绕这样的概念来建立和管理企业，即把工作任务重新组合到首尾一贯的工作流程中。他们认为企业应以工作流程为中心，重新设计企业的经营、管理及运作方式，进行“业务流程再造工程”。美国企业从20世纪80年代起开始了大规模的企业重组革命，日本企业也于90年代开始进行第二次管理革命，企业管理经历着前所未有的、脱胎换骨的变革。

2.3　企业管理的基本职能

企业管理的职能是指企业在其经营管理活动中所具有的职责和功能。根据管理的二重性，可以将企业管理的基本职能划分为两种：一种是合理组织生产力的功能，另一种是巩固和完善社会生产关系及其社会制度的功能。企业管理过程是这两个基本职能相结合而发挥作用的过程。由于这两个职能的作用，使生产力得到发展，生产关系得到维护，企业的经营目标得到实现。在企业实际的管理活动中，这两种基本职能表现在许多方面，因而就有许多具体的管理职能，主要有计划职能、组织职能、控制职能、创新职能等。

2.3.1　计划职能

计划是管理职能中首要的也是基本的职能，如同“引航灯”，为企业活动指明方向。在企业管理中，计划职能决定其他管理职能，企业的一切管理工作必须遵照计划的部署有步骤地进行。

1. 计划的含义和作用

计划是指为了实现既定的组织目标，对组织在未来一段时间的行动做出的规划和安排。计划含义的要点包括：计划是管理工作的一项首要职能；计划是在调查、分析、预测的基础上形成的；计划是对未来一定时期内的工作安排，是现实与未来目标间的一座桥梁；计划也是一种管理协调的手段。一个完整的计划要清楚地回答下列六个问题——做什么（What）？为什么做（Why）？何时做（When）？何地做（Where）？谁去做（Who）？怎样做（How）？

计划工作的作用表现为以下几方面：

（1）计划是管理者协调工作的依据。计划本身是一个协调的过程，当组织成员都目标明确时，就能协调工作、互相配合。

（2）计划是降低风险、掌握主动的手段。计划可以促使企业管理者展望未来、预见变化，考虑变化的冲击，并制订适当的应对对策，从而减小不确定性。

（3）计划是减少浪费、提高效益的方法。计划是对经过科学论证了的可供选择的最佳方案进行的周密安排，是对企业有限资源的一种优化配置和综合平衡。因此，在计划制订的过程中可以发现资源的浪费、冗余情况，通过资源协调尽量减少或避免浪费，从而提高企业效益。

（4）计划是控制的标准。在编制计划的过程中，需要设立工作预期达到的目标以及考核工作成效的参考指标。而在控制中，往往会将实际的工作绩效与计划制订的目标和考核指标进行比较，从而发现可能的偏差并采取措施进行补救。

案例

如何更好地执行计划

美国某钢铁公司总裁舒瓦普向一位效率专家利请教如何更好地执行计划的方法，利声称可以给舒瓦普一样东西，在10分钟内能把他公司业绩提高50%。接着，利递给舒瓦普一张白纸，说："请在这张纸上写下你明天要做的6件最重要的事。"舒瓦普用了约5分钟时间写完。利接着说："现在用数字标明每件事情对于你和公司的重要性次序。"舒瓦普又花了约5分钟做完。利说："好了，现在这张纸就是我要给你的。明天早上第一件事是把纸条拿出来，做第一项最重要的。不看其他的，只做第一项，直到完成为止。然后用同样办法对待第二项、第三项……直到下班为止。即使只做完一件事，那也不要紧，因为你总在做最重要的事。你可以试着每天这样做，直到你相信这个方法有价值时，请将你认为的价值给我寄支票。"一个月后，舒瓦普给利寄去一张2.5万美元的支票，并在他的员工中普及这种方法。5年后，当年这个不为人知的小钢铁公司成为世界最大钢铁公司之一。

（资料来源：余敬，刁凤琴，管理学案例精析，中国地质大学出版社，有改动。）

2. 计划的类型

依照不同的标准，可以将企业计划分为不同的类型。

（1）按计划的期限，可分为短期计划、中期计划和长期计划。期限在1年以内的称为短期计划，期限在5年以上的为长期计划，介于两者之间的为中期计划。

（2）按计划范围的广度，可分为战略计划和作业计划。应用于企业整体层面，为企业设立总体目标以寻求企业在环境中的地位的计划，称为战略计划。战略计划的周期一般较长，通常是长期计划。规定总体目标如何实现的细节计划称为作业计划，这种计划的周期一般较短。

（3）按计划的明确性程度，可分为具体计划和指导性计划。具体计划具有明确的可衡量的目标，并提供一套可操作的行动方案。指导性计划只规定一些重大方针，不局限于明确的特定的目标或特定的活动方案，可为组织指明方向，统一认识，但不提供明确的操作指南。

（4）按制订计划的组织层次，可分为高层管理计划、中层管理计划和基层管理计划。高层管理计划一般以整个企业为单位，着眼于企业整体的、长远的安排。中层管理计划一般侧重于组织内部的各个组成部分的定位及相互关系的确定。基层管理计划关注每个岗位、每个员工、每个时间单位的工作安排和协调，基本上都是作业性的内容。

3. 编制计划的方法

（1）滚动计划法。由于在计划工作中很难准确地预测未来，计划期限越长，这种不确定性就越大。为提高计划的有效性，可以采用滚动计划法。滚动计划法将短期计划、中期计划和长期计划有机地结合起来，根据近期计划的执行情况和环境变化情况，定期修订未来计划。其具体做法如下：在计划制订时，同时制订未来若干期的计划，但计划内容采用近细远粗的方法，即把近期的详尽计划和远期的粗略计划结合在一起。在近期计划完成后，根据计划执行情况和环境变化情况，对原计划进行修订和细化。以后根据同样的原则逐期向前滚动。

（2）甘特图法。甘特图法适合编制进度计划。进度计划可以反映工作的先后顺序、从事工作的人员，以及什么时候完成这些工作。甘特图（Gantt Chart）基本上是一种线条图，横轴表示时间，纵轴表示要安排的活动，线条表示在整个期间计划的和实际的活动完成情况。它可以直观地表明任务在何时进行，以及实际进展与计划要求的对比，它使管理者很容易搞清楚一项任务还剩下哪些工作要做，工作是提前还是拖后了。

（3）网络计划技术法。网络计划技术是指用于工程项目的计划与控制的一项管理技术。它是20世纪50年代末发展起来的，依其起源有关键路线法（Critical Path Method，CPM）

与计划评审法（Program Evaluation and Review Technique，PERT）之分。1956年，美国杜邦公司在制订企业不同业务部门的系统规划时，制订了第一套网络计划，通过网络分析研究工程费用与工期的相互关系，找出在编制计划及计划执行过程中的关键路线，这种方法称为关键路线法。1958年，美国海军武器部在制订研制“北极星”导弹计划时，同样应用了网络计划技术法，但它注重于对各项工作安排的评价和审查。

2.3.2 组织职能

企业的组织职能实际上是为了实现企业目标而对企业的人、财、物、信息等各个要素以及各个环节，从时间和空间上进行相互链接，按照一定的原则和方式进行分工和协作，并组合成一个有机整体的过程。企业的各种要素和各个环节在没有组织成为一个整体之前是无法进行各种生产经营活动的。组织职能的主要内容包括组织设计、组织变革与创新、人力资源管理和组织运用。

1. 组织设计

组织设计是建立组织框架并确立组织各要素之间关系的过程，也是执行组织职能的基础工作。组织设计的主要内容包括以下几个方面：

(1) 提供组织结构图。组织结构图应该能够清晰地显示出组织各机构在整个组织中所处的地位及彼此间的控制关系。

(2) 编制职务说明书。组织活动要正常有序、有效地进行，需要明确组织所应具备的职能、人员岗位的设置、各岗位人员之间的管理与被管理的关系。

(3) 设计决策支持系统。组织在开展日常业务过程中需要进行大量的决策活动，而如何制订和有效执行决策，则需要组织设计出完善的决策支持系统来确立领导体制、权力结构和决策机制。

(4) 设计组织的远景规划。组织根据其目标，制订远景规划，在不同的发展阶段采取不同发展战略和组织变革。远景规划的确立使得组织成员对于组织的发展方向有一个明确的认识，为以后组织变革和发展打下良好的基础。

(5) 设计组织日常行为规范。日常行为规范是一个组织区别于其他组织的重要方面，而且日常行为规范还体现出组织的文化特征和发展前景。日常行为规范的实施使得组织成员形成良好的工作习惯和健康的心理状态。

2. 组织变革与创新

组织所处的外部环境，如社会、政治、经济、科学、技术、文化教育、自然地理环境都在不断地发生着变化，组织要适应环境的这些变化，就必须对其内部组成与资源进行不断的调整和创新，以保持组织的生命力。一般来说，组织变革有以下三种基本方式：

(1) 局部改良变革。这种变革涉及面往往不大，所受阻力也较小，而且是组织经常的变革。例如，职能部门的合并、撤销以及人员任命、调离等微小调整。

(2) 全局革命变革。这种变革方式是对组织系统进行全面的改组和调整。变革过程中会涉及各方面的利益，所受到的阻力是很大的，因此采用这种变革方式的组织必须事前进行周密的计划和协调工作，降低组织变革的风险。

(3) 总体计划变革。这种变革方式是依据组织的愿景规划，并根据组织阶段性发展的特点所采取的相应变革。这种变革是有计划、有步骤地进行的，一般不会受到太大的阻力，是一种比较理想的变革方式。

3. 人力资源管理

在人力资源管理方面，主要应做好以下三个方面的工作：

（1）建立科学的培训机制。组织成员培训是组织适应时代发展，满足员工学习的欲望和提高员工能力的有效手段。通过学习培训，组织成员会提高自我满意度，并对组织产生一种认可感，从而提高工作效率。

（2）实施绩效管理体制。合理的绩效管理体制能激发组织成员的工作积极性和创造性，在组织内部形成良好的工作氛围，使优秀的人才脱颖而出，并为组织吸引、留住人才。

（3）合理地运用人力资源。人尽其才是科学合理运用人力资源的重要体现。另外，组织还需要采取多种措施保持骨干队伍的相对稳定，使组织内部人才流动的渠道畅通，在流动中实现人才的优化组合和科学配置。

4. 组织运用

组织的各个组成部分具有其特定的功能，组织运用即是通过各种管理手段执行这些功能并使组织发挥其所拥有的功能作用，最终实现组织目的的过程。由于每一个职能部门都有特定的活动目标，而且业务流程具有一定的规范和约束机制，所以在具体的组织运用中，其内容根据组织各部分功能的不同而不同。

2.3.3 控制职能

1. 控制的定义

控制可以定义为监视各项活动以保证它们按计划进行并纠正各种重要偏差的过程。它包括：①制订各种控制标准。②检查工作是否按计划进行，是否符合既定的标准。③若工作发生偏差要及时发出信号。④然后分析偏差产生的原因，纠正偏差或制订新的计划，以确保实现组织目标。简单地说，控制就是使事情按计划进行。

案例

肯德基的控制方法

肯德基的子公司遍布全球。然而，肯德基国际公司在万里之外，又怎么能相信他的下属能循规蹈矩呢？一次，上海肯德基有限公司收到了3份总公司寄来的鉴定书，对他们外滩快餐厅的工作质量分3次鉴定评分，分别为83分、85分、88分。公司中外方经理都为之瞠目结舌，这3个分数是怎么评定的？原来，肯德基国际公司雇佣、培训一批人，让他们佯装顾客潜入店内进行检查评分。这些“特殊顾客”来无影、去无踪，这就使快餐厅经理、雇员时时感到某种压力，丝毫不敢疏忽。

2. 控制的过程

控制是根据计划的要求设立衡量绩效的标准，然后把实际工作结果与预定标准相比较，以确定组织活动中出现的偏差及其严重程度；在此基础上，有针对性地采取必要的纠正措施，以确保组织资源的有效利用和组织目标的圆满实现。不论控制的对象是新技术的研究与开发，还是产品的加工制造，或是市场营销，是企业的人力条件，还是物质要素，或是财务资源，控制的过程都包括三个基本环节工作：确立标准、衡量绩效、纠正偏差。

（1）确立标准。怎么知道事情是否正在按计划进行呢？好比锻炼身体，保持身体的健康在一定意义上也可以看作是一种计划，怎么知道身体是不是健康呢？检查一下就能知道。检查就有检查的指标，如血压、体重、血脂等。企业管理也是如此，要有一个判断事情是否正在按计划进行的尺度，控制首先要从设定尺度和指标开始，这个环节叫作确立标准。

从企业的具体工作来看，确立标准就是要在企业中建立起一套考评体系。假如一个企业开展了比较详细的目标管理，这套经过分解的目标，实际上就是一个现成的考评体系。如果没有，就得根据企业的战略愿景、根据计划来加以分解，建立起一些关键的考评指标。有了这个测评指标，就可以拿它来衡量了。

(2) 衡量绩效。第二个步骤是用这套控制标准来衡量现实的绩效。衡量的结果一般来说有两种：或者事情正在按计划进行，或者事情的进程与计划存在着差距。假如事情正在按计划进行，保持就可以了。假如事情没有按计划进行，就意味着实际的进程与计划之间存在着偏差，就要进行第三步工作。

(3) 纠正偏差。各种各样的绩效指标，实际上是过程的输出。要调整输出的指标，仅仅在输出的地方做努力是不够的，假如这样，就会陷入“摁下葫芦浮起瓢”的境地。所以正确的态度是经过衡量发现偏差，分析造成偏差的原因，制订并实施必要的纠正措施。

3. 控制的类型

企业管理中的控制手段可以在行动开始之前、进行之中或结束之后进行，分别称为前馈控制（Feedforward Control）、同期控制（Concurrent Control）、反馈控制（Feedback Control）。

(1) 前馈控制。前馈控制发生在实际工作开始之前，是未来导向的。采取前馈控制的关键是要在实际问题发生之前就采取管理行动。这种控制需要及时和准确的信息。但不幸的是这些常常很难办到。因此，管理者总是不得不借助于另外两种类型的控制。

(2) 同期控制。同期控制是发生在活动之中的控制。在活动进行之中予以控制，管理者可以在发生重大损失之前及时纠正问题。最常见的同期控制方式是直接观察。

(3) 反馈控制。最常见的控制类型是反馈控制。与前面两种控制相比，反馈控制具有两方面的优势：①反馈控制为管理者提供了关于计划的实际效果的真实信息；②反馈控制可以增强员工的积极性，因为人们希望获得评价他们绩效的信息，而反馈控制正好提供了这样的信息。反馈控制的主要缺点在于：管理者获得信息时损失已经造成了。

2.3.4 创新职能

计划、组织与控制是保证组织目标的实现所不可缺少的。从某种意义上来讲，它们同属于管理的“维持职能”，其任务是保证系统按预定的方向和规则运行。但是，管理在动态环境中生存的企业组织，仅有维持是不够的，还必须不断调整企业活动的内容和目标，以适应环境变化的要求——这就是企业组织的创新职能。创新是企业发展的基础，是企业获取经济增长的源泉，也是企业谋取竞争优势的利器，更是企业摆脱发展危机的重要途径。

创新工作作为企业管理的职能表现在它本身就是企业管理工作的一个环节，对于任何企业组织来说都是一种重要的活动。创新职能的基本内容包括以下几方面：

(1) 目标创新。企业是在一定的经济环境中从事经营活动的，特定的环境要求企业按照特定的方式提供特定的产品。一旦环境发生变化，要求企业的生产方向、经营目标以及企业在生产过程中与其他社会经济组织的关系进行相应的调整。在新的经济背景中，企业的目标必须调整为：“通过满足社会需要来获取利润”。至于企业在某个时期的具体的经营目标，则更需要适时地根据市场环境和消费需求的特点及变化趋势加以整合，每一次调整都是一种创新。

（2）技术创新。技术创新是企业创新的主要内容，企业中出现的大量创新活动是有关技术方面的，因此，有人甚至把技术创新视为企业创新的同义语。

技术水平是反映企业经营实力的一个重要标志，企业要在激烈的市场竞争中处于主动地位，就必须顺应甚至引导社会技术进步的方面，不断地进行技术创新。由于一定的技术都是通过一定的物质载体和利用这些载体的方法来体现的，因此企业的技术创新主要表现为要素创新、要素组合方法的创新及产品的创新。

（3）制度创新。技术创新主要是从技术角度分析人、机、料各种结合方式的改进和更新，而制度创新则需要从社会经济角度来分析企业各成员间的正式关系的调整和变革。制度是组织运行方式的原则规定。企业制度主要包括产权制度、组织制度和管理制度三个方面的内容。企业制度创新的方向是不断调整和优化企业所有者、经营者、劳动者三者之间的关系，使各个方面的权力和利益得到充分的体现，使组织的各种成员的作用得到充分的发挥。

（4）组织机构和结构的创新。企业系统的正常运行，既要求具有符合企业及其环境特点的运行制度，又要求具有与之相应的运行载体，即合理的组织形式。因此，企业制度创新必然要求组织形式的变革和发展。

由于机构设置和结构的形成要受到企业活动的内容、特点、规模、环境等因素的影响，因此，不同的企业，有不同的组织形式；同一企业，在不同的时期，随着经营活动的变化，也要求组织的机构和结构不断调整。组织创新的目的在于更合理地组织管理人员的努力，提高管理劳动的效率。

（5）环境创新。环境是企业经营的土壤，同时也制约着企业的经营。企业与环境的关系，不是单纯地去适应，而是在适应的同时去改选、去引导，甚至去创造。环境创新不是指企业为适应外界变化而调整内部结构或活动，而是指通过企业积极的创新活动去改造环境、引导环境，使环境朝着有利于企业经营的方向变化。例如，通过企业的公关活动影响社区政府政策的制订，通过企业的技术创新影响社会技术进步的方向等。就企业来说，环境创新的主要内容是市场创新。

市场创新主要是指通过企业的活动去引导消费，创造需求的主要途径。其实，市场创新的许多内容是通过企业的营销活动来进行的，即在产品的材料、结构、性能不变的前提下，或通过市场的物理转移，或通过提示产品新的使用价值，来寻找新用户；或通过广告宣传等促销工作，来赋予产品一定的心理使用价值，影响人们对某种消费行为的社会评价，从而诱发和强化消费者的购买动机，增加产品的销售量。

2.4 企业管理的基本内容

企业管理是一个系统完整的体系，对这个体系可以从纵向和横向两个方面加以分析。从纵向看，有经营战略、决策与计划管理（高层管理）、专业管理（中层管理）和作业管理（基层管理）三个层次的管理；从横向看，包括一系列具体的专业管理。

2.4.1 不同层次的管理

（1）企业高层管理。它是企业管理体系中最重要的组成部分，处于统帅地位，其核心是制订和组织实施企业经营战略、决策与计划。除此之外，它还包括企业组织结构的设计与改革工作，选拔使用和培养干部，培育企业文化，加强思想政治工作，处理企业同外部各方面的关键性关系，临时处理企业出现的重大危机等。

(2) 企业中层管理。它是把高层管理同基层管理联结起来的纽带，一方面对高层发挥参谋和助手作用，另一方面对基层管理进行指导、服务和监督。其内容一般是以企业生产经营全过程的不同阶段（如开发、供应、生产、销售等阶段）和构成要素（如人、财、物等）为对象，形成一系列的专业管理。

(3) 企业基层管理。企业基层管理的对象是作业层。作业层在工业企业中通常指的是生产车间，在商业企业中指的是销售点，在服务性企业中指的是作业场所。其内容一般包括工序管理、物流管理、环境管理、规范化管理、职工自主管理和基层组织管理等。

2.4.2 各项专业管理

从横向看，企业以生产经营全过程的不同阶段和构成要素为对象，形成一系列专业管理，包括企业战略管理、新产品开发与创新管理、生产管理、质量管理、人力资源管理、财务管理、市场营销管理、企业文化建设与管理、企业信息化管理等。

(1) 企业战略管理。企业战略管理是企业在宏观层次通过分析、预测、规划、控制等手段，充分利用本企业的人、财、物等资源，以达到优化管理、提高经济效益的目的。战略管理涉及企业发展的全局性、长远性的重大问题，主要研究企业作为整体的功能与责任、所面临的机会与风险，关注企业经营中所涉及的综合性决策问题。

(2) 新产品开发与创新管理。研究与开发新产品、改进老产品，是关系到企业生存与发展的大问题。因此，企业必须高度重视新产品的开发工作，以质优价廉的新产品满足社会需要，从而增强企业的市场竞争能力，不断提高企业的经济效益。

(3) 生产管理。生产管理是对生产企业和日常生产活动进行计划、组织、协调和控制等一系列管理活动过程，主要包括工厂布置、生产过程组织、劳动组织、生产计划、生产作业计划、质量管理、设备管理等工作。

(4) 质量管理。它是指通过确定质量方针、目标和职责，并通过质量体系中的质量策划、质量控制、质量保证和质量改进来实现质量目标的所有管理活动。加强企业的质量管理工作，对不断提高企业的产品质量，增强企业活力和市场竞争力具有重要意义。

(5) 人力资源管理。人力资源管理是根据企业发展与企业经营活动的需要，面向未来和面向社会，对企业所需的人力资源战略规划、开发利用、教育培训、考核评价和优化组合的管理过程。其主要内容有：人力资源规划，人员的招聘、录用、调配、培训、考核升迁，工作设计、员工激励、企业福利等。

(6) 财务管理。财务管理是对企业资金的管理。其主要内容有资金筹集、固定资产和流动资金管理、成本费用管理、利润管理等。

(7) 市场营销管理。企业的市场营销管理是指企业在变化发展的市场环境中，为满足顾客需求，实现企业目标的商务活动过程的管理。它包括市场研究、营销战略设计、营销组合策略设计、销售渠道、广告宣传、产品定价、用户服务等方面的管理活动。

(8) 企业文化建设与管理。企业文化是在一定的社会历史条件下，企业及其员工在长期的生产经营和变革实践中培育形成的并被全体员工共同遵守的最高目标、价值体系、基本信念及行为规范的总和。企业文化是企业竞争力的源泉，也是企业可持续发展的基本驱动力。适应环境变化和企业发展的需要，塑造优良的企业文化并进行维护和管理，对维系企业成员的统一性和凝聚力、提升企业整体形象具有重要的作用。

（9）企业信息化管理。信息是企业发展的重要资源之一。企业信息化管理是从企业战略角度出发，运用现代化的管理思想和方法，采用电子计算机、软件及网络通信技术设计企业的信息管理系统，并加以改进、维护和更新的管理活动。企业信息化管理具有系统性和整体性，它将人、知识与现实工作任务整合起来，为企业管理活动的高效运行提供支持和保障。

本章小结

（1）管理是一个具有广泛含义的名词。随着社会的发展，管理的外延和内涵都得到不断的丰富和充实，众多学者从不同的角度提出了管理的定义。管理从最基本的意义来看，一是组织劳动，二是指挥、监督劳动。它兼具自然属性和社会属性，既是一门科学，又是一门艺术。

（2）企业管理是管理者为实现企业盈利和满足社会需要的预定目标，运用一定的管理职能和手段对企业的生产、技术、经营等活动进行计划、组织、指挥、协调和控制的一系列活动的总称。企业管理具有目的性、人本性、有效性及创新性等特点。

（3）企业管理理论经历了四个发展阶段：早期管理思想阶段、科学管理理论阶段、行为科学理论阶段和现代管理理论阶段。

（4）企业管理的具体职能主要包括：计划职能、组织职能、控制职能、创新职能等。

（5）企业管理是一个系统完整的体系，对于这个体系可以从纵向和横向两个方面加以分析。从纵向看，有经营战略、决策与计划管理（高层管理），专业管理（中层管理）和作业管理（基层管理）三个层次的管理；从横向看，可以划为一系列专业管理，包括企业战略管理、新产品开发与创新管理、生产管理、质量管理、人力资源管理、财务管理、市场营销管理、企业文化建设与管理、企业信息化管理等。

习　题

1. 什么是企业管理？企业管理具有哪些特点？
2. 企业管理理论经历了哪些阶段？
3. 科学管理理论的主要观点有哪些？你对泰勒及其科学管理理论如何评价？
4. 法约尔组织理论的主要内容是什么？该理论对企业组织管理具有什么影响？
5. 什么是行为科学？其主要观点有哪些？
6. 人际关系学说的基本观点有哪些？
7. 企业管理的基本职能有哪些？什么是企业管理的创新职能？

[本章综合案例]

油漆厂工人为什么闹事

钱兵是某名牌大学企业管理专业毕业的大学生，分配到宜昌某集团公司人力资源部。前不久，因总公司下属的某油漆厂出现工人集体闹事问题，钱兵被总公司委派下去调查了解情况，并协助油漆厂高厂长理顺管理工作。

到油漆厂上班的第一周，钱兵就深入“民间”，体察“民情”，了解“民怨”。一周后，他不仅清楚地了解到油漆厂的生产流程，同时也发现工厂的生产效率极其低下，工人们怨声载道。他们认为工作场所又脏又吵，条件极其恶劣，冬天的车间内气温只有 -8℃，比外面还冷，而夏天最高气温可达40℃。而且他们的报酬也少得可怜。工人们曾不止一次地向厂领导提过，要改善工作条件，提高工资待遇，但厂里一直未引起重视。

钱兵还了解了工人的年龄、学历等情况。工厂以男性职工为主，男职工约占92%。年龄在25~35岁之间的占50%，25岁以下的占36%，35岁以上的占14%。工人们的文化程度普遍较低，初高中毕业的占32%，中专及以上的仅占2%，其余的全是小学毕业。钱兵在调查中还发现，工人的流动率非常高，50%的工人仅在厂里工作一年或更短的时间，能工作五年以上的不到20%，这对生产效率和产品质量的提高非常不利。

于是，钱兵决定将连日来的调查结果与高厂长进行沟通，提出了自己的一些看法：“高厂长，经过调查，我发现工人的某些起码的需要没有得到满足，我们厂要想把生产效率搞上去，要想提高产品的质量，首先得想办法解决工人们提出的一些最基本的要求。”可是高厂长却不这么认为，他恨铁不成钢地说：“他们有什么需要？他们关心的就是能拿多少工资，得多少奖金，除此之外，他们什么也不关心，更别说想办法去提高自我。你也看到了，他们很懒，逃避责任，不好好合作，工作是好是坏他们一点也不在乎。”

但钱兵不认同高厂长对工人的这种评价，他认为工人们不像高厂长所说的这样。为进一步弄清情况，钱兵采取发放问题调查问卷的方式，确定工人们到底有什么样的需要，并找到哪些需要还未得到满足。他也希望通过调查结果来说服厂长，重新找到提高士气的因素。于是他设计了包括15个因素在内的问卷，当然每个因素都与工人的工作有关，包括报酬、员工之间的关系、上下级之间的关系、工作环境条件、工作的安全性、工厂制度、监督体系、工作的挑战性、工作的成就感、个人发展的空间、工作得到认可情况、升职机会等。

调查结果表明，工人并不认为他们懒惰，也不在乎多做额外的工作，他们希望工作能丰富多样化一点，能让他们多动动脑筋，能有较合理的报酬。他们还希望工作多一点挑战性，能有机会发挥自身的潜能。此外，他们还表达了希望多一些与其他人交流感情的机会，他们希望能在友好的氛围中工作，也希望领导经常告诉他们怎样才能把工作做得更好。

基于此，钱兵认为，导致油漆厂生产效率低下和工人不满情绪的主要原因是报酬太低，工作环境不到位，人与人之间关系的冷淡。

(资料来源：余敬，刁凤琴，《管理学案例精析》，中国地质大学出版社，有改动。)

思考题：

1. 高厂长对工人的评价是基于哪一种理论？钱兵的问卷调查结果又说明了对人的何种假设？

2. 假如你是钱兵，你该怎样说服高厂长？你会采取哪些措施来满足工人们的一些需求？

第3章

企业战略管理

20世纪70年代以来，世界进入了战略管理时代。战略管理要求企业在环境分析的基础上制订战略目标，选择战略重点，制订实现战略目标的方针和对策以及战略实施的规划，引导企业在激烈的竞争环境中取得长期稳定的发展。因此，现代企业必须把战略管理放在企业管理的首要位置。

3.1 企业战略管理概述

3.1.1 企业战略的概念、特点和构成要素

1. 企业战略的概念

“战略”一词在英语中为strategy，它来源于希腊语的stratagia，其含义是“将军指挥军队的艺术”。我国自古就有这一概念，它是指对战争全局的筹划。它作为一个军事概念，顾名思义，战略就是作战的谋略。战略一词运用于经济和社会领域，还是一个新颖的概念。而将战略一词应用到企业管理中，最初是出现在切斯特·巴纳德的名著《经理的职能》一书中，此后，在1965年美国经济学家安索夫（H. I. Ansoff）所著的《企业战略论》一书问世后开始被广泛应用。

什么是企业战略（Business Strategy）？在西方战略管理文献中没有一个统一的定义。传统企业战略定义的代表有美国哈佛大学的迈克尔·波特（Michael Porter）教授所提出的“战略是公司为之奋斗的一些终点与公司为达到它们而寻求的途径的结合物”。它强调了企业战略的一方面属性——计划性、全局性和整体性。现代企业战略定义的代表是亨利·明茨伯格于1989年所提出的，他将战略定义为“一系列或整套的决策或行动方式”。这一定义强调的是企业大部分的战略是事先的计划和突发的应变的组合，即企业战略的另一方面属性——应变性、竞争性和风险性。

可以认为，企业战略是指企业为了适应未来环境的变化，对企业生产经营和持续发展中的重大问题进行的全局性、长远性、纲领性的谋划和决策。

为了更好地理解企业战略，可以把企业的经营行为区分为两个层面。表层层面：企业战略是对产、供、销、人、财、物、研发七个经营环节的计划、组织、指挥与控制过程，通常

称之为“管理”，其职能是把企业的事情做好。深层层面：企业战略是对企业的产业产品结构、资本股本结构与人才组织结构的规划。这是目前我国很多企业尚未真正理解的“战略”。企业如果处于稳定、静态的经营环境中，只要抓好供、产、销、人、财、物、研发七个经营环节，生产出质量高、价格低、款式新、售后服务配套好的产品，企业就是市场上的强者。但是问题在于，现代企业是生存在一个动荡不定、瞬息万变的经营环境中，企业必须不断调整自己的定位、走向和结构，才可能生存下去。因此，战略关系到企业的定位、走向和结构。对企业来说，重视战略，“把事情做对”，比“把事情做好”更重要。

2. 企业战略的特点

（1）质变性。企业战略是战略管理者在把握外部环境本质或根本性变化的基础上做出的方向性的决策。它不是企业对环境变化的应急反应，也不是以各种经济指标或财务数据为基础的逻辑推理的产物，而是对企业经营活动做出的具有质变性的决策，其目的是要创造未来。

（2）全局性。企业战略是对企业各项经营活动整体的规划，即企业战略是以企业的全局为研究对象来确定企业的总体目标，规定企业的总行动，追求企业的总规模。它不是各项活动的简单汇总，而是在综合平衡的基础上，确定优先发展的项目，权衡风险大小，实现企业整体结构和效益的优化。这一点是企业战略的基本特征。

（3）方向性。企业战略规定着企业未来一定时期内的基本方向，企业短期的经营活动都应在这一基本方向的指导下进行，并为战略的实施提供保证。企业战略不是对经营活动或外部环境短期波动做出的反应，也不是对日常经营活动（如销售量、劳动生产率、竞争者的价格等）所做出的反应。战略所关心的是“船只航行的方向，而不是眼下遇到的波涛”。

（4）竞争性。企业战略的核心内容之一，是要变革自身的经营结构，形成差别优势，以奠定未来竞争的基础。同时，企业战略不仅具有主动适应未来环境变化的功能，还具有改造未来环境的功能。在这方面的能力越强，未来的竞争能力也就越强，即战略还具有创造性和革新性。

（5）稳定性。依照科学程序制订的企业战略，一般不便轻易调整，对于战略实施过程中出现的多种不确定因素，一般只通过调整具体的战术或策略来解决。

3. 企业战略的构成要素

（1）经营范围。经营范围是指企业从事生产经营活动的领域。它反映出企业与其外部环境相互作用的程度，也反映出企业计划与外部环境发生作用的要求。企业应该根据自己所处的行业、自己的产品和市场来确定自己的经营范围。

（2）资源配置。资源配置是指企业过去和目前对资源和技能进行配置、整合的能力与方式。资源配置的优劣差异极大地影响企业战略的实施能力。企业只有注重对异质战略资源的积累，形成不可模仿的自身特殊能力，才能很好地开展生产经营活动。如果企业的资源匮乏或缺乏有效配置，企业对外部机会的反应能力会大大削弱，企业的经营范围也会受到限制。

（3）竞争优势。竞争优势是指企业通过其资源配置模式与经营范围的决策，在市场上所形成的优于其竞争对手的竞争地位。竞争优势既可以来自企业在产品和市场上的地位，也可以来自企业对特殊资源的正确运用。

（4）协同作用。协同作用是指企业从资源配置和经营范围的决策中所能寻求到的各种共同努力的效果。它可被看作资源配置与整合的规模优势。在企业管理中，协同作用主要表现为以下四个方面：一是企业各经营单位联合利用企业的设备、原材料储备、研发投资以及专用工具和专有技术的投资协同作用；二是企业充分利用现有的人员和设备，共享由经验曲线形成的优势等产生的作业协同作用；三是企业的产品使用共同的销售渠道、销售机构和促销手段所形成的销售协同作用；四是管理过程中的经验积累以及规模效益等所产生的管理协同作用。

3.1.2 企业战略的层次

企业战略目标是个十分复杂的体系，往往牵涉到企业内部很多部门的直接利益。对于一个典型的现代企业，如图 3-1 所示，其战略目标体系一般包括三个层面：公司总体战略、经营单位战略和职能战略。

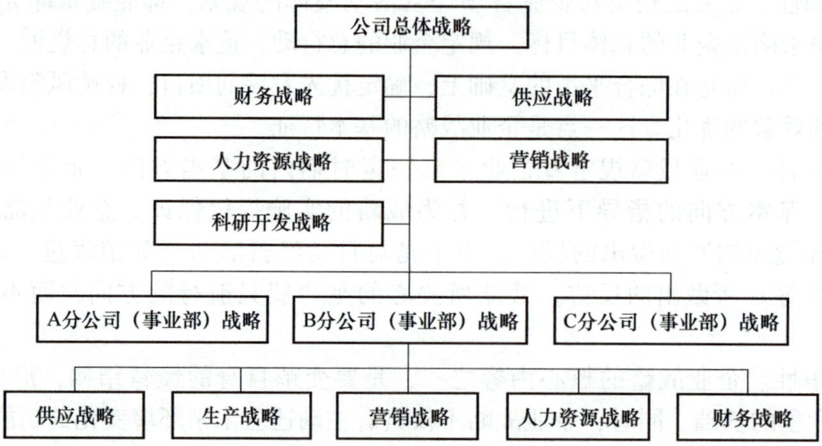

图 3-1 企业战略目标体系

1. 公司总体战略

公司总体战略（Corporate Strategy），是企业中最高层次的战略。它需要根据企业的目标，选择企业可以竞争的经营领域，合理配置企业经营所必需的资源，使各项经营业务相互支持、相互协调。总体战略常常涉及整个企业的财务结构和组织结构方面的问题，它的研究对象是一个由一些相对独立的业务或战略经营单位组合成的整体。这一层次的战略是一个企业的整体战略总纲，是企业最高管理层指导和控制企业的一切行为的最高纲领，其主要内容包括企业战略决策的一系列最基本的因素，是企业存在的基本逻辑关系和基本原因。

概括起来，公司总体战略主要强调两个方面的问题：一是回答“我们应该做什么业务”，即确定企业的使命与任务，明确企业的产品与市场领域，以及企业经营活动的范围和重点；二是回答“我们怎样去发展这些业务”，即在企业不同的战略经营单位之间如何配置企业有限的资源，以及选择什么样的成长方向。

从企业战略管理的角度来说，公司总体战略主要表现在以下几个方面：

（1）企业使命的确定，即企业最适合于从事哪些业务领域，为哪些消费者服务，企业向何种经营领域发展。

（2）战略经营单位的划分及战略事业部的发展规划。

（3）关键战略经营单位的战略目标。

企业的总体战略主要是回答企业应该在哪些经营领域里进行生产经营活动的问题。因此，从战略的构成要素来看，经营范围和资源配置是总体战略中的主要构成要素。竞争优势和协同作用则因企业不同而需要进行具体分析。在生产相关产品的多元化经营的企业里，竞争优势和协同作用很重要。它们主要是解决企业内部各产品的相关性和在市场上进行竞争的问题。在多个行业联合的大企业里，竞争优势和协同作用相对来说不是很重要，因为企业中各经营业务之间存在一定的协调性，可以共同形成整体优势。

总体战略的特点如下：

1）从形成的性质上看，总体战略是有关企业全局发展的、整体性的、长期的战略行为。

2）从参与战略形成的人员看，总体战略的制订与推行，主要是企业的高层管理人员。

3）从对企业发展的影响程度看，总体战略与企业的组织形态有着密切的关系。企业的组织形态简单，经营业务和目标单一时，总体战略就是该项经营业务的战略，即经营战略。当企业的组织形态为了适应环境的需要而趋向于复杂化，经营业务和目标也多元化时，企业的总体战略也相应地复杂化。

2. 经营单位战略

经营单位战略（SBU Strategy），也可以是经营领域战略，它是指在总体性的公司战略的指导之下，经营管理某一个特定的战略经营单位的战略计划，是公司战略之下的子战略。企业从组织上把具有共同战略因素的若干事业部或其中某些部分组合成一个经营单位。每个战略经营单位一般有自己独立的产品和细分市场。在企业内，如果各个事业部的产品和市场具有特殊性，也可以视其为独立的经营单位。

经营单位战略是企业的某一特定的经营领域的战略。这一战略主要是针对不断变化的外部环境，在各自的经营领域里有效地竞争。为了保证企业的竞争优势，各经营单位要有效地控制资源的分配和使用，同时经营单位战略还要协调各职能层次的战略，使之成为一个统一的整体。具体来说，企业在某一行业或某一特定细分行业内，确立其市场地位和发展态势的战略。对于大型企业或企业集团，某一个经营领域的战略表现为某一战略单位，如事业部或分公司在其特定经营领域的战略；在中小企业则表现为某一特定产品在其特定市场的战略。这一战略涉及的是企业在某一经营领域中如何竞争、在竞争中扮演什么样的角色，以及在各战略经营单位如何有效地利用好分配给的资源等的问题。

经营单位战略与总体战略的区别如下：

1）总体战略是有关企业全局发展的、整体性的、长期的战略安排，对企业整体的长期发展产生深远的影响；而经营单位战略着眼于企业中有关事业部或子公司的局部性战略问题，影响着某一具体事业部或子公司的具体产品和市场，只能在一定程度上影响总体战略的实现。

2）总体战略形成的主要参与者是企业的高层管理者；而经营单位战略形成的参与者主要是具体的事业部或子公司的经理人员。

经营单位战略与总体战略的关系是：经营单位战略服从于总体战略规划，而总体战略的制订又要以经营单位战略为依据。

从战略管理的角度看，这一层次的战略应解决好以下问题：

1）如何贯彻企业使命。

2）各经营领域发展的外部环境中的机会与威胁分析。

3）各经营领域的内部条件分析，以便认识自身的优势与劣势。

4）战略目标的制订。

5）明确各经营领域的战略重点、战略阶段和主要的战略措施。

3. 职能战略

职能战略（Functional Strategy）是总体战略和经营单位战略在各专业职能方面的具体化，它是企业内主要职能部门的短期战略计划。职能战略可以使各职能部门的管理人员更加清楚地认识到本职能部门在实施企业总体战略中的责任和要求，它使笼统的战略内容更加明确化，以指导各项具体的业务决策，有效地运用研究开发、营销、生产、财务、人力资源等方面的经营职能，为实施以上两个层次的战略服务。这一层次战略的重点是提高企业资源的利用效率，使企业资源的利用效率最大化。职能战略可分为营销战略、人力资源战略、财务战略、生产战略、研究与开发战略等。

从战略管理的角度看，该战略应着力解决以下问题：

1）如何贯彻企业发展的总体目标。

2）职能目标的论证及细分。

3）确定其战略重点、战略阶段和主要战略措施。

4）战略实施中的风险分析和应变能力分析。

从实施意义上讲，只有在对各专业职能充分探讨的基础上，制订出职能战略之后，公司总体战略才得以形成。因为职能战略涉及战略在各专业职能之间如何展开以形成战略体系；也涉及各职能如何利用所分配的资源及其利用的效果，以保证战略的实施。所以，职能战略如果不明确，公司战略就仅仅是一个空中楼阁。

3.1.3 企业战略管理过程

通常，不能将企业战略和战略管理混为一谈，但可以认为战略管理是对企业各战略的一种宏观系统的管理。战略管理是对企业战略的管理，它包括企业战略的制订和实施过程中的一个全过程管理，强调的是一种对战略的管理过程。企业战略管理有广义和狭义之分。广义的战略管理是由安索夫于 1979 年在《战略管理论》一书中提出来的。安索夫认为，战略管理是指将企业日常营运决策同长期规划决策相结合而形成的一系列管理任务。狭义的战略管理则是由美国学者乔治 · 斯坦纳（George Steiner）提出的。斯坦纳认为，战略管理是确定企业使命，根据企业外部环境和内部条件认定企业组织目标，保证目标的正确落实并使企业使命最终得以实现的一个动态过程。

目前，居主流地位的是狭义的战略管理。我们把企业战略管理定义为：战略管理是企业为实现战略目标，依据企业外部环境与内部条件的变化，制订战略、实施战略，并根据执行情况评价和反馈来调整、制订新战略的过程。

战略管理是一个过程，大致包括三个关键要素：①战略分析——了解组织所处的环境和相对竞争地位。②战略选择——涉及对战略的选择与评价。③战略实施——采取怎样的措施使战略发挥作用。战略管理过程的三个环节是相互联系、循环反复、不断完善的过程，所以也可以说，战略管理是一个动态的管理过程。

1. 战略分析

战略分析就是企业内外环境分析，即企业认清自己的优势和劣势，了解企业所处的环境和竞争地位，了解企业所处的环境正在发生哪些变化，将要面对什么样的市场竞争。它包括确定企业的使命和战略意向，分析外部环境存在的机会与威胁，评价企业内部条件。通过分析外部环境因素，可以明白企业面临的机会与挑战；通过分析内部环境，可以明白企业的优势和劣势，为企业战略选择提供依据。

2. 战略选择

战略选择也就是制订战略。其内容包括：根据对内外部条件的分析，确定宗旨、目标和政策，具体从经营领域、竞争优势、经营结构方面进行战略规划，制订可供选择的几种发展战略方案；根据一定的评价标准和资源约束条件，对战略方案进行分析评价；对选定的方案进行资源分配，确定战略实施的政策和计划，并对战略目标进行分解，制订相应的策略和计划。

3. 战略实施

所谓战略实施，就是将战略转化为行动。战略实施是贯彻执行既定战略规划所必需的各项活动的总称，也是战略管理过程的一个重要组成部分。战略实施是借助于实施体系和实施措施来实现战略管理目标的过程。这里的实施体系主要是指战略实施的组织体系，它包括的内容有：①中间计划，即介于长期战略和行动方案之间的计划。②行动方案，即完成任务的活动和步骤。③预算，即一定时期内的财务收支预计。④程序，即具体的操作步骤。

战略实施也包括战略控制和战略修正。战略控制就是将战略实施的实际结果与预定的战略目标进行比较，检查两者的偏差程度，并采取有效措施予以纠正，以保证战略目标的实现。

当战略实施结果与预定的战略目标出现重大偏差时，如果规划的结果是由于内外环境因素的变化而使战略目标不恰当，则必须修改原来确定的战略目标，这一过程就是战略修正。

3.2 企业战略分析

企业战略分析也称为企业战略环境研究，是指企业对外部环境和内部条件的变化进行研究和分析，为企业制订战略和实施战略提供依据。

3.2.1 企业战略环境及构成

1. 企业战略环境

企业战略环境是指对当前企业的经营与前途具有战略性影响的各种内、外因素的组合，它包括外部战略环境和内部战略环境。企业的外部环境是企业生存和发展的前提条件，内部条件则是企业生存和发展的基础。外部环境因素对企业来说是不可控的，企业的内部环境因素是企业可以加以控制的。根据外部环境因素对企业作用的方式和特征的不同，又可将其分为宏观环境因素和经营环境因素（或称行业环境因素）。企业的内部条件从其构成要素上看，可分为资源要素、管理要素和能力要素。

2. 环境分析的任务

(1) 对企业的外部环境分析，就是要认识外部环境的发展变化对企业的影响。外部环境对企业的影响会产生两种不同的效应：①外部环境的变化对企业产生不利的影响，这种影响往往对企业的生产经营活动构成威胁。②外部环境变化对企业产生有利的影响，其结果常常是为企业的成长发展提供良好的机会。

(2) 对企业内部条件进行分析，就是要认识企业抓住外部环境所提供的机会的能力。具体来看，内部条件中，在和竞争对手的比较上也有两种情况：强于竞争对手的优势条件，弱于对手的劣势条件。

总的来说，企业环境分析的任务就是：在外部环境研究和内部条件分析的基础上，明确企业将面临的机会和威胁、自身的优势和劣势，从而为制订战略提供依据。

3. 环境分析的步骤

第一步，对企业的环境性质进行初步了解。环境是相对静止的吗？它有要发生变化的迹象吗？它会怎么样变化呢？它是难于理解还是比较容易理解？这种分析将指明以后的分析应该把重点放在什么地方。如果环境是简单的、静止的，那么详细的、系统的、历史性的分析是很适用的。如果环境是复杂的、动态的，则采用面向未来的预测性分析更好些。

第二步，考察环境的影响。其目的是：找出过去那些环境影响要素，考察它们是如何影响企业发展或经营状况的。

第三步，将重点转向对单个环境要素的详细分析上——结构分析。通过结构分析，可以改善已经形成的、对环境要素的一般性认识。其目的在于：找出发生作用的关键要素，并分析为什么这些关键要素很重要。

第四步，分析企业的战略地位，也就是分析与那些竞争对手相比，本企业的地位如何。分析企业的战略地位有许多方法，主要有：①竞争者分析，主要对手有哪些？它们的实力（地位）如何？②战略集团分析，即将各企业战略的不同点和共同点进行分析和列示。③市场细分和市场能力分析，即深入认识企业自己的细分市场，在这些细分市场中，本企业的优势何在？④市场增长与市场份额分析，即描绘企业的市场能力与市场增长率。⑤吸引力分析，即描述企业的竞争地位与企业所在市场吸引力的关系。

第五步，确认机会和威胁，为制订战略提供依据。

3.2.2 企业外部环境分析

1. 宏观环境分析

企业所面对的宏观环境是指给企业带来市场机会或环境威胁的主要外部力量，它们直接或间接地影响企业的战略，会无形地给企业的生存与发展带来重大的影响。企业的宏观环境分析一般用 GPEST 宏观分析方法，具体分析以下五个方面因素：

(1) 自然（Geographical）环境因素。自然环境因素是指企业所处的地理位置、地形、地质、气候、自然资源，以及交通、基础设施、环境保护等。自然环境对厂址选择、原材料供应、设备和生产技术的采用有密切的关系。企业须认真分析地域环境特点，有针对性地开展生产经营活动。

(2) 政治法律（Political）环境因素。政治环境因素是指制约和影响企业的各种政治要素及其运行所形成的环境系统。政治环境具体包括政治制度、政党和政党制度、政治性团体、党和国家的方针政策、政治气氛等方面的内容。法律环境因素是指与企业相关的社会法律系统及其运行状态。法律环境主要包括国家的法律法规、国家司法与执法机关和企业的法律意识等。

(3) 经济（Economical）环境因素。经济环境因素主要是指构成企业生存和发展的社会经济状况及国家的经济政策。主要需分析社会经济结构、经济发展水平、经济体制和宏观经济政策等要素，以及GNP、GDP、人均收入和消费水平、失业率、通货膨胀率、通货紧缩率、利率、汇率、货币供应量等指标。

(4) 社会文化（Social）环境因素。社会文化环境主要是指人口（人口规模、地理分布、受教育程度）、家庭结构、社会结构、社会风俗和习惯、信仰和价值观念、行为规范、生活方式、文化传统等。这些因素必然影响社会对企业产品及服务的需求，需要在企业生产经营中考虑。

(5) 科学技术（Technological）环境因素。科学技术环境因素是指企业所处社会环境中的科技要素以及与该要素相关的各种社会现象的总和。企业的科技环境大体上包括社会科技水平、社会科技力量、国家科技体制、国家科技政策和立法等要素。

2. 经营环境分析

企业经营环境是指影响企业经营领域的行业环境因素。行业环境是根据企业所处的行业来思考的环境。行业泛指由于产品类似而相互竞争、满足同类购买需求的一组企业。行业环境分析的任务是：明确行业长期利润潜力的来源及其状况，发现影响行业吸引力的相关因素，以确定企业进行行业选择的范围和风险。进行研究的目的在于弄清行业中成功的关键因素和行业的特征，确定行业所面临的机会和威胁，确定行业的吸引力，分析竞争对手的实力。

目前，有许多理论和模型可以用于行业环境分析，但影响最大的仍是哈佛商学院的迈克尔·波特教授的五种竞争力模型，即行业结构模型分析理论。该理论认为，在每一个行业中都存在五种基本竞争力量，即潜在进入者、购买者、供应商、替代品与现有竞争者，见图3-2。

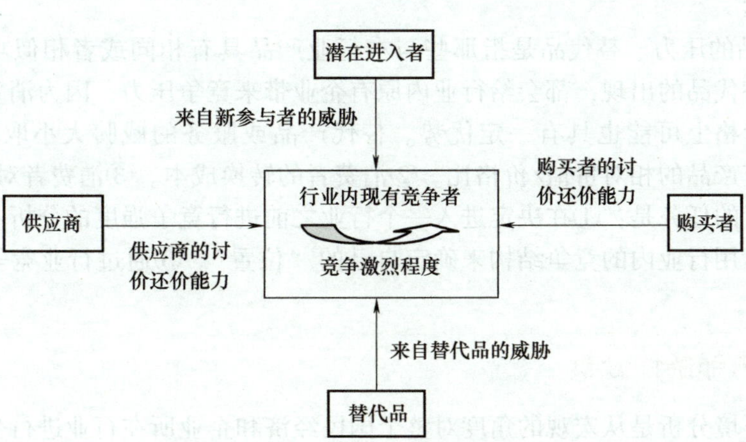

图3-2 迈克尔·波特的行业结构模型

在行业中，这五种力量共同决定行业竞争的激烈程度以及行业的获利能力。企业所要做的就是找到能够较好防御这五种竞争力量的方法，甚至通过对五种基本竞争力量施加影响，使它们朝着有利于本企业的方向发展。以下就这五种竞争力量逐一展开分析。

（1）潜在进入者。潜在进入者可能是一个新办的企业或者是一个多元化企业开展的新业务，它给产业带来了新的生产能力，并力求获得一定的市场份额。潜在进入者一方面会挤占原有企业的一部分市场份额以获取利润，另一方面会加剧企业之间的竞争，造成产品价格的下降。两者都会导致原有企业的获利能力下降，所以原有企业一般会采取反击措施阻碍其他企业进入。对于一个行业来说，新竞争者进入威胁的大小，取决于本行业的进入壁垒和原有企业反击的强烈程度。我们通将这两种障碍叫作“进入障碍”。决定进入障碍大小的因素有：①规模经济性。②资本要求。③产品差异壁垒。④资源供应。⑤销售渠道。⑥绝对成本优势。⑦政府政策和法律障碍。⑧原有企业的反击。

（2）行业内现有企业的竞争。行业内企业竞争直接影响到企业市场份额的多少、利润水平的高低，从而影响到企业的竞争能力。行业内现有企业的竞争激烈程度取决于以下几个因素：①行业集中度。②行业增长速度。③固定费用和库存成本。④产品差异及转换成本。⑤行业内生产能力的增长幅度。⑥退出行业的障碍。

（3）供应商。供应商对企业的压力主要在于供应商的讨价还价能力直接影响企业的生产经营成本，从而影响企业的竞争力。供应商压力的大小主要取决于以下八个因素：①供应商的集中度和行业集中度。②供应品的可替代性。③本行业对于供应商的重要性。④供应品对行业的重要性。⑤转换成本。⑥供应商前向一体化的倾向。⑦本行业的企业后向一体化的倾向。⑧信息掌握程度。

（4）购买者。购买者总是希望用尽量少的成本获得尽量多、物美价廉的产品并且享受优秀的服务。他们会利用同行业企业之间的竞争来给企业施加压力，尽量压低价格。以下八点因素决定了购买者讨价还价压力的大小：①购买者的集中度。②行业产品的标准化程度。③购买者购买的材料在其产品中的重要程度。④购买者的转换成本。⑤购买者自身的其他因素。⑥本行业企业前向一体化的倾向。⑦购买者后向一体化的倾向，如果购买者自己开始生产原本需要购买的原材料，那么他对供应商的压力也会相对加大。⑧信息掌握程度。

（5）替代品的压力。替代品是指那些与本行业产品具有相同或者相似功能的产品。一般来说，新的替代品的出现，都会给行业内原有企业带来竞争压力，因为消费者会有新的选择，替代品在价格上可能也具有一定优势。替代产品或服务的威胁大小取决于以下因素：①替代品与现有产品的相对价值/价格比。②消费者的转换成本。③消费者对替代品的欲望。

企业管理者的任务是：①在决定进入一个行业之前进行竞争强度的分析。②进入某一个行业之后，要运用行业内的竞争结构来确定自己的“位置”。③通过行业竞争分析来确定自己的竞争战略。

3.2.3 企业内部条件分析

企业外部环境分析是从宏观的角度对整个国民经济和企业所在行业进行分析，而内部条件分析则是从微观的角度入手，对企业自身的素质进行分析。通过外部环境分析，企业可以发现正在和将要面对的环境中有哪些机会和威胁，使企业可以意识到“我们应当做什么？”而企业内部条件分析则是通过对企业内部条件的分析，来回答“我们能够做什么？我们的优势在哪里?”内外部分析的结合可以使企业在认清外部机会和威胁的同时，结合企业自身的特点，更好地制订和执行企业战略。

企业内部条件分析的目的是了解企业自身的各种条件和组织状态，确认企业自身的优势与劣势，在战略的实施过程中克服自身的不足，发掘长处。这是企业内部生产经营活动的基础，企业战略的制订和实施，必须建立在这个基础上。

3.2.3.1 企业资源分析

企业战略的制订要以能控制的资源为依据。战略实施应有必要的资源为保证。一般来说，对企业资源的分析主要是评估以下五个方面的内容：财力资源、人力资源、物力资源、技术信息资源和声誉。企业资源评估就是要摸清企业的家底，搞清楚企业拥有资源的数量与质量。企业资源的分类如表3-1所示。

表3-1 企业资源的分类

资源	主要特征	主要表现
财力资源	企业自有资金的数量和融资的能力，总体上决定了企业的投资能力和资金使用的弹性	资产负债率、资金周转率、各项开支使用制度等
物力资源	企业设备规模、技术水平、占地和建筑面积及地理位置、拥有的原材料等，决定了企业可能的成本、质量及生产能力和水准	固定资产的现值、企业的规模、固定资产的用途、折旧率等
人力资源	①员工培训和专业知识决定了他们的基本能力。②员工的适应能力表明了企业本身的灵活性。③员工的忠诚度和奉献精神往往决定了企业维持竞争优势的能力。知识水平和结构决定适应能力——灵活性、忠诚度和奉献精神	员工的受教育程度、技术状况及工资水平
技术信息资源	①技术储备（包括专有技术和专有知识）决定了企业的技术应用状况。②技术创新方面包括进行研究的技术装备以及科技人员的状况	重要专利的数量、出让专利的收入、研究开发人员的比重等
声誉	通过品牌、质量、与顾客的关系，建立起的在客户心目中的企业声誉，以及在供应商、金融机构、公众、员工等心目中的声誉形象	品牌知名度、企业经营水平及连续性、产品市场表现的客观评价、相对于竞争产品的价格表现

3.2.3.2 企业核心能力分析

1. 企业核心能力的概念

企业核心能力（Core Competence）也称核心竞争力，是C. K. 帕汉拉德（C. K. Prahalad）和凯瑞·哈默（Gary Hamel）于1990年提出的。他们认为核心能力是指“组织中的积累性学识，特别是关于如何协调不同生产技能和有机结合多种技术流派的学识”。美国麦肯锡咨询公司对企业核心能力下的定义是：企业核心能力是某一组织内部一系列互补的技能和知识的组合，它具有使一项或多项关键业务达到行业一流水平的能力。核心能力仅是企业竞争力的一个构成部分，是处于企业核心地位的、影响全局的竞争力。有竞争力的企业，不一定具有核心能力。因为竞争力是来自于企业某种资本的优势，而核心能力则是以多种资源为基础，在市场竞争中获得的一种资源整合能力，并在长期积累、不断演化中形成的。

企业核心能力包含两个部分：企业技术方面的核心能力和企业管理方面的核心能力。企业技术方面的核心能力包括企业全体员工的知识和技能水平，企业的技术和科学知识、专利数据、创造性的才能等。企业管理方面的核心能力包括企业的管理思想、管理理念、企业战略管理、企业各职能部门的管理特色、企业文化等。

2. 企业核心能力的基本标准

企业核心能力的基本标准也就是企业的核心能力的特征，可分为：①增值性和效益性。企业核心能力要能在为客户创造价值和实现价值增值的同时，还要为企业产生显著的经济效益。②领先性和独特性。企业核心能力要在产业中的某种技术上或管理方面处于领先地位，是很难被竞争对手模仿的。③延展性和多样性。企业核心能力是能够应用于多种产品和服务领域的，即要最大限度地实现范围经济效应。企业该项能力如果不能衍生出新产品或服务，就不是企业核心能力。④协调性和整合性。企业核心能力是协调不同生产技能和有机结合多种技术的能力。

3. 企业核心能力的组成要素

企业核心能力的组成要素包括以下五个方面：

（1）全体员工的知识和技能水平。它不仅是指员工的知识和技能水平，还包括企业全体员工的知识结构和技能结构。企业核心能力的形成不仅取决于企业的战略决策，还经常地依赖于企业全体员工每天做出的无数个小决策，例如，是否注意了产品质量的下降，是否注意了材料成本的小变化等，恰恰正是这些无数个小决策才是竞争对手无法模仿的。而决定这无数小决策正确与否的，就是全体员工的知识结构和技能水平，也就是我们平时所说的员工素质。

（2）企业技术体系。企业的技术体系不仅仅是由厂房、设备、机械等硬件所组成的，还包括企业技术的软件体系，如企业的技术规范、各种在生产经营过程中积累下来的技术诀窍等。

（3）企业的管理体系。它包括企业的管理思想，管理理念，企业管理的方式、方法及手段，企业战略管理及其他职能管理等。

（4）企业文化。企业文化是为企业成员所共同认可的价值观念、行为准则等意识形态和精神形态，这也是竞争对手很难模仿的。

（5）整合集成。它是指将最合适的要素，采取创造性的融合方式，在相互优势互补后以最合理的结构形式结合成的一个有机体。这样可以成倍地提升核心能力的整体效果，是优胜劣汰及动态变化的过程，也是核心能力全方位与企业内外资源要素相互作用的过程，是发挥员工的创造性思维的过程。

3.3 企业战略选择

战略选择也就是制订战略。一般来说，战略制订包含三个关键步骤：企业使命陈述——环境分析——战略分析与选择。环境分析在上一节已经做了介绍。本节就企业使命陈述与战略选择进行详细的介绍。

3.3.1 企业使命陈述与目标体系

1. 企业使命陈述

使命陈述（Mission Statement）也被称为经营原则陈述或对企业业务定义的陈述。使命陈述的目的就是明确企业的使命和目标，揭示企业想成为什么样的组织和要服务于哪些用户这样的愿景内容。

（1）使命陈述的特点。作为战略制订者，首要任务就在于认定和表明企业的使命。通常一个好的使命陈述应具有以下三个特点：

1）概括性。使命陈述既要有足够的概括性，又不应过于笼统，能排除一些与企业发展严重违背的战略选择，是基于对未来的内外部环境分析和展望而得出的，同时还能根据环境变化和企业发展做出适当的动态性调整。

2）用户导向。成功的使命陈述应把对用户的正确预期放在第一位，并能够唤起用户对企业的好感和热情，并促使用户做出行动。

3）社会责任性。在制订使命陈述时不仅要考虑企业和各类股东的责任，还要考虑企业对用户、环境、社会和其他组织所负有的责任。企业的社会责任应该在战略制订时就得到确定和表达，在战略实施时得到贯彻。

（2）使命陈述的九种要素。一个成功的使命陈述应阐明企业的经营目的、用户、产品和服务、市场、宗旨及采用的基本技术。绝大多数的战略管理专家认为，一个有效的使命陈述应包含以下九种要素：

1）用户：企业的用户是谁？

2）产品或服务：企业的主要产品或服务项目是什么？

3）市场：企业在哪些地域竞争？

4）技术：企业的技术是否先进？

5）对生存、增长和盈利的关切：企业是否努力实现业务的增长和良好的财务状况？

6）观念：公司的基本信念、价值观、志向和道德倾向是什么？

7）自我认知：公司最独特的能力或最主要的竞争优势是什么？

8）对公众形象的关切：公司是否对社会、社区和环境负责？

9）对雇员的关心：公司是否视雇员为宝贵的资产？

2. 企业目标体系

一个企业是由它的使命和目标来定义的。企业目标是企业战略构成的基本内容，是企业在实现其使命的过程中要达到的长期结果。企业战略管理也可说是管理者在企业经营过程中建立企业目标体系，并为达到这些目标而采取适当的行动的过程。企业战略目标是指企业在一定时期内沿其经营方向所预期达到的理想成果。企业战略目标是由一系列的具体目标所构成的体系，其层次结构为：

（1）长期目标。它是指企业在一个相对较长的期间内，所力求实现的生产经营的结果。长期目标的计划期一般为 3 ~ 10 年，是公司战略和业务战略的基本出发点，并以市场占有率、投资收益率与股票价格等财务指标来衡量企业战略的最终有效性。

（2）产品/市场目标。为保证长期目标的实现，企业要根据未来市场的情况和自身的条件，来决定企业应该对市场环境中的哪类顾客提供什么样的产品和服务，并且应该达到什么样的水平。这一层次上的目标主要由产品结构、新产品的开发、市场占有率、市场开发等来衡量。

（3）经营结构目标。这一层次的目标是为了实施产品/市场目标，对企业拥有的各种资源进行合理配置的目标。主要是对人员、设备、生产技术结构、组织机构做出相应的规划，使之能保证以上两个层次战略的实现。具体包括设备投资、人员结构、研究开发费、组织结构的调整等。

(4) 生产率目标。这一层次的目标是在战略期有效开展企业的生产、销售活动，从而达到相应的水平，保证以上层次目标的实现，如劳动生产率提高方面、资金周转方面、成本降低方面具体目标的制订。

企业战略目标的制订：首先，一方面根据自身能力和环境发展的趋势，提出在战略期结束时可能达到的企业总体经营状态，对照现实经营状态找出存在问题的差距；另一方面再根据未来环境和企业内部条件，分析企业将面临的机会和威胁、优势和劣势。其次，明确企业在战略期弥补差距的能力。最后，通过能力和差距的综合平衡，来确定企业的长期基本目标和各层次的目标。

3.3.2 战略选择

1. 战略选择的原则

企业战略规定了企业在一定时期内基本的发展目标，实现的基本途径，指导和激励着企业全体员工为实现企业经营战略目标而努力。因此，企业经营战略的选择一般要遵循以下原则：

(1) 长远性原则。企业经营战略考虑的不是企业经营管理中一时一事的得失，要着眼于企业未来3~5年范围乃至更长远的目标，考虑企业在未来相当长一段时期内的总体发展问题。

(2) 现实性原则。企业经营战略的制订离不开对企业未来发展的预测，而科学的预测必须以历史事实和现实状况为依据。因此，企业必须从现有的主观因素和客观条件出发，合理地选择企业经营战略。

(3) 竞争性原则。企业选择什么样的经营战略，都应当是在审时度势、全面衡量各种因素的基础上，为在激烈的市场竞争中求生存、求发展所做出的决定，其目的是为了克“敌”制胜，在竞争中战胜竞争对手。

(4) 适应性原则。企业管理模式必须服从于企业经营战略，包括企业组织机构的设置，人、财、物等资源的配置，管理方法与手段的选择等。同时，企业战略目标的提出与战略的制订，必须建立在企业现实可行的管理模式的基础上，不能超越管理模式的现实可行性。

2. 战略选择的影响因素

影响企业战略选择的主要因素有以下几个方面：

(1) 现行战略的继承性。在实施现行战略的过程中，企业已投入了相当可观的时间、精力和资源，企业员工也承担了相应的责任，在这种情况下，新战略对现行战略有一定的继承性也是很合理的。但当现行战略有重大缺陷时，战略决策者也应有克服继承性的决心。

(2) 企业对外部环境的依赖程度。在战略选择中，企业必然要面对供应商、顾客、政府、战略联盟、竞争者等众多外部环境因素。企业对外部因素的依赖度越大，其战略选择余地和灵活性就越小。例如，需要政府给予相关扶持的产业，在战略选择时就不得不遵守政府的相关政策要求。

(3) 企业领导人的价值观及对待风险的态度。企业领导人的价值观对战略选择的影响是直接的。敢于冒风险的领导人在选择战略时就有较大的选择余地，他可能会选择风险较大而收益丰厚的战略；而面对风险比较谨慎的领导人在选择战略时就倾向于选择较为稳妥的战略，即便收益不如高风险战略。

(4) 企业内部的人事和权力因素。战略的选择往往是一个协商的过程，是企业内部各方面人事关系及权力平衡的结果，并非完全是系统分析的过程。如果最后通过协调可以明确目标并达成一致，可以加强企业的向心力，则所选择的战略将更切合实际。

(5) 时间因素。当外部时间紧迫，在来不及进行全面、仔细评价分析的情况下，决策者往往出于谨慎会选择防御性战略。一个很好的战略也应当在环境和条件成熟的时候开始实行，否则，时机不当，也有可能失败。战略的选择还取决于决策者的期望，如果管理者希望战略可以尽早产生效果，那么他们就会倾向于选择短期就可以收到效果的战略，尽管从长期来看，未必是最佳的战略选择。

(6) 竞争对手的反应。战略决策者在选择战略时，也应该考虑到竞争对手可能产生的反应。如果预期到选择的进攻性战略可能造成竞争对手激烈的反击，就必须权衡获得的收益和竞争造成的损失，如果竞争带来的损失大于可能获得的收益，即便战略对企业的发展十分有利，也不应该贸然采用。

3. 企业不同阶段的战略选择——经营领域评价矩阵

影响企业战略选择的一个因素是行业所处的生命周期阶段。企业或行业也要经历开发期、成长期、成熟期、衰退期，每一阶段各有自己的特点，并对企业的战略形成制约。因此，企业在选择战略时还要研究自身实力并与竞争对手进行比较，处于不同阶段和不同竞争地位时，企业应该选择不同的战略。

企业在研究自身实力以及与竞争对手比较时，其战略性的考虑方法是将其全部经营活动划分为若干独立的经营领域进行战略分析，然后针对各经营领域的具体情况制订其战略。

对经营领域的评价可采用经营领域评价矩阵的方法，如图 3-3 所示。这一方法包括两个变量：经营领域成熟程度和企业竞争地位。

经营领域成熟程度 \ 企业竞争地位	绝对优势	实力较强	实力一般	实力虚弱
开发期	领先地位 ——产品开发 ——市场开发	追超领先者 ——产品开发 ——市场开发	努力开发改进 ——产品开发、改进 ——市场开发、改进 及时撤退	努力开发改进 或及时撤退
成长期	领先地位 ——市场开发	追超领先者 ——产品开发 ——市场开发	努力开发 ——产品改进 ——市场开发	努力开发改进 或及时撤退
成熟期	领先地位 ——市场渗透 ——竞争战略 或一体化	保持或提高市场占有率 ——竞争战略 或一体化	稳定维持 或逐步紧缩	紧缩 ——抽资 ——清算
衰退期	逐步紧缩 ——分期撤退	紧缩 ——抽资	紧缩 ——抽资 ——清算	清算

图 3-3 企业经营领域评价矩阵

经营领域成熟程度是产品生命周期概念的扩展。它说明一个领域一般要依次经历四个阶段，即开发期、成长期、成熟期、衰退期，每个阶段都具有投资和收益、竞争结构和战略行动方面的不同特征。经营领域成熟程度的划分一般采用销售增长率为标准。

把经营领域成熟程度和企业竞争地位变量结合起来，就构成了一个经营领域评价矩阵。企业从事的每个经营领域都可以在其中找到相应的位置。这个评价矩阵指出了每一个象限内经营领域的战略问题和战略方向。由图 3-3 可以看出，处于矩阵右下方的经营领域都存在问题。当然，还有三种问题在这一矩阵中不能反映出来：①如果不改变当前的战略，那么预计在战略期它们的竞争地位将会下降的领域。②环境中将会出现独特的机会或风险的领域。③目前的经营成果与其竞争能力不相称的领域。这就需要进行更深入的研究。

3.3.3 战略选择模型

战略选择模型也就是企业战略选择的分析方法，主要有 BCG 分析法和 SWOT 分析法。

1. BCG 分析法

波士顿矩阵（Boston Consulting Group Matrix，BCG Matrix）是由美国波士顿咨询公司发明的一种被广泛运用的业务组合分析法。这种方法是将企业生产经营的全部产品或业务组合作为一个整体进行分析，常用来分析企业相关经营业务之间现金流量的平衡问题。通过这种方法，企业可以找到企业资源的产生单位和这些资源的最佳使用单位。

波士顿矩阵的横轴表示企业在行业中的相对市场份额，也就是企业某项业务的市场份额与这个市场上最大竞争对手的市场份额之比，通过它来反映企业在市场上的竞争地位。以相对市场份额的 1.0~1.5 为分界线，划分为高、低两个区域。波士顿矩阵的纵轴表示企业的市场增长率，企业的市场增长就是企业业务或产品销售的增长，故可用销售增长率来表示。它是指企业所在产业某项业务或产品前后两年市场销售额增长的百分比。这一增长率表示每项经营业务所在市场的相对吸引力。通常用 10% 作为增长率高、低的分界线。

波士顿矩阵可以把企业全部的经营业务定位于四个区域中，见图 3-4。

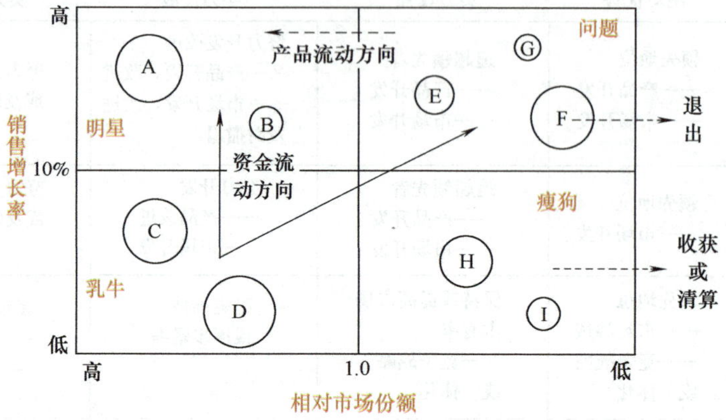

图 3-4　波士顿矩阵（BCG）

这四个区域分别为：

（1）明星类业务。表示市场成长快并处于市场领先地位，一般是企业的名牌产品。对这类业务企业应增加投资，巩固市场占有率，争取赢得较多的收益。

（2）问题类业务。表示市场成长速度快，但本企业的这些业务是市场上竞争力较低的业务或产品。这类业务可能会经努力而取得很好的效果，也可能一直无起色。

（3）乳牛类业务。处于这一状态的业务，其市场已不再高速增长，一般是处于饱和期（或成长期）的产品，但它们在市场上仍占主导地位，所以其销售的绝对额和提供的利润绝对额都是巨大的。此时，对这些业务不再投入大量的资金，要设法维持其盈利期的延长，依靠足够的市场份额，获取大量收益。

（4）瘦狗类业务。处于该状态下的业务，市场已没有前景，市场份额不断下降，维持这类经营业务对企业来说意义不大，因此可以考虑撤退或淘汰。

这种分析方法提供了一种框架，帮助企业管理者充分理解特点各异的经营单位如何确定其战略，如何调整企业的产品和业务结构，如何对这种结构进行优化，如何确定战略资源分配的优先级，以获取企业总体战略的最大效益。企业应该对各经营业务区别对待，有选择地发展其经营领域。

2. SWOT 分析法

SWOT 分析是一种综合考虑企业内部条件和外部环境的各种因素进行系统评价，从而选择最佳经营战略的方法，其中的 S 是指企业的优势（Strengths），W 是指企业的劣势（Weaknesses），O 是指企业外部环境的机会（Opportunities），T 是指企业外部环境的威胁（Threats）。使用 SWOT 方法的前提是企业已经对一个或者几个业务有了初步的选择意向，通过分析可以进一步考察这些业务领域是否适合企业进入，是否能够建立持久竞争优势。

（1）SWOT 分析法的基本思路。首先是外部环境分析和企业能力分析，然后将企业的优势和劣势与环境中的机会和风险进行配对分析，形成对环境的战略设想，并进行持久竞争优势检验，最后形成企业战略。该分析法的基本要点就在于企业战略的制订必须使其内部能力分析中的优势和劣势与外部环境分析中的机会和威胁相适应，且要对企业的综合情况进行客观公正的分析，如图 3-5 所示。

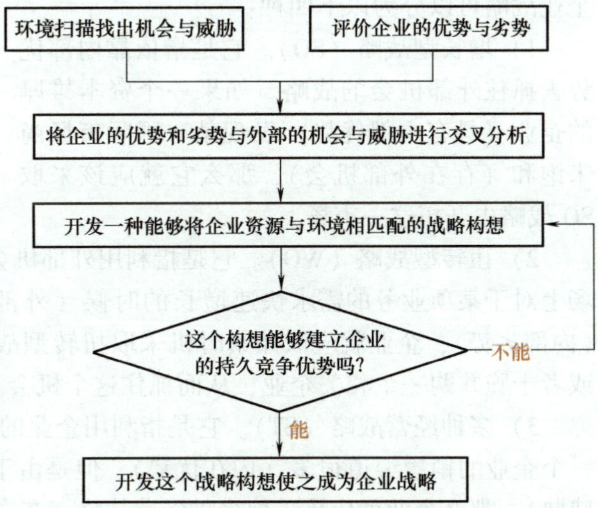

图 3-5 SWOT 分析法的基本思路

（2）SWOT 分析内容。SWOT 分析的具体内容主要是回答：①在公司现有的内外部环境下，公司如何最优地运用自己的资源？在分配公司资源时哪些机会应该拥有最高优先权？②为了更好地对新出现的行业和竞争环境做出反应，必须对公司的资源采取哪些调整行动？③是否存在需要弥补的资源缺口？公司需要从哪些方面加强其资源？④要建立公司未来的资源必须采取哪些行动？表 3-2 表示的是 SWOT 分析中通常需要考虑的内外部因素。

表 3-2　SWOT 分析要素

内部因素		外部因素	
潜在内部优势（S）	潜在内部劣势（W）	潜在外部机会（O）	潜在外部威胁（T）
1. 产权、竞争、成本优势	1. 竞争劣势	1. 纵向一体化	1. 市场增长较慢
2. 特殊能力	2. 设备老化	2. 市场增长迅速	2. 竞争压力增大
3. 产品创新	3. 产品线太窄	3. 可以增加互补产品	3. 不利的政府政策
4. 规模经济性	4. 技术开发水平滞后	4. 能争取到新的用户群	4. 新的竞争者进入行业
5. 良好的财务资源	5. 营销水平低于其他竞争者	5. 有进入新市场的可能	5. 替代产品销售额逐步上升
6. 高素质的管理人员	6. 管理不善	6. 有能力进入更好的企业集团	6. 用户讨价还价能力增强
7. 公认的行业领先者	7. 不明缘由的利润率下降	7. 在同行业中竞争业绩优良	7. 用户需要与爱好逐步转变
8. 买方的良好印象	8. 资金拮据	8. 扩展产品线满足用户需要	8. 通货膨胀率递增
9. 适应力强的经营战略	9. 成本过高	9. 其他	9. 其他
10. 其他	10. 其他		

（3）企业战略的确定。在利用 SWOT 分析来确定企业战略时，一般采用十字图结构，见图 3-6。具体方法是建立一个十字象限，横轴表示为内部优势与劣势，纵轴表示外部机会与威胁，然后将表 3-2 所示各类要素逐项打分，按其重要程度加权并求其代数和，再将所得结果在 SWOT 分析图上具体定位，根据其所在的象限，确定企业战略能力。根据所在象限不同，企业战略可以分为以下四种：

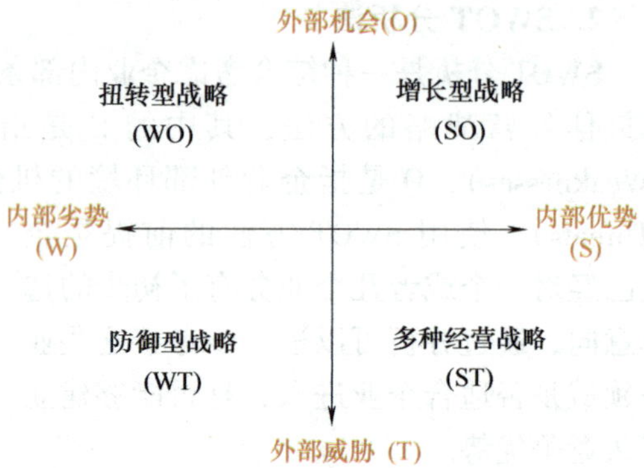

图 3-6　SWOT 分析图

1）增长型战略（SO）。它是指依靠内部优势去抓住外部机会的战略。如果一个资本雄厚的企业（具有内部优势）发现某一国际市场尚未饱和（存在外部机会），那么它就应该采取 SO 战略去开拓这一市场。

2）扭转型战略（WO）。它是指利用外部机会来弥补企业内部劣势的战略。例如，当市场上对于某项业务的需求快速增长的时候（外部机会），企业自身却缺乏这一方面的资源（内部劣势），企业就应该抓紧时机采取扭转型战略，购买相关设备、技术，雇用技术人员或者干脆并购一个相关企业，从而抓住这个机会。

3）多种经营战略（ST）。它是指利用企业的优势去避免或减轻外部威胁的打击。例如，一个企业的销售渠道很多（内在优势），但是由于种种限制又不允许它经营其他产品（外在威胁），那么企业就应该采取多种经营战略，在产品的多样化以及其他方面多下工夫。

4）防御型战略（WT）。它是指减少内部弱点同时避免外部威胁的战略。例如，一个资金不充裕（内在劣势）而市场对其产品的认知度又不高（外在威胁）的企业，就应该采取防御型战略，稳扎稳打地强化企业管理，提高产品质量，稳定供应渠道，或者以联合、合并的方式谋求长期的生存和发展。

3.4　企业战略实施与控制

3.4.1　战略实施

战略实施是战略管理过程的一个重要阶段，它是把企业战略计划方案变为实践活动，并实现其战略目标的过程。从战略层面上说，企业战略的实施，最重要的工作有三个方面：建立贯彻实施战略的组织机构；建立有效的资源配置系统；培育企业文化使之能与企业战略相匹配。

3.4.1.1 建立贯彻实施战略的组织机构

企业组织结构的调整是实施企业战略的一个重要环节，任何一项企业战略都需要有一个相适应的组织结构去完成。在企业战略实施中，如果组织结构与企业战略相匹配，就会对战略的成功实施产生巨大的保障作用，反之就会对战略的成功实施产生严重的阻碍作用。从动态发展的角度看，企业应在根据外部环境的变化制订企业战略的同时，及时调整其组织结构。在调整的过程中，企业可以考虑以下四种类型的战略组织：

1. 防御型战略组织

防御型组织试图建立一种稳定的经营环境，即清楚界定其市场或顾客范围，并在该范围内生产相应的产品和服务。其规划重点是突出通过商誉、高生产率和低成本来巩固已占据的市场份额，阻止外来者加入。在这类组织中，往往采取机械式组织结构，以保证生产技术上的高效率。防御型组织在较为稳定的行业中通常具有较好的效益。但是，当环境变化迅速时则可能会出现困难。

2. 开拓型战略组织

开拓型组织战略实施的焦点放在产品的研究与开发上。战略规划要突出不断推出新产品，以领导时代潮流作为竞争的手段。开拓型组织面对的是一个广阔的、不断变化的市场，因此要求开拓型组织具有一种从整体上把握环境变化的能力。首先，在技术上应具有产业远见，根据产业发展的趋势来构建自己的核心技术。其次，在管理上应保持较大的灵活性，即在大量分散的单位和目标之间调度和协调资源，而不采取集中的计划和控制全部生产的方式。

3. 分析型战略组织

分析型战略组织往往是开拓型战略组织的追随者。它虽然不会主动去开发新的产品，但其模仿能力极强，通过模仿开拓型组织已开发成功的产品来进入市场。分析型组织综合了防御型与开拓型组织的特点：①在实践中，分析型组织主要是通过具有一定权力的应用研究小组来建立双重技术核心，找到开发或模仿新产品的现有技术，而不需要像开拓型组织那样，花费大量的人力和物力来进行研究和开发。②在管理上，分析型组织既要适合稳定性业务的需要，又要适合变动性业务的需要，因而常采用矩阵制组织结构。它在兼有防御型和开拓型组织优点的同时也兼有了两者的缺点。如果分析型组织不能保持战略与结构关系的必要平衡，它最大的危险就是既不能适应市场的快速变化而又丧失了组织效率。

4. 被动反应型战略组织

被动反应型战略组织，顾名思义，是对外部变化被动接受和调整的组织。若不是因为强大的市场竞争已经影响它们的生存，它们对产品或市场都不会做任何的探讨。一般来说，被动反应型企业在一个保守的社会较容易生存，但当外部环境变化频繁时，便很容易被淘汰。

3.4.1.2 建立有效的资源配置系统

1. 要详尽、具体地制订战略计划，并按计划分配资源

企业战略资源的分配是指按照战略资源配置的原则方案，对企业所拥有的战略资源进行具体的分配。资源的分配要根据组织目标和组织向社会提供的产品或劳务的要求，对组织中有限的各类资源在质量和数量等方面进行不同的配比，使之与产出过程保持协调一致。

由于企业战略资源中无形资源往往很难把握，而除了人力资源以外的有形资源均可以用价值形态来衡量，因此，企业战略资源的分配一般可以分为人力资源的分配和资金的分配两种。人力资源的分配一般有三个内容：

1）为各个战略岗位配备管理和技术人才，特别是对关键岗位的关键人物的选择。

2）为战略实施建立人才及技能的储备，不断为战略实施输送有效的人才。

3）在战略实施过程中，注意整个队伍的综合力量搭配和权衡。

在进行资源配置的时候，应当考虑以下三个方面：

(1) 资源的配置应有助于组织的近期目标和远期目标的实现。在组织的总部，资源配置的任务是将有限的资源尽可能地配置到对实现组织的目标有益的环节。在这里，应鼓励资源在各个部门间有序地流动，特别是人员和资金的调配。

(2) 资源的配置应体现对关键战略的支持。由于组织的资源是有限的，因此，有时会出现组织为实现某个战略所要求的资金超过了组织可以获得的资金。在这种情况下，就需要对战略作进一步的分析，明确实现组织目标的关键战略，并据此分配资源。

(3) 资源的配置要考虑风险程度。如果某项战略成功的可能性不大，则风险就会很高。每个组织对待风险的态度是不一样的，有的组织可能愿意接受较高水平的风险，但无论什么组织在进行资源配置时都应该考虑特定战略的风险程度。

更为重要的是，要适应不断变化的环境，就必须形成资源与战略之间的动态组合。为了实现这个动态组合过程，企业就必须考虑以下问题：

(1) 企业的现行战略和将来战略能在多大程度上共同利用物质形态的资源，或者说现行战略在运行中所储备的物质资源能在多大程度上被将来战略所利用？从这个要求出发，企业选择战略时，就应该考虑设定能使物质资源具有转化可能性的战略。

(2) 企业的现行战略和将来战略之间如何衔接好流动资金需求？在多个产品领域内有时会同时需要大量资金；在同一产品领域的不同时期，时而要投入时而又会流回，那么企业应当如何统筹安排呢？一般地说，企业在现行战略中，应根据产品生命周期、市场规模及成长速度等因素，在不同产品与市场领域合理安排资金，做好现有战略发展中的资金储备，并在同一产品与市场领域的不同时间序列上求得资金的动态平衡。

(3) 企业现行战略运行中所产生的看不见的资源，能在多大程度上被将来战略有效地利用？企业在实施现行战略时往往积累许多宝贵的看不见的资源，如销售渠道的建立、生产技能的积累、企业形象的树立等，这些看不见的资源如果能有效地被将来战略利用，那么就会形成动态合力。因此，企业在战略选择上，应选择无形资源较易积累甚至一些现在看来表面上不尽合理、在一定程度上缺乏资源保证的战略。

2. 要制订专门决策，做好资金的预算分配

预算是数字化的战略计划，是企业各种计划的综合反映，是一种通过财务指标来显示企业目标、战略的文件。企业在编制资金预算时，可以参考以下几种方式：

(1) 零基预算。它要求管理部门以零作为预算的起点，而不是以上年度的预算执行情况为基础，将一切经营活动都从彻底的成本—效益分析开始，以防止预算控制的无效性。

(2) 规划预算。它是一种围绕企业目标，将企业战略、长期规划、年度计划与预算进度密切结合，并按规划项目而不是按职能来分配资源的预算。规划预算常与项目规划同步，从而便于直接观察项目规划对资源的需求及成效，提高了整个财务预算的科学性。

(3) 产品生命周期预算。根据产品生命周期的不同阶段特征和对资金的不同需求，编制各项资金的支出和回收计划，满足产品市场对资金的动态需求。

在资金分配中应遵循两项原则：①要根据各单位、各项目对整个战略的重要性来设置资金分配的优先权，以实现资源的有偿高效利用。②努力开发资金分配在各战略单位的潜在协同效应。

3.4.1.3 培育企业文化使之能与企业战略相匹配

每个企业都有自己的文化，文化是企业从事经营活动的独特方式。企业文化的定义是："企业在学会对外适应环境，对内实现一体化的过程中形成的行为方式。这一方式被认为是行之有效的，并将作为理解、思考和感觉事物的正确方式被传授给新成员。"企业文化就如同个人的性格一样，影响着企业战略的实施，因此在进行内部环境分析时，就应该给企业文化以足够的重视。只有企业文化与企业战略相匹配，战略的实施才能得到保证。

3.4.2 战略控制

战略控制是对战略实施的过程、结果进行测量、比较、评价、调整的活动，是战略管理的重要阶段。

3.4.2.1 战略控制的原则

1. 面向未来原则

战略实施控制的重点是企业的目标和方向。管理者不能计较眼前的局部得失，只要在允许范围内，就应坚定不移地实施既定战略，面向未来。

2. 保持弹性原则

企业战略首先是一个方向，战略的实施方法应允许多种多样，战略实施的控制也因此具有多样性，并在时间进度、数量要求等方面保留一定的回旋余地，因此战略实施控制系统具有弹性。只要能保持方向的正确性，具有弹性的控制往往比没有弹性的刚性控制的效果更好。

3. 战略重点原则

在战略实施控制中，面对的事件非常多，战略实施控制应优先控制对战略实施有重要意义的事件及超出预先确定的容许范围的例外事件，即抓住战略实施的重点，不能事无巨细、面面俱到。

4. 自我控制原则

如果企业内各单位和部门自己发现战略实施偏差而及时采取纠正措施，则控制的效果会好得多。

5. 经济合理原则

战略实施的控制对不同技术、工艺质量的控制，不能要求准确无误，而应只求经济合理。过度追求完美会导致控制费用的急剧增长，得不偿失。

3.4.2.2 企业战略控制内容

对企业经营战略的实施进行控制的主要内容有以下五个方面：

(1) 设定绩效标准。根据企业战略目标，结合企业内部人力、物力、财力及信息等具体条件，确定企业绩效标准，作为战略控制的参照系。

(2) 绩效监控与偏差评估。通过一定的测量方式、手段、方法，监测企业的实际绩效，并将企业的实际绩效与标准绩效对比，进行偏差分析与评估。

（3）采取纠偏措施。设计并采取纠正偏差的措施，以顺应变化，保证企业战略的圆满实施。

（4）监控外部环境的关键因素。外部环境的关键因素是企业战略赖以生存的基础，这些关键因素的变化意味着战略前提条件的变动，必须给予充分的注意。

（5）激励控制主体。激励战略控制的执行主体，调动其自我控制与自我评价的积极性，以保证企业战略得以切实有效地实施。

3.4.2.3 企业战略控制过程

战略控制的目标就是使企业战略的实际实施效果尽量符合战略的预期目标。为了达到这一目的，战略控制过程可以分为以下几个步骤，如图 3-7 所示。

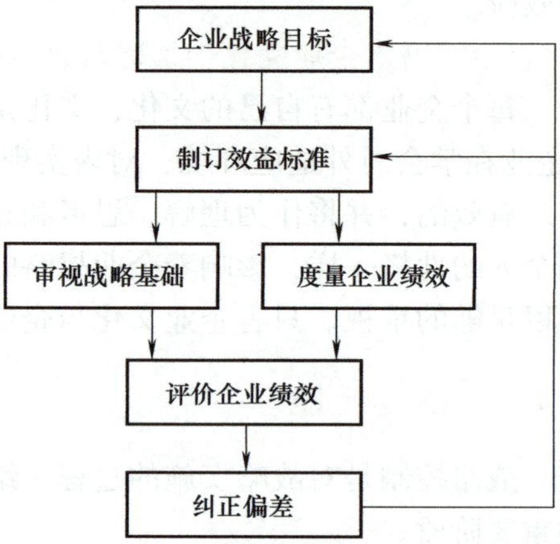

图 3-7 战略控制的过程

1. 制订效益标准

战略控制的第一个步骤就是根据预期的战略目标和战略方案制订出应当实现的战略效益，即效益标准。企业常用的衡量标准有销售额、销售增长率、净利润、资产、销售成本、市场占有率、价值增值、产品质量和劳动生产率等。

2. 审视战略基础

企业应当时时审视构成现有战略基础的外部机会与威胁，以及内部优势与劣势。审视时需要注意以下一些关键问题：①外部环境的变化。我们的机会是否仍为机会，是加强了还是减弱了？有无新的机会出现？我们的威胁是否仍为威胁，是加强了还是减弱了？有无新的威胁出现？②内部条件的变化。我们的优势是否仍是优势？是否有所加强或减弱？体现在哪些方面？我们的内部劣势是否仍为劣势？是否又有了新的弱点？体现在何处？③竞争者的分析。主要有竞争者对我们的战略做出了何种反应？其战略曾发生了哪些变化？主要竞争者的优势和劣势是否发生了变化？竞争者为何在进行战略调整？为什么有些竞争者的战略比其他竞争者更为成功？主要竞争者对其现有市场地位和业绩的满意程度如何？主要竞争者在进行报复之前还有多大忍耐空间？我们如何才能有效地与竞争者合作？

3. 度量与评价企业绩效

度量与评价企业绩效，就是看企业是不是在令人满意地朝着既定的目标前进。这一活动包括将预期结果与实际结果进行比较，确定两者之间的偏差。有了偏差之后，首先要分析偏差的性质，即偏差是否可以接受。如果偏差不大，或偏差无关大局，或纠正它要花太大的成本，这时最佳的选择是什么也不做。其次要区分是战略本身的问题还是战略实施中的问题，如果是战略本身的问题造成的偏差，则需要通过调整战略和修改标准加以纠正；如果是战略实施中的问题造成的偏差，则需要采取处理措施加以纠正。

4. 纠正偏差

针对偏差产生的主要原因，管理者可以采取三种处理措施：①对于因工作失误造成的问题，控制的办法主要是通过加强管理和监督，确保工作与目标的接近或吻合；②目标或战略不切合实际，控制工作则主要按实际情况修改目标或战略；③若是环境出现了重大的变化，致使战略或计划失去了客观的依据，那么相应的控制措施就是制订新的计划。

3.4.2.4 企业战略实施控制系统

1. 战略实施控制系统的组成

有三个基本的控制系统，即战略控制系统、业务控制系统和作业控制系统。战略控制系统关注的是与外部环境有关的因素和企业内部绩效，是针对总体战略和经营单位战略的控制。业务控制系统关注的是在实现构成企业战略的各部分策略及中期计划目标中的工作绩效，检查是否达到了企业战略为它们规定的目标，是对在时间和空间上分解了的战略计划的控制。作业控制系统是对具体负责作业的工作人员日常活动的控制，它关注的是作业人员履行规定的职责及完成作业性目标任务的绩效。作业控制由各基层主管人员进行。

2. 企业战略控制模式

（1）市场控制。市场控制就是指企业利用竞争性价格来评估其产出和生产率的控制方法。市场控制的思想来自于经济学。因为管理者能够比较价格和利润以评价他们所在企业的效率，因此货币价格是一种有效的控制形式。高层管理者几乎总是用货币价格比较企业的业绩。企业销售额和成本通过损益表的形式归集，以便同以往年份的业绩或其他企业的业绩相比较。

市场控制主要应用于企业整体层次，但亦能应用于产品事业部。事业部是自我维系的可以独自生产产品，并能够进行独立核算的经营单位。因此，每一个事业部都能在与其他事业部比较损益的基础上进行评估。此外，市场控制的概念也可以应用于会计、数据处理、法律事务、信息服务等职能部门，以及高层管理者的个人业绩。

（2）官僚控制。官僚控制即利用规则、政策、权威层级、书面文件、标准和其他行政官僚机制来使企业业务和行为标准化并以此评估业绩。官僚控制是运用由马克斯·韦伯（Max Weber）所定义的科层组织的特征而设计的体系，其规则和程序的主要目的是作业的标准化，并控制员工的行为。

官僚机制使用的主要工具是管理控制系统。管理控制系统被广义地定义为使用信息以维持或改变组织活动形式的规范化的正式规则、报告及程序。管理控制系统包括规范化的基于信息的活动，如计划、预算、业绩评价、资源配置、薪酬分配等。

表3-3中所列出的四个控制系统是管理控制系统的核心因素。这四个因素包括预算、定期性的非财务统计报告、薪酬系统和标准经营过程。管理控制系统的这些因素使中层和高层管理人员可以有效监控、管理组织的主要部门。

表3-3　官僚控制系统

子系统	内容和频度
预算	财务，资源成本；每月
定期性的非财务统计报告	非财务产出；每周或每月，通常是基于计算机
薪酬系统	基于部门目标和业绩；对管理者的例行评估
标准经营过程	规则和规章，描述正确行为的政策；经常性

（3）文化控制。文化控制即使用社会手段，如公司文化、共享的价值观、承诺、传统、信念，来控制组织和员工行为。使用文化控制的企业需要建立共享的价值观和员工之间的相互信任。当企业中问题的模糊性或不确定性程度很高时，文化控制尤为重要。高度不确定性意味着企业不能为其服务定价，并且无法用规则和规章来规范每一个行为。

传统的控制机制基于严格的规则和紧密的监督，这对高度不确定性和快速变化的情况下的行为控制是无效的。那些转向分权化、团队化、网络化组织结构、员工参与等新管理模式的企业，通常更加适于使用文化控制或自我控制。文化控制对员工行为的控制甚至较官僚控制更为有力和全面。当文化控制发生作用时，官僚控制就不再需要了。

3. 控制模式的选择

企业设计控制系统时需要使其与既定的战略相适应。现实中，官僚控制是企业中应用最为广泛的控制方式。几乎在每一个企业中都将官僚控制作为内部管理控制系统的基础。当企业规模很大并且环境和技术明确、稳定、例行时，官僚控制最为适用。

文化控制几乎与官僚控制相反。当企业很小且环境和技术不明确、不稳定、非例行时，信任、传统、共享的文化和价值观就是重要的控制资源。当需要横向信息共享和合作时，文化控制就极为适宜，正如在以矩阵式、团队为基础的组织结构中那样。当然，规则和预算仍将被使用，但信任、价值观、承诺将是员工遵从的基本要素。

市场控制应用价值有限，但其作用在增强。当成本和产出能够被准确定价并且存在一个竞争性价格的有效市场时，就能够使用市场控制。市场控制可以应用于企业整体、产品事业部等利润中心，也可以用于高级经理层。

控制战略间的平衡因企业而异。每一种战略的使用反映了相应的组织结构、技术、环境和企业的能力。

习　题

1. 企业战略包括哪些层次？各层次的侧重点是什么？各层次间的区别是什么？
2. 企业战略分析的内容及主要工作有哪些？
3. 如何分析企业所在行业的竞争状态？
4. 企业战略环境分析的内容和任务有哪些？
5. 详细叙述战略控制的过程。

本章小结

读书要从头看到尾，但是经营企业却恰恰相反，你要能先规划好未来（确定战略），然后集中一切力量去实现它。对企业来说，重视战略管理，“把事情做对”，比“把事情做好”更重要。本章主要内容有：

（1）企业战略由经营范围、资源配置、竞争优势及协同作用四个要素组成。现代企业战略是由公司总体战略、经营单位战略和职能战略三个层次构成的复杂战略体系。

（2）企业战略管理过程是由战略分析、战略选择及战略实施三个相互关联的阶段所形成一个完整的体系。

（3）企业战略分析是对企业的战略形成有影响的关键因素的分析，包括企业外部环境和内部条件分析。企业外部环境可分为宏观环境因素和经营环境因素（或称行业环境因素）。前者一般用GPEST法分析，后者则用波特的五种竞争力模型来分析。企业内部条件分析主要是对企业资源与企业核心能力的分析。

（4）战略选择也就是制订战略，包含三个关键步骤：企业使命陈述、环境分析、战略分析与选择。企业不同阶段的战略选择可用企业经营领域评价矩阵方法，而企业战略选择的分析方法则主要有 BCG 分析法和 SWOT 分析法。

(5) 企业战略的实施，最重要的工作有三个方面：建立贯彻实施战略的组织机构，建立有效的资源配置系统配置资源，培育企业文化使之能与企业战略相匹配。战略控制是对战略实施的过程、结果进行测量、比较、评价、调整的活动，也是战略实施的重要内容之一。

[本章综合案例]

福特汽车：经营战略控制过程

在战略评价中必须要回答的问题是，现在的战略是否取得了想要的结果？福特汽车公司对这个问题的回答是：福特在20世纪80年代的战略是非常成功的。80年代早期，福特汽车公司面临着严峻的挑战：利率上涨、世界范围内严重的衰退及激烈的外国竞争。这个世界上最大的企业之一必须重新塑造自我。在很短的时间内，福特做到了许多人认为不可能的事。福特人使公司恢复了元气，加强了其业务并开始开创一个新的未来。福特在新工具、新技术和一整代新车上投资了数十亿美元。福特汽车公司在汽车运输和其他关键技术上已成为标兵，自1980年以来，福特的主要成就有以下方面：①福特相对于其他国内生产商来说达到了生产最好质量的汽车和卡车的水平。②福特在员工参与和参与管理运动中处于领先地位。③福特开发出了30条新的汽车生产线。④福特的技术跨越了一代，在汽车电子设备、机器人、人类工程学、空气动力学等方面是全球的领导者。⑤福特由于其在新一代汽车和卡车上别具一格的设计和完善的驱动装置而受到赞扬。

一、福特战略成果的综述

福特的董事长和首席执行官 Donald EPetersen 和副董事长 Hauold APoling 在公司的年报中对福特战略的成果给出了下列的综述：福特的三大主要业务组成——汽车集团、多样化产品集团和金融服务集团，显示了强劲的实力和成长性。对汽车集团来说，1987—1988年福特的市场份额增长了1.5%，1988年达到了10年来的最高份额21.7%。福特的卡车销量达到了美国卡车市场销售的历史最高纪录，并且市场份额始终保持在29%。1987年，福特在美国市场的利润稍有下降，主要是因为不太好的产品组合和较高的生产费用和销售费用。在加拿大，福特的小汽车和卡车的总销量创下了纪录，小汽车的市场占有率提高了1.6个百分点，在行业中增幅最大。在欧洲，福特是第四大汽车销售商，市场占有率达到11.5%，具有较强的市场竞争力。小汽车的销量与1987年持平，卡车的销量创了新高，卡车的市场份额为11.1%，在欧洲处于第三位。在南美，福特的卡车销量在阿根廷和委内瑞拉处于领先地位。在亚太地区，福特在澳大利亚和新西兰也保持了在轿车市场的领先地位。在日益发展的中国台湾市场，福特 Lio Ho 公司第一次在小轿车的销售领域处于领先地位。在北美生产的轿车和卡车的出口剧增至41000辆，比1987年猛增87%，中东仍是增长最快的区域。多样化产品集团的10个汽车和非汽车经营单位以133亿美元的销售额创下了纪录，比1987年增长14亿美元。所有非汽车经营单位自1977年以来第一次盈利。1988年12月，福特公司将生产日用电子产品的 Philco Brazil 子公司的三个业务卖给了一家巴西公司，这次放弃不包括其他 Philco 管理的公司，这些公司为巴西市场生产汽车音响器材和空调设备。因为汽车电子设备的增长越来越重要，所以福特于1988年秋天成立了两家新公司。福特航空公司，在兼并了 BDM 国际公司后，在为国防安全、通信、能源、后勤、空间及制造工艺等提供专业化和技术服务方面增强了力量。金融服务集团通过内部发展和兼并继续扩张，成立了国家第一金融公司的子公司，它已经变成了全美第二大存贷公司，有大约350亿美元的资产。尽管金融服务集团的收益比1987年有所下降（主要是由于较低的净利息差额和高信贷损失），但福特汽车信贷公司、国家第一金融公司、美国租赁国际公司及福特国际信贷子公司等继续为公司的总收益做出了重要贡献。

二、福特的未来战略——加强竞争力

Petersen 和 Poling 把福特未来战略描述如下：汽车业务仍将是我们的核心业务。为确保我们能在全球范围内保持竞争力，我们通过建立与其他制造商和零部件供应商的联系来补充我们的内部资源。这些对双方有利的合作使我们进入原先可能不能进入的市场和消费领域。我们与马自达汽车公司建立了长期稳固的联系，我们拥有其25%的股份，1989年是我们与马自达公司建立股权联系十周年；我们在南美与大众公司、在韩国与南契亚公司也有着重要的联系；我们同样与尼桑汽车有限公司合作过各种各样的项目。另外，福特与其余六家美国公司一起组成了财团去苏联寻求业务机会，包括福特汽车可能的销售市场和装配生产。与此同时，我们也继续保持我们的研发能力以确保满足公司对科学技术的长期需要。福特的研究范围包括动力系统、电子和制造系统、材料和设计分析、物理化学科学。近期我们实现了一个技术突破——能帮助控制废气排放而减少铅污染的催化剂。到目前为止，我们最宏伟的先进工程是 Alpha。它包括技术，而又不仅仅是技术领域内的研究与开发。Alpha 的使命就是促进我们业务各个部分的提高。公司各方面的人员和供应商要联合起来以发现改进产品和工艺的革新办法，最终促进质量和生产率的提高。这些新的成果将尽快在业务中得到运用。一个例子就是自动底盘安装系统，在1989年被用于我们的 Lorain 装配厂（俄亥俄）生产雷鸟（Thunderbird）和 Mercury Cougar 两种车。这个系统使底盘部件如传动器、悬挂装置和排气管联成一体，并把它们准确地连接到车体。

三、持续努力以达到预定目标

福特把其为达到预定目标所做的努力归纳如下：只有最强有力的竞争者才会在这种高度竞争的年代中生存下来，而福特全力投入准备成为其中一员。为达到目标，我们必须在竞争的每一个领域中成为最优者。我们已经确定了我们在努力中应优先考虑的几个关键问题。我们的目标是：①提供高质量的产品和服务来满足顾客的需要，并且要做到物超所值。②继续努力发扬“以人为本”的企业文化。能达到我们期望水平的唯一办法就是团队合作、互相尊重和沟通。③在推进我们正在进行的最宏伟的全球投资活动时，制定、实施和优化最有效的成本运营策略。④继续加强我们与分销商和供应商的伙伴关系。在保证顾客满意度、实现个人和集体的成功上，我们是伙伴。我们相信如果我们继续把精力投入到这些优先考虑的问题上，注重我们的核心价值，把努力投入到管理的基础性工作中，我们就会保持我们的前进动力——福特会在未来的几年里继续表现出色。

（资料来源：学习资料共享网，87994.com，企业战略管理经典案例，http：//www.87994.com/read/1316b73179cc11177c9a07f1.html。）

思考题：

1. 福特汽车公司的战略控制过程可以分为哪四个步骤？
2. 试述你对战略控制的认识。
3. 福特公司在未来战略中，为实现其目标所采取的措施包括哪些？

第4章

企业新产品开发与创新管理

新产品开发是企业创造市场需求的主要途径，其本质是不断推出不同内涵与外延的新产品。企业开发新产品离不开创新，并需要对其开发过程进行有效的创新管理。实施新产品开发战略，实施创新管理，开展创新活动，是提高企业市场竞争力的有效途径。本章将对有关新产品的概念、开发计划、开发策略和开发程序等问题进行系统的阐述。

4.1 新产品开发与创新管理概述

4.1.1 新产品的概念、创新方式与分类

4.1.1.1 新产品的概念

什么是新产品，从不同的角度去理解，可以得出不同的概念。

(1) 产品功能原理和技术创新角度。所谓新产品，指的是在工业生产中采用新技术原理、新设计构思研制生产的产品；或在材质、结构、技术、工艺等某一方面比老产品有明显改进，从而显著提高了产品性能的产品。

(2) 市场和企业角度。对市场而言，新产品指的是第一次出现的产品是新产品；对企业而言，新产品指的是第一次生产销售的产品也是新产品。

(3) 市场营销学角度。凡是消费者认为是新的、能从中获得新的满足的、可以接受的产品都属于新产品。

任何一种产品在市场中被接纳的程度和销售状况都是动态变化的。所谓的新产品是相对老产品而言的。不论新、老产品都有自身的生命周期，都要随着时间的推移由新变旧，更新换代。由此可以看出，新产品开发与创新对企业的生存和发展是多么的重要。

4.1.1.2 企业产品创新的方式

技术创新中的技术是一种广义的技术，它泛指人类在科学实验、社会实践和生产过程中认识自然和改造自然所积累起来的知识信息的总和。实际上，它应该是科学与技术的统称。一般来说，产品创新就是技术创新，它必须按照技术创新的方式来进行。

企业产品创新的方式大体上有两种：一种是全新产品研制式创新，另一种是已有产品改进式创新。

1. 全新产品研制式创新

全新产品研制式创新，是指采用科学新知识、新原理和新技术对未曾有过的新产品进行的研究开发和制造生产。如此产生的创新产品是具有全新技术、工艺和功能设计的高质量、高可靠性的新产品或新系统。

全新产品研制式创新一般有以下三条途径：

（1）瞄准国内外市场新潮流，充分运用高新技术成果转化为实用性强、结构新颖、与众不同的创新产品，例如最初出现的手机、摄像机、电磁炉等实用性产品。

（2）从现实市场和日常生活中发现普遍存在的、却又往往被人忽视的需求中去研究开发新产品，例如，人们都知道使用燃气存在着安全问题，如果创造一种能避免漏气的新炉具，那么这种产品一定能走俏于市场，取得可观的效益，因而安全炉具随之诞生。

（3）从生产实践中诱发创新，这种创新往往可以推动技术快速发展。例如，在解决燃气轮机的涡轮叶片长期在高湿环境下工作所出现的腐蚀问题时，直接的途径可能从冶金材料入手，而迂回的方法则有冷却、彻底改变涡轮的构造或采用两个同轴涡轮使热气流轮换地作用在其中一个涡轮上等。这种创新需要创新者熟知已有的技术和方法，并对相关基本原理能融会贯通才能实现。

2. 已有产品改进式创新

全新产品研制式创新一般都是领先开辟新市场，率先获得高额垄断利润，但要长期稳定地占领市场，吸引用户，保持自身的竞争地位，还必须注重对已有产品性能的改进和产品系列的不断完善，以满足广大用户对提高产品品质、增加产品品种的要求，以及不同层次消费者的需求。

已有产品改进式创新指的是对原有产品（单个或多个同类的或相关的）采用技术融合、功能变换、品种拓展、产品剔弊、设计改型等方式，进行在材质、结构、技术、工艺等某一方面的明显改进。

已有产品改进式创新一般有以下几种途径：

（1）技术融合式创新。从技术发展史可以看出，许多创造发明是由若干现有技术的巧妙融合而成的。由平凡的技术融合而获得不平凡的技术产品，这就是发明创造。突出的技术融合式创新是优势组合（优势聚合），使强者更强，优者更优。20 世纪 80 年代后，日本政府为保证“贸易立国”方针的实施，坚持以高科技为先锋，不惜高额代价引进高新技术，并将这些技术同出口产品融合在一起。如日本人把从美国引进的传感器技术同从德国引进的化学分析技术融合在一起，研制出第一流的检查食品安全性的仪表；将从美国德克萨斯州仪表公司购买的芯片技术应用在日本微型电子产品中，为日本产品抢占世界市场创造了先机。

（2）功能变换式创新。功能变换式创新指的是运用价值工程的方法对现有产品的功能与价值进行分析，做出诸如功能追加、功能替代、功能压缩、功能综合等某一具体方式的改变，进而产生具有更新功能的新产品。

1）功能追加。功能追加有两层意思：一是对两代产品的前代产品相对于后代产品不足的功能进行补充。例如，电视遥控器弥补了缺少遥控功能的彩色电视机的不足；全自动脱水洗衣机弥补了单桶洗衣机功能的不足。二是在原有产品的功能上增加新功能，旨在做到一物多用。例如具有显示时间、微计算器、微电视机、诊脉计和备忘录等多种功能的数字式石英钟。

2）功能替代。功能替代是指运用高层次功能替代原有产品的部分功能，有效地提高产品的内在质量，使其技术更先进、结构更合理、使用更方便。例如，电子打火机替代火柴，电热灭蚊器替代蚊香，滚动磨刀器替代磨刀石等。

3）功能压缩。功能压缩指的是将多种功能压缩在一个机构中，使原有产品以精巧的新款式、新面貌出现在消费者面前。这类产品有便携式计算机、移动电话等。

4）功能综合。所谓功能综合，就是将两种或两种以上不同功能的产品，经过创新而结合在一起，旨在扩大原有产品的使用范围。例如，在市场上常见的既可开启瓶盖，又可用作餐刀，还可切削果皮的旅行刀，就是一种功能综合的产品。

(3) 品种拓展式创新。所谓品种拓展式创新，就是指产品在品种和规格上的不断延伸，使之多样化、个性化和高技术化，形成各色各样的新型产品。例如，以微电子技术为基础，生产集成电路、存储器，直至生产从便携式到整个微型计算机系统；以某种精密机械产品为基础，利用宝石加工技术发展激光机、激光加工设备、光纤连接器、光纤分路耦合器和光纤数据传输器等。

(4) 产品剔弊式创新。所谓产品剔弊式创新，就是以现有产品为基础，解决其本身存在的缺陷而使之成为新产品的一种创新方式。任何一种产品开始投入市场都不可能尽善尽美，必须通过剔笨、剔繁、剔污等方式解决其使用过程中暴露的问题，以达到产品的整体优化。

(5) 设计改型式创新。所谓设计改型式创新，就是应消费者要求使原有产品适应特定用途而对其进行外形、结构、材料、设备等方面的改进；跟踪已投入批量生产的产品进行重大修改或换装；找出竞争对手的弱点，对引进产品进行改型以达到技高一筹。如香港在国际市场上占有一定份额的电子计算器、电子钟表、汽车音响设备等产品，就是紧紧跟踪市场上的畅销产品进行设计改型、翻新款式、降低成本，依靠廉价的优势发展起来的。

4.1.1.3 新产品分类方法

1. 从市场角度和技术角度分类

(1) 市场型新产品。这是指产品实体的主体和本质没有什么变化，只改变了色泽、形状、设计装潢等的产品，不需要使用新的技术。其中也包括因营销手段和要求的变化而引起消费者“新”的感觉的流行产品。例如，家用小汽车的不断变型和改款，它们刚出现也被认为是市场型的新产品。

(2) 技术型新产品。这是指由于科学技术的进步和工程技术的突破而产生的新产品。不论是功能还是质量，它与原有的类似功能的产品相比都有了较大的变化。例如，不断更新换代的移动电话或计算机，都属于技术型的新产品。

2. 按照新产品的新颖程度分类

按新产品新颖程度，可分为全新新产品、换代新产品、改进新产品、仿制新产品和新牌子产品。

(1) 全新新产品。它是指采用新原理、新材料及新技术制造出来的前所未有的产品。全新新产品是应用科学技术新成果的产物，它往往代表科学技术发展史上的一个新突破。它的出现，从研制到大批量生产，往往需要耗费大量的人力、物力和财力，这不是一般企业所能胜任的。因此它是企业在竞争中取胜的有力武器。例如，电子表、石英钟和移动电话的最初出现等。

（2）换代新产品。它是指在原有产品的基础上采用新材料、新工艺制造出的适应新用途、满足新需求的产品。它的开发难度较全新新产品小，是企业进行新产品开发的重要形式。例如，不断换代的计算机、电视机和移动电话等。

（3）改进新产品。它是指在材料、构造、性能和包装等某一个方面或几个方面，对市场上现有产品进行改进，以提高质量或实现多样化，满足不同消费者需求的产品。它的开发难度不大，也是企业产品发展经常采用的形式。例如，燃气炉具不断向安全和方便方面的改进等。

（4）仿制新产品。它是指对市场上已有的新产品在局部进行改进和创新，但保持基本原理和结构不变而仿制出来的产品。落后国家对先进国家已经投入市场的产品的仿制，有利于填补国家生产空白，提高企业的技术水平。在生产仿制新产品时，一定要注意知识产权的保护问题。

（5）新牌子产品。它是指在对产品实体微调的基础上改换产品的品牌和包装，带给消费者新的消费利益，使消费者得到新的满足的产品。

3. 按照新产品的区域特征分类

按新产品的区域特征分类可分为国际新产品、国内新产品、地区新产品和企业新产品。

1）国际新产品，是指在世界范围内首次生产和销售的产品。

2）国内新产品，是指在国外已经不是新产品，但在国内还是第一次生产和销售的产品。它一般为引进国外先进技术，填补国内空白的产品。

3）地区新产品和企业新产品，是指国内已有，但本地区或本企业第一次生产和销售的产品。它是企业经常采用的一种产品创新形式。

4.1.2 新产品开发的方式、条件和趋势

1. 企业新产品开发的方式

（1）独立研制开发。它是一种独创性的研制，是指企业依靠自己的科研力量开发新产品。它根据国内外市场情况和用户的使用要求，或者针对现有产品存在的问题，从根本上探讨产品的原理与结构，开展有关新技术、新材料等方面的研究。在此基础上研制出具有本企业特色的新产品，特别是研制换代新产品或全新新产品。企业自行独立研制新产品，要求具备较强的科研能力、雄厚的技术力量。凡是具备科研开发条件的企业，都应当组织独立研制，以便充分发挥企业的现有科学技术能力，促进科学技术的发展。它包括三种具体的形式：

1）从基础理论研究开始，经过应用研究和开发研究，最终开发出新产品。一般是技术力量和资金雄厚的企业采用这种方式。

2）利用已有的基础理论，进行应用研究和开发研究，开发出新产品。

3）利用现有的基础理论和应用理论的成果进行开发研究，开发出新产品。

（2）技术引进。它是指企业发展某种主要产品时，借鉴国内外市场上已有成熟的制造技术，开发自己的新产品，既可以从国外引进技术，也可以从国内其他地区引进技术。这种方式不仅能节约研制费用，避免研制风险，而且还节约了研制的时间，保证了新产品在技术

上的先进性。因此，这种方式被许多开发力量不强的企业所采用。但难以在市场上形成绝对的优势，也难以拥有较高的市场占有率。这种方式有以下优点：

1）可以节省企业的科研经费和技术力量，把企业研制新产品的人力、物力集中起来研制其他新产品，迅速增加产品品种。

2）可以赢得时间，尽快缩短竞争企业之间的技术差距。

3）可以把引进的先进技术作为发展产品的新起点，加速企业的技术发展，迅速提高企的技术水平。

4）确保发展的产品有足够的经济寿命周期。

（3）研制与技术引进相结合。它是指企业在开发新产品时，既利用自己的科研力量研制，又引进先进的技术，并通过对引进技术的消化吸收与企业的技术相结合，创造出本企业的新产品。这是在对引进技术充分消化和吸收的基础上，与本企业的科学研究结合起来，充分发挥引进技术的作用，以推动企业科研的发展、取得预期效果。这种方式适用于企业已有一定的科研技术基础，外界又具有开发这类新产品比较成熟的一部分或几种新技术可以借鉴的情况。

这种方式使研制促进引进技术的消化吸收，使引进技术为研制提供条件，从而可以加快新产品的开发。

（4）协作研究。它是指企业与企业、企业与科研单位、企业与高等院校之间协作开发新产品。这种方式有利于充分利用社会的科研力量，发挥各方面的长处，有利于把科技成果迅速转化为生产力。

（5）合同式新产品开发。它是指企业雇用社会上的独立研究的人员或新产品开发机构，为企业开发新产品。

（6）购买专利。它是指企业通过向有关研究部门、开发企业或社会上其他机构购买某种新产品的专利权来开发新产品。这种方式可以大大节约新产品开发的时间。

2. 企业新产品开发的条件

（1）新产品开发的必备条件。新产品开发具有风险大和收益高的特点。要取得新产品开发的成功，就得对造成失败的原因和取得成功所必备的条件进行研究。大量研究结果表明，新产品开发成功与否主要取决于以下一些因素，这些因素也是进行新产品开发的必备条件。

1）选择有特色的产品。据很多研究发现，与其他因素相比，产品的超值完美或与众不同更能博得消费者的青睐。

2）强烈的市场导向。这是由市场拉动并以消费者为中心的新产品开发过程，是新产品成功所必备的条件；彻底地了解和掌握顾客的需求和欲望、竞争状况及市场特性，是新产品成功的基本因素。要想成功，市场导向的思想必须贯彻于整个新产品开发的始终。

3）充分的开发前准备工作。准备工作必须在产品开发前进行。研究表明，开发前的各阶段工作，如开始筛选、前期的市场和技术研究、市场研究和经济分析，其质量与产品的财务绩效有紧密联系。这些筛选、分析和定义的阶段对于成功特别重要，因此要求管理者必须循序渐进地做好开发前的各项准备工作，坚决反对跳过开发前阶段，使错误确定的和未经严格检查的项目进入开发阶段。

4）有明确的产品定义。产品定义是新产品开发成功的关键因素之一。这些定义包括：

目标市场的识别；产品概念和将产生的离异的描述；定位策略的详细表述；产品的特性、好处、要求和表示清单。

5）必须具备有效的组织结构及其支持系统。产品创新并非某一个部门的独立工作。一个跨职能的项目队伍，与从各职能部门抽出的核心骨干一起，配备一个经过授权的权威领导，是成功的基本要素。

6）高层管理者的积极支持和推动是不可少的。高层管理者可以通过集中资源和削弱组织中的官僚主义而使项目付诸实施。在成功的企业中，高层管理者的主要作用是作为创新的设计和实施阶段的幕后推动者，而不是做具体工作的成员。

7）市场吸引力及与公司协同是两个重要的成功驱动器。瞄准有吸引力市场的新产品容易成功，这些市场包括高增长、高需求的市场，高利润的市场，以及缺少强有力的、占绝对优势的竞争者的市场。协同对成功来讲也是很重要的。市场营销协同将产品卖给企业已有的顾客，表明了企业现有的销售力量和销售渠道与生产技能及资源之间取得平衡。

8）一个经过充分论证，且较好执行的定位是新产品成功的核心。世界上最好的产品都不会自我销售，因此需要强有力的市场营销努力，需要一个具有很好目标的销售方法以及有效的售后服务。一个完整的目标和市场的定位不是偶然产生的，它是较好设计的市场营销计划、合适的资助、充分的资源且有效执行等所共同产生的结果。

9）关键活动的完全性、一致性及执行的质量造就了赢家和输家。某些关键的活动如执行的情况如何、是否尽全力去做等，与成功紧密相关。这些活动包括在项目初期承担最初的项目和技术评价，在产品设计之前进行详细的市场研究或市场营销研究，周密地进行经济分析和财务分析，高质量地测试市场和进行市场定位。

一种解决问题的方法是将产品创新视为一个过程。为这一过程的质量保证设计一个正式的控制过程。一是导入和实施全面质量管理（TQM），树立质量意识，使TQM贯穿于创新的全过程，人人抓质量。二是在这一过程中引入检测点，集中于质量标准的执行，保证过程中的每项行动都是高质量的。通过对某些环节实施强制的方法将会保证整个过程的质量，这对于成功也是非常关键的。

（2）企业内部条件。企业在实施新产品开发前，除了具备上述的必备条件外，还应该研究企业内部条件。企业内部条件是取得新产品开发成功的基本保障。企业的内部条件表现为是否有足够的能力支持新产品的开发。这些能力包括技术能力、成本投入能力、经营网络能力等。

1）技术能力。检验技术能力必须要求企业的生产能力以及产品或服务能实现设计的功能。例如，某公司开发新产品的原型，将这种新产品安在一个正常的灯泡上可使灯泡的使用寿命延长10倍，市场前景非常可观，而且他们可以利用自己闲置的机器生产这种产品。但存在的问题是需要找到一种能抗高温的黏合剂。他们自己没有这方面的技术能力开发这种抗高温的黏合剂，若与国际上较先进和厂商合作开发，费用将远远超出利润，因此从整体上来分析，这是不成功的。

2）成本投入能力。规模越大，资金投入越大，成本回收就越慢。如果没有数千万的资金准备和两年内回笼投资的思想准备，做高档品牌的结果一定没有好结果。

3）经营网络能力。如果企业只熟悉低档市场，拥有一批低档产品的代理商，那么企业的产品最好定位在低档范围，否则不仅会造成原有资源的浪费，而且开发新的商业网络也需要雄厚的资本，使企业不堪负担。更重要的是，重新开发商业网络未必能达到预期的目的。

3. 企业新产品开发的趋势

随着市场经济的不断发展，消费者的需求水平不断地提高，消费领域也不断地扩大，因而新产品的生产也必须注重发展趋势。概括地讲，企业新产品开发与创新总的发展趋势如下：

（1）新产品的科技含量不断提高。企业必须在新产品开发中投入更多的科研力量，使之转化成更多的知识经济技术成果，确保新产品更加完美，更具有市场竞争力。

（2）新产品多样化。由于消费者的需求层次不同，喜好也不同，而且复杂多变，因而新产品开发应做到多样化，适应市场的发展趋势，以满足消费者多层次的需求。

（3）产品更美观、更舒适、更实用。消费者的物质文化生活水平不断提高，使得其对产品的要求朝着舒适性、艺术性、功能更齐全的方面发展。

（4）“绿色产品”的发展。随着社会公众优化环境意识的提高，“绿色”消费迅速普及，因此，开发新产品时，除严格做到无污染外，还要注意保护环境，维护生态平衡。

产品创新具有不确定性和风险性。企业必须在认真选择和评估的基础上，及时、准确地做出创新产品选型的决策，这是直接关系企业产品创新成败的关键一环。随着企业经营体制的转换，作为法人主体、市场主体和创新主体的企业，需要对众多复杂的问题独立做出决策，并要相应承担决策的责任和风险。为此，企业必须集中一批具有战略眼光、创新能力和敏捷思维的专家组成“智囊团”，对各个时期产品创新战略和重大创新产品选型提出各种方案和意见，使企业决策者能及时、准确、果断、有效地做出产品创新的决策。

在创新产品选型时，企业必须认真地进行产品创新的成功率和可行性评价，并尽可能选择“近亲”技术产品。可以根据自己承受风险的能力，在适当的风险内选型。为了提高产品创新效率和成功率，企业还必须结合本企业的技术、经营、总体三方面的具体指标，对创新产品进行评估，为创新产品选型提供依据。

4.1.3　新产品开发管理框架

在企业经营管理中，新产品开发如何如何重要，应该投资多少于新产品开发等问题，确实因企业的类型、企业发展的阶段、企业的战略等不同而有不同的答案。

新产品开发管理的重点是如何管理好新产品开发的过程。一般认为，新产品开发的管理可以分成四个相互独立又有机联系的部分，它们是产品规划（Product Planning）、项目实施（Projects）、知识平台建设（Knowledge Platforms）、人才管理（Persons）。

新产品开发的首要工作就是产品规划。产品规划的输入是市场状况、竞争态势，以及企业内部情况，输出则是产品路标。然后根据这个产品路标，将成立一个个新产品开发项目来实施。

新产品开发，无论是产品规划还是开发项目的实施，都是知识密集型工作。充分利用知识管理的作用，建设各种知识平台，促进知识共享，降低内外部知识产生、加工、传播和利用的成本，能够在很大程度上提高产品规划和项目实施的绩效，或降低投入的成本。

新产品开发的所有活动都依赖于高素质的人员，如何管理新产品开发人员，并不断提升发展他们的技能，是新产品开发管理的一个重要命题。

如图 4-1 所示，我们可以形象地表示新产品开发管理中四个部分的有机联系：产品规划用以指定方向，描述前进的路径；项目实施最终完成一个个具体的新产品开发工作；而人才平台和知识平台则为上述两个活动提供了高效的运作平台。简而言之，新产品开发管理就是“两条腿 + 两个平台”。

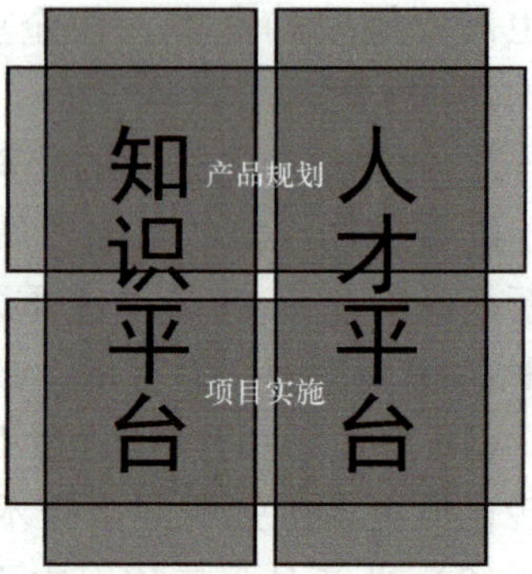

图 4-1　新产品开发的管理框架

4.1.4　新产品开发的过程管理

新产品开发属于企业的长远战略决策，是企业经营战略决策的重要组成部分。新产品开发是一项复杂的技术经济活动，企业只有具有较高的管理水平，才能保证产品开发的成功。新产品开发的管理，不仅要求管理机构协调各部门的工作，加强各个生产环节的管理，保证开发工作的顺利进行，而且要求企业建立有效的管理体制，制订有远见的新产品开发规划和充分运用新产品开发战略，只有这样，才能使新产品开发不断获得成功，促进企业长远的发展。

1. 新产品开发的管理

新产品的开发关系到企业的生存和发展。新产品开发的决策应由企业最高领导机构作出，具体的组织工作应由分管技术的领导负责。新产品开发管理机构的组织形式多种多样，主要取决于企业的生产规模、技术水平、管理水平和产品性质等条件。主要组织形式有以下几种：

1）设立独立的开发部门。

2）在技术部门内设立新产品开发机构。

3）建立专门的研究开发小组。

4）成立新产品开发委员会。

2. 新产品开发原则

新产品开发决策一般应遵循下列原则：

（1）要面向市场，以市场需求为导向。企业产品开发的目的是为了满足消费者尚未得到充分满足的需求，企业开发的新产品能否适应市场需求是产品开发成功与否的关键。因此，必须通过深入的市场调研和科学的预测，分析消费者需求变化的趋势以及对产品的品质、性能、款式、包装等方面的要求，研制开发满足市场需求的新产品。不能满足市场需求，或者虽然能够满足某一需求，但市场需求量太小的产品，均不宜研制开发。

（2）依据企业资源和实力确定产品开发的方向。企业要根据自身的资源、设备条件和技术实力来确定产品的开发方向。有的产品，尽管市场需求相当大，但如果企业缺乏研制开发和市场开发能力，也不能盲目跟风，必须量力而行。

（3）扬长避短，展现企业的特色。任何企业都有其长短处和优劣势，产品开发要扬长避短。产品开发贵在与众不同、新颖别致，一定要形成自己的特色优势。这种特色可以表现在功能、造型方面，也可以表现在其他方面，以满足不同消费者的特殊爱好，激发其购买欲望。

（4）必须讲求经济效益。开发新产品必须以经济效益为中心，这是企业的经济性所决定的。企业对拟开发的产品项目，必须进行技术经济分析和可行性研究，以保证产品开发的投资回收率，并能获得预期的利润。不能为企业创造任何利润的产品，其研制开发对企业来说没有任何经济意义。

3. 新产品开发规划

（1）新产品开发的规划可分为以下几类：

1）长期规划。这种规划时间在3年以上，适用于全新新产品和换代新产品的开发。长期规划是具有战略意义的规划。

2）中期规划。这种规划时间为1～3年，适用于换代新产品和改进新产品的开发。开发的重点是新技术的应用或改进，具有较强的针对性。

3）短期规划。这种规划时间在1年之内，主要是对新产品或老产品所出现的各种技术问题提出解决方案，提高和稳定产品的质量，降低产品的成本，提高市场占有率。

（2）新产品开发规划的内容，实际上就是在新产品开发之前要认真做好的一些具体工作。一般包括以下几个方面：

1）相关目标的确定。相关目标是指企业在预定的计划内新产品开发应达到的目标，包括新产品应达到的技术水平，新产品的品种、规格要求，新产品投产上市后的销售量和利润指标等。

2）新产品开发的依据。它是指制订新产品开发规划的依据，这种依据是指对企业的外部环境和内部条件的分析。按照我国情况，应包括下列内容的分析：企业的发展方向；用户及市场的需求；产品及零部件标准化程度；企业现有的生产技术条件，国家或地方的总体规划和某些指令性任务；国家有关的政策和法规。

3）保证新产品开发实施的具体措施。它是指实现新产品开发规划所需要的各种物质、技术和组织措施，包括：资金的来源，资金用途的分配，购置设备、仪器的计划，技术人员的培训和引进等。

4）新产品开发的方式。它是指新产品开发在方式上是采用独立研制、技术引进还是采取独立研制与技术引进相结合的方式，在组织形式上是采取本企业独立开发还是与外单位联合开发的方式。

5）新产品开发实施的进度安排。按新产品开发的各个阶段安排日程进度，明确每个阶段工作的要求。

6）健全各种责任制。每个开发产品、产品开发中的每项独立工作、每项措施，都要确定负责的部门和个人。

4. 新产品开发策略

新产品开发采用何种策略，要根据企业自身的实力，根据市场情况和竞争对手的情况而定。当然，这与企业决策者的个人素质也有很大关系，开拓型与稳定型的经营者会采用不同的策略。常用的策略有：

（1）抢先策略。抢先策略是指企业率先推出新产品，利用新产品的独特优点，占据市场上有利地位的竞争策略。采用抢先策略的企业应具备强烈的占据市场“第一”的意识。因为对于广大消费者来说，对企业和产品形象的认知都是先入为主的，他们认为只有第一个上市的产品才是正宗的产品，其他产品都要以“第一”为参照标准。因此，采取抢先策略，就能够在市场上捷足先登，利用先入为主的优势，最先建立品牌偏好，从而取得丰厚的利润。

（2）紧跟策略。紧跟策略是指等别的企业推出新产品后，立即加以仿制和改进，然后推出自己产品的竞争策略。这种策略是不把投资用在抢先研究新产品上，而是绕过新产品开发这个环节，专门模仿市场上刚刚推出并畅销的新产品，进行追随性竞争，以此分享市场收益。所以，它又称为竞争性模仿，既有竞争，又有模仿。竞争性模仿不是刻意追求市场上的领先，也不是纯粹的模仿，而是在模仿中创新。企业采取竞争性模仿策略，既可以避免市场风险，又可以节约研究开发费用，还可以借助竞争者领先开发新产品的声誉，顺利进入市场。更重要的是，它通过对市场领先者的创新产品做出许多建设性的改进，有可能后来居上。但要注意知识产权保护问题。

（3）系列式策略。系列式策略是指围绕产品向上下、左右、前后延伸，开发出一系列类似的、但又各不相同的产品，形成不同类型、不同规格、不同档次产品系列的竞争策略。采用该策略开发新产品，企业可以尽量利用已有的资源，设计开发更多的相关产品，如海尔围绕客户需求开发的洗衣机系列产品，适合了城市与农村、高收入与低收入、多人口家庭与少人口家庭等不同消费者群的需要。

（4）低成本策略。低成本策略是指企业开发新产品时，通过在内部加强成本控制，在研究开发、生产、销售、服务和广告等领域内把成本降低到最低限度，使成本或费用明显低于行业平均水平或主要竞争对手，从而赢得更高的市场占有率或更多的利润，成为行业中成本领先者的一种竞争策略。采用这种策略往往还能有效地排斥竞争者。

4.2 新产品开发计划

4.2.1 新产品开发计划的概念

新产品开发计划是指有目的、有计划、有步骤地发展新产品的计划。新产品开发具有战略决策性质，是企业的一项重大的经营管理决策，它决定了企业的经营方向。

4.2.2 新产品开发计划的内容

新产品开发计划的内容包括以下几个方面：

1）发展新品种，包括确定新产品的发展方向和系列型谱的制订。

2）老产品的改进和淘汰。

3）重要科学研究项目。在长、中期计划中，主要是针对新产品开发中有关基础研究和应用研究的一些重大理论问题进行研究。在短期计划中，主要是针对新产品开发中有关新产品结构、加工工艺和生产组织中的某些具体问题进行研究。

4.2.3 制订新产品开发计划应考虑的因素

制订新产品开发计划应考虑的因素有以下几个方面：

1）国家计划和上级下达的任务。

2）企业今后的发展方向。

3）用户和市场需求。

4）企业现有生产技术条件。

5）国家有关政策和法规等。

4.2.4 新产品开发计划的特点

（1）创新性。它是新产品开发计划的主要特点，也是开发的宗旨。创新，首先要满足用户的需要。它包括：新的花色款式、新的质量水平、新的性能、新的功能、新的原理和结构、新的价格水平等。一切都是根据用户的新需要，并将其作为创新的宗旨。

（2）技术性强。这是另一主要特点。新产品从创意开始，中间经过设计、试制，直至开发后期的售后技术服务，要克服一系列技术上的障碍和难题。所以，产品开发工作实质上是一项技术知识密集的智力开发工作。

（3）重复性极小。新产品开发基本上是一次工程。对一个具体企业来说，很少或者根本没有前例可循，这就大大增加了开发计划工作的难度和复杂性。

（4）涉及面广。从外部市场环境、最新技术水准和发展动态、用户的意见和要求、竞争对手情况、价格和原材料来源、环境保护的要求，一直到企业内部的设计、工艺、质量、工装、设备、资金等，都必须统筹兼顾、逐一解决。

（5）风险性相对较大。这种风险往往表现为较低的开发成功率。

4.2.5 新产品开发计划的任务

新产品开发计划同企业的经营计划相对应，可以分为长期产品发展规划和年度产品开发计划。但是，由于新产品开发基本上是一次性工程，所以，对重要或复杂的产品，在具体执行计划时，还应按产品分别编制项目开发计划。无论哪种开发计划，它们的共同任务主要有以下几个内容：

1）不断满足整个国民经济发展和社会主义建设以及人民物质文化生活的需要，优先保证国家和行业的产品开发任务。

2）根据企业的经营目标，优化企业的产品组合，并确定产品发展战略，选准企业的方向性产品，并通过执行计划，予以开发。

3）根据产品生命周期原理，果断地淘汰过时的产品，并以创新的精神，推出企业的优质名牌新产品，促进产品更新换代。

4）通过计划合理地组织和调动企业的人力、财力、物力用于产品开发，安排技术人员尤为重要，参加开发的技术人员必须保持一定的比例。

5）协调企业内部各部门的工作，共同为按期完成产品开发任务而努力。

4.2.6 新产品开发计划的编制

新产品开发进度计划的编制要先确定产品设计、样品试制工艺准备、样品试制、样品检验和鉴定、小批试制工艺准备、工艺装备制造、小批试制、小批鉴定、成批生产准备等各阶段的工作（劳动）量，再测算各执行部门的执行能力，依次确定各阶段工作所需的全部日历时间（称生产技术准备周期），然后汇总平衡，编制新产品开发计划进度表，如表4-1

所示。

表 4-1　新产品开发计划进度表

产品名称	准备工作项目	执行部门	工作量	进度（分月）											
				1	2	3	4	5	6	7	8	9	10	11	12
甲产品	产品设计	设计科		—	—										
	样品试制工艺准备	工艺科			—	—	—								
	样品试制与鉴定	试制车间等					—	—	—						
	小批试制工艺准备	工艺科							—	—					
	工艺装备制造	工具车间									—	—			
	小批试制与鉴定	加工装备车间										—	—	—	
	成批生产准备	有关科室车间												—	—

新产品开发计划编制时应注意：要与生产计划和生产作业计划相协调，不影响企业的正常生产；合理配置技术力量，落实岗位责任，尽可能使各阶段工作相互衔接；切实安排好工艺装备的生产和原材料的供应工作。

4.3　新产品开发策略

4.3.1　产品生命周期理论

任何产品在市场上的销售情况和获利能力都是随着时间的推移而发生变化的，这种变化与一般生物的生长、旺盛、衰亡过程相似，有一定的规律性，我们必须研究和掌握产品成长的规律性，并利用它来制订正确的产品策略，以达到企业经营目标。

1. 产品生命周期的概念

产品生命周期（Product Life Cycle，PLC）。是美国哈佛大学教授雷蒙德·弗农（Raymond Vernon）于1966年在其《产品周期中的国际投资与国际贸易》一文中首次提出的，是指从产品试制成功投入市场开始到被淘汰停止生产为止所持续的时间，如图4-2所示，分为投入期、成长期、成熟期和衰退期四个阶段。

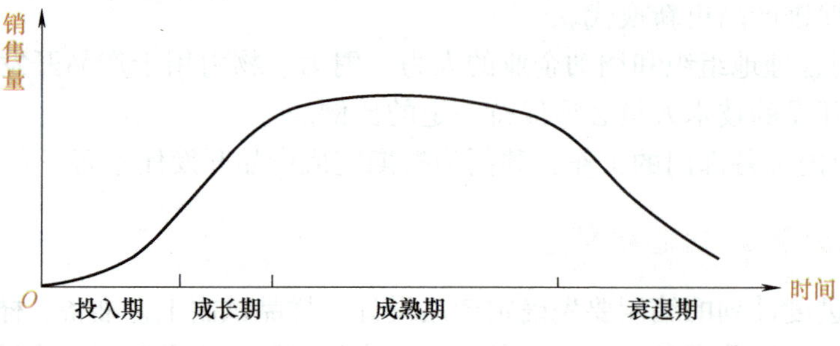

图 4-2　产品生命周期曲线

产品生命周期是客观存在的，它主要取决于产品上市后的需求变化和新产品的更新换代速度。关于产品生命周期的概念，可以从以下几方面理解：

产品生命周期不同于产品的使用寿命、经济寿命、技术寿命和折旧寿命。

1）产品使用寿命（自然寿命或物理寿命）是指产品从投入使用到报废为止所延续的时间。使用寿命一般是指物质形态的变化，是具体的、有形的、自然的变化；而产品生命周期是市场形态的变化，是抽象的、宏观的、社会的。产品生命周期是指产品的市场寿命，而不是使用寿命。产品使用寿命与产品市场寿命往往是不一致的，有些产品的使用寿命小于市场寿命，如鞭炮、食品等；而有些产品的使用寿命则长于市场寿命，如服装、电视机、计算机等。

2）产品经济寿命是指使用该种产品给用户能带来经济效益的延续时间。

3）产品技术寿命是从技术进步角度考察产品生命期，是指新产品从投入使用一直到由于技术进步而淘汰所延续的时间。例如，电子计算机由电子管、晶体管、集成电路，向大型集成电路、智能型发展，电子管、晶体管计算机就停止了生产。产品技术寿命的长短是产品生命周期长短的决定性因素，一旦某种产品在技术上被淘汰，则它也将退出市场，它的产品生命周期也将终结。

4）产品折旧寿命是按国家有关部门规定或企业自定的折旧率，把设备（产品）投资扣除残值后的余额，折旧到接近于零所经历的时间。

产品的使用寿命、经济寿命、折旧寿命和技术寿命都与产品生命周期密切相关。前三种寿命的长短关系到产品购买数量、产品声誉，从而影响产品生命周期的长短；技术寿命的长短是产品生命周期长短的决定性因素，一旦某种产品在技术上被淘汰，则它也将退出市场，它的产品生命周期也将终结。

产品生命周期主要是指产品种类和产品品种的生命周期。产品种类（如糖）是一种抽象、综合的概念，它以具体的规格、品种的形式存在，生命周期较产品品种的生命周期长。产品品种（如奶糖、巧克力糖等）的销售增长平常表现为典型的生命周期过程；而具体某一产品（如上海大白兔牌奶糖）或产品品种的某些型号受企业所采取的竞争策略的影响，其销售额呈不规则的变化。因此，产品生命周期主要是指产品种类和产品品种的生命周期，而不是指某一具体产品的生命周期。

产品生命周期是以国家或地区来划分的，同一产品在不同国家或地区所处的产品生命周期的阶段可能不同。

产品生命周期曲线是一条经验曲线，是人们在实践中总结各种不同产品在市场上的活动规律后概括出来的，具有典型性。但事实上，并不是所有产品的生命周期都呈现正态分布。有些产品可能一上市就跳过投入期而进入成长期（见图 4-3a），有些产品的总销售量始终处在缓慢增长状态（见图 4-3b），有些产品迅速增长后立即衰退（见图4-3c），有些产品由成熟期又进入第二个成长期（见图 4-3d），大多数产品表现为锯齿形发展（见图4-3e）。这都是符合产品生命周期理论的，是产品生命周期曲线受产品本身的特点和特殊市场环境的影响，以变异的形式出现的结果。

2. 产品生命周期各阶段的划分及特点

产品生命周期可以分为投入期、成长期、成熟期和衰退期四个阶段。要判断产品处在哪个阶段，可以根据该产品销售增长率的变化情况来确定。划分标准一般是：投入期销售增长率很不稳定，通常在10%以下；成长期销售增长率稳定上升，在10%以上；成熟期增长率

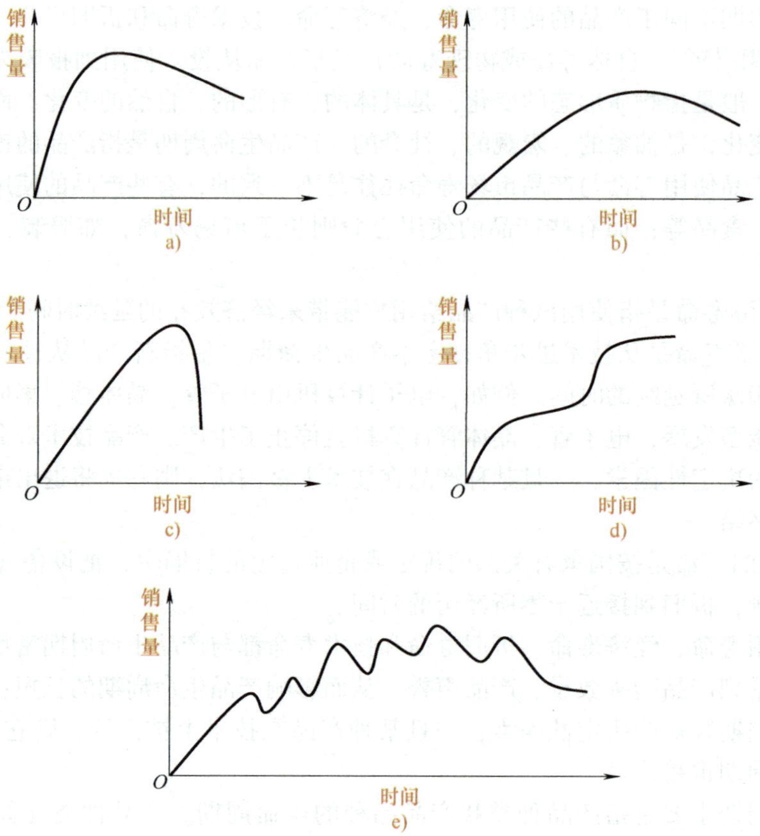

图 4-3　产品生命周期各种变异曲线

逐步减缓，在 0.1% ~10% 之间；衰退期销量下降，增长率小于 0。

产品生命周期各个阶段的特点是：

(1) 投入期的特点。新产品投入市场，便进入投入期。此时，顾客对产品还不了解，只有少数追求新奇的顾客可能购买，新产品销售量很低；产品小批量生产，产品尚未定型，工艺也不成熟，产品的性能和质量不够稳定；废品率高，制造成本高，利润低，甚至出现亏损；由于处于产品投入市场的初始阶段，竞争不激烈；由于顾客不了解产品，销售渠道也不完善，投入的广告宣传费用大。

(2) 成长期的特点。这时顾客对产品已经熟悉，大量的新顾客开始购买，市场逐步扩大；产品批量生产；产品设计定型，工艺也较成熟；成本下降，销量和利润上升并最后达到生命周期利润的最高点；竞争者看到有利可图，纷纷进入市场，竞争开始加剧。

(3) 成熟期的特点。市场需求趋向饱和，潜在的顾客已经很少，销售额增长缓慢直至转而下降；产品大批量生产；产品设计和工艺非常稳定，产品的性能和质量也更有保障；成本最低，销量和利润最高；更多的竞争者进入市场，竞争更加激烈。

(4) 衰退期的特点。随着科学技术的发展，新产品或新的替代品出现，顾客的消费习惯将发生改变，转向其他产品，从而使原来产品的销售额和利润额迅速下降。于是，产品进入了衰退期。

3. 产品生命周期理论的意义

产品生命周期理论实质上就是总结了各种产品进入市场以后的发展变化规律。掌握产品生命周期理论，对提高企业经营管理水平和产品创新能力具有以下意义：

（1）为企业制订灵活的经营策略提供了理论依据。产品生命周期理论告诉我们，产品在市场上的活动过程可以分为四个阶段，各阶段的特点有很大的不同，企业要针对各阶段的特色，利用产品在不同市场表现不同的周期阶段来制订相应的经营策略，拓展市场或扩大销售，才能提高企业的经济效益。

（2）为开发新产品及新产品投入市场的时机提供了理论依据。由于科学技术的进步，产品生命周期普遍呈缩短的趋势。第二次世界大战之前，工业产品的生命周期是 30 年左右；之后，欧美各国产品的生命周期缩短到 10 年；目前，某些机电产品的生命周期只有3 ~ 5 年，甚至更短。因此，企业必须有不断创新的精神，不断地开发新产品，否则就会失去生命力与生存条件。

企业还应当对什么时候淘汰老产品推出新产品有一个清晰的认识。掌握产品生命周期理论，有助于产品的更新换代，利用产品生命周期来分析市场趋势，及时淘汰没有发展前途的老产品，有计划地推出新产品。

（3）为延长产品生命周期提供了有效的策略方法。延长产品生命周期是企业经常面临和必须解决的问题。当产品进入成熟期后，在激烈的竞争中，企业如果不采取措施，产品必然面临衰退；而如果采取一些有效措施，就可能延长产品的生命周期，甚至在衰退期的产品也会焕发青春，再次进入成长期。如图 4-4 所示。

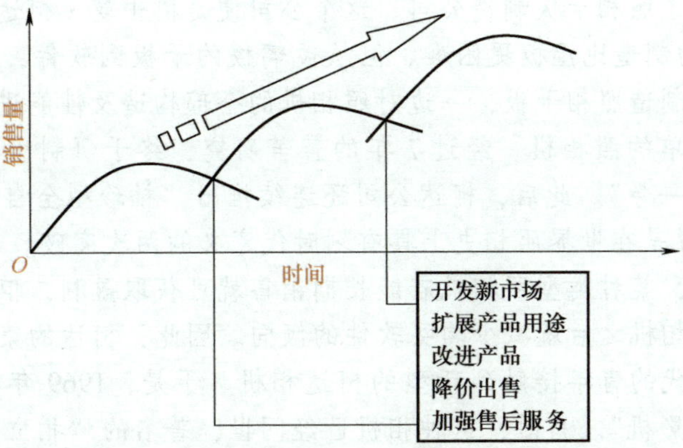

图 4-4　延长产品生命周期策略

一般来说，延长产品生命周期有以下几种方法：

1）开发新市场。就是把某一进入衰退期的产品渗透到生命周期阶段较早的市场上去，如将电视机、冰箱、洗衣机等市场从城市转向农村；从经济较发达的东部地区转向经济相对落后的西部地区等。

2）扩展产品用途，如美国杜邦公司开发的尼龙系列产品。

3）改进产品，如移动 U 盘功能的不断增加等。

4）降价出售。

5）加强售后服务，如延长保修时间等。

（4）为组织多种产品的生产经营、优化产品组合提供了依据。企业虽然可以采取一定的措施来延长产品生命周期，但不能违背产品在市场上的兴衰活动规律。现代企业要达到均衡经营的目的，就不应该只生产经营单一的产品，必须搞多种产品的经营，使各种产品互相补充、互相调剂，促进产品组合的优化。

4.3.2 企业新产品开发的理论基础

产品生命周期理论揭示了产品更新换代是市场发展变化的一种必然结果。只要存在市场竞争，只要存在商品交换，就必然要出现新产品。如果新产品的功能对原来的产品具备替代性，它就会替代老产品，这是一种必然。这种必然告诉我们，不管企业如何运作，任何产品最终都要退出市场，只不过存在于市场的时间有的长一些，有的短一些。作为企业，只有不断地掌握这种规律性，及时地开发出顾客所需要的新产品，才能不断地赢得竞争优势。因此，产品生命周期理论是企业新产品开发的重要理论基础，必须给予足够的重视。

案例

柯达的新产品开发战略⊖

从19世纪80年代到20世纪80年代，柯达公司在世界照相领域中的霸主地位一直没有动摇。“创新技术，突破生活”是柯达公司传统的座右铭，也是柯达的成功之本。柯达的创始人乔治·伊士曼20岁时，就对照相机感兴趣，虽然没有积蓄，他却开始着手研究照相干板。为了实现这一梦想，1881年1月，他把自己极度珍视的5 500美元的积蓄作为准备资金，在罗契斯特创立了照相干板制造公司。这个公司便是伊士曼·柯达的前身，当年乔治·伊士曼27岁。干板的制造比湿板更困难。但从玻璃板的干板到软件，就一步一步接近照片的大众化。乔治一边制造照相干板，一边对照相机的全部构造及性能进行仔细研究，他一直想制造出一种操作简单的照相机。经过7年的苦苦研究，终于研制出一种小型口袋式照相机，命名为“柯达第一号”。此后，柯达公司还连续推出“袖珍型全自动照相机”和“立即显像摄影机”，可以说是在世界照相史上具有划时代意义的两次突破。

柯达公司认识到，某种类型照相机若能长期销售就可获取盈利，但同时又要顾及业余摄影爱好者玩腻某型照相机之后就减少购买软件的倾向。因此，柯达的策略就是每隔一段时间就推陈出新，让新一代的青年接触到新型的柯达相机。于是，1969年柯达公司就想秘密设计一种“立即显像摄影机”。当时，这种相机已经问世，著名的“拍立得”公司已经制造出即时显像的相机sx-70，只是最初sx-70在使用时须将保护乳剂的保险纸撕开丢掉，这等于制造垃圾。但“拍立得”也着手改良这种相机。在这样激烈的竞争中，柯达公司的首脑们并不过分紧张，在位于罗契斯特的柯达总部，主管们显得异常沉稳和镇定，他们总是善于控制业务变动的步伐，从容地开发与发展多种新产品，掌握每一种产品的寿命以获得最大的利润。这也是柯达一贯的管理领导艺术。根据它稳步求胜的战略，“即显相机”经历了周密的研制过程。公司先确定这种相机与软件大致具备的优势，然后考虑用户的潜在需求，在克服“用户不满意”上下工夫。所以，新产品务必要廉价。其次，必须容易操作，以消除用户因技术欠佳难以驾驭相机的恐惧心理。最后，必须保证质量，不能让用户在摄影效果上失望。

⊖ 2013年8月20日，美国联邦破产法院批准美国柯达公司脱离破产保护，重组为一家小型数码影像公司的计划。

正如即显部主任麦克尼斯所说："用户真正关心的是这部相机是否能比较容易地照出色彩艳丽的摄影佳作。"根据这些要求，公司成立了特别小组，从工艺方面研究、解决这些问题。到1971年初夏，研究人员提出了3种软件设计的方案，供管理部门选择，同时，也附呈每一种方式所需的开发费用。决策部门批准了最佳方案，分别在英国、法国、美国开始推行。特别小组的成员包括生产、推销与研究三方面的专家，他们的工作十分艰巨。

柯达公司新照相机的不断发明，也直接扩大了它的软片市场。1952～1963年，柯达公司在研制"袖珍型全自动相机"期间，同时改进了古老的软片，为了便于安装，柯达首先设想把软片与匣子合成一体，发明匣盒软片，增加快拍机会，这种软片比通常的软片增加25%的长度，而且价格低廉，最便宜的只有10美元，这在软片市场上可谓是一次开拓。柯达公司享誉世界的声誉，除以上业绩之外，还跟它改良影印机的成功分不开。20世纪50年代后期，柯达就在光电照相机方面进行了一定的研究。但在影印机市场上，有技术领先、实力强大的世界影印机巨头Haloid（施乐公司的前身）和IBM公司与之竞争。Haloid早在1960年就以914型影印机首先进入市场获得成功。多年来Haloid的影印机畅销全球，几乎独占市场。

几年后，柯达公司影印实验室对文件重组反馈器进行了研究改进，柯达的工程师终于使它圆满地运行。于是柯达影印机可以一面复印，一面装订。这就比其他要等复印全部完了之后才能装订的影印机多了令人羡慕的优越性。另外，给新产品的"必备"条件帮了大忙的还有Intel公司推出的8008号微处理器，它使柯达影印机的"故障排除系统"更加健全。当一系列难题终于得到解决之后，柯达公司的ek影印机开始上市。这种影印机由于能一边复印，一边装订，得到用户的一致好评。它的多功能性，即使是老牌的Haloid公司和IBM公司也望尘莫及。

思考题：

1. 柯达公司值得我国企业借鉴的地方有哪些？
2. 柯达公司稳步求胜的战略与公司注重创新的战略是怎样有机结合在一起的？

4.4 新产品开发程序

开发新产品是一项十分复杂而风险又很大的工作。为了减少新产品的开发成本，取得良好的经济效益，必须按照科学的程序来进行新产品开发。开发新产品的程序因企业的性质、产品的复杂程度、技术要求及企业的研究与开发能力的差别而有所不同。一个完整的新产品开发过程一般要经历八个阶段：新产品构思、构思筛选、新产品概念的形成、制订营销战略计划、商业分析、产品实体开发、新产品试销、商品化。

4.4.1 新产品构思

1. 新产品构思来源

进行新产品构思是新产品开发的首要阶段。构思是进行创造性思维，即对新产品进行设想或创意的过程。缺乏好的新产品构思已成为许多行业新产品开发的瓶颈。一个好的新产品构思是新产品开发成功关键。企业通常可从企业内部和企业外部寻找新产品构思的来源。

公司内部人员包括：研究开发人员、市场营销人员、高层管理者及其他部门人员。这些人员与产品的直接接触程度各不相同，但他们的共同点是都熟悉公司业务的某一或某几方面，对公司提供的产品较外人有更多的了解与关注，因而往往能针对产品的优缺点提出改进或创新产品的构思。

企业可寻找的外部构思来源有顾客、中间商、竞争对手、企业外的研究和发明人员、咨询公司、营销调研公司等。

2. 新产品构思的方法

1）产品属性列举法。将现有产品的属性一一列出，寻求改良这种产品的方法。

2）强行关系法（组合创意）。列出多个不同的产品或物品，然后考虑它们彼此之间的关系，从中启发更多的创意。

3）顾客问题分析法。

4）开好主意会。

5）群辩法。

进行新产品构思时应遵循以下原则：不准批评、打破常规、争取数量、创意组合。

4.4.2 构思筛选

这一阶段是将前一阶段收集的大量构思进行评估，研究其可行性，尽可能地发现和放弃错误的或不切实际的构思，以较早避免资金的浪费。一般分两步对构思进行筛选。第一步是初步筛选，首先根据企业目标和资源条件评价市场机会的大小，从而淘汰那些市场机会小或企业无力实现的构思。第二步是仔细筛选，即对剩下的构思利用加权平均评分等方法进行评价，筛选后得到企业所能接受的产品构思。

新产品构思筛选时要考虑两个重要因素：

1）是否符合企业的战略目标，如利润、销售、销售增长、企业形象目标等。

2）企业有无足够资源能力，包括技术、资金、人才能力等。

4.4.3 新产品概念的形成

新产品构思是企业创新者希望提供给市场的一些可能的新产品的设想。新产品设想只是为新产品开发指明了方向，必须把新产品构思转化为新产品概念才能真正地指导新产品的开发。新产品概念是企业从消费者的角度对产品构思进行的详尽描述，即将新产品构思具体化，描述出产品的性能、具体用途、形状、优点、外形、价格、名称、提供给消费者的利益等，让消费者能一目了然地识别出新产品的特征。因为消费者不是购买新产品构思，而是购买新产品概念。

新产品概念形成的过程亦即把粗略的产品构思转化为详细的产品概念。任何一种产品构思都可转化为多种不同的产品概念。

新产品概念的形成来源于针对新产品构思提出的问题的回答。一般通过对以下三个问题的回答，可形成不同的新产品概念：谁使用该产品？该产品提供的主要利益是什么？该产品适用于什么场合？

此阶段注意区别以下几个概念：

1）产品创意——企业从自己的角度考虑能够向市场提供可能产品的构想。

2）产品概念——企业从消费者角度对产品创意所做的详尽描述。

3）产品形象——消费者对某种现实产品或潜在产品所形成的特定形象。

4.4.4 制订营销战略计划

产品概念确定后，企业就要拟订一个初步的营销战略计划，对已经形成的新产品概念制订营销战略计划是新产品开发过程的一个重要阶段。该计划将在以后的开发阶段中不断完善。

营销战略计划包括以下三个部分：

1）描述目标市场的规模、结构、行为，描述新产品在目标市场上的定位，描述前几年的销售额、市场占有率、利润目标等。

2）简述新产品和计划价格、分销渠道以及第一年的市场营销预算。

3）阐述计划长期销售额和目标利润以及不同时期的市场营销组合。

4.4.5 商业分析

商业分析的主要内容是对新产品概念进行财务方面的分析，即估计销售量、成本和利润，判断它是否满足企业开发新产品的目标。如果能满足企业目标，那么该产品就可以进入产品的开发阶段。

商业分析的方法有多种，下面介绍几种常用的方法。

1. 盈亏平衡分析法

该方法通过计算盈亏平衡时的销售量来确定新产品开发是否可行。其公式如下：

$$Q=\frac{F}{P-V}$$

式中 Q——盈亏平衡时的销售量；

F——固定成本总额；

P——单位产品售价；

V——单位产品变动成本。

具体运用时，将盈亏平衡点销售量与新产品预测销售量进行比较，当预测销售量大于盈亏平衡点的销售量时，新产品开发方案是可行的；反之，是不可行的。

2. 投资回收期法

该方法通过计算用新产品所获得的现金净流量，来偿还其初始投资所需时间（即投资收回期）的长短，来判断新产品开发是否可行。其公式如下：

$$T=K-1+\frac{M}{N}$$

式中 T——投资回收期；

K——累计现金净流量开始出现正值的年份；

M——上年累计净现金流量的绝对值；

N——当年的净现金流量。

一般来讲，投资回收期越短越好，较短的偿还期限意味着较快地为企业提供盈利，也意味着风险较小。当投资回收期小于本行业的基准投资回收期时，新产品开发方案是可行的；反之，是不可行的。

不过上述所计算的投资回收期是静态回收期，如果将货币的时间价值考虑进去，则该方法是一个比较好的分析方法。

4.4.6 产品实体开发

新产品构思经过一系列可行性论证后，就可以把产品概念交给企业的研发部门进行研制，开发成实际的产品实体。产品实体开发包括设计、试制和功能测试等过程。这一过程是把产品构思转化为在技术上和商业上可行的产品，需要投入大量的资金。只有进入本阶段，产品概念才能真正转为实际的产品，才能证明产品概念在技术上的可行性。

产品实体开发主要包括以下几个步骤：

1）技术方面的可行性论证，包括外形设计分析、材料加工分析、价值工程分析，由工程部门负责。

2）商业方面的可行性分析，包括包装、品牌设计，花色、款式设计，由营销部门负责。

3）试制样品。

4）检验，包括功能检验和消费者检验。

根据美国科学基金会调查，新产品开发过程中的产品实体开发阶段所需的投资和时间分别占总开发费用的30%和总时间的40%，且技术要求很高，是最具挑战性的一个阶段。

4.4.7 新产品试销

新产品开发出来后，一般要选择一定的市场进行试销，以判断新产品的成效。

新产品试销也称市场检验，是指把根据选定的产品概念研制出来的产品，投放到通过挑选并具有代表性的小型市场范围内进行销售试验，以了解顾客对新产品的反映和意见，以便企业采取相应的营销对策的过程。

实际上，并非所有的新产品上市都要进行试销。是否需要进行试销，取决于产品开发者对该产品的信心，以及顾客对产品的选择程度。如果企业在产品概念及新产品实体开发阶段已经通过各种方式收集了顾客对该产品的意见和建议，对产品做出改进，或者顾客对该产品的选择性小，就可以不必进行试销，而直接向市场推出；反之则应试销。此外，对一些价格比较昂贵，并且非大量销售的工艺品，通常也不进行市场试销。

如果试销市场呈现高试用率和高再购率，表明该产品可以继续发展下去；如果市场呈现高试用率和低再购率，表明消费者不满足，必须重新设计或放弃该产品；如果市场呈现低试用率和高再购率，表明该产品很有前途；如果试用率和再购率都很低，表明该产品应当放弃。

4.4.8 商业化

如果新产品的试销成功，企业就可以将新产品大批量投产，推向市场。要注意研究选择适当的投放时机和地区、市场销售渠道以及销售促进策略。

新产品商业化阶段的营销运作，企业应在以下几方面慎重决策：①何时推出新产品，针对竞争者的产品而言，有三种时机选择，即首先进入、平行进入和后期进入。②何地推出新产品。③如何推出新产品，企业必须制订详细的新产品上市的营销计划，包括营销组合策略、营销预算、营销活动的组织和控制等。

本章小结

新产品开发与创新是企业生存与发展的活力源泉。一个企业只有把新产品开发与创新作为重要的发展战略，才能在发展中充满活力；新产品开发与创新也是提高企业市场竞争力的有效途径，一个企业只有不断地进行新产品开发与创新，才能在日益激烈的市场竞争中立于不败之地；新产品开发与创新更是扩展企业利润空间的主要来源，有资料表明企业利润增长中60%以上来源于新产品开发与创新；同时新产品开发与创新还是市场发展、经济发展和社会进步的重要形式。

本章首先阐述了新产品的概念、创新方式与分类、企业新产品开发的方式及必须具备的内外条件，介绍了企业新产品开发的趋势、新产品开发与创新的管理框架和应遵循的原则；其次，阐述了新产品开发计划和开发策略；最后，阐明了新产品开发与创新的程序。

通过对新产品开发与创新相关内容的阐述与介绍，其目的是帮助读者较为系统地学习和了解企业新产品开发与创新的内容、作用、意义、管理过程和实施方法。

习　题

1. 什么是新产品？可以从哪些角度去理解新产品的概念？
2. 企业产品创新的方式有哪些？
3. 阐述新产品分类方法和开发方式。
4. 企业在开发新产品时应考虑哪些开发条件？
5. 简述企业新产品开发与创新的发展趋势。
6. 简述产品生命周期的概念及生命周期各阶段的产品特点。
7. 为什么要进行新产品开发？

[本章综合案例]

诺基亚的产品策略[⊖]

1998年，人们惊闻：北欧小国芬兰有一家名叫诺基亚的公司，其手机销售量超过了全球通信巨无霸摩托罗拉，一跃成为移动电话制造业中的世界冠军！

芬兰，北欧的弹丸小国，以冰天雪地、森林茂密和独特的芬兰浴而出名，工业资源贫瘠，市场狭小，国内人口不过500万人。

但诺基亚使芬兰名扬天下。诺基亚名列“世界最有价值的品牌排名”第11位，排在万宝路之后。2000年4月中旬，其股票总值达到了2 500亿美元，是欧洲最有实力的公司之一。

虽然在全球市场上，诺基亚的市值只有美国思科、微软、英特尔等的一半，但大家都视诺基亚为最强劲的无线互联网世界的开拓者。它制造的新一代WAP手机完全有可能取代个

⊖ 2014年4月25日，诺基亚宣布完成与微软公司的手机业务交易，将设备与服务业务出售给微软后，正式退出手机市场。2016年5月18日，授权Nokia品牌予HMD及富士康进行生产制造。

人计算机，成为未来信息时代的大众装备；它正高举着“把互联网放进每个人的口袋里”的迷人旗帜，后来居上，把摩托罗拉等高科技巨人们挤在一边。

1. 开枪自杀的前任总裁

诺基亚能取得今天的成就，应该是从现任总裁乔马·奥利拉（Jorma Ollila）1992 年临危受命开始的。但诺基亚能从生产胶鞋等传统产品转型为一家高新技术公司，却不能不提到前任总裁卡瑞·凯雷莫（Kari Kairamo）。

1865 年，工程师弗雷德里克（Fredrik）在芬兰南部的诺基亚河畔修建了一个木材加工厂，加工木板和纸浆。后来这个加工厂就取名为“诺基亚”。

1922 年，木材加工厂与附近一家生产胶鞋和胶胎的小厂——芬兰橡胶制品厂以及另一家生产电线的芬兰线缆厂合并。

1967 年，诺基亚扩充为诺基亚集团。它生产的尿布、胶鞋和用于小船上的胶胎是芬兰人最为熟悉的产品。

1977 年，凯雷莫成为诺基亚新总裁。

1981 年，在凯雷莫的率领下，诺基亚成功地把简陋的无线通信器，发展为一种成熟的移动通信系统，也就是我们今天说的手机。诺基亚开发出来的手机，尽管不是世界上的第一个，但它具有许多实用性的优点，所以受到了市场的欢迎，成为诺基亚的一个盈利点。

于是凯雷莫把目光瞄准了当时那些炙手可热的产品——家用电器、计算机、寻呼机等，他开始像一个赌徒似的，把股东的钱大把大把地花出去，先后购买了德国的一家电视机生产厂、瑞典的一家计算机公司、美国的一家寻呼机公司……

但他这一把却赌输了！日本索尼、荷兰菲利浦、美国 IBM 等竞争对手是那么强大，诺基亚节节败退，大量的钱花出去，泡泡都不冒一个，世界上几乎没有人知道，芬兰的诺基亚曾经生产过电视机、计算机、寻呼机或其他电器产品。

更可怕的是，美国通信巨人摩托罗拉只花了很短的时间，就在无线通信技术上后来居上，研制出了第一代手机——模拟机，并大批量生产，使唯一能给诺基亚带来盈利的手机产品在市场上处处碰壁，公司开始亏损。

股东们怒气冲冲，诘问中夹杂着侮辱，一起向总裁凯雷莫压来。

凯雷莫承受着常人难以理解的思想重负。他寝食难安，精神接近崩溃。

“砰”的一声枪响，1988 年 12 月 2 日，凯雷莫自杀。

2. 新总裁受命于危难之际

1990 年 2 月，诺基亚董事会想把手机生产业务卖出。他们把刚上任的手机部负责人、38 岁的奥利拉找来，焦灼地命令他：“听着，只给你 6 个月，你必须给我们一个明确的答案，到底我们要不要把手机卖了？怎么卖出?”然后又无可奈何地补充了一句：“……或者，还有什么其他办法?”经过周密的调查和思考，4 个月后，奥利拉给了董事会一个出乎意料的否定回答：“No！我们不能放弃手机业务，我们要继续生产和销售诺基亚手机，并且要全力以赴！”正是这个语气坚决的“No”，改变了诺基亚的命运。

今天，大家都在评价，前任总裁凯雷莫为诺基亚所做出的最大的贡献，就是把奥利拉招进了诺基亚。在手机研发部的项目档案中，奥利拉发现诺基亚有一个没被注意的为 GSM 标准开发相应手机产品的项目。当时，GSM 远未是一个成熟的数字化手机通信标准，奥利拉顿时凭直觉预见到，它很可能成为继模拟方式之后的第二代手机标准。

奥利拉一边拟订详细计划呈报董事会，一边组织科研人员，全力向 GSM 手机进攻。

1992 年，出乎意料的事情发生。事前没有任何预兆，董事会在一次神秘会议之后，突然宣布奥利拉为诺基亚的新任总裁。对这突如其来的任命，奥利拉深感意外。后来他推测的原因是：在诺基亚目前岌岌可危、一片低沉的情况下，唯有奥利拉勇于进取、高唱战歌。

3. 跳入冰水中的感悟

复活节一周后，他带着妻子儿女驱车前往赫尔辛基北面的布卡拉湖去度假散心，想暂时摆脱一下沉重的负担。孩子们突然跟他开玩笑：伟大的老爹，你敢不敢跳入湖水中。这句随口而出的戏言，却使奥利拉愣住了，又是一个致命的挑战！“我敢不敢？”他竟然较起真来。迟疑了一下，他突然脱去罩衣，赤身裸体地“扑通”一声投入湖中。孩子们惊呆了！

但他却毫发无损。一旦肌肤与湖水全面接触，原来的一切恐惧都突然消失——冰水里并不如想象的那么使人害怕。此刻，他脑海里灵光一闪，不可思议地跳出一句话来——置之死地而后生……豁然开朗的奥利拉开始在冰水里欢快地畅游起来。

赶回赫尔辛基，他立即着手决战前的准备。

第一件事是调兵遣将，他把新生代那些有创造精神并与他同时代进入诺基亚的年轻人，放在了关键位置上，和他们共商发展大计。他说：“我想看见更多虎头虎脑的家伙！”

和伙伴们密谋数月，得出两个结论：①诺基亚将只以手机和手机网络设备为发展方向，其中以 GSM 手机为重点，全力以赴，做全球市场，做增值产品，做增值服务。②如果他们思虑周密，保证自己的每一步都不出错，就能够打败强敌，成为行业领导者。

他们决定，诺基亚的传统产品将一个不留。最先是造纸和橡胶制品被扫地出门，然后是电线电缆停产。至于牵涉重大的电视机和计算机产品，虽不能立即停产，但已不再作为发展方向，要逐步退出。数年以后，诺基亚果然完全和电视机与计算机生产脱钩。

同时，奥利拉和他们伙伴们全力推进 GSM 通信标准手机的研发和生产，不断扩大着诺基亚的技术优势。

1994 年，诺基亚终于在美国成功上市，吸纳到大量投资。此后，随着诺基亚手机的每一步成功，又接连不断从美国股市获得资金。到 1997 年上半年，诺基亚的主要股份基本上全落入热情极高的美国人手里。

4. 血战摩托罗拉与爱立信

在不断地提升战斗力增加胜算的同时，诺基亚与摩托罗拉和爱立信的决战其实已经打响。

奥利拉把诺基亚的命运整个押在 GSM 标准上，其实也冒着很大的风险。当时，已成形的下一代手机通信新标准很多，到底应采用哪一种作为全球通用标准，各国为了自己的切身利益，争论不休，且各行其是。

正是这种纷乱无休的争论，使领导世界通信潮流的摩托罗拉也没有看清发展方向，同时，由于对自己的科技研发力量过于自信，所以摩托罗拉采取了静观其变的决策，准备再次扮演后来居上、后发制人的角色。而且，传统的模拟手机通信标准正在美国大行其道，一向很霸气的摩托罗拉正忙于对美国市场上的竞争对手穷追猛打。他们一方面沉醉于已有的成就里，一方面忘情于开发新的模拟手机技术上——怎样把模拟手机做得更小巧、功能更多、外表更靓。所以，摩托罗拉对手机通信标准由模拟向数字化转换持抵抗心态，不愿再采用新的手机通信标准，而使已有的优势化为乌有。上述两层原因，导致摩托罗拉极大地贻误了战机，等同于不战而退，把数字化手机的开发权拱手送给了诺基亚。

天赐良机，诺基亚抓紧时间，推动GSM手机和手机通信系统设备的研发，为即将出现的市场需求巨变做好充分准备。

1993年底，局面渐渐明朗，欧洲各国先后开始采用GSM数字手机通信标准为新的统一标准。恰好此时，诺基亚把它精心准备的突破性产品——2100系列手机推向市场。这种手机，当然是采用了新潮的数字通信标准，音质清晰而稳定。另外，它也没有忘记顺便“偷取”了摩托罗拉模拟机小巧玲珑的特点。

而与GSM技术标准同样重要的是，它设计上有两点突破性创新：①借鉴了电视机的外形设计，首次采用了大比例显示屏幕，显得豪华而气派。②巧取了计算机上的用户界面设计思路，首次采用可翻滚文字菜单，使原本复杂的操作变得简单。

拿着诺基亚的这款新型手机，全球用户们赞不绝口，欣喜不已，并把他们的深刻印象和诺基亚的名字牢牢地绑在一起。这就是消费心理学上所说的“用户首次认同”。诺基亚原定的2100机型销售目标是4万部，没想到一下就卖出了2 000万部！巨大的成功使诺基亚一举扭亏为盈，声名大振。爱立信和摩托罗拉也赶紧布置重兵进行GSM手机的研发，欲与诺基亚一决雌雄。

但是市场讲究先入为主，正是用户对诺基亚GSM新型手机的首次认同，人们对奋起直追的摩托罗拉和爱立信推出的GSM手机青睐程度显然不如诺基亚，尽管他们的手机外形、界面也一样出色，技术上甚至还在某些方面超过了诺基亚。

奥利拉自然不容历史剧重演。在追求更完美的技术的同时，诺基亚高举“手机不再是昂贵奢侈品，而是一种时尚装饰物和易用工具”的旗帜，和对手展开了创新速度、设计、价格大赛。诺基亚手机平均每隔35天就推出一个新品种，并且带动手机价格在数年内一再下跌。它的7110系列手机，是世界上第一款支持WAP无线上网协议的手机。

为了适用于全球市场，诺基亚推出了具有不同内核以分别适用于以下三种数字通信标准的手机：欧洲大陆的GSM标准、美国很可能采用的TDMA标准、日本的PDS标准。手机界面根据不同地区设置不同的语言环境。但是所有机种在外形特征上保持一致，都有着鲜明的诺基亚特色。这一招打得摩托罗拉慌了手脚，其总裁克里斯托夫·高尔文脸色阴沉地承认：“摩托罗拉原来的模拟手机已日落西山。”

诺基亚6100系列手机在美国市场大获成功，想购买的用户汹涌而来，以致诺基亚在美国的最大代理商——美国电报电话公司手里的现货断档。电报电话公司总裁迈克尔·阿姆斯壮不得不安慰用户：“我已经和诺基亚总裁进行了私人接洽。他们已拟订了一个迅速供货的计划。”

至1998年，诺基亚取得全面胜利。在全球手机市场份额中，它一举拔得头筹，占22.5%，摩托罗拉占19.5%，爱立信占15.1%。在中国大陆、亚洲其他地区，以及南美等新兴市场，诺基亚手机也占领了领先位置。

至1999年，战果继续扩大，诺基亚销量增长近一倍，又从两个竞争对手手中抢得了大量市场份额。新的比例是：诺基亚26.9%，摩托罗拉16.9%，爱立信10.5%。

思考题：

1. 从诺基亚的产品开发中，你有什么体会？
2. 产品设计与开发的出发点在哪里？
3. 当今市场上的所有产品几乎都供大于求，你认为产品开发的出路在哪里？

第 5 章

企业生产管理

在市场经济不断发展的今天，企业已认识到，要想提高企业的经济效益，就必须满足社会的需求，生产出适销对路的产品。而只有大力加强生产管理，更好地运用管理职能，解决企业的生产技术活动同企业内部的人、财、物动态平衡的问题，使投入生产过程的各种要素有效地结合起来，才能以最低的成本生产出满足人们需求的产品。

5.1 企业生产管理概述

5.1.1 生产管理的概念

生产管理是企业管理过程中的主要组成部分，它是对企业日常生产活动的计划、组织和控制，是和产品制造有密切关系的各项管理工作的总称。它的含义有广义和狭义之分。

广义的生产管理，是对整个生产系统的管理，是指企业根据自身制订的经营方针和目标，从输入生产要素（原材料、厂矿设备、劳动力），然后经过生产转换系统（即计划、设计、生产、检验、包装、核算、销售），最后到商品输出的全过程的管理，这相当于以生产为中心的工厂管理，如图 5-1 所示。因此，广义的生产管理包括生产过程管理、物资管理、质量管理、成本管理、技术设备管理等方面。其中，生产过程管理是广义生产管理的基础，质量管理是广义生产管理的核心。

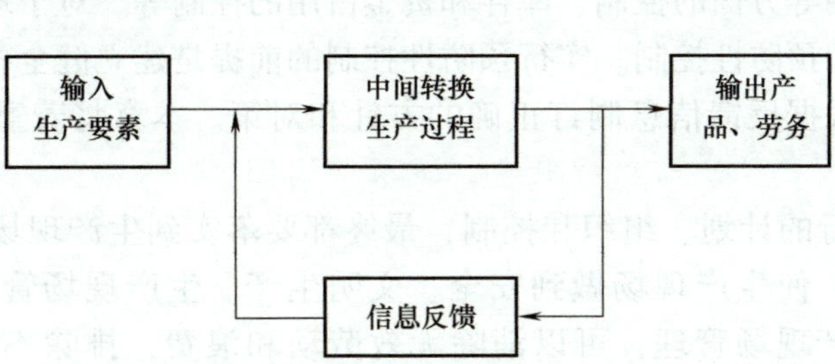

图 5-1 生产系统示意

狭义的生产管理则是指以生产过程为对象的管理，即对企业生产技术的准备、原材料投入、工艺加工直至产品完工的具体活动过程的管理，主要包括生产计划和生产作业计划的编制、生产过程的组织以及生产过程的控制等内容。本章将着重阐述狭义的生产管理。

5.1.2 生产管理的内容

对狭义的生产管理而言，可以按管理职能的不同，将生产管理的内容分为计划、组织与控制三个方面。

1. 计划

计划主要包括生产计划和生产作业计划。生产计划是生产管理的依据，它对企业的生产任务做出统筹安排，规定着企业在计划期内产品生产的品种、质量、产量、产值等指标。企业生产计划确定后，为了便于组织执行，还要进一步编制生产作业计划。生产作业计划是生产计划的具体执行计划，它把全年生产任务具体分配到各车间、工段、班组以至每个工作地和工人，规定他们在月、旬、周、日以至轮班和小时内的具体生产任务。生产计划与生产作业计划的编制与执行，决定着能否充分地利用企业的生产能力和各种资源，能否实现均衡生产，能否按品种、按质量、按期限生产出市场需要的产品，也影响到企业是否能够取得较好的经济效益。因此，生产计划工作是企业的一项综合性工作，具有十分重要的意义。

2. 组织

组织是指生产组织与劳动组织的统一。生产组织是指为提高生产效率，缩短生产周期，对生产过程的各个组成部分从时间和空间上进行合理安排，使它们能够相互衔接、密切配合的设计与组织工作的系统。在此基础上，正确处理劳动者之间的关系，以及劳动者与劳动工具、劳动对象的关系，则是劳动组织的任务。生产组织和劳动组织不是固定不变的，而是动态的，即要随着企业经营方针、生产战略的变动而变化，但又要具有相对的稳定性。在市场经济的条件下，生产管理要十分注意提高生产组织形式和劳动组织形式的应变能力。

3. 控制

控制是围绕着完成计划任务所进行的各种检查、监督、调整等工作，其作用在于完善生产组织，实现生产计划，提高产品质量，降低生产消耗和生产成本。广义的生产控制是对生产全过程实行全面控制，从内容看，主要包括生产前控制、生产过程控制、产品质量控制、物料消耗与生产费用等方面的控制、库存和资金占用的控制等。对于现代企业来说，重要的是实行事前控制，即预防性控制。实行预防性控制的前提是建立健全各种控制标准，加强信息收集和反馈，并根据反馈信息制订正确的方针和对策。本章将着重分析生产过程的前期控制。

对生产系统运行的计划、组织和控制，最终都要落实到生产现场。因此，要加强生产现场的协调与组织，使生产现场做到安全、文明生产。生产现场管理是生产管理的基础和落脚点。加强生产现场管理，可以消除无效劳动和浪费，排除不适应生产活动的异常现象和不合理现象，使生产过程的各种要素更加协调，不断提高劳动生产率，提高经济效益。

生产管理的范畴、内容和相互关系可用图 5-2 表示。

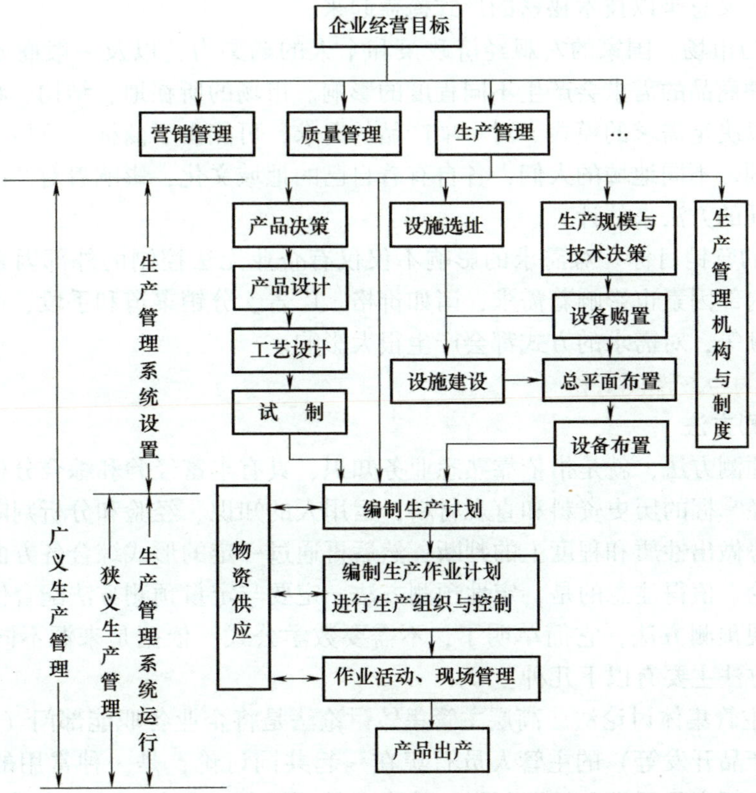

图5-2 生产管理的范畴、内容和相互关系

5.2 企业生产计划

企业生产计划是企业经营计划的重要组成部分，是企业实施生产管理的依据。生产计划是根据对市场的预测，从企业能够适应需求的生产能力出发，来规定企业计划期内应生产的产品品种、数量、质量和进度安排。生产计划工作主要包括四个部分的内容。

5.2.1 生产预测

生产预测属于市场预测范畴，是一种侧重短期的、以一个企业作为基本出发点的微观预测，主要是预测企业在年度、季度和月度等短期所生产的产品的市场需求量。

5.2.1.1 影响生产预测的主要因素

（1）产品。不同种类的产品，市场的需求不同。一般说来，产品越是耐用，它的需求量就越有可能不稳定；即使是同一产品，由于它处于生命周期的阶段不同，其市场需求量也不同。例如，成长期的销售增长率远远大于投入期的销售增长率；成熟期的市场需求相对稳定，且销售总量要大于其他各个阶段。

（2）技术。新技术的出现会很快改变需求的方式。老产品会在很短的时间内被淘汰，新产品会迅速被使用并产生大量需求，甚至淘汰那些不适应这一变革的企业。技术进步是很难预言的，因为它经常是在与它无关的另一个工业或另一领域被创造出来的，而在它突然出现于市场之前，又总是以技术秘密的形式掩盖起来。

（3）经济与市场。国家的宏观经济政策和个人的购买力，以及一般商业活动之类的经济因素，对各种商品的需求会产生不同程度的影响。市场的所在地、结构、状况和行为，在很大程度上可以决定需求的模式。对一项产品的需求，可能由于商标、价格、质量或销售地区不同而有差别。不同地域的人们，各自有着自己的地域文化，影响着对产品的需求，预测时必须使用不同的方法来估计。

（4）企业的营销目标。对需求的影响不仅仅有企业无法控制的外部因素，同时，企业的营销目标等内部因素也影响着需求，诸如价格、广告、分销渠道和手段、市场对象、产品地位或市场份额等，对需求的方式都会产生很大影响。

5.2.1.2 常见的生产预测方法

1. 定性预测方法

所谓定性预测方法，就是指依靠熟悉业务知识、具有丰富经验和综合分析能力的人员或专家，根据已经掌握的历史资料和直观材料，运用人的知识、经验和分析判断能力，对事物的未来发展趋势做出性质和程度上的判断；然后再通过一定的形式综合各方面的判断，得出统一的预测结论。值得注意的是，定性预测方法一定要与定量预测方法配合使用。定性预测方法又称为主观预测方法，它简单明了，不需要数学公式，依据是来源不同的各种主观意见。定性预测方法主要有以下几种：

（1）高层主管集体讨论法。高层主管集体讨论法是将企业各职能部门（如销售、生产、供应、财务、产品开发等）的主管人员召集在一起共同讨论，是一种常用的预测方法。该方法特别适用于新产品开发和长期预测，其优点是可以集中各部门主管的意见，集思广益。其缺点是常带有个人主观臆断，易影响预测的客观性，而且由于是集体讨论，无人对预测的正确性负责。

（2）销售人员意见征集法。销售人员意见征集法是将各地区销售人员对未来需求的判断收集起来进行分析，做出预测。因为销售人员经常接触用户，所以他们的信息是预测时有价值的参考因素。这种方法的主要缺点是：①带有销售人员的主观性。②销售人员容易受局部和短期销售情况的影响。③如把销售量作为考核销售人员的指标时，他们就会降低预测值。

（3）用户意见调查法。用户意见调查法是通过邮件、电话或访问的方式对现实和潜在的用户进行调查，了解他们对本企业相关产品的一类产品及其特性的期望，然后对各种信息进行综合处理，结合本企业的市场占有率得出预测结果。当对新产品或缺少历史数据的产品需求进行预测时，常用这一方法。这种方法的优点是预测来源于用户的期望，较好地反映了市场需求情况，可以了解用户对产品优缺点的认识，也可以了解用户购买或不购买这种产品的原因，有利于改进和完善产品功能。其主要的缺点是预测周期长、费钱费力，而且用户的期望也不等于用户的实际购买行为，有时也会影响预测的准确性。

（4）专家调查法（德尔菲法）。专家调查法是根据有专业知识的人的直接经验，采用系统的程序，互不见面和反复进行的方式，对某一未来问题进行判断的一种方法。首先，草拟调查提纲，提供背景资料，轮番征询不同专家的预测意见，然后再汇总调查结果，对于调查结果，要整理出书面意见和报表。这种方法具有匿名性、费用不高、节省时间的特点。采用德尔菲法要比一个专家的判断预测或一组专家开会讨论得出的预测方案准确一些，一般用于较长期的预测。

2. 定量预测方法

定量预测方法又称数学分析法，是在拥有各项有关资料的基础上，根据预测的目标、要求，选择合适的数学模型进行预测；然后根据企业内部和外部的变化情况加以分析，以取得所需要的预测值的方法。定量预测的常用方法有下面几种：

（1）简单移动平均法。简单移动平均法就是以过去若干期的算术平均值作为未来期的预测值。该方法需大量历史数据。其计算公式为

$$Ma_{t+1}=(A_t+A_{t-1}+\cdots A_{t-n+1})/n\ (t\geqslant n)$$

式中 A_i——第 i 期的实际值，$i=t-n+1$，…，$t-1$，t；

Ma_{t+1}——预测值；

n——移动平均的时间段数。

例 5-1 过去五个月的销售数据如表 5-1 所示。取移动平均的时段数 $n=3$，分别计算预测值。

解 已知 $n=3$，则以 1、2、3 三个月为基础计算 4 月份的预测值为

$$Ma_4=\frac{43+40+42\text{ 台}}{3}\approx 41.67\text{ 台}$$

表 5-1 销售及预测值

月 份	销售量（台）	预测值（$n=3$）（台）
1	42	
2	40	
3	43	
4	40	41.67
5	41	41

以 2、3、4 三个月为基础计算 5 月份的预测值为

$$Ma_5=\frac{40+43+40}{3}\approx 41$$

简单移动平均法的预测结果与 n 的大小有关。n 越大，对干扰的敏感性越低，预测值的响应性越小。

（2）一次指数平滑法。一次指数平滑法是一种加权平均的计算方法，它的计算公式可表述如下：

设 F_t 为第 t 期的预测值，F_{t-1} 为第 $t-1$ 期的预测值，A_{t-1} 为第 $t-1$ 期的实际值，a 为平滑指数（$0<a<1$），则一次指数平滑法的计算公式为

$$F_t=F_{t-1}+a(A_{t-1}-F_{t-1})$$

或

$$F_t=aA_{t-1}+(1-a)F_{t-1}$$

平滑指数 a 越小，预测的平稳性越好，a 越大，预测值对实际值的变化越敏感。

例 5-2 根据表 5-2 中的数据，采用一次指数平滑法，分别取 $a=0.1$ 和 $a=0.4$，求各期的预测值，并计算预测误差（各期实际值减去各期预测值）。

表 5-2　用一次指数平滑法计算的预测值

月　份	实际销售量（台）	$a=0.1$		$a=0.4$	
		预测值（台）	误差（台）	预测值（台）	误差（台）
1	42				
2	40	42	-2	42	-2
3	43	41.8	1.2	41.2	1.8
4	40	41.92	-1.92	41.92	-1.92
5	41	41.73	-0.73	41.15	-0.15
6	39	41.66	-2.66	41.09	-2.09
7	46	41.39	4.61	40.25	5.75
8	44	41.85	2.15	42.55	1.45
9	45	42.07	2.93	43.13	1.87
10	38	42.36	-4.36	43.88	-5.88
11	40	41.92	-1.92	41.53	-1.53
12		41.73		40.92	

从表中的计算结果可以看出，$a=0.1$ 时预测值变化较平稳，而 $a=0.4$ 时的预测值更接近实际销售量。确定 a 值时应注意以下几点：①当初始值有疑问时应取较大的 a 值，以便起到扩大近期数据的作用，减少初始值的影响，一般取 0.4～0.7。②当时间序列有迅速且明显的变化趋势时，宜取较大的 a 值，一般取 $a=0.3\sim0.6$。③当时间序列变化较小时，宜取较小的 a 值，一般取 $a=0.1\sim0.3$。

（3）回归分析法（Regression Model）。回归分析法也是一种常用的定量分析方法，它是通过对历史数据的分析，试图找到需要预测的需求量与某些变量之间的关联程度，建立回归方程，并进行预测。

当产品的需求和销售受某些因素的影响很大时，或者说与某些因素密切相关时，可以运用回归分析法进行生产预测。如果某种产品的销售只与某一因素密切相关，则可应用一元回归分析法进行预测。这种方法通常适用于趋势预测，不仅可用于时间序列分析预测，也可用于因果分析预测。这里仅以一元线性回归分析法来说明回归分析法的应用。

一元线性回归分析法是把一个变量“回归”到另一个变量上去。例如，消费是收入的一个函数，如果以 y 表示消费（因变量），以 x 表示收入（自变量），则线性预测模型为

$$y=a+bx$$

为使实际消费值 y_i 与相应的回归预测消费值 y_i 的误差平方和，即 $\sum(y_i-\hat{y}_i)^2$ 最小。预测模型中的回归系数 a，b 可用下式求解，即

$$b=\frac{n\sum x_iy_i-\sum x_i\sum y_i}{n\sum x_i^2-(\sum x_i)^2},a=\frac{1}{n}\sum y_i-\frac{b}{n}\sum x_i$$

式中　n——历史数据的期数。

例 5-3　根据统计数据，某产品的销售量与广告费存在如下关系（见表 5-3），试问当 6 月份计划广告费为 20 万元时，估计销售量（千件）将达到多少？

表 5-3　某产品广告费与销售量的关系

月　份	广告费 x_i（万元）	销售量 y_i（千件）	x_iy_i	x_i^2
1	10	30	300	100
2	12	35	420	144
3	15	38	570	225
4	16	40	640	256
5	18	45	810	324
合计	$\Sigma x_i = 71$	$\Sigma y_i = 188$	$\Sigma x_iy_i = 2740$	$\Sigma x_i{}^2 = 1049$

$$b = \frac{n\sum x_iy_i - \sum x_i \sum y_i}{n\sum x_i^2 - (\sum x_i)^2} = \frac{5 \times 2740 - 71 \times 188}{5 \times 1049 - 71^2} = 1.73$$

$$a = \frac{1}{n}\sum y_i - \frac{b}{n}\sum x_i = \frac{188}{5} - 1.73 \times \frac{71}{5} = 13.03$$

则回归直线为

$$y = a + bx = 13.03 + 1.73x$$

当 6 月份的计划广告费为 20 万元时，估计销售量为

$$\hat{y} = (13.03 + 1.73 \times 20)\text{千件} = 47.63\text{ 千件}$$

案例

沃尔玛的市场预测

沃尔玛公司以其规模和能力在零售业界享有盛誉，在数据库产业领域它同样有着巨大的影响。沃尔玛公司管理着世界上最大的数据库。目前，沃尔玛公司正准备应用一种新的数据分析方法来帮助公司更新店面中的库存，以便可以从该套数据库系统中获得更多的价值。

以最低廉的价格从正确的货架上取出正确的货物，这就是沃尔玛公司成功的法则，而其成功在很大程度上来源于公司在数据方面数百万美元的巨额投资。对于货物信息、商店零售情况以及市场每天的变化，沃尔玛公司比绝大多数竞争对手要了解得更详细。

沃尔玛公司开发了一套需求预测的应用程序，该程序从每一家商店的每一种商品着手，计算出该商品季度销售量分布情况。这套软件系统存储了一年中售出的 10 万多种商品的销售数据信息，并能预测出每家商店可能需要的商品种类。

目前，沃尔玛正在进行所谓的“市场篮子”分析，公司收集的数据来源于顾客每次购买的所有商品，从而使公司能就顾客的采购模式及时间的相关性进行分析。这一数据库在网上由各零售商店的经理和供应商们共享。

（资料来源：宋克勤，《企业管理教程》，格致出版社、上海人民出版社，有改动。）

5.2.2　生产能力的核定

1. 生产能力的概念

生产能力是指企业固定资产在一定时期内，在一定的组织技术条件下，所能生产一定种类产品的最大可能数量。生产能力一般分为设计能力、查定能力和计划能力。

设计能力是企业设计任务书和技术设计文件中所规定的生产能力，它是企业建设时所规

划的。

查定能力是企业在没有设计能力的数据或原设计能力数据不能反映企业生产能力水平时，企业以现有生产组织技术条件为依据，对原设计能力重新调查核定的生产能力。

计划能力又称为现有能力，是指企业计划期内所能达到的生产能力，它是编制企业年度（季度）计划的主要依据。

2. 生产能力的影响因素

影响企业生产能力的因素主要包括三个方面：①生产中固定资产的数量。②固定资产的有效工作时间。③固定资产的生产效率等。

因此，在资产固定的前提下提高生产能力的途径有：①通过减少设备的停歇时间来增加设备的利用时间。②通过提高设备生产效率来提高设备的利用强度。③通过合理而有效地利用生产面积来提高生产能力。

3. 生产能力的计算方式

生产能力的计算一般采用从下向上计算的方式，即首先计算最基层的生产环节，如先计算单设备的产能，然后确定各生产工段（小组）的产能，而后再确定车间乃至全厂的产能。

5.2.3 生产计划的确定

生产计划的确定就是根据对市场需求的预测，结合企业实际的生产能力，来规定企业计划期内应出产的产品品种、数量、质量和进度安排。

生产计划的确定步骤可分为以下四大步：

1）调查研究，收集相关信息。

2）拟订生产计划指标方案，进行方案优化。

3）综合平衡，确定生产计划指标。

4）编制生产计划大纲。

1. 调查研究，收集相关信息

1）了解企业外部，即了解市场需求情况、生产所需的资源供应情况、市场竞争状况等。

2）了解企业内部，即了解企业的生产能力、劳动力、财务等现状，以及生产所需要的其他准备情况等。

2. 拟订生产计划指标方案，进行方案优化

运用现代管理方法和运算工具，根据市场需求和企业内部生产能力，初步拟订企业生产指标方案并进行优化。

生产计划的主要指标有：

1）产品品种指标。它是指企业在计划期内应该生产的品种、规格的名称和数量。

2）产品质量指标。它是指企业在计划期内生产各种品种应该达到的质量标准。

3）产品产量指标。它是指企业在计划期内应当生产的符合质量标准的产品数量。

4）产值指标。它是指以货币表示的产量指标，包括总产值、销售产值、工业增加值等。

3. 综合平衡，确定生产计划指标

经过定性与定量分析，初步拟订了生产计划指标后，还必须进行以下几个方面的平衡，然后就可以具体地确定生产计划指标：

1）生产任务与生产能力之间的平衡。

2）生产任务与劳动力之间的平衡。

3）生产任务与物资供应之间的平衡。

4）生产计划指标与成本、利润、资金等指标之间的平衡。

4. 编制生产计划大纲

生产计划大纲的主要内容包括编制生产计划的指导思想、主要的生产指标、完成计划的难点及重要环节、需要采取的有效措施以及生产计划表等。

5.2.4 生产作业计划的编制

1. 生产作业计划的概念

生产作业计划（Production Planning and Scheduling）是生产计划工作的继续，是企业年度生产计划的具体执行计划。它是协调企业日常生产活动的中心环节。它根据年度生产计划规定的产品品种、数量及大致的交货期的要求，对每个生产单位在每个具体时期内的生产任务做出的详细规定，使年度生产计划得到落实。与生产计划相比，生产作业计划具有计划期短、计划内容具体、计划单位小三个特点。它的主要任务包括生产作业准备的检查、制定期量标准、生产能力的细致核算与平衡。

编制生产作业计划可以发现和克服生产薄弱环节并处理，使生产任务和生产能力进一步得到平衡，明确每一个生产环节和每一位工人的每天生产任务，有利于充分调动职工的积极性，完成计划任务，也便于检查和督促；可以建立正常的生产秩序和工作秩序，实现均衡生产；能够适应情况变化，及时采取措施，挖掘生产潜力，提高经济效益；能够改善企业的计划工作，提高各级领导在组织和指挥生产方面的预见性和科学性。

2. 编制生产作业计划所需要的资料

要编制好生产作业计划，必须有充分可靠的依据资料，主要包括：

1）生产任务方面的资料，包括企业的年度、季度生产计划，各项订货合同，新产品试制计划等。

2）技术资料，包括产品图样、工艺文件、产品技术检验规范、外协零件清单、按车间编制的零件明细表等。

3）生产能力方面的资料，包括各工种生产工人情况、生产设备负荷情况、生产面积利用情况、工作定额和生产能力查定情况。

4）生产准备工作方面的资料，包括工艺装备准备情况和原材料、外协件、配套库存及供应情况等。

5）各种期量标准和生产资金定额。

6）前期预计生产完成情况和在制品结存及分布情况等。

7）市场动态及产品销售情况。

3. 生产作业计划的编制方法

不同的生产类型和不同的生产组织方式，生产作业计划的编制方法也大不相同。常用的有在制品定额法、生产周期法、“看板”法、累计编号法。随着科学技术的迅速发展，企业生产的产品品种日益增多，系统分析、运筹学等原理和计算机越来越多地用于企业管理，又出现了成组技术计划法、网络计划技术法等新的生产作业计划编制方法。

（1）在制品定额法。在制品定额法是指运用在制品定额，结合在制品实际结存量的变化，按产品反工艺顺序，从产品出产的最后一个车间开始，逐个往前推算各车间的投入、出产任务。在制品定额法用在制品定额作为调节生产任务量的标准，以保证车间之间的衔接。这种编制生产作业计划的方法主要适用于大量大批生产企业。

1）某车间出产量计算公式。

某车间出产量 = 后车间的投入量 + 本车间半成品计划外销量 + （中间库半成品定额 - 中间库半成品期初预计存量）

2）某车间投入量计算公式。

某车间投入量 = 本车间的出产量 + 本车间计划允许废品数量 + （本车间在制品定额 - 本车间在制品期初预计存量）

（2）生产周期法。生产周期法是指根据每项订货编制的生产周期图表和交货期要求，用反工艺顺序依次确定产品或部件在各生产阶段投入和出产时间的一种计划方法。该方法适用于在单件小批生产类型情况下编制生产作业计划的情况。

单件小批生产的企业，其生产作业计划的编制方法既不同于大量生产的企业，也不同于成批生产企业。由于单位小批生产不重复生产或不经常重复生产，因而不规定在制品占用额，并且，单件小批生产的企业不必规定编号，因而不宜采用在制品定额法或累计编号法编制生产作业计划。这类企业组织生产时，各种产品的任务数量是接受订货的数量，不需进行调整。所以，编制生产作业计划要解决以下两个方面的问题：

1）保证交货期。

2）保证企业内生产车间的相互衔接。

为了实现这一目标，单件小批生产的企业经常使用生产周期法编制生产作业计划。企业使用生产周期法编制生产作业计划一般包括以下三个步骤：

1）根据接受顾客订货的情况，分别安排生产技术准备工作。

2）根据合同规定的交货期，采用网络计划技术及相关技术，为每一项订货编制生产周期进度表。它是单件小批生产企业的主要期量标准。并且，根据合同规定的交货期和生产周期进度表，为每一项产品制订一项生产说明书，详细规定该产品在某一车间投入和出产的时间。订货生产说明书的格式如表5-4所示。

表5-4 订货生产说明书

订货编号	交货期限	成套部件编号	工艺路线	投入期	出产期
503	3月31日	110	铸工车间	1月20日	2月15日
			机械车间	2月25日	3月15日
			装配车间	3月15日	
		111	铸工车间	1月15日	2月5日
			机械车间	2月10日	3月5日
			装配车间	3月10日	

3）进一步调整平衡后，编制日度作业计划，正式确定各车间的生产任务。

（3）“看板”法。“看板”法即准时生产法，是由日本丰田汽车公司所推行的一种生产管理制度。所谓准时生产法，即“只在必要的时刻、按必要的数量生产必需的产品”。实行准时生产的最终目的是控制生产数量，消除积压储备，降低成本。由于各道工序之间的信息传递工具为“看板”或“传票”，故名“看板”法。

“看板”法的基本思想是：下道工序向上道工序取零部件，以装配为起点。在必要时向上道工序提取必要数量的零部件，而上道工序提供零部件后，必然储备减少，而向更上一道工序提出要求，以便生产并补充必要的储备。如此层层向上推动，形成准时生产线。

这种方法对生产线工人要求严格，但管理得到加强，利大于弊。

（4）网络计划技术法。网络计划技术法也称为统筹法。它是以网络图反映、表达计划安排，据以选择最优工作方案，组织协调和控制生产（项目）的进度（时间）和费用（成本），使其达到预定目标，获得更佳经济效益的一种优化决策方法。

网络计划技术法最适用于大规模工程项目，工程偏大，非但人们的经验难以胜任，即使用以往的某些管理方法（例如反映进度与产量的线条图等方法）来进行计划控制也愈加困难；相反地，在项目繁多复杂的情况下，网络计划技术法是可以大显身手的。

其他方法不再一一介绍。

5.3 企业生产组织

企业生产组织是指生产过程的组织，主要是解决产品生产过程各阶段、各环节、各个工序在时间上和空间上的协调衔接，即生产过程的空间组织和生产过程的时间组织。

5.3.1 生产过程组织概述

生产过程是指从投料开始，经过一系列的加工，直至成品生产出来的全部过程。在生产过程中，主要是劳动者运用劳动工具，直接或间接地作用于劳动对象，使之按人们预定的目的变成工业产品。在某些生产技术条件下，生产过程的进行还需要借助于自然力的作用，使劳动对象发生物理的或化学的变化，如铸件的自然冷却、油漆的干燥、酿酒的发酵等。这时，生产过程就是劳动过程和自然过程的结合。

生产组织（Production Organization）是指通过对各种生产要素和生产过程的不同阶段、各个环节、各道工序的合理安排，使其在空间、时间上形成一个协调的系统；使产品在运行距离最短、花费时间最省、耗费成本最小的情况下，按照合同规定或市场需求的品种、质量、数量、成本、交货期生产出来。生产组织的重点在于对图5-3中“变换过程”的组织，

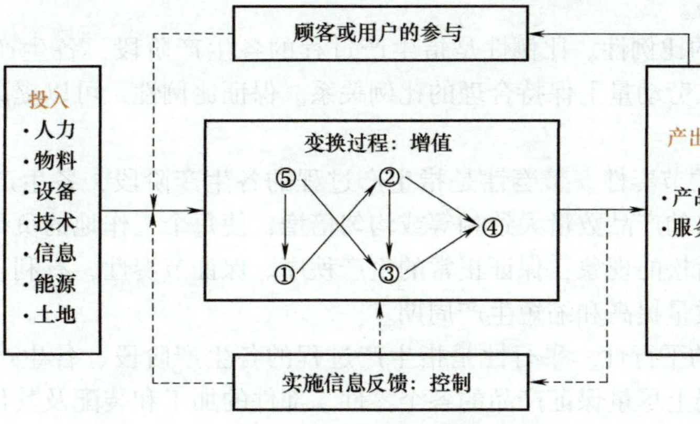

图5-3 生产与运作活动过程

当然在此组织中必须考虑到“变换过程”子系统与整体系统之间的配合关系。

1. 生产过程的组成

根据生产过程所经历的各个阶段的地位和作用的不同，可将生产过程划分成以下五个阶段：

（1）生产技术准备过程。生产技术准备过程是指产品在投入生产之前所进行的一系列准备工作的过程，主要包括产品设计、工艺设计、工艺装备的设计与制造、劳动定额制订、原材料与辅助材料消耗与储备定额的制订、新产品的试制和检验等。

（2）基本生产过程。基本生产过程是指直接把劳动对象经加工变为企业基本产品的生产过程。这一过程是企业的主要生产活动。例如，纺织企业的纺纱、织布、印染；钢铁企业的炼铁、炼钢、轧钢；机械制造业的毛坯生产、零件加工、部件和整机的装配等工作。

（3）辅助生产过程。辅助生产过程是指为保证基本生产的正常进行提供必需的辅助生产的过程。例如，企业为保证基本生产提供的动力、机修和模具加工等。

（4）生产服务过程。生产服务过程是指为保证基本生产和辅助生产提供的各种生产服务活动，例如原材料的供应、运输、保管及有关的检验、测试等。

（5）附属生产过程。附属生产过程是指为基本生产提供附属材料的生产过程，如供产品包装用的包装箱的生产过程。

生产过程各组成部分之间既相互区别，又密切联系，其中基本生产过程是最主要的，其他过程都是围绕基本生产过程进行并为其服务的。基本生产过程又可进一步划分为若干个工艺阶段。工艺阶段是指在产品生产过程中，按照使用的生产手段和工艺加工性质的差别来划分的局部生产过程。如机械制造厂的基本生产过程一般可划分为毛坯准备、机械加工和装配三个工艺阶段。

2. 合理组织生产过程的客观要求

所谓合理组织生产过程，就是要把生产过程在空间上和时间上合理组织安排，以保证企业按质量、按品种、按数量、按期限完成生产计划任务，取得良好经济效果。为此，工业企业在生产过程组织时，应满足下列客观要求：

（1）生产过程的连续性。连续性是指产品在生产过程的各生产阶段、各个生产工序，在时间上紧密衔接而连续不断或很少间断。连续性的实现，可以保证缩短生产周期、加速资金周转、减少在制品的资金占用，提高设备和生产面积的利用效率，有利于降低产品成本，提高企业的经济效益。

（2）生产过程的比例性。比例性是指生产过程的各生产阶段，各生产工序之间，在生产能力的配备和产品劳动量上保持合理的比例关系。保证比例性，可以提高劳动生产率和设备利用率。

（3）生产过程的节奏性。节奏性是指生产过程的各生产阶段、各生产工序在相同的时间间隔内，所生产出的产品数量大致相等或均匀倍增，使每个工作地的负荷保持均匀，避免时松时紧，或前紧后松的现象，保证正常的生产秩序。保证节奏性，有利于充分利用人力和设备，有利于产品质量提高和缩短生产周期。

（4）生产过程的平行性。平行性是指生产过程的各生产阶段、各生产工序要实行平行作业，即在空间布局上尽量保证产品的各个零件、部件的加工和装配及其他生产阶段及工序能在各自的空间内同时平行进行。保证平行性，能大大地缩短生产周期。

（5）生产过程的适应性。适应性是指企业在生产过程中当产品改型换代或品种发生变化时，应具有较强的应变能力。要使企业生产过程有一定的适应性，就要求企业在组织生产过程时，要有动态观点，要预测到生产过程以后可能的发展利益，在组织当前的生产过程中，适当地保持弹性。

合理组织生产过程的上述五项基本要求是互相联系、互相影响的。为了保证生产过程的节奏性，就要求生产过程达到连续性；而生产过程的连续性，要求组织好生产过程的平行性和比例性；为了使企业产品在日趋激烈的市场竞争中立于不败之地，必须提高企业生产过程的适应性。

3. 生产类型的划分

企业生产类型是影响生产过程组织的主要因素。为了从实际情况出发，更好地研究和组织企业的生产过程，实行分类指导，就需要按照一定的标志，将企业划分为不同的生产类型，以便根据不同的生产类型确定相应的生产组织形式和计划管理方法。

（1）按接受任务的方式划分，可分为以下两种类型：

1）存货型生产类型。它是指在对市场需求量进行预测的基础上，有计划地进行生产，为能够及时供货，企业必须备有一定量的产品库存。为防止库存积压和脱销，生产管理的重点是抓供、产、销之间的衔接，按“量”组织生产过程各环节之间的平衡，保证全面完成计划任务。

2）订货型生产类型。企业并不备有大量库存，而是在用户提交具体订单后，立即开始组织生产，进行设计、供应、制造、出厂等工作。不同企业要求不同，因此，生产出来的成品在品种、规格、数量、质量和交货期等方面是各不相同的。生产管理的重点是抓交货期，按“期”组织生产过程各环节的衔接平衡，保证如期交货。

（2）按生产的连续程度划分，可分为以下两种类型：

1）连续生产类型。它是长期连续不断地生产一种或很少几种产品，生产的产品、工艺流程和使用的生产设备都是固定的、标准化的，工序间没有在制品储存，例如油田的采油作业、炼油厂、化工厂等。

2）间断生产类型。输入生产过程的各种要素是间断地投入的，生产设备和运输装置必须适合多种产品加工的需要，工序间要求有一定的在制品储备，如机床制造厂、机车制造厂、轻工机械厂等。

（3）按工作地的专业化程度划分，可分为以下三种类型：

1）大量生产类型。其特点是生产的品种少，每个品种的产量大，生产稳定，不断重复地进行。一般这种产品在一定时期内具有相对稳定的大量的社会需求，如螺钉、螺母、轴承等标准件，又如家电产品、小轿车等。工作地固定完成各道工序，专业化程度很高。大量生产类型条件采用高效的专用设备和专用工艺装备，工作地按对象专业化原则设置，采用生产线和流水线的生产组织形式。在生产计划和控制方面，由于生产不断重复运行，规律性强，有条件应用经过仔细安排及优化的标准计划和应用自动化装置对生产过程进行监控。工人也易于掌握操作技术，迅速提高熟练程度。

2）成批生产类型。其特点是生产的产品产量比大量生产少，而产品品种较多，各种产品在计划期内成批地轮番生产，大多数工作地要负担较多工序。由一批产品的制造改变为另一批产品的制造，工作地上的设备和工具就要做相应的调整，即要花一次“准备结束时间”。每批产品的数量越大，则工作地上调整的次数越少；反之，每批产品的数量越少，则调整的次数越多。所以，合理地确定批量，组织好多品种的轮番生产，是成批生产类型生产管理的重要问题。根据生产的稳定性、重复性和工作地专业化程度，成批生产又可分为大批生产、中批生产和小批生产。大批生产的特点接近大量生产，小批生产的特点接近单件生产。每隔一定时间组织产品轮番生产时，有固定重复期的称为定期成批生产，没有固定重复期的称为不定期成批生产。

3）单件生产类型。其特点是产品对象基本上是一次性需求的专用产品，一般不重复生产。因此生产中品种繁多，生产对象不断在变化，生产设备和工艺装备必须采用通用性的，工作地的专业化程度很低。在生产对象复杂多变的情况下，一般宜按工艺专业化原则，采用机群式布置的生产组织形式。生产作业计划的编制不宜集中，一般采取多级编制、自上而下、逐级细化的方法，在生产指挥和监控上要使基层能够根据生产的实际运行情况有较大的灵活处置权，以提高生产管理系统的适应能力。单件生产要求工人具有较高的技术水平和较广的生产知识，以适应多品种生产的要求。

5.3.2 生产过程的空间组织

生产系统的空间组织实际上就是生产系统的地点布置。它是指在系统思想的指导下，应用科学的方法和手段对构成企业生产系统的各个部分和各种要素进行合理的空间布置，使之成为行程最短、时间最省、耗费最低的经济而高效的有机整体。生产系统的空间组织一般在生产系统的构成要素投入时进行，因此对企业的经营有长远的影响，一旦投入不合理或失误，往往难以调整或弥补，所以应十分重视这项工作。

1. 厂区平面布置的原则

厂区合理布置是生产过程空间组织的内容之一。它是指企业按最经济有效的原则，将企业内部各生产单位及各种物质设施进行最合理的安排，使其组合成一定的空间体系，并形成厂区平面布置，为企业建设和生产经营服务。厂区平面布置的合理与否，将直接影响企业的经济效益。统计资料表明，制造业中总经费的25%～50%均为物料运输费，若使厂区布置合理，则可减少10%～30%的费用。因此，厂区布置是企业生产组织的重要内容之一。

厂区布置应遵循生产系统空间组织的基本原则：

1）以基本生产为中心，要满足产品生产过程的要求，使生产能够顺畅、便捷地进行。每种产品的生产都需要经过一定的工艺加工，如果工厂的平面布置不符合工艺顺序，必然导致生产过程不够顺畅，从而浪费生产时间，影响工厂效益。

2）必须适应厂内外运输的要求，各部分之间的距离要最短，要相互衔接。有些产品的生产需要在不同车间之间移动，这个移动过程所需要的时间属于产品生产周期的组成部分，因此，应使原材料、半成品、成品的运输路线尽可能短，避免往返运输，节约运输费用。

3）要注意安全防护和“三废”处理，贯彻环境保护法规，符合安全技术规定。职工的安全防护是工厂在组织生产中必须要考虑的因素，对工厂中有毒、有害、危害环境及职工身体健康的分厂、车间等工作场所要进行治理，并应尽量将其布置在危害较小的区域。

4）节约用地并考虑生产发展的需要。要考虑合理利用厂区面积，既要使厂房之间的距离尽可能小，又必须考虑工厂的长远规划、扩建规划等，厂房的平面布置应留有一定的余地。

5）应对厂区的绿化、美化做出规划，为职工创造舒适、方便、健康、安全的环境。

2. 车间合理布置的原则和要求

车间布置要求确定车间内各基本工段（或小组）、辅助工段和生产服务单位之间的相互位置和设备之间的相互位置。其中基本工段设备布局是核心。这部分布局一般遵从工艺专业化原则、对象专业化原则和混合布局原则。

（1）工艺专业化原则。工艺专业化就是按照生产工艺的特点来设置生产单位。它是将设备按功能进行分类，根据生产工艺性质不同来设置生产单位，即把完成生产过程某个工艺阶段或部分工序的有关机器设备及其同工种工人集中在一起，对不同的产品、零部件等进行相同工艺的加工，以实现一定的工艺功能，每一个生产单位只完成企业产品生产过程中的部分工艺阶段或部分工序的加工任务，如机械制造企业中的毛坯车间、机械加工车间、装配车间等，机械加工车间中又按照同工种、同设备分为车床组、铣床组等。

这种布局的示意图如图 5-4 所示。

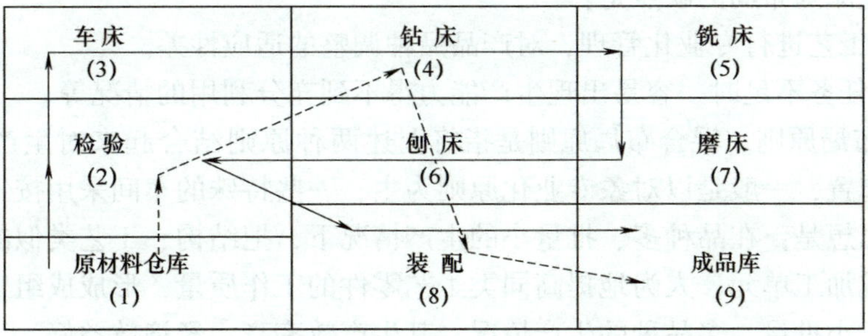

图 5-4 工艺专业化原则布局示意图

工艺专业化原则布局的优点是：

1）对产品品种的变换有较强的适应性。

2）集中了同类设备，便于充分利用设备和生产面积。

3）由于同一生产单位工艺相同，便于工人技术熟练程度的提高。

4）当设备出现故障或人员、材料发生短缺时，便于内部调剂，不使生产停顿。

工艺专业化原则布局的缺点是：

1）零部件在车间之间往返和交叉运量大，加工路线长。

2）生产周期因零件停放延长，在制品占用资金相应增加。

3）车间（工段）间的关系复杂，使计划管理、质量管理、在制品管理及生产控制难度较大。

（2）对象专业化原则。对象专业化也称为产品专业化、产品布置或工艺流程布置。就是按照产品或零部件为对象来划分生产单位，每个车间完成其所担负对象的全部或大部分工艺过程。在这种形式的生产单位中，用集中着的不同机器设备和不同工种的工人独立地完成某种产品（零件）的生产，如电动机车间、齿轮车间等。对象专业化原则布局的示意图如图 5-5 所示。

对象专业化原则布局的优点是：

1）可采用先进的生产组织形式进行产品加工。

2）大大缩短了加工路线，从而可缩短生产周期。

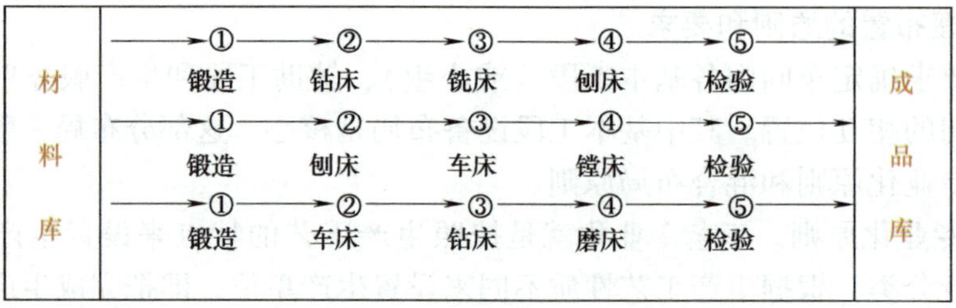

图 5-5　对象专业化原则布局示意图

3）运输和停顿减少，使运输和在制品资金占用减少，同时还有利于质量控制及车间管理的加强。

4）减少了车间之间的生产联系，便于计划和协调等管理工作。

对象专业化原则布局的缺点是：

1）难以对工艺进行专业化管理，对产品品种调整的适应性差。

2）当生产任务不足时，容易出现生产能力得不到充分利用的情况等。

（3）混合布局原则。混合布局原则是指将上述两种原则结合起来对生产单位进行布置的原则。混合布置，一般是以对象专业化原则为主，一些特殊的车间采用按工艺专业化原则布置，其指导思想是：在品种多、批量小的生产情况下，把结构、工艺类似的产品或零件汇总在一起，组成加工单元，人为地提高同类工艺零件的工作质量，形成成组工艺布局。这种布局形式适用于小批量、多品种的生产情况，其生产效率高、经济效益好。

图 5-6 所示为三种专业化形式与批量、品种关系示意图。从该图不难看出：当产品的批量大、品种少时，适合按对象布局；当产品批量较小、品种较多，但零件相似性较高时，适合按混合布局；当产品品种非常多，而每种产品的批量很小，品种之间的相似性也很低时，适合按工艺布局。

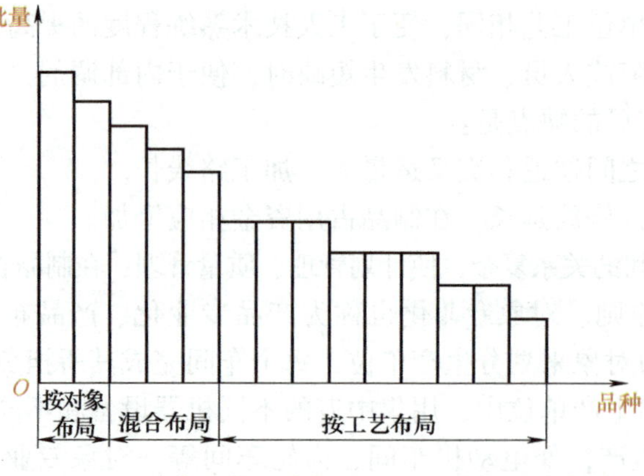

图 5-6　三种专业化形式与批量、品种关系示意图

定位布置是以待加工或装配产品的物料及其配件的固定放置处作为圆心，将设备和使用的各种原材料按加工顺序与移动的难易程度环绕它作同心圆布局。换言之，就是在整个加工过程中，被加工的工件不动，但设备按作业顺序依次移动。

这种布局常用于加工对象（或产品）移动困难、工件数量较少、工序时间长、设备简单的情况。它具有运费省、易管理的优点。但对操作者素质要求高，且不适于大批量生产。

车间布置的要求有四点：①尽量适应加工对象的加工顺序，使产品加工路线最短。②为方便运输，应将大型、重型零件的加工设备尽量靠近入口，同时配置必要的桥式起重机。③充分利用车间面积，设备布局可根据车间的具体形状进行纵向、横向或斜向排列。④要考虑安全生产和工作环境的改善。

案例

TACO厂区的重新布置

TACO是一家老牌的英格兰生产循环机泵的制造企业。原来的产区布置是根据工艺专业化设计的，即所有的机器加工设备集中在一个地方，所有的装配设备集中放在一个地方，所有的喷漆设备集中放在一个地方，其他类型相同的设备以此类推。因此，TACO的产品从一个地方传送到另一个地方要花很多时间，而且经常在完成所需加工过程前要等待很长时间，这些长时间的等待就是因为过多存货积压所致。厂区内堆满了存货而且产品的交货要花费数周甚至数月时间。

为此，TACO按照产品导向（对象专业化）而非流程导向（工艺专业化）重新设计厂区布置，三个重要的生产车间被分成三个主产品线：第一个生产车间用来生产大批量的民用泵，组建了一条装配线。第二个生产车间建立了成组技术制造单元，每一个单元用于生产家用产品，生产批量可柔性变化。第三个生产车间生产小批量的产品，通常是一些体积较大的、需求量较小的，有时甚至一种设计只生产一台或者两台产品。这个车间采用单一流程布置，在很多方面像装配线，而且每个工作站都设计得很灵活。

经实践证明，TACO的产品导向布置减少了30%的在制品库存，减少了50%的产品平均产出时间。新布置带来的另一个好处是TACO能够增加超过50%的产出量而不需要另外增加厂区空间。

（资料来源：关志民，《运营管理》，机械工业出版社，有改动。）

5.3.3 生产过程的时间组织

生产过程的时间组织，就是要尽可能使加工对象在各生产单位之间运动，在时间上互相配合和衔接，以提高生产过程的连续性，缩短生产周期，加速流动资金的周转，并按时完成企业的生产任务。

零件的移动方式与一次生产的零件数量有关，当所生产的零件只有一件时，它的移动方式只有一种，只能是顺序地经过各工序逐步加工以至完成。当生产的零件不是一件而是一批时，便有不同的移动方式，一般可分为三种：顺序移动方式、平行移动方式和平行顺序移动方式。

1. 顺序移动方式

概念：这种方式是一批在制品在前道工序上全部加工完毕之后，整批移到下一道工序，同一批在制品在各个工序上的加工时间没有任何交叉，如图5-7所示。

优点：组织工作简单，有利于减少设备的调整时间，提高工效。

缺点：生产周期长，在制品的数量大，资金周转慢。

适用于：单件小批生产，工艺专业化、工序劳动量小的车间。

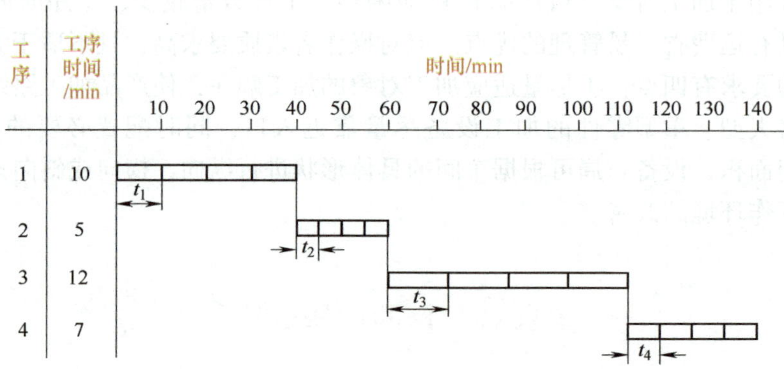

图 5-7 顺序移动方式

2. 平行移动方式

概念：这种方式是一批在制品在前道工序上完成一件后，立即转移到下一道工序继续加工，产品在各道工序上呈平行作业状态，如图 5-8 所示。

优点：生产周期短。

缺点：在制品运输工作频繁，而且当前道工序单件作业时间大于后道工序时，后道工序会出现间断性的设备停歇。

适用于：大量、大批生产，对象专业化的车间。

3. 平行顺序移动方式

概念：这是将前两种方式结合起来的一种方式，即当前道工序的单件作业时间大于后道工序时，一批在制品在前道工序加工到一定数量，足以保证后道工序开工后不会发生停工待料的情况时，才转到下道工序加工。而当前道工序的作业时间小于后道工序时，则前道工序加工完一件，立即转到后道工序去加工，即按平行移动方式逐件运送。相应工序如图 5-9 所示。

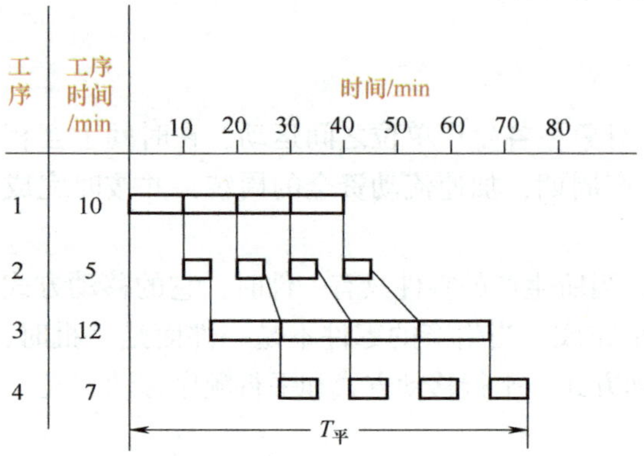

图 5-8 平行移动方式

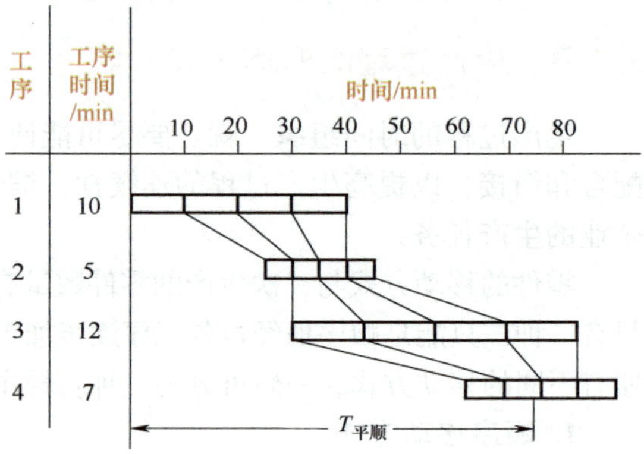

图 5-9 平行顺序移动方式

优点：这种方式吸收了前两种方式的优点，尤其是把平行移动方式中出现的零散的停歇时间集中起来，便于利用。

总之，三种移动方式各有利弊，一般来讲平行移动方式生产周期最短，顺序移动方式生产周期最长，而平行顺序移动方式介于二者之间。在实际中，应结合企业的生产类型、专业化形式、零件的重量及工序的劳动量、调整设备和工艺装备的时间以及生产任务的轻重缓急等具体情况来考虑。例如，在单件小批量生产条件下宜用顺序移动方式，而大批量流水线生产条件下则宜用平行移动方式等。

5.4 企业生产控制

生产活动在生产计划中虽然做了具体安排，但由于企业环境以及企业自身的影响，在现实的企业生产组织中，往往会出现现实与计划目标之间的差距，因此，为了防止干扰，实现企业计划的目标必须要进行生产控制。

5.4.1 企业生产控制的概念

1. 生产控制

控制贯穿于生产系统运动的始终。生产系统凭借控制的动能，监督、制约和调整系统各环节的活动，使生产系统按计划运行，并能不断地适应环境的变化，从而达到系统预定的目标。生产系统运行控制的活动内容十分广泛，涉及生产过程中各种生产要素、各个生产环节及各项专业管理。其内容主要有：对制造系统硬件的控制（设备维修）、生产作业控制、库存控制、质量控制、成本控制、数量控制等。本节只着重讲述生产作业控制和库存控制。

2. 生产控制的方式

企业的实际操作中有三种控制方式：事后控制、事中控制与事前控制。

（1）事后控制。生产控制的事后控制方式是指根据当期生产结果与计划目标的分析比较，提出控制措施，在下一轮生产活动中实施控制的方式。它是利用反馈信息实施控制的，控制的重点是今后的生产活动。其控制思想是总结过去的经验与教训，把今后的事情做得更好。这种方式在质量控制与成本控制中到处可见。事后控制的优点是方法简便，控制活动量小，控制费用低。但其缺点也很明显，不良结果一旦发生，损失已经造成，已无法挽回。

事后控制方式的控制要点是：

1）以计划执行后的信息为主要依据。

2）要有完整的统计资料。

3）要分析内外部环境的干扰情况。

4）计划执行情况分析要客观，控制措施要可行，确保下一轮计划执行的质量。

（2）事中控制。生产活动的事中控制方式是一种对进行中的生产系统作日常性控制的控制方式。事中控制方式是利用反馈信息实施控制的。通过作业核算和现场观测获取信息，及时把输出量与控制目标进行比较分析，采取纠正偏差的控制措施，不断消除由干扰产生的不良后果，确保计划目标的实现。事中控制可以避免没有完成计划的损失，但是频繁的控制活动本身也需要付出代价。

事中控制方式的要点是：

1）以计划执行过程中获取的信息为依据。

2）要有完整的准确的统计资料和完备的现场活动信息。

3）要有高效的信息处理系统。

4）决策迅速，执行有力，保证及时控制。

(3) 事前控制。生产控制中的事前控制方式是在生产活动之前进行调节并控制的一种方式。事前控制方式是利用前馈信息实施控制，重点放在事前的计划与决策上，即在生产活动开始以前根据对影响系统行为的扰动因素做种种预测，制订出控制方案。这种控制方式是十分有效的。例如，在产品设计和工艺设计阶段，对影响质量或成本的因素做出充分的估计，采取必要的措施，可以控制质量或成本要素的60%。有人称它为储蓄投资管理，意为抽出今天的裕量为明天的收获所做的投资管理。

事前控制方式的控制要点是：

1）将对扰动因素的预测作为控制的依据。

2）对生产系统的未来行为有充分的认识。

3）依据前馈信息制订计划和控制方案。

5.4.2 生产控制的基本程序

1. 制订标准

制订标准就是对生产过程中的人力、物力和财力，对产品质量特性、生产数量、生产进度规定一个数量界限。它可以用实物数量表示，也可以用货币数量表示，包括各项生产计划指标，各种消耗定额，产品质量指标，库存标准，费用支出限额等。控制标准要求制订得合理可行。制订标准的方法一般有如下几种：

1）类比法，参照本企业的历史水平制订标准，也可参照同行业的先进水平制订标准。这种方法简单易行，标准也比较客观、可行。

2）分解法，即把企业层的指标按部门按产品层层分解为一个个小指标，作为每个生产单元的控制目标。这种方法在成本控制中起重要作用。

3）定额法，即为生产过程中某些消耗规定标准，主要包括劳动消耗定额和材料消耗定额。

4）标准化法，即根据权威机构制订的标准作为自己的控制标准。如国际标准、国家标准、部颁标准，以及行业标准等。这种方法在质量控制中用得较多。当然，也可用于制订工作程序或作业标准。

2. 测量比较

测量比较就是以生产统计手段获取系统的输出值，与预定的控制标准做对比分析，发现偏差。偏差有正负之分，正偏差表示目标值大于实际值，负偏差表示实际值大于目标值，正负偏差的控制意义，视具体的控制对象而定。如对于产量、利润、劳动生产率，正偏差表示没有达标，需要考虑控制。而对于成本、工时消耗等目标，正偏差表示优于控制标准。在实际工作中这些概念是很清楚的，不会混淆。

3. 控制决策

控制决策就是根据产生偏差的原因，提出用于纠正偏差的控制措施。一般的工作步骤是：

(1) 分析原因。有效的控制必定是从失控的最基本原因着手的。有时从表象出发采取的控制措施也能有成效，但它往往是以牺牲另一目标为代价的。造成某个控制目标失控的原因有时会有很多种，所以要做客观的、实事求是的分析。

(2) 拟订措施。从造成失控的主要原因着手，研究控制措施。传统观点认为控制措施主要是调节输入资源，而实践证明对于生产系统而言这是远远不够的，还要检查计划的合理性、组织措施可否改进。总之，要全面考虑各方面的因素，才能找到有效的措施。

(3) 效果预期分析。生产系统是个大系统，不能用实验的方法去验证控制措施。但为了保证控制的有效性，必须对控制措施做效果分析。有条件的企业可使用计算机模拟方法。一般可采用推理方法，即在理论上分析实施控制措施后可能会产生的种种情况，尽可能使控制措施制订得更周密。

4. 实施执行

这是控制程序中最后一项工作，由一系列的具体操作组成。控制措施贯彻执行得如何，直接影响控制效果，如果执行不力，则整个控制活动功亏一篑。所以在执行中要有专人负责，及时监督检查。

5.4.3 企业生产作业控制

生产作业控制又称为生产进度控制，是指监督和检查生产作业计划执行情况，将执行结果与既定标准比较，发现偏差，分析产生偏差的原因，采取措施纠正偏差，从而保证生产作业计划的圆满完成。生产作业控制的主要手段有生产调度和生产作业核算。

5.4.3.1 企业生产作业控制概述

1. 生产作业控制的内涵

生产作业控制是对生产量和生产期限的控制，其主要目的是保证完成生产进度计划所规定的生产量和交货期限。这是生产控制的基本方面。其他方面的控制水平，诸如库存控制、质量控制、维修等都对生产进度产生不同程度的影响。在某种程度上，生产系统运行过程的各个方面问题都会反映到生产作业进度上，因此在实际运行管理过程中，企业的生产计划与控制部门通过对生产作业进度的控制，协调和沟通各专业管理部门（如产品设计、工艺设计、人事、维修、质量管理）和生产部门之间的工作，可以达到整个生产系统运行控制的协调、统一。

生产进度控制的控制者是各级生产指挥与调度人员。被控制者是各生产单位、生产服务部门的负责人和生产作业人员。控制范围包括生产全过程。通过事前控制，保证按质、按量、按时、成套地投入各生产要素；通过事中控制即现场生产控制，保证各生产环节按计划要求完成各项生产作业任务；通过事后控制，即按项目或计划期，对整个生产活动进行投入、产出及其效益的核算分析和损益分配。

2. 生产作业控制的内容

(1) 投入进度控制。投入进度控制是指对产品（或零部件）开始投入日期、数量、品种，以及原材料、毛坯、零部件投入提前期的控制。如果在计划期内有新增设备、新增劳动力和技术措施项目，则投入进度控制还应包括对这些项目投入使用日期的控制。投入进度控制是一种预防性控制，它的作用主要是：可以控制投料，避免造成计划外生产和产品积压；可以保证在制品的正常流转；可以保证投产的均衡性、成套性和连续性。

(2) 产出进度控制。产出进度控制是指对产品（或零部件）的产出日期、产出提前期、产出量、产出均衡性和成套性的控制。产出进度、投入进度和工序进度的控制是相互制约、相互促进的。投入进度和工序进度控制加强了，有利于产出进度控制的顺利进行；反之，产出进度控制加强了，就可及时掌握产出信息，追踪投入进度和工序进度的控制。

(3) 工序进度控制。工序进度控制是指对产品（或零部件）在生产过程中每道工序进度所进行的控制。在成批、单件生产条件下，每个工作地上加工的零件种数多，工艺、工序不固定。因此，只控制投入和产出进度是不够的，还需要控制工序进度。对那些加工周期长、工序多的产品（或零部件）更为必要。在大量生产条件下，生产连续性强，每个工作地都固定加工一种或几种零件。一般通过控制在制品数量来实现控制工序进度的目的。

5.4.3.2 生产调度

生产调度就是组织执行生产进度计划的工作。生产调度以生产进度计划为依据，生产进度计划要通过生产调度来实现。加强生产调度工作，对于及时了解、掌握生产进度，研究分析影响生产的各种因素，根据不同情况采取相应对策，使差距缩小或恢复正常是非常重要的。

1. 生产调度的任务

1）按照生产作业计划的要求，提前检查生产技术准备工作的保证程度，合理组织与调度好厂内的生产运输工作，对可能的设备故障及时检修和排除。

2）监督和检查各环节生产作业计划的完成情况，若存在偏差，应及时查明原因，采取补偿措施，保证计划按质按期完成。

3）监督和检查各环节在制品储备定额的执行情况。

4）组织好企业、车间的生产调度会议，及时协调和解决各环节之间的矛盾。

2. 生产调度系统的组织

生产调度系统的组织应该因企业生产规模、生产类型、生产特点而不同。

1）大型企业。设厂部、车间、工段（小组）三级调度组织。厂部设总调度室，车间设调度组、调度员，工段（小组）设调度员，一般由工段长（组长）兼任。

2）中小型企业。设厂部、车间二级调度组织。

3. 调度制度与方法

1）调度值班制度。调度日志，严格交接班。

2）调度报告制度。生产日报，记录每日的生产、库存、进度等情况。

3）调度会议制度。

4）现场会议制度。

5）班前、班后会议制度等。

5.4.3.3 生产作业核算

生产作业核算是指在实施生产作业计划过程中，对生产各阶段、各环节中的原材料投入、在制品流转和产品产出，以及设备运转、维修时间消耗、分析检验等所进行的核算，是为保证作业计划的实现而进行的日常统计、汇总、对比分析工作。

生产作业核算是生产作业控制的重要内容。它是记录和核算生产作业计划的完成情况，如产品、零部件的投入量、产出量，工序进度，在制品占用量等。

它的主要作用是为生产调度工作反馈生产信息，对于计划进度与实际进度之间的偏差，在生产调度中迅速地予以解决。生产作业核算一般是用图和表的方式表示。

1. 投入产出进度表（见表5-5）

表5-5　某产品（零部件）投入产出进度表　　（单位：件）

项目 \ 时间		1		2		3	
		当日	累计	当日	累计	当日	累计
计划	投入	50	50	50	100	50	150
	出产	45	45	45	90	45	135
实际	投入	50	50	50	100	50	150
	出产	45	45	40	85	40	125

2. 投入产出进度甘特图（见图5-10）

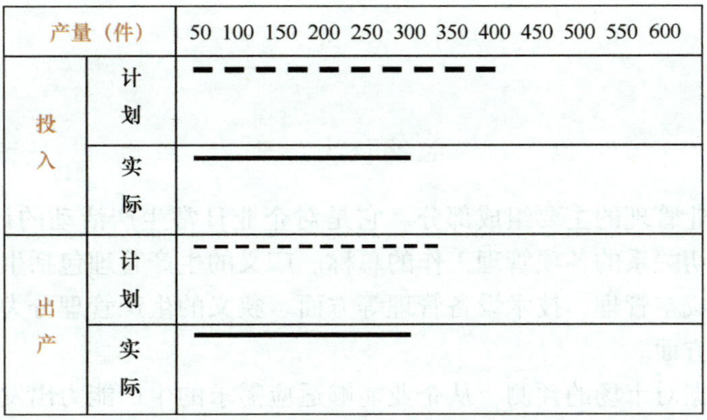

图5-10　投入产出进度甘特图

3. 投入产出进度坐标图

坐标图是根据产量随时间变化的对应关系，通过绘制坐标图方式来描述生产进度及其变化趋势，用以控制计划执行的一种方法。在连续均衡生产的情况下，因产品规格较稳定，工序专门化程度较高，产量又是随着时间而变化，对生产过程的进度控制就可放在最终工序的完成数量上。在这种条件下，用坐标图来描述实际生产数和计划产量数的进度，就能比较实际生产进度与计划进度的偏差，控制生产作业进程。图5-11所示就是根据某产品每日计划产量和实际产量的资料（见表5-6）所绘制的生产进度坐标图。

表5-6　某产品的产出计划和实际进度表

时　间		1	2	3	4	5	6	7	8	9	10
计划	日常量（件）	40	40	40	40	40	40	40	40	40	40
	累计（件）	40	80	120	160	200	240	280	320	360	400
实际	日常量（件）	20	30	25	30	35	40	45	60	55	60
	累计（件）	20	50	75	105	140	180	225	285	340	400
差异	日常量（件）	-20	-10	-15	-10	-5	0	+5	+20	+15	+20
	累计（件）	-20	-30	-45	-55	-60	-60	-55	-35	-20	0

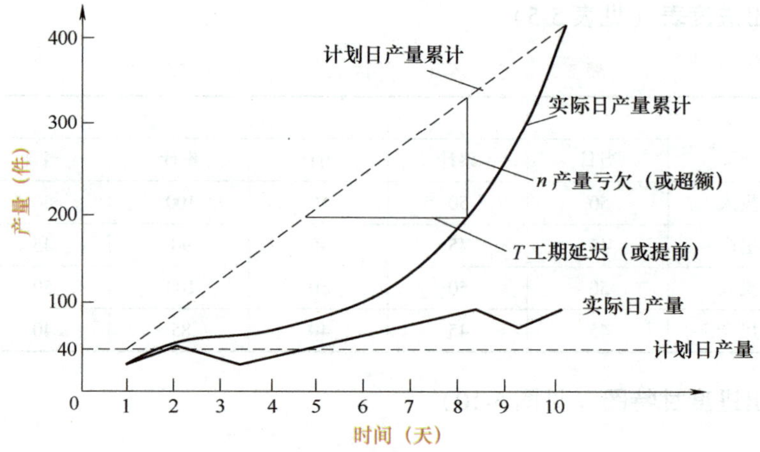

图 5-11　生产进度坐标图

本章小结

生产管理是企业管理的主要组成部分。它是对企业日常生产活动的计划、组织和控制，是和产品制造有密切关系的各项管理工作的总称。广义的生产管理包括生产过程管理、物资管理、质量管理、成本管理、技术设备管理等方面。狭义的生产管理分为生产计划、生产组织和生产控制三个方面。

生产计划是根据对市场的预测，从企业能够适应需求的生产能力出发，来规定企业计划期内应生产的产品品种、数量、质量和进度安排，主要包括四个部分的内容，即生产预测、生产能力的核定、生产计划的确定和生产作业计划的编制。

生产组织是指生产过程的组织，主要是解决产品生产过程各阶段、各环节、各个工序在时间上和空间上的协调衔接，即生产过程的空间组织和生产过程的时间组织。

不同的生产类型和不同的生产组织方式，生产作业计划的编制方法也大不相同。常用的有在制品定额法、生产周期法、“看板”法、累计编号法、网络计划技术法等。

合理组织生产过程，就是应满足生产过程的连续性、生产过程的比例性、生产过程的节奏性、生产过程的平行性、生产过程的适应性的客观要求。

生产控制的基本程序包括制订标准、测量比较、控制决策、实施执行。生产进度控制是以时间为主要参数，对生产过程各环节的投入产出按品种、规格、数量进行监督、分析和处置，保证按时完成的管理工作。生产进度控制的内容包括了投入进度控制、产出进度控制、工序进度控制。生产作业核算一般是用图表的方式表示，如投入产出进度表、投入产出进度甘特图、生产进度坐标图等。

习　题

1. 什么是生产管理？它包括哪些内容？
2. 影响生产预测的主要因素以及常见的生产预测方法有哪些？
3. 影响企业生产能力的因素有哪些？
4. 什么是生产过程？它可以划分为哪几个阶段？合理的生产过程有哪些客观要求？

5. 车间合理布置有哪些需要遵循的原则？

6. 生产进度控制的内容及主要手段有哪些？

[本章综合案例]

海信："信普争霸"勇者胜

从2006年2月开始，海信液晶电视以11.16%的销售额，占有率位居国内液晶电视出口第一。国内知名家电调研公司中怡康公布了所有彩色电视机（以下简称彩电）品牌在中国2004年4月~2005年4月的跨年度销售额调查报告，中国液晶彩电以8.22亿元的销售额遥遥领先，所有外资品牌以4.79亿元的销售额远远落在后面，日本彩电销售额大约只占中国军团的50%；从第一名至第七名依次为海信、创维、厦华、长虹、TCL、康佳、海尔，前七名全都是中国品牌，日本彩电全部出局，而中国平板电视市场上的"信普争霸"也成为历史，海信以1.98亿元的销售额一枝独秀。

另外，据国家广播电视产品质量监督检验中心对国内外8家品牌的液晶电视的首次全面评测，在8项关键技术指标中，海信全面超越洋品牌而摘得了对比度、亮度、固有分辨率、水平清晰度、功耗、高清格式的兼容性六项桂冠，这标志着中国彩电近20年来在高端产品技术领域超过国外品牌的历史性跨越，而日本彩电则在创新度、性价比、价值链等方面全线滑落。

据业内人士分析，日企彩电在价值链上几乎已经没有任何优势可言，其过去在模拟电视产业链上积累的核心技术、稳定的上下游关系、市场格局等，均不能有效地移植到数字电视产业链上，这些优势面临全方位的失效。而现在上游面板供应商竞争激烈，中国的芯片技术有望突破，自主数字电视标准开始成形，这些共同构成了中国平板电视的有利条件。比如上游面板商有三星、LG、飞利浦，以及中国台湾的友达、奇美等，彩电整机厂家的上游资源出现了雷同及下游资源的分立，而"中国制造"也在大规模地进军液晶面板的生产。

另外，日本CRT彩电巨头索尼曾经依靠传统的"特丽珑"彩电在中国一年获利10亿元以上，比所有中国彩电的利润总和还多。2004年，由于CRT电视不良的销售业绩和LCD不断缩水的价值，索尼电视业务部门在运作成本上损失了257亿日元，自2000年3月达到巅峰后，索尼的市值已经蒸发了2/3。相比之下，中国的海信早在1998年4月就意识到：5年内，彩电必然向数字高清化和平板显示大屏幕化转型，转战平板电视将是中国彩电业乘机崛起的难得机遇，是对全球彩电格局进行洗牌的宝贵时机，谁在技术上领先一步，产品上领先3~5个月，谁就会胜出。于是，海信敏锐地提出一个战略：在保持模拟电视优势的同时，集中人才和物力转向高清平板电视的研发，而且提出四项原则：①每年收入的5%用于高清平板电视的技术储备、实验室更新和人才引进。②负责经营的总裁、总经理和总工程师出国考察和经验交流的次数每年不得少于八次。③花大力气从日本、美国引进有经验的专业顾问或技术带头人。④在电器公司总经理的经营指标考核中，要有60%的比重是技术和新产品推动工作的进展指标。

2002年8月16日，从中国自己生产线上下来的PDP诞生了，这就是海信的4211，当时是中国第一台自主研发的16∶9且内置机顶盒的产品。15天后，拥有自主知识产权和8项专利技术的液晶电视1518通过了108道检测工序顺利下线。2004年3月，海信实现了通行全球的1080P顶级数字显示格式，并全面向下兼容1080I、720P。一年来，已经发展到8大系列90个型号供应全球市场，并实现了无线连接、622万像素、双流媒体的USB接口等更为先进的功能。2004年6月20日，海信宣布了“Anyview全球平板市场战略”：到2007年成为全球高清平板电视的主流供应商并成立了平板事业部。

价格战曾经是海信竞争的“杀手锏”，但现在随着海信技术彩电的崛起，日本的企业优势不再。海信大打技术创新战之际，夏普为了从海信手里夺回销量冠军的宝座，决定下调液晶电视主力机型价格，平均降幅达30%，最高降价幅度在5 000元以上。而东芝、索尼等日企品牌跟风下调，开创了以夏普为首的日企品牌改打价格战，以海信为首的本土军团改打技术战的新趋势！如此一来，曾经双方30%～40%的价格差，迅速缩小了15%左右。

但是日企彩电要与中国拼性价比战略，无疑是拿鸡蛋碰石头。由于中国企业拥有得天独厚的成本优势，松下、索尼等销售人员都不得不承认“中国制造”的性价比战略太厉害了。

所以此次夏普在“信普争霸”中惨遭出局，关键是因为海信的技术创新度已经超过了日本企业，而日本企业在价格上又没有优势，完全丧失了竞争力。

海信在技术上的不断提升得归功其近五年来探索出的一套完备的平板电视质量检测内控标准，这一标准除符合和超过相关的国家和国际标准外，又增加了自己独特的个性，共包括4道关：高手比对检测关、性能品质检测关、造型工艺评审关和区域分点测试关。在这些标准的把控上，质检员的权力要超过总经理。

（1）高手比对检测关。下棋找高手，高手比对检测就是这样一关。每一款平板电视在上市之前都要经历一次魔鬼训练的考验：海信很早就将夏普、松下和东芝等当今平板电视领域的尖端产品请进了试验室，每研发成功一款平板电视新产品，都要在关键指标上与两大品牌的产品进行比对，只有全部指标与其相当或有所超越才能通过。

（2）性能品质检测关。由于亮度和对比度是液晶电视的关键指标，海信从2004年3月份就开始集中精力进行技术攻关，历时半年时间，经历了上百次试验，采用了DCDi数字图像处理技术和自主开发的脉冲调光电路，在亮度和对比度上实现了重大技术突破，在权威检测时，海信的亮度达到了540坎/平方米，一举超过了日韩著名品牌。

（3）造型工艺评审关。造型工艺评审关确保了海信高清平板电视一诞生就必须拥有贵族的身份。产品的外观造型方面，海信聘请了韩国和欧洲一些国家和地区一流的设计公司参与设计，图样阶段要经过销售员、经销商、消费者抽样进行打分评价后才能进入手工板阶段，对手工板的要求就是一个成品样式标准，仍然由前面进行评审的人员再次评审，并且由各地市场和外国客商专家来提出意见，有的一次通过了，有的还要经过三四次才能过关。通过这个程序创造了很多广大消费者喜欢的产品，如11、77、19等系列。

（4）区域分点测试关。受自然因素以及各地经济发展状况的影响，我国各个地方电视台较多，信号传输水平不一，造成了许多电视机尽管符合了国家标准，但仍然不能适应所有地方，存在着产品地域不适应的特点。有不少彩电企业对此不以为然，但注重技术和品质的海信却是高度重视。海信确定的常规的地域分测点有5个：高原区的青海，草原区的内蒙古和宁夏，山区的重庆和福建。每推出一款高端新产品，充分考虑中国南北地区的磁场差异、温湿度差异、信号发射传输的好坏、用户的使用习惯等。选择5个分测点进行检测并在当地选择用户试用一个月，听取用户的反馈信息，根据信息再调整设计方案，直到全部问题解决为止。这就是海信自己的“中国质量检测万里行”，也就是分点测试关。

海信液晶电视闯过这4道关后，练就了一身过硬的产品品质，这是它们与国外品牌同场较量时没有丝毫逊色的内在支撑，有了技术和品质的超越，品牌的差距就会缩短。

（资料来源：陈国生，《现代企业管理案例精析》，对外经济贸易大学出版社，有改动。）

思考题：

归纳海信在技术方面全方位超越彩电类日资企业的原因所在。

第6章

企业质量管理

世界上著名企业成功的经验各不相同，但有一点是相同的，即这些企业都非常注重产品质量，把质量视为企业的生命。时至今日，企业质量管理的研究重点已经由单纯的产品检验把关、生产过程的控制，发展到产品形成全过程的质量控制与质量协调。许多企业都在研究这样一个问题：通过推行和实施具有现代理念的质量管理，提高企业的管理水平，更好地满足顾客的需求，反过来促使企业更快地成长为世界一流的组织。

6.1 企业质量管理概述

6.1.1 质量的概念

在科学技术和社会文明日益发达的今天，质量的含义不断丰富和扩展，从实物商品质量开始，发展为商品售后服务满足规定和潜在需求的特征之总和。离开质量，社会进步、经济发展、人民生活水平提高等，都成了泡影。世界各个国家和政府都对质量问题给予了高度重视。质量改善，无论是对中国的社会经济进步，还是对世界经济发展，都产生了巨大贡献。

ISO 9000：2000 族标准中给出质量定义为一组固有特性满足要求的程度。所谓的特性，是指可区分的特征，要求有明示的，也有隐含的或必须履行的。

日本的质量管理专家石川馨（Kaoru Lshikawa）认为，质量反映顾客的满意程度，质量定义因顾客的需求而变化，价格也是质量的重要组成部分；狭义的质量指产品质量，广义的质量指工作质量、服务质量、信息质量、过程质量、部门质量、人员质量、系统质量、公司质量、目标质量等。

20 世纪以后，可持续发展概念的提出推动了质量概念的生态化发展，即注重节约资源和环境保护。与此同时，关于质量的代价也得到越来越多的重视，高质量仅需要付出低代价，而低质量需付出高代价，清楚地反映了质量在成本、利益和风险等方面对人类发展造成的影响。21 世纪，质量成为人类对科技创新和经济发展模式关注的重点。

从现代企业管理角度来看，我们认为质量是企业产品或服务得到消费者认可的程度，是企业相对于竞争对手的重要竞争优势；质量还包括企业为获得产品或服务质量而形成的工作质量。也就是说，产品或服务质量是企业用于满足顾客需求的要素，是企业竞争优势的体现，产品或服务的质量来源于企业工作质量。

6.1.2 质量管理的概念

为求得生存和发展，必须积极、有效地开展质量管理活动，这是成功企业的共识，也是发达国家长期探索的结论。质量管理是针对质量进行的一系列管理活动，它是在制订质量计划的基础上，开展一切为实现该计划而进行的活动的总和，也就是用最经济的方式来生产满足消费者要求的、具有高度适应性商品的实施计划，及为实现该计划所进行的一切活动。质量管理的对象不仅仅是质量本身，它还应包括成本、交货期以及安全等宽泛的质量概念。质量管理是对确定和达到质量要求所必需的职能和活动的管理，也是为保证和提高商品质量或工作质量所进行的质量调整、计划、组织、协调、控制、信息反馈等各项工作的总称。

案例

齐齐哈尔第二制药厂亮菌甲素事件

亮菌甲素注射液是临床上常用的药品之一，其安全性已得到广泛证明。但齐齐哈尔第二制药厂（以下简称齐二药）生产的假药亮菌甲素注射液共导致九人死亡，是近年来我国较严重的假劣药事件之一。经调查发现，检验环节失控，将工业用溶剂二甘醇假冒药用溶剂丙二醇投料生产，这是假药得以出炉的首要因素。齐二药购入的药用辅料丙二醇，经检验为二甘醇。犯罪嫌疑人王桂平以江苏泰兴化工总厂名义，于2005年9月将二甘醇假冒丙二醇卖给了齐二药。齐二药违反GMP（《药品生产质量管理规范》）有关规定，检验环节失控，检验人员将二甘醇判为丙二醇投料生产，造成假药案件的发生。

丙二醇是一种药用溶剂，而二甘醇则是工业用溶剂，常用于汽车防冻液等，有很强的毒性，二甘醇在人体内容易氧化成草酸而损害肾脏。在药品原料和辅料购进后，必须经过相应的检验、验收，来确定原料和辅料的质量、成分等。但齐二药生产和质量管理混乱，从原料的采购、验收、领用、出厂检验等环节均未将假的丙二醇拒之门外，最终使得假药流向市场，使药品变成了毒药。

问题：从这个案例中我们可以得到什么启示？工作质量是如何影响产品质量的？

ISO 9000:2005《质量管理体系　基础和术语》中规定：质量管理指的是“在质量方面指挥和控制组织的协调的活动”，“在质量方面的指挥和控制活动通常包括制订质量方针和质量目标，以及质量策划、质量控制、质量保证和质量改进”。由此，可以通俗地理解为：质量管理是指为了实现质量目标，而进行的所有管理性质的活动。

1987年，戴明（W. E. Deming）博士以“迎接挑战，摆脱危机”为题重点阐述了著名的14条质量管理要点：①要使产品具有竞争力并占领市场，应把改进产品和服务质量作为长期目标。②提倡新的质量观念。③消除依赖大量检查来保证质量的做法。④采购、交易不应只注重价格。⑤持续不断地改善生产和服务系统。⑥实行更全面、更好的在职教育和培训。⑦建立现代的督导方法。⑧排除恐惧，让每个人都能有效地工作。⑨拆除部门壁垒。⑩不搞流于形式的质量运动。⑪取消工作标准和数量化的定额。⑫排除人们为其工作成果而自豪的障碍。⑬鼓励自我改进，实施有力的继续教育和培训计划。⑭采取积极的行动推动组织的变革。

6.1.3 质量管理的发展历程

6.1.3.1 工业时代以前的质量管理

人类自古以来一直面临各种质量问题。古代的食物采集者必须了解哪些果类是可以被食用的，而哪些是有毒的；古代的猎人必须了解哪些树是制造弓箭最好的木材。这些都与质量管理有关。

随着社会的发展，村庄逐渐扩展为商品交换，新的行业——商业出现了。买卖双方不再直接接触，而是通过商人来进行交换。在村庄集市上通行的确认质量的方法便行不通了，于是就产生了质量担保，其形式也从口头质量担保逐渐演变为质量担保书。随着商业的发展，要使彼此相隔遥远的连锁性厂商和经销商之间能有效沟通，新的发明又产生了，这就是质量规范即产品规格。这样，有关质量的信息能够在买卖双方之间直接沟通，无论距离多么遥远，产品结构多么复杂。紧接着，简易的质量检验方法和测量手段也相继产生，这就是在手工业时期的原始质量管理。由于这一时期质量主要靠手工操作者本人依据自己的手艺和经验来把关，因而又被称为“操作者的质量管理”。18 世纪中叶，欧洲爆发了工业革命，其产物就是工厂。由于工厂具有手工业者和小作坊无可比拟的优势，导致手工作坊的解体和工厂体制形成。在工厂进行大批量生产，带来许多新技术问题，如部件的互换性、标准化、工装和测量的精度等，这些问题的提出和解决，促使质量管理科学的诞生。

6.1.3.2 工业化时代的质量管理

20 世纪，质量管理的发展大致经历了三个阶段。

1. 质量检验阶段

20 世纪初，美国出现了以泰勒为代表的“科学管理”运动。科学管理提出在人员中进行科学分工，并将计划职能与执行职能分开，中间再加一个检验环节，以监督、检查对计划、设计、产品标准等项目的贯彻执行。这样，质量检验机构就独立出来。后来，这一职能又由工长转移到专职检验人员，由专职检验部门实施质量检验，称为“检验员的质量管理”。

质量检验是在成品中挑出废品，以保证出厂商品质量。但这种事后检验把关，无法在生产过程中起到预防、控制的作用。废品已成事实，很难补救，且百分之百的检验，增加检验费用。生产规模进一步扩大，在大批量生产的情况下，其弊端就突显出来。

质量检验阶段从操作者质量管理发展到检验员质量管理，对提高产品质量有很大的促进作用。但随着社会科技、文化和生产力的发展，显露出质量检验阶段存在的许多不足，如事后检验、全数检验、破坏性检验等。

2. 统计质量控制阶段

质量检验阶段存在的不足引起人们的关注，一些质量管理专家、数学家开始注意质量检验中的缺点，并设法运用数理统计原理解决这些问题。

在 20 世纪 20 年代，美国电报电话公司贝尔实验室成立了两个研究组。一个是工序控制组，该组提出“事先控制，预防废品”的观念，发明具有可操作性的质量控制图，出版了《Economic Control of Quality of Manufactured Product》一书。另一个是产品控制组，该组提出产品检查批容许不合格品率的概念及抽样方案，后又提出平均检出质量极限的概念及其抽样方案，这些方案在贝尔实验室大批量产品生产中进行了无数次应用，表明它是一种十分有效的质量管理方法。1944年，正式公布道奇—罗米格抽样方案（Dodge-Romig Sampling Plans），道奇与罗米格两人提出抽样的概念和抽样方法，并设计抽样检验表，用于解决全数检验和破坏性检验带来的问题。

由于当时西方国家经济衰退，这两套理论的推广受到一定影响。直到第二次世界大战，美国需要大量生产军需用品，迫切要求进行质量控制，这两套理论才得以推广。

20世纪40年代，美国制订了三个战时质量控制标准：AWSZ1.1-1941质量控制指南、AWSZ1.2-1941数据分析用控制图法、AWSZ1.3-1942工序控制图法。20世纪40年代起，戴明博士把统计质量控制方法传播到日本企业，对日本的质量管理作出了巨大贡献。

从质量检验阶段发展到统计质量控制阶段，质量管理理论和实践都发生了飞跃，从事后把关变为预先控制，并很好地解决了全数检验和破坏性检验的问题。但是，由于过多强调统计方法的作用，忽视了其他方法和组织管理对质量的影响，使人们误认为质量管理就是统计方法，而且这种方法又高深莫测，让人们望而生畏，质量管理成了统计学家的事情，这限制了统计方法的推广发展，也限制了质量管理的范畴（将质量的控制和管理局限在制造和检验部门）。

3. 全面质量管理阶段

全面质量管理是指导和控制组织与质量有关的彼此协调的活动。全面质量管理的一个重要特点就是管理的全面性，即它是全面质量的管理、全过程的质量管理、全员性的质量管理、综合性的质量管理。

20世纪50年代以来，生产力迅速发展，科学技术日新月异，出现了很多新情况。质量管理专家发现，仅依靠质量检验和运用统计方法难以保证和提高商品质量，这促使全面质量管理理论逐步形成。最早提出全面质量管理概念的是美国通用电气公司质量经理菲根堡姆（Feigenbaum）。1961年，他出版了《全面质量管理》一书，该书指出全面质量管理是，为能在最经济的水平上并考虑充分满足用户要求的条件下进行市场研究、设计、生产和服务，把企业各部门的研制质量、维持质量和提高质量的活动构成一体的有效体系。全面质量管理强调：①质量管理仅靠检验和统计控制方法是不够的，解决质量问题的方法和手段是多种多样的，而且还必须有一整套组织管理工作。②质量职能是企业全体人员的责任，企业全体人员都应具有质量意识并承担质量责任。③质量问题不限于产品制造过程，解决质量问题也是如此，应该在整个产品质量产生、形成、实现的全过程中都实施质量管理。④质量管理必须综合考虑质量、价格、交货期和服务，而不能只考虑狭义的产品质量。

同一时期，朱兰（Joseph M. Juran）提出全面质量管理有三个环节：质量策划、质量控制和质量改进，因此，朱兰被誉为质量领域的“首席建筑师”。在朱兰博士70多年的质量管理生涯中，他从企业主管、政府官员、大学教授、公司董事、管理咨询师等诸多角色中积累了丰富的经验，对第二次世界大战后的经济复兴和质量革命的推动起到巨大的促进作用，同时也为世界质量管理的理念拓展和方法论做出了卓越贡献。他关于质量方面的著作已被翻译成20多种文字，为数以百万计的人员所传阅。

20世纪60年代以来，菲根堡姆和朱兰的全面质量管理概念逐步被世界各国接受。其中，日本在推进全面质量管理过程中做出了创新探索，提出开展QC（质量控制，Quality Control）小组活动，使质量管理工作扎根于员工之中，使其具有广泛的群众基础，并且提出质量改进七种工具。这些方法对质量管理的发展做出了卓越贡献，在世界各国得到广泛推广。正是由于这些原因，美国虽然是全面质量管理理论的诞生地，但该理论真正取得成功却是在日本，其实施特点也更多地结合了日本的实际。20 世纪 80 年代，面对国际竞争的不利局面，美国人反思了自身在质量上的失误，在戴明的推动下，又把质量管理置于企业管理的核心地位，并努力付诸实施，终于取得成效，20 世纪 90 年代，美国的钢铁、汽车等质量又超过日本。这种经历又为全面质量管理重在实践、重在应用做了一个最好的注脚。

1998 年，菲根堡姆在第三届上海国际质量研讨会上发表了“未来属于全面质量领先者”的演讲，把全面质量的发展归结为十项全面质量准则：①质量是全公司范围的过程。②质量是由顾客来评价的。③质量和成本是统一的，而不是矛盾的。④质量成功要求个人和团队的热情和协作精神。⑤质量是一种管理方法。⑥质量与创新相互依赖。⑦全面质量是一种道德规范。⑧质量要求不断改进。⑨全面质量是对提高生产率最有效的贡献者。⑩质量是通过联系顾客和供应商的全面体系实现的。

菲根堡姆认为，这十项准则不是均等的，在某个阶段，其中某几项特别重要。对于组织实践，菲根堡姆认为，全面质量的成功在于系统的管理，离开系统的方法，组织难以取得持续成功。

最后，总结质量管理的发展历程，如图 6-1 所示。

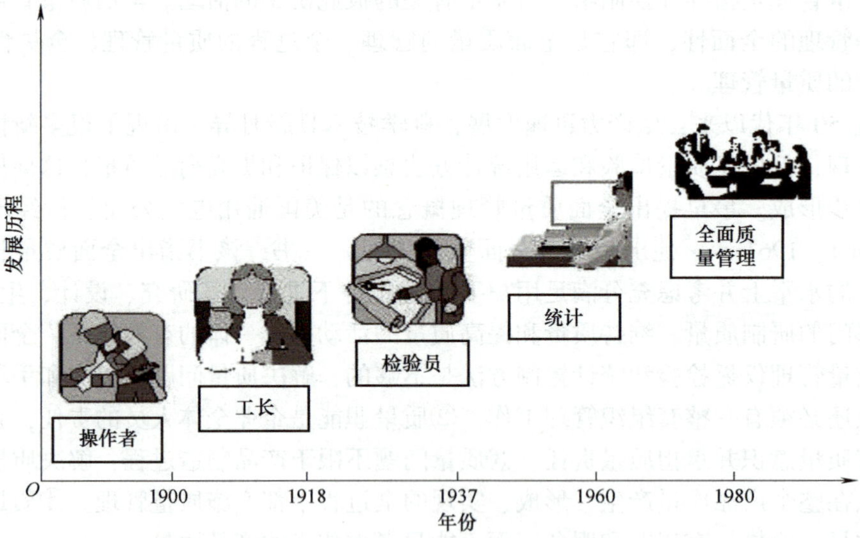

图 6-1 质量管理的发展历程

6.2 企业质量标准

6.2.1 质量标准概述

所谓质量标准，指的是衡量某一事物或工作应达到的水平、尺度和必须遵守的规定。对企业来说，为使生产经营有条不紊地进行，从原材料进厂，到产品销售等各个环节，都必须有相应的质量标准作保证，它不但包括各种技术标准，而且还包括管理标准和工作标准。

1. 技术标准

技术标准是指经公认机构批准的、非强制执行的、供通用或重复使用的产品或相关工艺和生产方法的规则、指南或特性的文件，有关专门术语、符号、包装、标志或标签要求也是技术标准的组成部分。技术标准的实质是对生产技术设立的必须符合要求的条件以及能达到此标准的技术。

技术标准研究和管理专家普遍认为，技术标准的发展与科学技术的进步密不可分。技术标准以科学技术和实践经验的综合成果为基础，在市场经济条件下，科技研发的成果通过一定途径转化为技术标准，通过技术标准的实施和运用可以促进科技研发成果转化为生产力；而在技术标准实施以及科技研发成果转化为生产力的过程中，市场的信息和反馈又可反作用于技术标准的修订，促进科技研发活动，从而促进技术标准和科技的发展。

2. 管理标准

管理标准是对企业中重复出现的管理业务工作所规定的各种标准的程序、职责、方法和制度等，是组织和管理企业生产经营活动的重要手段。制订管理标准的目的是为合理组织、利用和发展生产力，正确处理生产、交换、分配和消费中的相互关系，并科学地行使计划、组织、领导、控制等管理机构的职能。

管理标准可以分为生产组织标准和管理业务标准：

1）生产组织标准是为合理组织生产过程和安排生产计划而制订的，包括生产能力标准、资源消耗标准，以及对生产过程进行计划、组织、领导、控制的方法、程序和规程。

2）管理业务标准包括计划供应、销售、财务等方面的行为标准。它是指依据管理目标和相关管理环节的要求，对业务内容、职责范围、工作程序、工作方法和必须达到的工作质量、考核奖惩办法所规定的准则。

3. 工作标准

工作标准是指一个训练有素的人员完成一定工作所需的时间。工作人员完成这样的工作应该用预先设定好的方法，用正常的努力程度和正常的技能（非超常发挥），所以也称为时间标准。

制订工作标准的关键是定义“正常”的工作速度，“正常”的技能发挥。例如，要建一条生产线，或者新开办一项事务性的业务，需要根据需求设计生产运作能力雇用适当数量的人员。假定一天的生产量需达到1 500个，则必须根据一个人一天能做多少个来决定人员数量。但是，一个人一天能做的数量是因人而异的，有人精力旺盛，动作敏捷，工作速度就快；还有一些人则相反。因此，必须寻找一个能够反映大多数人正常工作能力的标准。这种标准的建立，只凭观察一个人做一个产品的时间显然是不行的，必须观察一定的时间、做一定数量的产品，并观察若干个人，然后用统计学方法得出标准时间。此外，即使经过以上步骤建立起工作标准，在实际工作开始之后，也仍需不断观察、统计，并适时进行修正。工作标准有助于制订合理的生产运作能力计划、任务分配以及生产运作程序设计。

根据完成各项工作任务所需的标准时间，企业可以根据市场对产品的需求制订人员计划和设备计划，包括设备投资和人员招聘的长远计划。也就是说，企业首先根据市场需求决定生产量，然后根据生产量和标准时间可决定每人每天的产出以及所需人数，再根据每人操作的设备和人员总数决定所需设备数量，在此基础上就可以制订设备计划和人员计划。此外，生产进度计划的制订也应以精确的标准作业时间为基础，标准作业时间是决定生产周期的重要前提。

根据不同工序完成不同工作的标准时间，合理安排每台设备每个人每天的工作任务，以防止忙闲不均、设备闲置、人员闲暇的现象，从而有效地利用资源。工作标准也可以用来比较不同的生产运作系统设计方案，以帮助决策，也可以用于选择和评价新的工作方法，评估新设备、新方法的优越性。

6.2.2 我国现行质量标准体系简介

根据《中华人民共和国标准化法》的规定，我国质量标准分为四级：国家标准、行业标准、地方标准和企业标准。

1. 国家标准

国家标准是指由官方标准化机构或政府授权的有关机构批准、发布，在全国范围内统一适用的标准。我国国家标准由国务院标准化行政主管部门编制计划和组织草拟，并统一审批、编号和发布。我国国家标准的代号，用“国标”两个字汉语拼音的第一个字母 G 和 B 表示。强制性国家标准的代号为 GB，推荐性国家标准的代号为 GB/T。国家标准的编号由国家标准的代号、国家标准发布的顺序号和国家标准发布的年号三部分组成。

2. 行业标准

中华人民共和国行业标准是全国性的各行业范围内统一的标准。对没有国家标准而又需要在全国某个行业范围内统一的技术要求，可以制定行业标准。行业标准由国务院有关行政主管部门制订，并报国务院标准化行政主管部门备案。行业标准是对国家标准的补充，行业标准在相应国家标准公布后自行废止。

3. 地方标准

地方标准是指在某个省、自治区、直辖市范围内需要统一的标准。对没有国家标准和行业标准而又需要在省、自治区、直辖市范围内统一的工业产品的安全和卫生要求，可以制订地方标准。地方标准由省、自治区、直辖市标准化行政主管部门制订，并报国务院标准化行政主管部门和国务院有关行政主管部门备案。地方标准不得与国家标准、行业标准相抵触，在相应的国家标准或行业标准公布后，地方标准自行废止。

4. 企业标准

企业标准是指企业所制订的产品标准和在企业内需要协调、统一的技术要求和管理、工作要求所制订的标准。企业生产的产品在没有相应的国家标准、行业标准和地方标准时，应当制订企业标准，作为组织生产的依据。在有相应的国家标准、行业标准和地方标准时，国家鼓励企业在不违反相应强制性标准的前提下，制订充分反映市场、用户和消费者要求的，严于国家标准、行业标准和地方标准的企业标准。企业标准由企业制订，由企业法人代表或法人代表授权的主管领导批准、发布，由企业法人代表授权的部门统一管理。企业的产品标准须报当地政府标准化行政主管部门和有关行政主管部门备案。

6.2.3 ISO 9000 族质量标准

ISO 是一个组织的英语简称，其全称是 International Organization for Standardization，翻译成中文就是“国际标准化组织”。ISO 成立于 1947 年 2 月 23 日，是世界上最大的国际标准化组织，其前身是 1928 年成立的“国际标准化协会国际联合会”（International Standards Association，ISA）。

ISO 的宗旨是“在世界上促进标准化及其相关活动的发展，以便于商品和服务的国际交换，在智力、科学、技术和经济领域开展合作”。ISO 现有 163 个成员，其最高权力机构是每年一次的全体大会，其日常办事机构是中央秘书处，设在瑞士的日内瓦。

ISO 9000 族标准是 ISO 于 1987 年制订，后经不断修改完善而成的系列标准，该标准族可帮助组织实施并有效运行质量管理体系，是质量管理体系通用的要求或指南。它不受具体的行业或经济部门限制，可广泛适用于各种类型和规模的组织，在国内和国际贸易中促进相互理解。

1. ISO 9000 族标准产生的社会背景和基础

世界上最早的质量保证标准是 20 世纪 50 年代末，在采购军用物资过程中，美国颁布的 MIL—Q—9858A《质量大纲要求》，ISO 9000 族标准最初的理念就来源于 MIL—Q—9858A《质量大纲要求》。此后，为统一各国质量管理活动，同时持续提高提供产品的组织的质量管理体系，1986—1987 年间，ISO 发布了 ISO 9000 系列标准，它包括 6 项标准：ISO 8402：1986《质量——术语》标准，ISO 9000：1987《质量管理和质量保证标准——选择和使用指南》，ISO 9001：1987《质量体系——设计/开发、生产、安装和服务的质量保证模式》，ISO 9002：1987《质量体系——生产和安装的质量保证模式》，ISO 9003：1987《质量体系——最终检验和试验的质量保证模式》，ISO 9004：1987《质量管理和质量体系要素——指南》，这系列的文件统称为 ISO 9000 族标准。

ISO 质量管理和质量保证技术委员会 1990 年提出《90 年代国际质量标准的实施策略》(国际通称《2000 年展望》)，第一阶段进行了局部的有限修改，完成 1994 版 ISO 9000 族标准；第二阶段在总体结构和技术内容方面进行了全新修改，于 2000 年 12 月 15 日正式发布 2000 版 ISO 9000 族标准。我国已将此标准等同转化为国家标准 2005 版 GB/T 19000 族标准。第三阶段为了加强各种标准应用关键词解释的统一，2005 年 9 月 29 日公布了 2005 版 ISO 9000族标准，我国将此标准等同转化为国家标准 2008 版 GB/T 19000 族标准。

未来的 ISO 9000 族标准的新结构将是认 ISO 9001 和 ISO 9004 两个标准为核心，包括少量的支持性标准。

2. ISO 9000 族标准的内容

组织活动由三方面组成：经营、管理和开发。在管理上，又主要表现为行政管理、财务管理、质量管理等。ISO 9000 族标准主要针对质量管理，同时涵盖了部分行政管理和财务管理的范畴。

ISO 9000 族标准并不是产品的技术标准，而是针对组织的管理结构、人员、技术能力、各项规章制度、技术文件和内部监督机制等一系列体现组织保证产品及服务质量的管理措施的标准。

ISO 9000 族标准在以下四个方面规范质量管理活动：机构、程序、过程、总结。在机构方面，标准明确规定了为保证产品质量而必须建立的管理机构及职责权限。在程序方面，组织的产品生产必须制订规章制度、技术标准、质量手册、质量体系操作检查程序，并使之文件化。在过程方面，质量控制是对生产全过程加以控制，是面的控制，不是针对点的控制。从根据市场调研确定产品、设计产品、采购原材料，到生产、检验、包装和储运等，其全过程按程序要求控制质量，并要求过程具有标志性、监督性、可追溯性。在总结方面，ISO 9000 族标准还要求不断总结、评价质量管理体系，不断改进质量管理体系，使质量管理呈螺旋式上升。

6.2.4 企业实施 ISO 9000 质量管理体系认证的意义

企业组织通过 ISO 9000 质量管理体系认证具有如下意义：

1）可以完善组织内部管理，使质量管理制度化、体系化和法制化，提高产品质量，并确保产品质量的稳定性。

2）表明尊重消费者权益和对社会负责，增强消费者的信赖，使消费者放心，从而放心地采用其生产的产品，提高产品的市场竞争力，并树立组织的形象，提高组织的知名度，形成名牌企业。

3）ISO 9000 质量管理体系认证有利于发展外向型经济，扩大市场占有率，是政府采购等招投标项目的“入场券”，是组织向海外市场进军的“准入证”，是消除贸易壁垒的强有力的武器。

4）通过 ISO 9000 质量管理体系的建立，可以举一反三地建立健全其他管理制度。

5）通过 ISO 9000 认证可以一举数得，非一般广告投资、策划投资、管理投资或培训可比，具有综合效益，还可享受国家的优惠政策及对获证单位的重点扶持。

ISO 9000 族标准的推行，与我国实行的现代企业改革具有十分强烈的相关性。两者都是从制度、体制、管理上入手改革，不同点在于前者处理组织的微观环境，后者侧重于组织的宏观环境。由此可见，ISO 9000 族标准非常适合我国国情。因此，国家明文规定“九五”期间全面推行 ISO 9000 族标准。

ISO 9000 族标准认证也可以理解为质量管理体系注册，就是由国家批准的、公正的第三方认证机构依据 ISO 9000 族标准，对组织的质量管理体系实施评价，向公众证明该组织的质量管理体系符合 ISO 9000 族标准，提供合格产品，公众可以相信该组织的服务承诺和产品质量。

ISO 9000 族标准不仅在发达国家推行，发展中国家也正在逐步加入到此行列中来，ISO 已成为一个名副其实的技术上的世界联盟。形成这种状况的原因，除上述它能给组织带来巨大的实际利益之外，更为深刻的原因在于 ISO 9000 族标准是人类文明发展过程中的必然产物。因此，在一个组织或一个国家实行 ISO 9000 族标准并非是一个外部命令，而是现代组织的本质要求。

6.3 企业质量控制

6.3.1 质量控制的概念

质量管理的一项主要工作是通过收集数据、整理数据，找出波动规律，把正常波动控制在最低限度，消除系统性原因造成的异常波动，把实际测得的质量特性与相关标准进行比较，并对出现的差异或异常现象采取相应措施进行纠正，从而使工序处于控制状态，这一过程就叫作质量控制。质量控制是为达到规范或规定对数据质量要求而采取的作业技术和措施。

质量控制技术包括抽样检验和过程质量控制。抽样检验通常发生在生产前对原材料的检验或生产后对成品的检验，根据随机样本的质量检验结果决定是否接受该批原材料或产品。过程质量控制是指对生产过程中的产品随机样本进行检验，以判断该过程是否在预定标准内生产。抽样检验用于采购或验收，而过程质量控制应用于各种形式的生产过程。

6.3.2 质量控制系统设计的程序

在进行质量控制时，需要对控制的过程、质量检测点、检测人员等几个方面进行决策，这些决策构成一个完整的质量控制系统。

1. 过程分析

一切质量管理工作都必须从过程本身开始。在进行质量控制前，必须分析生产某种产品或服务的相关过程。一个大的过程可能包括许多小的过程，通过采用流程图分析方法对这些过程进行描述和分解，以确定影响产品或服务质量的关键环节。

2. 质量检测点确定

在确定需要控制的每一个过程后，就要找到每一个过程中需要测量或测试的关键点。一个过程的检测点可能很多，但每一项检测都会增加产品或服务的成本，所以要在最容易出现质量问题的地方进行检验。

典型的检测点包括：生产前的外购原材料或服务检验，生产过程中产品检验，生产后的产成品检验。

（1）生产前的外购原材料或服务检验。为保证生产过程顺利进行，首先要通过检验保证原材料或服务的质量，如果供应商具有质量认证证书，此检验可以免除。但是，在JIT（准时化生产）中，不提倡对外购件进行检验，认为这个过程不增加价值，是一种浪费。

（2）生产过程中产品检验。典型的生产中检验发生在不可逆的操作过程之前或高附加值操作之前，因为这些操作一旦进行，将严重影响质量并造成较大的损失。例如，陶瓷在烧结前需要检验，因为一旦被烧结，不合格品只能废弃或作为残次品处理。再如，产品在电镀或油漆前也需要检验，以避免缺陷被掩盖。这些检验可由操作者本人进行。生产中的检验还能判断过程是否处于受控状态，若检验结果表明质量波动较大，就需要及时采取措施纠正。

（3）生产后的产成品检验。为在交付顾客前修正产品的缺陷，需要在产品入库或发送前进行检验。

3. 检验方法

检验方法分为计数检验和计量检验。计数检验是对缺陷数、不合格率等离散变量进行检验；计量检验是对长度、高度、重量、强度等连续变量的检验。

4. 检验样本大小

确定检验数量有两种方式，即全检和抽样检验。确定检验数量的指导原则是比较不合格率造成的损失和检验成本。假设有一批500个单位的产品，产品不合格率为2%，每个不合格品造成的维修费、赔偿费等成本为100元，则如果不对这批产品进行检验的话，总损失为1 000元，若这批产品的检验费低于1 000元，应该对其进行全检。此外，除成本因素外，还要考虑其他因素，如涉及人身安全的产品，就需要进行100%的检验，而对破坏性检验则只能采用抽样检验。

5. 检验人员

检验人员的确定可采用操作工人和专职检验人员相结合的原则。在六西格玛管理法中，通常由操作工人完成大部分的检验任务。

6.3.3 质量控制的工具

在质量管理中，经常要用到一些方法和工具，目前较常用的有七种工具，即排列图法、因果图法、散布图法、直方图法、检查表法、控制图法和关联图法。

1. 排列图法

排列图又称为主次因素分析图或帕累托图。它是用来找出影响产品质量主要因素的一种有效工具。

排列图是有两个纵坐标、一个横坐标、几个直方块和一条折线所构成，如图 6-2 所示。排列图的横坐标表示影响产品质量的因素或项目，排列图的左纵坐标表示频数，右纵坐标表示频率（以百分比表示），直方块的高度表示某个因素或项目影响大小，从左到右，顺序排列。折线表示影响因素大小的累积百分数，是由左到右逐渐上升的，这条折线就称为帕累托曲线。

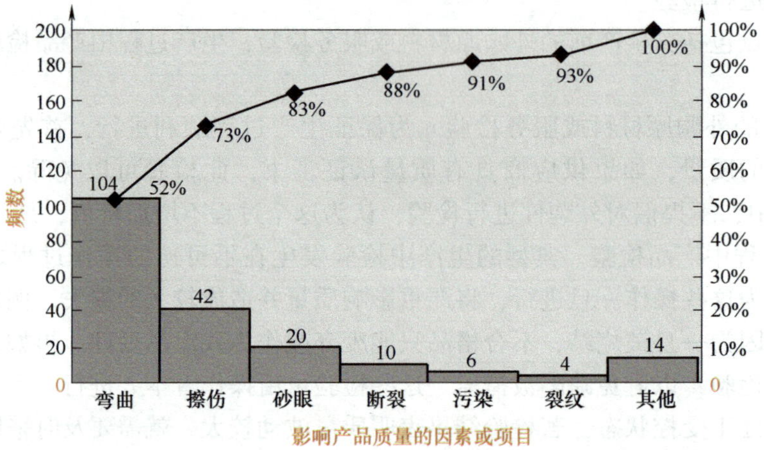

图 6-2 典型的排列图

2. 因果图法

因果图也称特性因素图、鱼刺图、石川图，是整理和分析影响质量（结果）的各因素之间关系的一种工具。它形象地表示了探讨问题的思维过程，通过有条理的逐层分析，可以清楚地看出“原因—结果”“手段—目标”的关系，使问题的脉络完全显示出来。因果图由特性、原因、枝干三部分构成。典型的因果图如图 6-3 所示。

3. 散布图法

散布图也称相关图，是通过分析、研究两种因素的数据关系，来控制影响产品质量的相关因素的一种有效方法。相关关系一般可为原因与结果的关系、结果与结果的关系、原因与原因的关系。

用散布图法，可以应用相关系数、回归分析等进行定量的分析处理，确定各种因素对产品质量影响程度的大小。如果两个数据之间的相关度很大，那么可以通过对一个变量的控制来间接控制另外一个变量。相关图的分析，可以帮助我们肯定或者否定关于两个变量之间可能关系的假设。典型的相关图如图 6-4 所示。

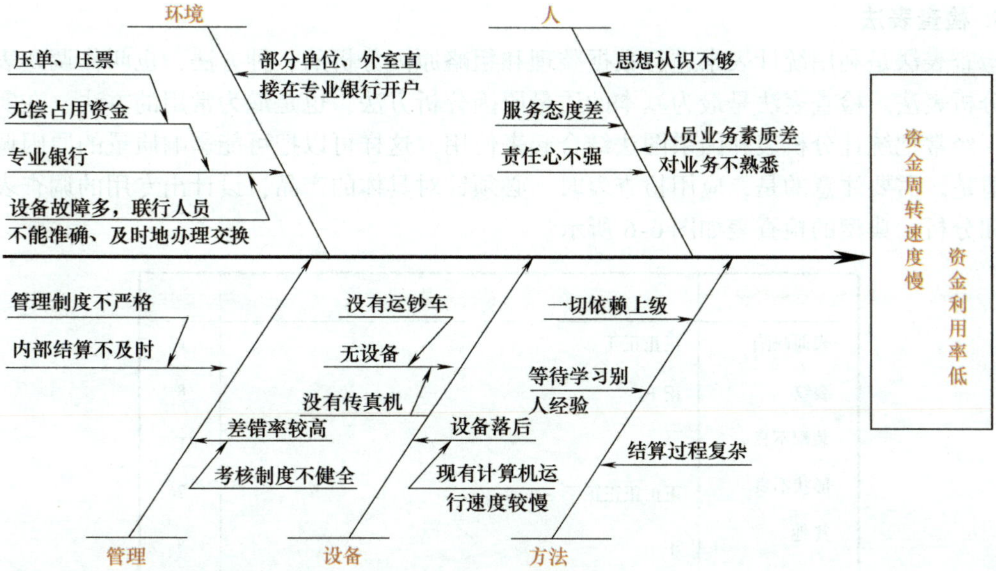

图 6-3　典型的因果图

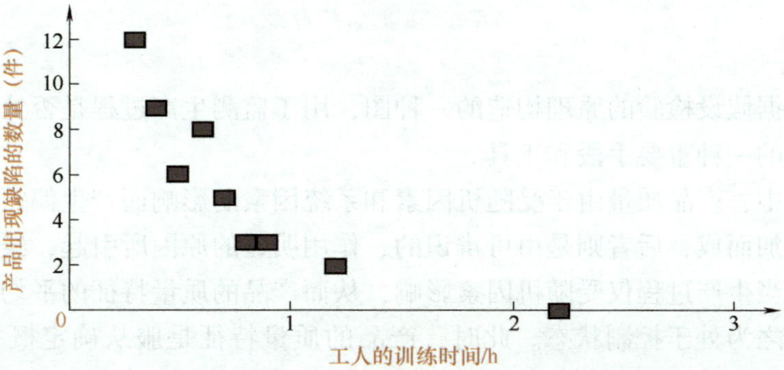

图 6-4　典型的相关图

4. 直方图法

直方图法是从总体中随机抽取样本，将从样本中获得的数据进行整理，从而找出数据变化的规律，以便测量工序质量好坏的一种方法。典型的直方图如图 6-5 所示。

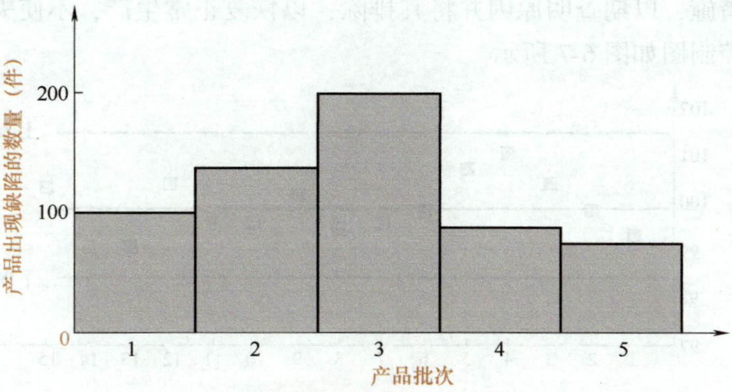

图 6-5　典型的直方图

5. 检查表法

检查表法是利用统计表来进行数据整理和粗略原因分析的一种方法，也叫作调查表法或统计分析表法。检查表法是最为基本的质量原因分析方法，也是最为常用的方法。在实际工作中，经常把统计分析表和因果图法结合起来使用，这样可以把可能影响质量的原因调查得更为清楚。需要注意的是，应用检查表时，必须针对具体的产品，设计出专用的调查表进行调查和分析。典型的检查表如图 6-6 所示。

不合格种类	检查记录	小计
表面缺陷	正正正T	17
裂纹	正下	8
装配不良	一	1
形状不良	正正正正正一	26
其他	下	4
总计		56

图 6-6　典型的检查表

6. 控制图法

控制图是根据假设检验的原理构造的一种图，用于监测生产过程是否处于控制状态。它是统计质量管理的一种重要手段和工具。

在生产过程中，产品质量由于受随机因素和系统因素的影响而产生偏差。前者由大量微小的偶然因素叠加而成，后者则是由可辨识的、作用明显的原因所引起，经采取适当措施可以发现和排除。当生产过程仅受随机因素影响，从而产品的质量特征的平均值和偏差都基本保持稳定时，称之为处于控制状态。此时，产品的质量特征是服从确定概率分布的随机变量，它的分布可依据较长时期在稳定状态下取得的观测数据用统计方法进行估计。分布确定以后，质量特征的数学模型随之确定。为检验其后的生产过程是否也处于控制状态，就需要检验上述质量特征是否符合这种数学模型。为此，每隔一定时间，在生产线上抽取一个大小固定的样本，计算其质量特征，若其数值符合这种数学模型，就认为生产过程正常，否则，就认为生产中出现某种系统性变化，或者说过程失去控制。这时，就需要考虑采取包括停产检查在内的各种措施，以期查明原因并将其排除，以恢复正常生产，不使失控状态延续并发展下去。典型的控制图如图 6-7 所示。

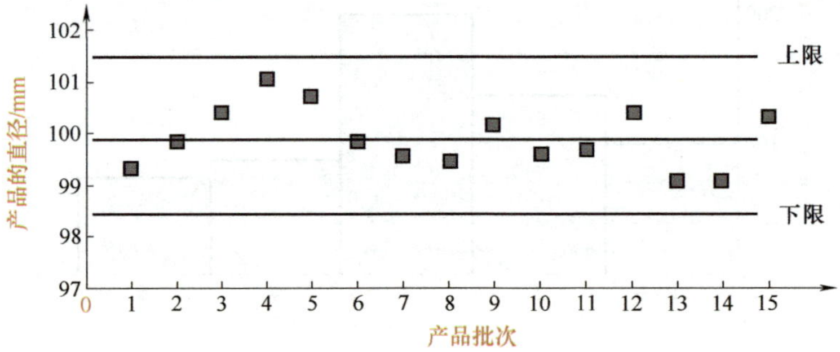

图 6-7　典型的控制图

7. 关联图法

关联图又称关系图，是用来分析事物之间原因与结果、目的与手段等复杂关系的一种图表，它能够帮助人们从事物之间的逻辑关系中，寻找出解决问题的办法。

关联图由圆圈（或方框）和箭头组成，如图6-8所示，其中圆圈中是文字说明部分，箭头由原因指向结果，由手段指向目的。文字说明力求简短、内容确切、易于理解，重点项目及要解决的问题要用双线圆圈或双线方框表示。

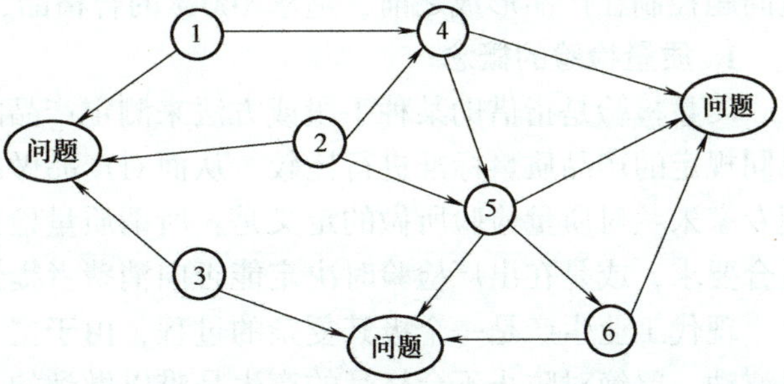

图6-8 典型的关联图

6.3.4 工序质量的控制

工序质量是指工序能够稳定地生产合格产品的能力，在产品生产过程中必须对工序质量进行严格控制。工序质量控制是指为把工序质量波动限制在规定界限内所进行的活动。工序质量控制是利用各种方法和统计工具，判断和消除系统因素所造成的质量波动，以保证工序质量的波动限制在要求的界限内。

工序是产品形成的基本环节，工序质量是多种因素共同作用的结果。工序质量一般是由操作者、机器设备、材料、方法、测量、环境六大因素（5M1E）决定，如果这六大因素配合得当，则能保证产品质量的稳定，反之则出现不合格产品：①操作者（Man）：操作工人的文化程度、技术水平、劳动态度、质量意识和身体状况等。②机器设备（Machine）：设备及工艺装备的技术性能、工作精度、使用效率和维修状况等。③材料（Material）：原材料及辅助材料的性能、规格、成分和形状等。④方法（Method）：工艺规程、操作规程和工作方法等。⑤测量（Measurement）：测量器具和测量方法等。⑥环境（Environment）：工作地的温度、湿度、照明、噪声和清洁卫生等。

围绕5M1E，企业形成了多项管理职能。如关于“人”的管理构成包括招聘、培训、激励等在内的人力资源管理，“料”的管理构成包括采购、仓储、检验等在内的多项职能。

工序质量控制的重要方法是通过控制5M1E来控制工序质量。反推过来，通过对工序质量评价，就可揭示5M1E的管理状况，进而促进相关职能工作的改善。工序质量是检验企业质量管理是否具备真功夫的“试金石”，抓住工序质量能切实带动其他诸多职能工作的改进。

6.4 企业质量检验

6.4.1 质量检验的概念和作用

一个可靠的高质量、高水平的产品首先是要有优质的设计，然后是通过制造来实现。如果每一个工作流程都很完美，每一个环节生产的部件都没有缺陷，质量检验工作就是多余的。但这只是管理目标，就绝大多数企业的质量水平而言，质量检验工作还是不可少的一个重要环节。国外一些发达国家产品质量已达到很高的水平，质量也很稳定，尽管这样，它们还是十分重视检验工作。美国推崇预防为主的观念，注重工序过程中的预防，尽可能地把质量问题控制在产品形成之前，追求100%的合格品，但是对检验工作也没有丝毫放松。

1. 质量检验的概念

质量检验是指借助某种手段或方法来测定产品的一个或多个质量特性，然后把测得的结果同规定的产品质量标准进行比较，从而对产品做出合格或不合格判断的活动。美国质量管理专家朱兰对质量检验所做的定义是：所谓质量检验，就是决定产品是否在下道工序使用时适合要求，或是在出厂检验时决定能否向消费者提供的业务活动。

现代工业生产是一个极其复杂的过程，由于主、客观因素的影响，特别是客观存在的随机波动，要绝对防止不合格品的产生是难以做到的，因此，质量检验很有必要。在工业生产的早期，生产和检验合二为一，生产者也就是检验者。后来，由于生产的发展，劳动专业分工的细化，检验才从生产加工中分离出来，成为一个独立的工种，但检验仍然是加工制造的补充。生产和检验是一个有机的整体，检验是生产中不可缺少的环节。从质量管理发展过程来看，最早的阶段就是质量检验阶段，质量检验曾是保证产品质量的主要手段。后来的统计质量管理阶段和全面质量管理阶段都是在质量检验的基础上发展起来的。在我们推行全面质量管理和实施ISO 9000族标准时，决不能削弱质量检验工作和取消质量检验机构。

2. 质量检验的作用

（1）把关作用。把关是质量检验最基本的作用，也可称为质量保证职能。这种作用存在于质量管理发展的各个阶段。如前所述，企业的生产是一个复杂的过程，人、机、料、法、环境等诸要素，都可能对生产过程的变化产生影响，各个工序不可能处于绝对的稳定状态，质量特性的波动是客观存在的，要求每道工序都保证100%生产合格产品，是不可能的。因此，通过质量检验把关，挑出不合格品以保证产品质量，是完全必要的。当然，随着生产技术和管理工作不断完善，可以减少检验的工作量，但检验工作是不可取消和替代的。只有通过质量检验，实行严格的把关，做到不合格的原材料不投产、不合格的半成品不转序、不合格的零部件不组装、不合格的产品不出厂，才能真正保证产品质量。

（2）预防作用。质量检验不仅起着把关作用，而且起着预防作用，这是现代质量检验区别于传统质量检验的所在。原材料和外购件的入厂检验、前工序的把关检验，对后面的生产过程和下道工序生产，都起到预防的作用。此外，这种预防作用还表现在：在生产过程中通过检验收集一批或一组数据，进行工序能力测定或绘制控制图，以了解工序能力状况。如发现工序能力不足或生产过程出现异常状态，则要及时采取技术组织措施，以提高工序能力，消除生产过程的异常状态，预防不合格品的发生。实践证明，这种检验的预防作用是非常有效的。此外，在一批产品投产前、一个轮班开始加工一批产品时，或当设备进行修理或调整后开始生产时，都要进行首件检验；在正式成批生产后，还要定期或不定期地对生产出的产品进行巡回抽查（即巡检），发现问题并及时采取措施加以解决，以预防不合格品的发生。

（3）报告作用。报告作用也即信息反馈作用。为使各级管理者及时掌握生产过程中的质量状态，评价和分析质量体系的有效性，做出正确质量决策，质量检验部门必须把检验结果，通过报告的形式，反馈给领导及有关管理部门，以便做出正确的评价和决策。

（4）改进作用。充分发挥质量检验的把关和预防作用的关键是质量检验参与质量改进工作，这也是质量检验部门参与提高产品质量活动的具体体现。质量检验人员一般都是由具有一定生产经验、业务熟练的工程技术人员和技术工人担任。他们经常工作在生产第一线，他们比设计、工艺人员更了解影响生产的各种因素，质量信息也最灵通，能提出更切实可行的建议和措施，这正是质量检验人员的优势所在。在管理中实行设计、工艺、检验和操作人员相结合进行质量改进，对加快质量改进步伐、取得良好的质量管理效果，是十分必要的。

6.4.2 质量检验的原则

在质量管理中，加强质量检验的组织和管理工作十分重要，我国在长期管理实践中已经积累了一套行之有效的质量检验的管理原则，主要有以下几种：

1. 三检制

三检制就是实行操作者的自检、工人之间的互检和专职检验人员的专检相结合的一种检验制度。

（1）自检。自检就是生产者对自己所生产的产品，按照图样、工艺和合同中规定的技术标准自行进行检验，并做出产品是否合格的判断。这种检验充分体现了生产工人必须对自己生产的产品质量负责的原则。通过自检，使生产者充分了解自己生产的产品在质量上存在的问题，并开动脑筋寻找出现问题的原因，进而采取改进措施，这也是工人参与质量管理的重要形式。

（2）互检。互检就是生产工人相互之间进行检验，主要有下道工序对上道工序流转过来的半成品进行抽检，同一机床、同一工序轮班交接班时进行相互检验，小组质检员或班组长对本小组工人加工出来的产品进行抽检等。

（3）专检。专检就是由专业检验人员进行的检验。专业检验是现代化大生产劳动分工的客观要求，它是自检和互检不能取代的，而且三检制必须以专业检验为主导。这是由于，首先，在现代生产中，检验已成为专门的工种和技术，专职检验人员对产品的技术要求、工艺知识和检验技能，都比生产工人熟练，所用的检测仪器也比较精密，检验结果比较可靠，检验效率也比较高；其次，由于生产工人有严格的生产定额，定额又同奖金挂钩，所以容易产生错检和漏检。

以相信群众为借口，主张完全依靠自检，取消专检，是既不科学，也不符合实际的。

2. 重点工序双岗制

重点工序双岗制就是指操作者在进行重点工序加工时，同时还应有检验人员在场，必要时应有技术负责人或用户的验收代表在场，监视工序必须按规定的程序和要求进行。这里所说的重点工序，是指加工关键零部件或关键部位的工序，可以是作为下道工序加工基准的工序，也可以是工序过程的参数或结果无记录、不能保留客观证据、事后无法检验查证的工序。实行双岗制的工序，在工序完成后，操作者、检验员或技术负责人和用户验收代表，应立即在工艺文件上签字，并尽可能将情况记录存档，以示负责和以后查询。

3. 留名制

留名制是指在生产过程中，从原材料进厂到成品入库出厂，每完成一道工序，改变产品的一种状态，包括进行检验和交接、存放和运输，责任者都应该在工艺文件上签名，以示负责。特别是在成品出厂检验单上，检验员必须签名或加盖印章。这是一种重要的技术责任制，操作者签名表示按规定要求完成了这道工序，检验者签名表示该工序达到规定的质量标准。签名后的记录文件应妥为保存，以便参考。

4. 质量复查制

质量复查制是指有些生产重要产品的企业，为了保证交付产品的质量或参加试验的产品稳妥可靠、不带隐患，在产品检验入库后出厂前，要请产品设计、生产、试验及技术部门的人员进行复查。

5. 追溯制

追溯制也称为跟踪管理，就是在生产过程中，每完成一道工序或一项工作，都要记录其检验结果及存在的问题，记录操作者及检验者的姓名、时间、地点及情况分析，在产品的适当部位做出相应的质量状态标志。这些记录与带标志的产品同步流转。需要时，很容易找到责任者的姓名、时间和地点，职责分明，查处有据，这样可以极大地加强职工的责任感。

6. 质量统计和分析制

质量统计和分析制就是指企业的车间和质量检验部门，根据上级要求和企业质量状况，对生产中各种质量指标进行统计汇总、计算和分析，并按期向质量管理部门和上级有关部门上报，以反映生产中产品质量的变动规律和发展趋势，为质量管理和决策提供可靠的依据。统计和分析的指标主要有品种抽查合格率、成品抽查合格率、一等品率、主要零件及主要项目合格率、成品装配的一次合格率、机械加工废品率、返修率等。

7. 质量检验考核制

在质量检验中，由于主、客观因素的影响，产生检验误差很难避免，甚至经常发生。用标准品进行比较，可以发现被检查过的产品所存在的缺陷或误差。关于质量检验的考核，由于各企业对检验人员工作质量的考核办法各不相同，还没有统一的计算公式；又由于考核是同奖惩挂钩，各企业的情况各不相同，所以很难采用统一的考核制度。但在考核中一些共性的问题必须注意，就是质量检验部门和人员不能承包企业或车间的产品质量指标。此外，还需正确区分检验人员和操作人员的责任界限。

6.4.3 制造企业质量检验的环节

制造企业质量检验主要包括进货检验、生产过程检验、最终检验控制、质量记录。

1. 进货检验

进货检验，主要是指企业购进的原材料、外购配套件和外协件入厂时的检验，这是保证生产正常进行和确保产品质量的重要措施。为确保外购物料的质量，入厂时的验收检验应配备专门的质检人员，按照规定的检验内容、检验方法及检验数量进行严格、认真的检验。从原则上说，供应厂所供应的物料应该是件件合格、台台合格、批批合格。如果不能使用全检，而只能使用抽样检验时，也必须预先规定有科学可靠的抽检方案和验收制度。

进货检验包括首件（批）样品检验和成批进货检验两种。

（1）首件（批）样品检验。首件（批）样品检验的目的，主要是对供应单位所提供的产品质量水平进行评价，并建立具体的衡量标准。所以首件（批）检验的样品，必须对以后的产品有代表性，以便作为以后进货的比较基准。通常在以下三种情况下应对供货单位进行首件（批）检验：①首次交货。②设计或产品结构有重大变化。③工艺方法有重大变化，如采用了新工艺或特殊工艺方法，也可能是停产很长时间后重新恢复生产。

（2）成批进货检验。成批进货检验，可按不同情况进行A、B、C分类。A类是关键的，必检；B类是重要的，可以全检或抽检；C类是一般的，可以实行抽检或免检。这样，既保证了质量，又可减少检验的工作量。成批进货检验既可在供货单位进行，也可在购货单位进行，但为保证检验的工作质量，防止漏检和错检，一般应制订入库检验指导书或入库检验细则，其形式和内容可根据具体情况设计或规定。进货物料经检验合格后，检验人员应做好检验记录并在入库单上签字或盖章，及时通知库房收货，做好保管工作。对于原材料、辅材料的入厂检验，往往要进行理化检验，如分析化学成分、力学性能试验等工作，验收时要注意材质、规格、批号等是否符合规定。

2. 生产过程检验

生产过程检验是指对物料入仓后到成品入库前各阶段的生产活动的品质控制，即Input Process Quality Control。与之相对的是最终检验控制（Final Quality Control，FQC）。

3. 最终检验控制

最终检验控制简称终检，是指根据规定的特性，提供最终放行产品（包括服务）依据的活动（检查、检验、测量或试验）。作为最终检验和试验依据的规定要求应包括全部指定的放行特性。

最终检验是一项重要的质量保证活动，因为它对供应商来说是验证产品全部符合顾客要求的最后关卡。最终检验包括功能和性能检验。一般情况下，验证已完成的接收、工序控制和过程检验是很必要的，同时，通过验证可证明这些结果是满意的。当然，对验证活动进行记录也是很有必要的。

当产品为复杂产品，包括大量的操作或分体系时，应当计划检验活动使其运行与生产一致。这将有助于快速完成最终检验工作，并获得有关验证的必要资料。当不同的元件和组装件被组装在一起构成一个大型产品时，把每个元件或组装件看作最终产品是非常必要的，因为当组装后进行独立检验时，它们可能不符合要求。因此，当元件被组装一半或处于最终组装阶段时，应作为关键点以确保这些元件在最后被正确组装前接受检验。

质量体系应确保在质量计划中所规定的全部活动未完成之前不得分发产品，必须能够收集所有影响质量活动的记录以便在生产完成后立即进行评审。无论在什么情况下，一旦发现最终产品的缺陷，质量保证部门有权独立地与客户进行商讨并解决缺陷，以满足所有项目的要求。但在客户没有明确许可的情况下，任何不符合要求的材料都不得使用，必要时，供应商应当给购买商提供合格证书，表明产品符合合同中所规定的全部规范或参照使用的国家或国际标准。

4. 质量记录

所谓质量记录，是指企业已经进行过的质量活动所留下的记录，是用以证明质量体系有效运行的客观证据。质量记录是获得必要的产品质量及有效实施质量体系各要素的客观证据。

ISO标准描述的质量体系，要求供方应制订质量记录的标志、收集、编目、归档、存储、保管和处理程序，并贯彻执行。

为已完成的品质作业活动和结果提供质量记录必须做到准确、清晰、简洁、及时、完整并加盖检验印章或签名，还要做到及时整理和归档，并储存在适宜的环境中。

6.4.4 不合格品的控制及其处置

不合格品是指企业生产的产品中不符合质量标准的产品。加强不合格品管理，一方面能降低生产成本，提高企业的经济效益；另一方面，对保证产品质量，生产用户满意的产品，实现较好的社会效益，也起着重要作用。因此，企业不合格品管理不仅是产品质量保证体系的一个重要组成部分，而且也是现场生产管理的一项重要内容。

1. 不合格品的控制程序

不合格品的控制程序包括识别和控制不符合质量特性要求的产品，并规定不合格品控制措施以及不合格品处置的有关职责和权限，以防其非预期的使用或交付。

质量检验工作的基本任务之一，就是在各个环节建立并实施对不合格品控制的程序。通过对不合格品的控制，实现不合格的原材料、外购配套件、外协件不接收、不投产，不合格的在制品不转序，不合格的零部件不装配，不合格的产品不交付的目的，以确保防止误用或安装不合格的产品。

不合格品的控制程序应包括以下内容：规定对不合格品的判定和处置的职责和权限；对不合格品要及时做出标志，以便识别，标志的形式可采用色标、票签、文字、印记等；做好不合格品的记录，确定不合格品的范围，如生产时间、地点、产品批次、零部件号、生产设备等；评定不合格品，提出对不合格品的处置方式，决定返工、返修、让步、降级、报废等处置，并做好记录；对不合格品要及时隔离存放，严防误用或误装；根据不合格品的处置方式，对不合格品做出处理并监督实施；通报与不合格品有关的职能部门，必要时也应通知顾客。

2. 不合格品的判定

产品质量有两种判定方法。一种是符合性判定，判定产品是否符合技术标准，得出合格或不合格的结论。另一种是适用性判定，即判定产品是否还具有某种使用价值。适用性判定是在经符合性判定为不合格之后对不合格品做出返工、返修、让步、降级改作他用、拒收报废等判定的处置过程。

检验人员的职责是按产品图样、工艺文件、技术标准或直接按检验作业指导文件检验产品，判定产品的符合性质量，得出合格与不合格的结论。对不合格品的处理，属于适用性判定范畴，一般不要求检验人员承担处置不合格品的责任和拥有相应的权限。

不合格品的适用性判定是一项技术性很强的工作，应根据产品未满足规定质量特性的重要性，质量特性偏离规定要求的程度和对产品质量影响的程度制订分级处置程序，并规定有关评审和处置部门的职责及权限。

3. 不合格品的隔离

在产品形成过程中，一旦出现不合格品，除及时做出标志和决定处置外，对不合格品还要及时隔离存放，以防止误用或误装不合格的产品。产品生产者应根据生产规模和产品特点，在检验系统内设置不合格品隔离区（室）或隔离箱，对不合格品进行隔离存放，这也是质量检验工作的重要内容。

4. 不合格品管理制度

不合格品管理不仅是质量检验，也是整个质量管理工作的重要内容。对不合格品的管理要坚持“三不放过”原则，即不查清不合格的原因不放过，不查清责任者不放过，不落实改进措施不放过。这一原则是质量检验工作的重要指导思想，坚持这种思想，才能真正发挥检验工作的把关和预防的作用。对不合格品的现场管理主要做好两项工作：一是对不合格品的标志工作，即凡是检验为不合格的产品、半成品或零部件，应当根据不合格品的类别，分别涂以不同的颜色或做出特殊标志，以示区别；二是对各种不合格品在涂上标志后应立即分区进行隔离存放，避免在生产中发生混乱。对不合格品的处理方法包括报废、返工、返修、原样使用。

6.5 企业质量改进

6.5.1 质量改进的概念及其作用

质量管理活动可划为两个类型，一类是维持现有的质量，其方法是质量控制。另一类是改进目前的质量，其方法是主动采取措施，使质量在原有的基础上有突破性的提高，即质量改进。美国质量管理学家朱兰在欧洲质量管理组织第30届年会上发表的《总体质量规划》论文中指出：质量改进是使效果达到前所未有的水平的突破过程。由此可见，质量改进的含义应包括以下内容：

1. 质量改进的对象

它包括产品（或服务）质量以及与它有关的工作质量，也就是通常所说的产品质量和工作质量两个方面。前者如电视机厂生产的电视机实物的质量，饭店的服务质量等；后者如企业中供应部门的工作质量，车间计划调度部门的工作质量等。因此质量改进的对象是全面质量管理中所叙述的广义质量概念。

2. 质量改进的效果在于突破

朱兰认为，质量改进的最终效果是按照比原计划目标高得多的质量水平来进行工作。质量改进与质量控制效果不一样，但两者紧密相关。质量控制是质量改进的前提，质量改进是质量控制的发展方向。控制意味着维持其质量水平，改进的效果则是突破或提高。可见，质量控制是面对“今天”的要求，而质量改进是为了“明天”的需要。

3. 质量改进是一个变革的过程

质量改进是一个变革和突破的过程，该过程遵循PDCA循环规律（关于PDCA，将在下文中介绍）。由于时代的发展永无止境，为立足时代，质量改进也必然是永无止境的。

此外，还要深刻理解变革的含义，变革就是要改变现状。改变现状就必然遇到强大的阻力，这个阻力来自技术和文化两方面。因此，了解并消除这些阻力，是质量改进的先决条件。

4. 偶然性缺陷与长期性缺陷

在质量管理过程中，既要及时排除产品的质量缺陷，又要保证产品质量的继续提高。缺陷是质量管理的主要对象。缺陷是指不满足预期的使用要求，即一种或多种质量特性偏离了预期的使用要求。一般情况下，质量缺陷分为偶然性质量缺陷和长期性质量缺陷两种类型。

偶然性质量缺陷，是指产品质量突然恶化所造成的缺陷，是由于生产过程中随机系统偏差所造成的。由于偶然性质量缺陷影响生产的进度，因此需要立即采取措施使生产恢复正常。

长期性质量缺陷，是指产品质量长期处于低水平状态所造成的缺陷，是生产过程中系统偏差综合影响所造成的。人们虽然对它有所察觉，但习以为常，缺乏采取措施的紧迫感。例如，某车间不合格品率由15%下降到4%，并长期停滞在该水平上，人们认为4%的不合格品率是天经地义之事，从而不思改进。长期性质量缺陷不易引起人们的重视，所造成的经济损失远远高于偶然性质量缺陷。

6.5.2 质量改进的目标

质量改进的目标包括以下几个方面：①提高投资收益率。②促进新产品开发，改进产品性能，延长产品的生命周期。③通过对产品设计和生产工艺的改进，更加合理、有效地利用资金和技术力量，充分挖掘组织的潜力。④提高产品的制造质量，减少不合格品的出现，实现增产增效的目的。⑤通过提高产品的适应性，提高组织产品的市场竞争力。⑥发挥各部门的质量职能，提高工作质量，为产品质量提供强有力的保证。

6.5.3 质量改进的基本方法——PDCA 循环

1. PDCA 循环简介

PDCA 循环或称为戴明循环，是企业质量改进中最基本的方法。PDCA 循环的研究起源于 20 世纪 20 年代，先是有着“统计质量控制之父”之称的著名统计学家休哈特（Walter A. Shewhart）在当时引入了计划——执行——检查（Plan—Do—See，PDS）所形成质量改进基本方法的雏形，后来由戴明将休哈特的 PDS 循环进一步完善，发展成为计划——执行——检查——处理（Plan—Do—Check/Study—Act）这样一个质量持续改进模型。

PDCA 循环是一个持续改进模型，它包括持续改进与不断学习的四个循环反复的步骤，即计划（Plan）、执行（Do）、检查（Check/Study）、处理（Act）。P 是计划阶段，其主要工作是适应顾客的要求，以社会经济效益为目标，通过市场研究，研制、设计质量目标，确定达到这些目标的具体措施和方法。D 是执行阶段，要求企业按照已制订的计划和设计内容，扎扎实实地去做，以实现设计质量。C 是检查阶段，要求企业对照计划和设计内容，检查执行的情况和效果，及时发现计划和设计过程中的经验和问题。A 是处理阶段，有时也称总结阶段，要求企业把成功的经验加以肯定，变成标准，把失败的教训也加以总结，避免下次再犯，巩固成绩，克服缺点，吸取教训，以促进质量的改进与提高，没有解决的问题则转入下一个循环。

2. PDCA 循环的特点

（1）大环带小环。如果把整个企业的工作作为一个大的戴明循环，那么各个部门、小组还有各自小的戴明循环，就像一个行星轮系一样，大环带动小环，一级带一级，有机地构成一个运转的体系。

（2）阶梯式上升。如图 6-9 所示，戴明循环不是在同一水平上循环，而是每循环一次，就解决一部分问题，取得一部分成果，工作就前进一步，水平就提高一步。到了下一次循环，又有了新的目标和内容，更上一层楼。

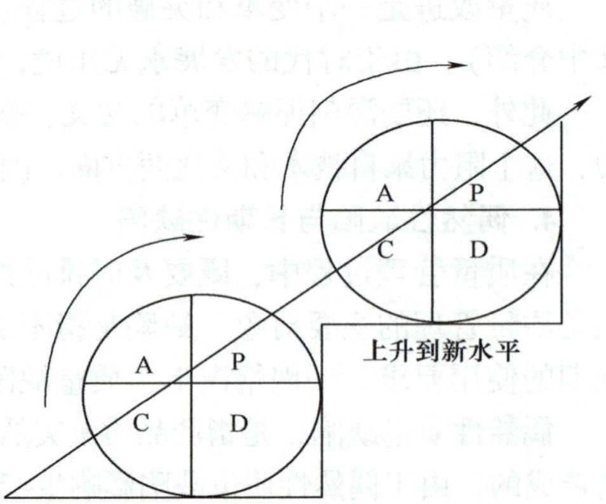

图 6-9 不断上升的 PDCA 循环

6.5.4 质量改进的步骤

具体实施质量改进包括以下五个步骤：明确问题、分析问题产生的原因、拟订对策并实施、确认效果、防止问题再发生并对质量改进的成果标准化。

企业中存在的问题很多，受人力、物力、财力和时间的限制，解决问题时必须决定其优先顺序，必须从众多的问题中确认最主要的问题，必须向相关人员说明解决问题的必要性。进行质量改进应该合理地设定目标值，经济上合理，技术上可行，若需要解决的问题包括若干具体问题时，可分解成几个子课题，应规定解决问题的期限。

质量改进中，解决问题的突破口就在问题内部。例如，质量特性值的波动太大，必然在影响因素中存在大的波动，这两个波动之间必然存在关系，这是找到问题主要原因的有效方法。解决质量改进中发现的问题时，应该科学地确定原因。只有在明确原因的前提下，提出解决问题的对策才能做到有的放矢。

解决问题对策有两种，一种是解决现象（结果），另一种是消除引起结果的原因，防止再发生。生产出不合格品后，返修得再好也不能防止不合格品的再次出现。解决不合格品出现的根本方法是除去产生问题的根本原因。采取对策时，有关人员必须通力合作。采取对策往往要带来许多工序的调整和变化，如果可能，应听取多方有关人员的意见和想法，当同时存在几个经济合理、技术可行的方案时，通过民主讨论决定是一个良好的选择。

确认效果阶段应确认在何种程度上做到了防止不合格品的再发生。对于企业经营者来说，降低对不合格品率，财务核算非常重要，通过对前后不合格品损失金额的比较，会让企业经营者认识到该项工作的重要性。采取对策后没有得到预期结果时，应确认是否严格按照计划实施了对策，如果是，就意味着对策失败，需要重新对存在的问题进行分析研究。

为防止不合格品的再出现，对质量改进的成果必须标准化，形成新标准。但是，实施新标准意味着作业方法将发生改变，这时会引起许多细小的差错，尤其对于将工作划分成许多具体操作、系统性很强的作业现场，一部分工作做了调整，另一部分未做相应调整，于是问题就出现了。因此，反复、充分地教育培训对标准的顺利实施就显得非常必要，否则，标准再完备也无法保证严格遵守，无法防止产品缺陷的再次出现。将不合格品完全消除是不可能的，但通过改进，不断降低不合格品率是可能的。

本章小结

本章以现代企业管理为视角，对实施企业质量管理所必需的一些基本知识和方法做了较为全面的介绍。企业质量管理概述部分介绍从事质量管理工作必需的一些基本概念及质量管理的发展历程。企业质量标准部分在对质量标准相关概念进行描述的基础上，对我国现行质量标准体系、ISO 9000 族质量标准做了全面的介绍。质量控制、质量检验和质量改进是现代企业质量管理工作的主要职能，本章用三个部分介绍这几项主要职能的概念、作用、工作程序以及从事这些工作所需要的一些主要工具和方法。

（1）质量是企业产品或服务得到消费者认可的程度，是企业相对于竞争对手的重要竞争优势；对于企业而言，质量还包括企业为获得产品或服务质量而形成的工作质量。产品或服务质量是企业用于满足顾客需求的要素，是企业竞争优势的体现，产品或服务的质量来源于企业工作质量。

（2）20 世纪以来，质量管理大致经历了三个阶段：质量检验阶段、统计质量控制阶段、全面质量管理阶段。

（3）质量控制技术包括抽样检验和过程质量控制，抽样检验用于采购或验收，而过程质量控制应用于各种形式的生产过程。

（4）可靠的高质量首先是要有优质的设计，然后是通过制造来实现。但实践过程中，不能保证过程绝对不出差错。因此，就绝大多数企业的质量水平而言，质量检验工作还是不可少的一个重要环节。

（5）PDCA 循环是质量改进的基本方法。PDCA 循环是一个持续改进模型，它包括持续改进与不断学习的四个循环反复的步骤，即计划（Plan）、执行（Do）、检查（Check/Study）、处理（Act）。

习　题

1. 什么是全面质量管理？全面质量管理的特点是什么？
2. 在现代企业管理中，质量管理具有什么样的地位和作用？
3. 什么是 ISO 9000 系列标准？该标准由几部分构成？
4. 请描述质量检验、质量控制和质量改进的关系。
5. PDCA 循环四个阶段的工作内容是什么？

[本章综合案例]

严格的质量管理造就了百年老店同仁堂

2010 年，中央电视台曝光了一些阿胶生产厂家为了降低成本，用皮革加工过程中废弃的下脚料制作劣质阿胶的内幕，引起社会各界的广泛关注。但同仁堂的阿胶产品却得到消费者的广泛认可，未出现违法情况。

同仁堂阿胶生产环节始终本着“修合无人见，存心有天知”的古训，从源头上控制质量。同仁堂阿胶的原料为纯正驴皮。驴皮的质量直接影响阿胶成品的质量和疗效，同仁堂的专业技术人员亲自到产地检查、验货，鉴别整张驴皮，张张验货，要求去净筋膜、油、肉，不得有虫蛀、霉烂等。同仁堂坚持使用优质纯正的淡板去毛驴皮，避免杂质及灰分、重金属等超标。淡板皮多为新皮，储藏时间短，污染较少，以确保质量。

同仁堂永盛合阿胶中的药材均选用优质、地道药材，验货严格按高于药典的同仁堂内控标准，质量好、有效成分含量高。北京同仁堂制胶已有一百多年的历史，在制胶选料上力求尽善，在生产工艺上精益求精，确保同仁堂所生产的阿胶质量上乘。此外，同仁堂制胶设备先进，整个生产设备全部为自动化程度很高的新型不锈钢设备。泡皮、切皮、洗皮、焯皮、煎煮、浓缩切胶等，工艺流程布局合理，就连泡皮池也全部为不锈钢材料精制的泡皮锅。整个凝胶、切胶、晾胶、焖胶、内包车间均为 30 万级洁净区。整个房间清洁整齐，车间空气净化，恒温恒湿。净化区所有操作人员均穿着质地光滑、无纤维脱落的特制洁净工作服。

早在 20 世纪 80 年代，同仁堂就引入了 TQM，也就是“全面质量管理”。90 年代，为了取得国家医药管理部门颁发的 GMP 认证，同仁堂又投入了大量财力、物力、人力，并且对职工进行了培训。从 1997 年开始，同仁堂就有多条生产线通过了国家 GMP 认证，同仁堂制药厂的蜜丸车间就是国内中药企业中首批通过认证的生产线。

在质量管理方面，同仁堂的优秀传统仍在继承、发扬。至今，各药厂在配料工序中仍一丝不苟地执行着“三检斤、四核对”的制度。“三检斤”就是各种原料在起货、掺料、移送时一定要依配料单检查各味原料药材的重量，“四核对”是将每一味原料药在配料、抓样、剩料、计算余亏时一一核对。这样就自始至终地坚持了不合格的原材料不投产，不合格的半成品不送下道工序，不合格的成品坚决不出厂。

同仁堂对质量的监督管理，有一整套严密完整的制度，其中有些还是同仁堂的创新。例如，同仁堂实行了“质量派出制度”，下一级的质量管理人员均由上一级质量管理机构聘任后派出。他同时对本单位和上级质量管理机构负责。这样就充分体现了母公司对子公司的质量监管权。这个创新做法得到了上级的肯定。

从2002年开始，同仁堂下属各公司相继引入ISO 9000系列质量管理体系，同仁堂科技发展股份有限公司的质量管理体系还通过了ISO 9001国际标准认证，同仁堂股份有限公司的质量管理体系通过了ISO 9001、ISO14000和OHSAS 18000国际标准认证，并且在2005年获得了国家级优秀质量管理奖。

（资料来源：2010年6月25日北京晚报《品质百分百、关爱百分百》及同仁堂网站，有改动。）

思考题：

百年老店同仁堂长盛不衰的秘诀在于：始终如一地注重产品质量，把质量视为企业的生命。但有些人认为质量管理增加了企业的成本，通过削减质量成本、加大市场营销，能使企业发展得更快。你对这种观点是怎么看的？

第 7 章

企业市场营销管理

在当今这个竞争白热化的时代，市场营销已经成为决定中国企业命运的重要因素，其中机遇和挑战并存。企业必须加快学习，勇于创新，努力完善企业市场营销的管理过程。企业市场营销活动是一项系统工程，其管理过程则是用系统的方法发现、分析和选择市场机会，进而把市场机会转化为有利可图的企业营销机会。

7.1 企业市场营销管理概述

7.1.1 市场营销及其管理的概念

1. 市场营销的概念

市场营销，英文为 Marketing。它是现代市场营销学的一个非常重要的概念。正确地理解市场营销的含义，对于企业的营销活动有重大意义。

对市场营销的定义，不同的学者虽有不同的表述，但国外较多采用的是菲利普·科特勒（Philip Kotler）的定义。以科特勒的定义为基础，市场营销较为完整的定义表达为：

在不断变化的市场环境中，为适应、刺激和满足消费者的需求，企业通过有计划地组织整体销售、实现企业的目标市场、产品开发、产品定价、渠道选择、促销、提供服务等一系列与市场有关的企业业务经营活动。

2. 市场营销管理的概念

所谓市场营销管理（Marketing Management），就是指为实现组织目标而对旨在创造、建立和保持与目标购买者之间有益交换关系的设计方案所做的分析、计划、实施、控制。市场营销管理的任务，就是为促进企业目标的实现而调节需求的水平、时机和性质。

7.1.2 市场营销观念的发展

7.1.2.1 市场营销观念的含义

市场营销观念是指企业的决策者在组织和规划企业的营销实践时所依据的指导思想和行为准则。它是企业决策者对市场营销的基本看法和态度，即以什么为中心开展营销活动，是一种商业哲学和思想。企业的一切营销活动都受市场营销观念的支配和影响，它决定着企业营销行为的方向和经济效益。

市场营销观念是人们在营销活动实践中形成的，在市场经济发展的不同时期，企业的市场营销观念是不同的。市场营销观念的产生是企业的决策者在特定的环境条件下为了实现企业的营销目标，在实践中逐渐产生和形成的。而营销观念一旦形成，又将对企业的营销活动产生促进作用，指导和推动企业的营销活动。

7.1.2.2 市场营销观念的演变

随着商品经济的深入发展和市场环境的不断变化，营销观念也经历了相应的演变过程。纵观西方国家企业的市场营销实践，这一演变大体包括以下几个阶段：

1. 生产导向阶段——生产观念和产品观念

19世纪下半期到20世纪初期，这个阶段各主要的资本主义国家已完成了工业革命，当时的生产效率还不是很高，并且工业化促进了城市化的发展，城市人口剧增，从而造成对商品的需求猛增，形成了有利于生产企业的卖方市场。对于企业来说，只要把产品生产出来就能立刻卖掉，所以企业的中心任务是扩大生产，提高生产效率，以生产出更多产品。

所谓生产观念，就是企业的一切经营活动以生产为中心，围绕生产来安排一切业务。生产观念的假设前提是：消费者可以接受商品，因而企业的主要任务是提高效率、降低成本、扩大生产。持有生产观念的企业因为注意力只放在产品的价格高低和消费者的购买能力的比较上，而不关心质量、品种、外观等非价格差异。

产品观念则认为，只要产品的质量优良，具有其他产品无法比拟的优点和特征，就会受到消费者的欢迎，消费者也愿意花更多的钱去购买优质产品。在这种观念的指导下，企业往往把注意力集中于产品的精心生产上，而根本不考虑市场上消费者是否真正接受这种产品。

以上两种观点的共同点在于，都以生产者为中心和导向，采取“以产定销”的经营方式，生产什么就销售什么，忽略对消费需求的调查研究，轻视销售在企业经营中的作用。显然，以生产为导向的营销观念是十分陈旧的，它仅适用于商品经济不够发达、市场商品供不应求条件下的企业行为。

2. 销售导向阶段——销售观念

销售观念是生产观念的发展和延伸，盛行于20世纪初期到中期，在这一时期，各主要的资本主义国家经济与市场供求状况发生了根本变化，特别是1929年爆发的空前严重的世界性经济危机，使大批企业面临产品积压、市场萧条、破产倒闭的严重威胁，竞争加剧，出现了“买方市场”。为此，绝大部分企业开始寻找刺激消费者购买行为的各种手段，推销技术受到企业的特别重视，因此就出现了以销售为中心，以销促产、产销结合的销售观念。

销售观念强调，消费者通常不会主动选择和购买某种商品，而只能通过努力销售，诱导其产生购买行为。因此，企业的中心任务是把生产出来的商品销售出去，以销售为中心，技术为销售服务，注重推销术和广告术，向现实消费者和潜在消费者大量推销商品，以期压倒竞争对手，获取最大的利润。

尽管从生产观念和产品观念转变为销售观念是市场营销管理指导思想上的一大进步，但销售观念并没有脱离以生产为中心、“以销定产”的范畴，其本质仍然是着眼于现有产品的销售，而对于如何满足消费者需求，达到消费者完全满意，则没有给予足够的重视。因此，随着经济的进一步发展，产品供给更加丰富，这种观念就不适应了。

3. 市场导向阶段——市场营销观念

市场营销观念是一种全新的经营哲学，是在第二次世界大战以后在美国新的市场形势下形成的，并相继盛行于日本、欧洲各国。第二次世界大战后各国经济迅速恢复和发展，20世纪50年代后出现的新科技革命，使劳动生产率大幅度提高，生产大幅度增长，市场竞争日益激烈。这时，企业的生存与发展取决于消费者的需要，取决于消费者需要的满足程度。因此，许多企业都提出了“一切为了顾客”“顾客就是上帝”的口号，从而形成了以消费者为中心，一切为了满足消费者需求的现代市场营销观念。

在市场营销观念的指导下，企业营销活动由传统的“以产定销”变为“以销定产”，即首先通过市场调查和预测来分析研究市场，充分了解消费者的需要；然后根据市场需要确定经营方向，制订生产经营计划；进而采取整体营销组合方式向消费者提供能满足其需要的产品或劳务，争取消费者的信任和满意。因此，在奉行市场营销观念的企业中，市场营销部门占据主导地位。

市场营销观念是企业经营思想上的一次根本性的变革，市场营销观念的形成和在实践中的应用，对企业的经营活动有着重大的意义，甚至有人把这一经营思想的变革称为“市场营销革命”。它标志着现代企业对传统经营思想和模式的大胆摒弃与彻底决裂，也体现了企业为顺应买方市场环境的变化对自身行为的自觉调整与选择。

4. 社会导向阶段——社会营销观念

社会营销观念出现于20世纪70年代，它的提出，一方面是基于“在一个环境恶化、爆炸性人口增长、全球性通货膨胀和忽视社会服务的情况下，单纯的市场营销观念是否合适”这样的认识，另一方面也是基于对广泛兴起的以保护消费者利益为宗旨的消费主义运动的反思。

社会营销观念认为，企业要平衡与协调消费者利益、企业利润和社会整体利益三者之间的关系，统筹兼顾。单纯的市场营销观念提高了人们对需求满足的期望和敏感度，导致了满足眼前消费者需求和长远的社会福利之间的矛盾，导致产品过早陈旧，环境污染更加严重，也损害和浪费了一部分物质资源。因此，企业的目标在于确定目标市场的需要，开展整体营销活动，比竞争者更有效地满足消费者需求，企业应视利润为消费者满意的一种报酬，以维护与增进消费者和社会福利作为企业的根本目的和职责。

社会营销观念要求企业在营销活动中处理好平衡公司利润、消费者需求满足与公共利益三者之间的关系。企业推行社会营销观念，从宏观上可以保护消费者和企业生存与发展的良好营销环境，符合社会合理、有序发展的要求；从微观上可以提高企业在消费者心中的形象，为企业的持续发展创造一个稳定的环境。

5. 关系营销观念

关系营销是20世纪70年代末到90年代初，西方国家兴起的一种新型营销观念，最早出现在服务营销和工业品营销领域。它是由美国营销专家巴巴拉·杰德·杰克逊（Barbara B. Jackson）于1985年提出的。这种营销观念的基本观点是：企业要在盈利的基础上，建立、维持与促进与顾客和其他伙伴之间的关系，以实现参与交易各方的目标，从而形成一种兼顾各方利益的长期关系。关系营销的重点对象是顾客，目的是尽可能地使每一位顾客都成为未来的长期客户，成为与企业有伙伴关系的忠诚顾客。

关系营销理念是现代市场营销理论的重要组成部分，是促进企业营销组合的重要内容。关系营销旨在加强企业与客户的关系，从公众利益的角度确定企业的经营方针和经营活动，通过宣传推广活动，使广大公众认识企业，进而取得支持，树立企业形象和促进产品销售。

6. 未来营销观念

未来营销观念的提出者是美国营销学学者格雷戈里·卡彭特。未来营销观念的主要观点是：营销战略基于一种假设，即消费者至少在一开始并不知道自己想要什么，而是“学会”想要什么，消费者偏好某种品牌的产品是学来的。因为一开始，消费者不知如何评价产品的特性，也就无从评判可供选择的品牌，只有通过询问或广告的宣传或重复购买的经验这一过程，才能对品牌有一定的认识并形成对某种品牌的偏好。这表明消费者的需要取决于其消费体验，包括企业对其的消费引导、培训等。与之相适应，企业的营销活动就应随消费者的不断学习而演变，这种演变在一定程度上取决于企业教给消费者的消费内容。因此，营销就是半学半教。半学是指企业了解消费者现在的需求和消费者的学习过程如何进行；半教是指企业要在消费者的消费学习行为过程中主动发挥作用。因此营销是一种既受市场驱动又驱动市场的行为。

总之，现在的营销观念的核心是发现消费者的需求并满足其需求，未来营销的核心是引导顾客需求并满足其需求。

7.1.3 市场营销系统

事实上，市场并不是一个静态的集合，而是多变的、动态的集合。在现代市场经济条件下，企业所面临的这个动态“集合”越来越复杂。从总体上来讲，企业首先需要对外部宏观环境（政治、法律、人口经济、技术、自然、社会文化）和微观环境（供应商、竞争者、营销中介和公众）因素做出比较透彻的分析和预测，发现顾客需求，实现企业的目标。从这个意义上来说，市场营销是一个由企业、顾客、相关环境因素组成的系统，体现了企业和顾客在一定市场条件下的相互协调关系。

具体而言，如图7-1所示，市场营销系统包括营销信息系统、营销计划系统、营销组织和执行系统以及营销控制系统等。营销信息系统是企业的“中枢神经”，因为该系统可以使企业敏锐地捕捉外部环境变化，并整合各种作用。营销计划系统是企业联系现在经营和未来发展的“桥梁”。随着环境的变化和竞争的加剧，企业不仅要建立年度的营销计划，而且要建立长期发展的战略计划。把营销计划所描绘的“蓝图”变为现实，需要员工或职能部门来支撑，如市场调研、广告策划、产品计划、物流配送、营销审计等，这些专业人员和职能部门构成了企业稳健的营销组织和执行系统。营销计划实施过程中难免会遇到各种意外事件，营销控制系统的建立可以连续不断地监督和控制营销活动，使营销计划与环境相适应，保证企业沿着战略规划的方向发展。总之，市场营销系统体现了现代企业以市场营销为导向的运作体系。

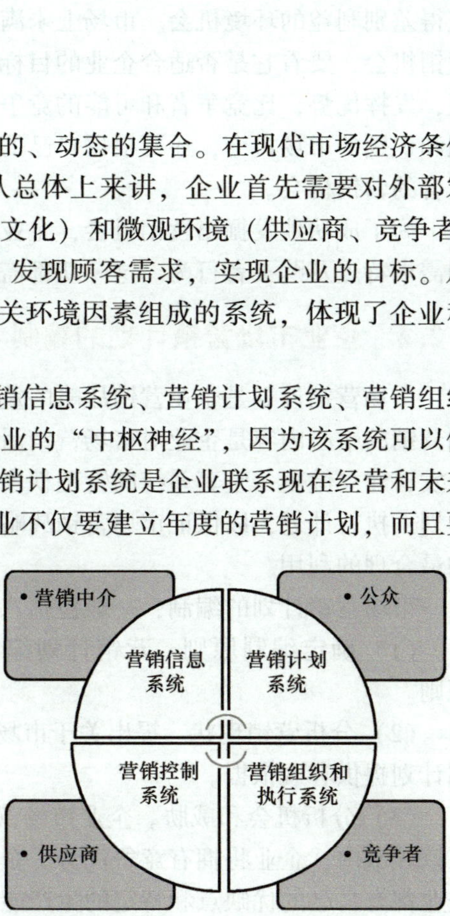

图7-1 市场营销系统

7.2 企业市场营销计划

任何组织的任何工作都始于计划，企业的市场营销工作也不例外。著名的营销专家菲利普·科特勒就说过，战略的正确性比它是否能立即盈利更重要，而战略始于企业的计划工作。营销计划的制订为企业如何利用其特有优势提供了一个分析框架。制订和实施市场营销计划是市场营销组织的基本任务。而在制订周密计划之前，需要先对企业所面临的营销机会进行分析。

7.2.1 营销机会的分析

西方企业界有一句谚语："哪里有未满足的需要，哪里就有做生意的机会。"可见，所谓的营销机会，就是做生意赚钱的机会，即市场上未满足的需要。营销人员不但要善于发现和识别营销机会，还要善于分析和判断哪些只是环境机会，哪些才是适合本企业的营销机会。市场上一切未满足的需要都是环境机会，但不是任何环境机会都能成为某一企业的营销机会。

所谓企业营销机会，就是对这个企业的营销活动具有吸引力的，在此能享有竞争优势和获得差别利益的环境机会。市场上未满足的需要是客观存在的环境机会，是否能成为企业的营销机会，要看它是否适合企业的目标资源（资金、设备、技术等），是否能使企业扬长避短，发挥优势，比竞争者和可能的竞争者获得更大的差别利益。因此，企业营销人员对已发现和识别的市场机会，还要根据自己的目标和资源进行分析、评估，从中选择出对本企业最适合的营销机会。

为了成功地发掘出营销机会，企业不仅要对营销机会进行分析，还要具体分析各类市场的需求特点及购买者行为。这一切都需要企业进行市场调研，制订周密的市场计划。

7.2.2 企业市场营销计划的编制

市场营销计划是企业营销战略的重要职能之一，也是企业营销战略的最终体现。因为市场营销的中心内容是企业对市场营销活动进行全面有效的规划和控制，从满足消费者的需求出发，建立健全一整套系统的管理秩序和方法，把市场需求变成企业的战略目标，然后编制计划，执行计划，以保证市场营销战略目标的实现，保证企业人、财、物等资源的优化配置和最合理的利用。

市场营销计划的编制，一般包括八个步骤，如图 7-2 所示。

（1）确定编制原则。营销计划编制的基本原则是系统性原则、灵活性原则、连续性原则。

（2）分析营销现状。提出关于市场、产品、竞争和客观环境的背景材料和数据，为编制计划提供客观依据。

（3）分析机会和威胁。企业市场营销机会是指对企业市场营销管理富有吸引力的领域，在该领域内，企业将拥有竞争优势。企业要获取一种营销机会，必须具备某些条件，而每个企业都有自己的优缺点和特定的生产能力，只有两者相结合，才能形成企业机会。威胁是指环境中一种不利的发展趋势，如果不采取果断的市场营销行为，就会面临严重竞争或有被挤

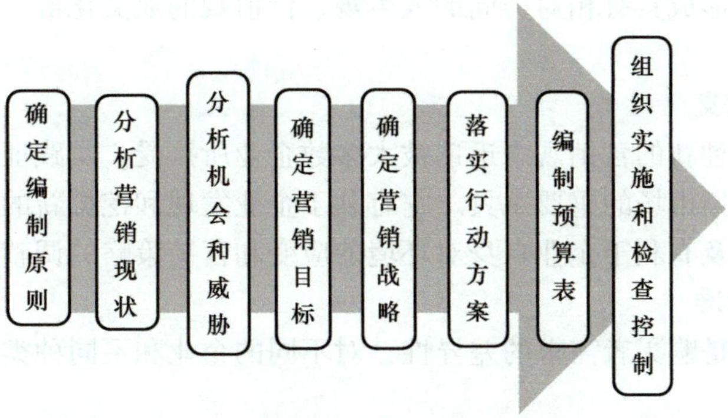

图7-2 市场营销计划编制流程图

出市场的可能。每个企业只有分析了市场机会与威胁，找出优势与劣势，才能扬长避短。

(4) 确定营销目标。营销目标是计划的核心部分，是在分析营销现状并预测未来的机会和威胁的基础上确定的。营销目标的制订必须注意四个方面：①各个目标必须以不含糊的而且以能测定的形式表达，并有一定的完成期限。②各目标应保持内在的一致性。③如果有可能，目标必须分层次地加以说明。④这些目标既有可行性，能够达到，又具有足够的挑战性，能激发员工的最大努力，发挥其能动性。

(5) 确定营销战略。营销战略是企业用以达到营销目标的基本途径或手段，包括目标市场的选择、产品市场定位、市场营销组合、市场调研等主要决策。

(6) 落实行动方案。行动方案是指将营销战略转化为具体的行动措施。企业解决了营销目标和方向以后，欲达到目的，还需要解决手段和工具的问题。它以行动的时间、空间、人力、步骤、经费为要素，规定着哪些行动能导致目标的实现，防范那些背离和干扰目标的行动，切实保证行动方案的落实。

(7) 编制预算表。根据行动方案编制预算方案，收入方列出销售数量及单价，支出方列出生产、实体分销及市场营销费用，收支差额即为利润或亏损。

(8) 组织实施和检查控制。这是编制营销计划的最后环节，用来监控整个计划过程。其基本做法是将计划规定的目标和预算按季度、月度分解，统筹安排，协调运作，这样便于主管部门对计划执行的情况随时监督检查。

7.2.3 市场细分

1. 市场细分的含义及理论依据

所谓市场细分，就是按照一定的标准，辨别和区分对同一产品具有不同需要的消费者群体的过程。即在进行市场细分时，要把某一产品市场按照不同消费者之间的需求差异，划分为若干个顾客群体，然后将相同或相似的消费者群体归为一类。这样，就可以把一个产品市场划分为若干个子市场或分片市场。在各个不同的细分市场之间，消费需求的差别较为明显，而在每个细分市场的内部，消费需求相同或相似。因此，市场细分不是通过产品来细分，而是通过对同种产品有不同需求的消费者进行分类。

市场细分的理论依据是消费需求的绝对差异性（市场上的消费者千差万别，表现为不同的消费者有各自的购买欲望和需求特点）和相对同质性（在同一地理条件、社会环境和文化背景下的人们会形成具有相对类同的人生观、价值观的亚文化群，他们的需求特点和消费习惯大致相同）。

2. 市场细分的意义

市场细分作为一种新的营销观念迅速被大多数企业所接受。实践证明，科学合理地细分市场，是企业有效开拓市场的重要工具。它有利于企业发现和挖掘新的市场机会、有效利用资源、获得竞争优势及有利于企业自身对环境的应变和营销策略的调整。

3. 市场细分的标准

市场细分的基础是购买者需求的差异性，对不同的企业和不同种类产品来说，依据往往是不同的。

（1）消费品市场细分。消费品市场细分一般是按地理标准（地理区域、城乡及其规模）、心理标准（生活方式、偏好状况、购买动机、购买状态、使用者状况）和人口标准（年龄、性别、家庭人口、收入、文化水平、职业、种族及宗教信仰等）三大类来细分。

（2）工业品市场细分。工业品市场细分一般可以使用与消费品市场上相同的标准，但工业品市场受个人心理因素影响较小，且用户的信息比较完整，追求的利益与消费者也有区别，因而还要根据最终用户要求、产品特点和购买者集团的特点来进行细分。

4. 市场细分的程序

企业在进行市场细分时，往往会面对市场而无从着手。一般来说，可采取比较实用的细分程序。

1）确定粗略市场，选定市场范围。根据企业的目标和产品特性，决定进入属于何种行业的市场。

2）列出市场范围内所有潜在消费者的所有需求。根据地理环境、社会经济、心理、购买行为等标准，将所有潜在消费者的需求罗列出来，这就需要收集资料并进行适当的调查。

3）进行需求归类。将具有共同需求的消费者归为一类，即形成一个细分市场，这样就把一个粗略市场分为若干个细分市场。

4）针对每一个细分市场，考虑到运输成本、可供利用的广告媒介、可利用的分销渠道、维持市场占有率的成本、各细分市场之间的关系、收入期望值的大小等因素在经济上和战略上的影响，进一步选择并决定本企业的目标市场。

例如，某牙膏生产厂对牙膏市场进行细分的程序如下：

1）粗略市场确定。凡是有牙齿的人都需要使用牙膏刷牙。这样有牙齿的人就构成了一个粗略市场。

2）消费者需求研究。企业不能把牙膏向“凡是有牙齿”的人推销。因为有牙齿的人不一定都需要牙膏，如不会刷牙的小孩、不用牙膏而用牙粉的人或使用义齿的老人等，而且需要刷牙的人也不一定都需要同类牙膏。因此，还必须对牙齿和需要购买牙膏的人，按其追求的利益和需求进行细分。例如，有的消费者需要牙膏是为了使牙齿洁白、干净；有的消费者是为了消除口臭；有的是为了防治蛀牙等。例如，高露洁面对消费群体为“防治蛀牙”的消费者，其“更有效地防止蛀牙”“坚固牙齿、口气清新”的诉求，牢牢地占领了该细分市场；而“佳洁士”则以“高效防蛀、持久清新口气”为定位，其特点是去除口腔异味，并抑制引起口腔异味的细菌，从根本着手，持久清新口气。

3）消费者需求归类。将具有相同需求的一类消费者归类作为一个细分市场，牙膏市场可细分为："安全保护"细分市场A；防"口臭"细分市场B；防治"蛀牙"细分市场C……

4）分析企业的生产能力及产品特点，依据各细分市场的状况，决定细分市场A、B或C作为企业的目标市场，并制订相应的营销战略（价格、渠道、促销、产品）进入目标市场经营，以满足消费者需求。

7.2.4 企业目标市场的选择

目标市场又称目标消费者群，是指企业营销活动所要满足的市场需求，是企业决定要进入的市场，即企业的服务对象。企业的一切营销活动都是围绕目标市场进行的。选择和确定目标市场，明确企业的服务对象，关系到企业任务、企业目标的落实，是企业制订市场营销战略的首要内容和基本出发点。

1. 企业目标市场选择的策略

进行市场细分的企业在选择目标市场时，可采用的策略主要有以下五种，如图7-3所示。

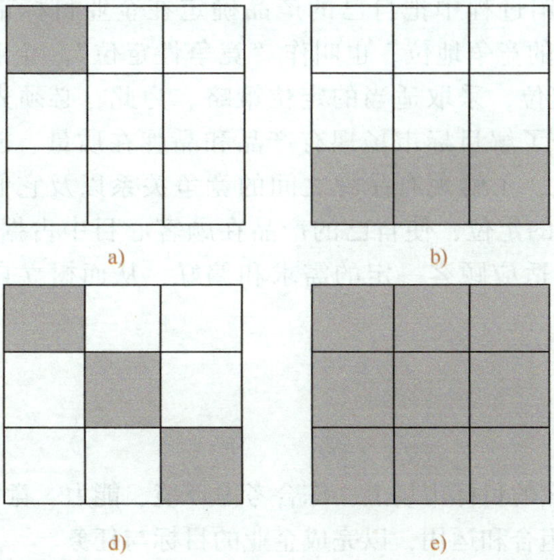

图7-3 目标市场选择的五种模式

a）密集单一市场 b）产品专门化 c）市场专门化 d）有选择的专门化 e）完全市场覆盖

（1）密集单一市场。最简单的方式是公司选择一个细分市场集中营销。公司通过密集营销，更加了解本细分市场的需求，并树立了特别的声誉，因此便可在该细分市场上建立稳固的市场地位。另外，公司通过生产、销售和促销的专业化分工，也获得了许多经济效益。如果细分市场补缺得当，公司的投资便可获得高报酬。同时，密集市场营销比一般情况风险更大。个别细分市场可能出现不景气的情况，或者某个竞争者决定进入同一个细分市场。由于这些原因，许多公司宁愿在若干个细分市场分散营销。

（2）产品专门化。集中生产一种产品，公司向各类顾客销售这种产品。例如，显微镜生产商向大学实验室、政府实验室和工商企业实验室销售显微镜，公司准备向不同的顾客群体销售不同种类的显微镜，而不去生产实验室可能需要的其他仪器。公司通过这种战略，在某个产品方面树立起很高的声誉。如果产品，这里是指显微镜，被一种全新的显微技术仪器代替，就会发生危机。

(3) 市场专门化。它是指专门为满足某个顾客群体的各种需求而服务。例如，公司可为大学实验室提供一系列产品，包括显微镜、化学烧瓶等。公司专门为这个顾客群体服务，而获得良好的声誉，并成为这个顾客群体所需各种新产品的销售代理商。但如果大学实验室突然削减经费预算，它们就会减少从这个市场专门化公司购买仪器的数量，这就会产生危机。

(4) 有选择的专门化。选择若干个细分市场，其中每个细分市场在客观上都有吸引力，并且符合公司的目标和资源。但在各细分市场之间很少有或者根本没有任何联系，然而每个细分市场都有可能盈利。这种多细分市场目标优于单细分市场目标，因为可以分散公司的风险，即使某个细分市场失去吸引力，公司仍可继续在其他细分市场获取利润。

(5) 完全市场覆盖。公司想用各种产品满足各种顾客群体的需求。只有大公司才能采用完全市场覆盖战略，如 IBM 公司（计算机市场）、通用汽车公司（汽车市场）和可口可乐公司（饮料市场）。

2. 目标市场的定位

所谓市场定位，就是在企业营销过程中把自己的产品确定在企业目标市场中的位置上，即确定自己产品在目标市场上的竞争地位，也叫作“竞争性定位”。企业决定了自己的目标市场后，还需要进行市场定位，采取适当的定位策略。为此，必须先分析竞争者产品在市场上的地位和份额，充分了解目标市场现有产品和品牌在质量、能力以及广告形式、价格水平等方面有什么特点，了解现有品牌之间的竞争关系以及它们对顾客需求的满足程度等。然后确定自己产品的定位，使自己的产品在顾客心目中占据一个明确的、与众不同的和有吸引力的地位，以适应顾客一定的需求和偏好，从而树立自己的“产品形象”或“企业形象”。

7.3 企业市场营销组合

市场营销组合指的是企业在选定的目标市场上，综合考虑环境、能力、竞争状况，对企业自身可以控制的因素，加以最佳组合和运用，以完成企业的目标与任务。

市场营销组合是企业市场营销战略的一个重要组成部分，是指将企业可控的基本营销措施组成一个整体性活动。市场营销的主要目的是满足消费者的需求。而消费者的需求很多，要满足消费者需求所应采取的措施也很多。因此，企业在开展市场营销活动时，就必须把握住基本性措施，合理组合，并充分发挥整体优势和效果。

市场营销组合这一概念是由美国哈佛大学教授尼尔·鲍顿（N. H. Borden）于 1953 年最早采用的，并确定了营销组合的 12 个要素。随后，罗杰姆·麦卡锡（Jerome Mclarthy）把营销组合要素归纳为产品（Product）、定价（Price）、渠道（Place）、促销（Promotion），即“4P”。

市场营销组合是制订企业营销战略的基础，做好市场营销组合工作，可以保证企业从整体上满足消费者的需求。市场营销组合是企业对付竞争者强有力的手段，是合理分配企业营销预算费用的依据。本节主要介绍 4P，即产品策略、价格策略、渠道策略和促销策略。[⊖]

⊖ 随着大市场营销观念的提出，人们又提出了应把政治力量（Political Power）和公共关系（Public Relation）也作为企业开展营销活动的可控因素加以运用，因此就形成了市场营销的 6P。这里不展述。

7.3.1 产品策略

企业营销活动是以满足消费者需求为中心。而市场需求的满足只能通过提供产品和服务来实现。企业的成功与发展，从一定意义上讲，关键在于产品能在多大程度上满足消费者的需求，以及产品策略的正确与否。

目标市场确定以后，企业就要根据目标市场的需求来开发和生产满足市场需求的产品，有了产品，企业还要制订相应的品牌包装策略，利用合理的产品组合，根据产品在市场上的寿命状况运用各种营销策略，以使企业的产品受到消费者的欢迎，同时不断推出新的产品，力争长盛不衰。

1. 现代营销产品的概念

菲利普·科特勒认为："产品是指为留意、获取、使用或消费以满足某种欲望和需要而提供给市场的一切东西。"因而从营销学的意义上讲，产品的本质是一种满足消费者需求的载体，或是一种能使消费者需求得以满足的手段。由消费者需求满足方式的多样性所决定，产品由实体和服务构成，即产品 = 实体 + 服务。

消费需求不断的扩展和变化使产品的内涵和外延不断扩大。从内涵看，产品从有形实物产品扩大到服务、人员、地点、组织和观念；从外延上看，产品从实质产品向形式产品、期望产品、附加产品和潜在产品拓展。为此，我们应以发展的眼光，联系消费者需求和企业间的产品竞争，从整体上对产品进行研究，这就是营销学提出的产品的整体概念，如图 7-4 所示。

(1) 核心产品。核心产品是指企业向消费者提供的产品的基本效用或利益。消费者购买产品，并不是为了占有或获得产品本身，而是为了获得满足自身某种需要的服务或利益。例如，人们购买牙膏是为了防止蛀牙、使口气清新或洁白牙齿，人们购买洗衣机是为了把脏衣服洗干净，人们购买电冰箱是为了使食物保鲜。因此，企业的营销人员在营销活动中要善于发现消费者购买某一产品时追求的基本效用或利益，将这些信息告诉企业的设计人员，确保自己的产品能够使消费者获得核心利益。

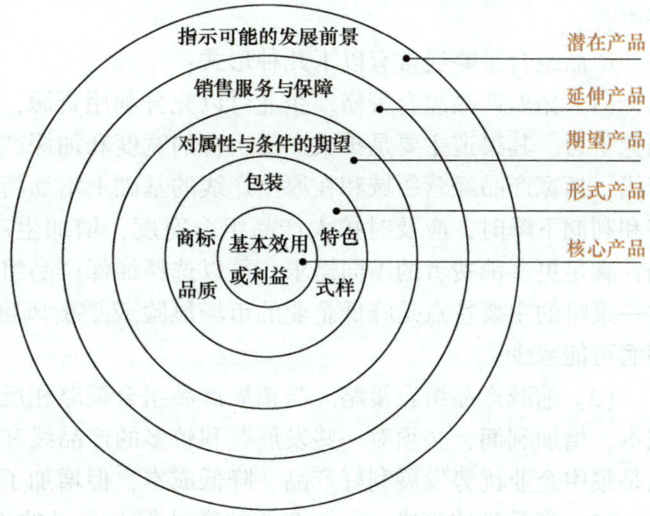

图 7-4 产品的整体概念示意图

(2) 形式产品。形式产品是指产品的基本形式，是核心利益的存在形式和载体。它一般由产品的质量、特征、造型、品牌、包装等因素构成。消费者在购买某一产品时，不仅要考虑产品的核心利益，而且要考虑形式产品能否满足自己的需求。市场营销人员要重视如何以独特的形式产品将某种利益传递给消费者。

(3) 期望产品。期望产品是指消费者在购买产品时期望产品应该具有的一些属性。例如，消费者在购买洗衣机时，期望洗衣机的噪声小、进排水方便、外观美观、安全可靠等。在发展中国家，竞争主要发生在期望产品层次。

(4) 延伸产品。延伸产品是指消费者购买产品时所获得的附加服务与利益，它包括产品介绍、提供信贷、送货、安装、调试、保养、保证、售后服务等。延伸产品是产品整体概念中的一部分，因为消费者购买产品就是为了使需求得到满足，即希望得到满足其需求的一切东西。在发达国家，竞争发生在附加产品层次，附加产品十分重要。正如美国学者西奥多·莱维特所指出的："新的竞争不是发生在各个公司的工厂生产什么产品，而是发生在其产品能提供何种附加利益，如包装、服务、广告、顾客咨询、融资、送货、仓储以及具有其他价值的形式。"

(5) 潜在产品。潜在产品是指某种产品将来可能的发展趋势。例如，洗衣机可发展为不用洗衣粉、节电、节水的技术含量很高的洗衣机。

2. 产品组合策略

产品组合是指企业提供给市场的全部产品线和产品项目的组合或结构，即企业的业务经营范围。企业为了实现其营销目标，充分有效地满足目标市场的需求，必须设计一个优化的产品组合。产品组合不恰当，可能造成产品的滞销、积压，甚至引起企业亏损。

一般情况下，企业增加产品组合的宽度，有利于扩大经营范围，发挥企业特长，提高经济效益，分散经营风险；增加产品组合的深度，可占领更多细分市场，满足消费者广泛的需求和爱好，吸引更多的消费者；增加产品组合的长度，可以满足消费者不同的需求，增加企业经济效益；增加产品组合的关联性，则可以使企业在某一特定领域内加强竞争力和获得良好声誉。

产品组合策略通常有以下几种形式：

(1) 拓展产品组合策略。企业可以充分利用资源，发展优势，分散企业的市场风险，增强竞争力。其渠道主要是扩大产品组合的宽度和加深产品组合的深度，即增加一条和多条生产线，拓宽产品经营领域和在原生产线的基础上增加新的产品项目。若企业现有的产品线销售和利润下降时，应及时扩大产品组合宽度，增加生产线；若企业需要进军更多的细分市场，满足更多消费者的不同需求，可以选择加深产品组合的深度，增加新的产品项目。实行这一策略的主要特点是降低企业的市场风险或平衡风险，但企业的投入将增加，成本提高，利润可能减少。

(2) 缩减产品组合策略。与拓展产品组合策略相反，企业为了减少不必要的投资，降低成本，增加利润，必须对一些发展获利较多的产品线和产品项目集中资源。该策略的主要特点是集中企业优势发展利好产品，降低成本，但增加了企业的市场风险。

(3) 产品延伸策略。每一企业的产品都有自己的市场定位。如"奥迪"轿车属于高档定位，"桑塔纳"轿车属于中档定位，而"夏利"轿车则属于低档定位。产品延伸策略就是企业根据市场的需求，全部或部分改变产品的市场定位。产品延伸又分为三类：①向上延伸策略，即在原有产品线内增加高档产品项目。②向下延伸策略，即在原有产品线内增加低档产品项目。③双向延伸策略，即定位于中档产品市场的企业向产品的上、下两个方向延伸。

(4) 产品线现代化策略。产品现代化策略是强调把科学技术应用于生产经营过程，并不断改进产品线使之符合现代顾客需求发展潮流的策略。如果产品组合的宽度、深度和长度适宜，但生产方式已落后，或者产品跟不上现代顾客需求发展的潮流，就会影响企业的生产和市场营销效率，就必须实施产品线现代化策略。

3. 产品生命周期及各阶段的营销策略

由图 7-5 可见，典型的产品生命周期包括四个阶段，即投入期、成长期、成熟期和衰退期，其生命周期表现为一条“S”形曲线。产品处于不同的生命周期，企业就必须考虑不同的策略来开展营销活动。

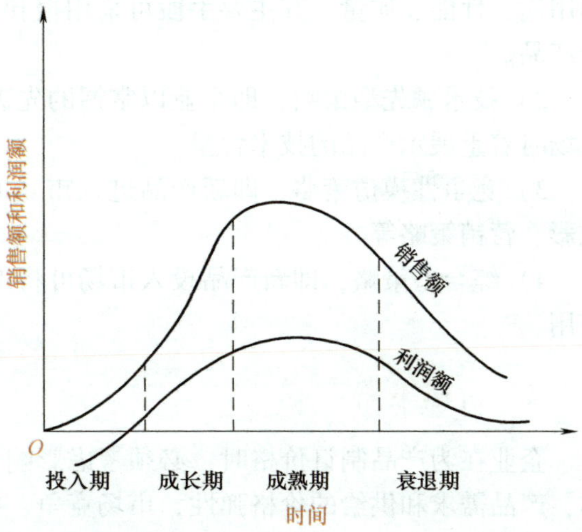

图 7-5 产品生命周期

（1）投入期策略。产品处于投入期时，必然存在着各方面的不足，如产品的生产方法尚未定型，质量和性能不够稳定，制造成本高等。同时，消费者对这类产品的性能还不了解，对产品也不适应。因此，在这一阶段，销售量极为有限。企业要想让新产品在市场上站稳脚跟，并扩大市场占有率，其营销要点是“准确”“快速”，即看准了该产品能打开销路，有市场发展前途，就要尽快定型，批量生产，及时投入市场。

（2）成长期策略。新产品经过市场投入期后，经受住市场的检验，销路打开，产品进入成长期。这时产品已定型，开始大批量生产，销售渠道也已疏通，销售量迅速上升，成本降低，利润增加，但这时竞争者也开始大量加入，竞争加剧。在成长期，营销策略要点是维持老顾客，争取新顾客，不断提高质量，扩展品种，增加特色，完善服务。

（3）成熟期策略。产品经过成长期的一段时间后，进入成熟期，销售量和利润都比较高，但增长速度减慢，市场趋于饱和，甚至开始呈现下降趋势，市场竞争激烈，各种品牌、各样款式的同类产品不断出现。而且，来自新产品或替代产品的竞争威胁也在加剧。在成熟期，其营销策略要点是巩固原有市场并使其进一步扩大，同时，注意产品的改进，使产品生命周期出现再次循环，以此来延长成熟期。

（4）衰退期策略。一种产品如果已失去对顾客的吸引力或被新产品所替代，其销售量由缓慢下降变为急剧下降，利润减少，甚至会出现亏损，竞争减弱，顾客的需求已发生转变。这个时候，企业的策略应突出一个“转”字和一个“撤”字，或转移市场，或在适当时候退出市场。

4. 新产品开发策略

（1）新产品的概念。市场营销意义上的新产品含义很广，除包含因科学技术在某一领域的重大发现所产生的科技新产品外，还有在生产销售方面，只要在功能或形态上比老产品有明显改进，或者是采用新技术原理、新设计构思，从而显著提高产品性能或扩大使用功能的产品，甚至只是产品从原有市场进入新的市场，都可视为新产品。

现代市场营销观念下的新产品，是指凡是在产品整体概念中的任何一个部分有所创新、改革和改变，能够给消费者带来新的利益和满足的产品。

（2）新产品的推广策略。人们对新产品的接受过程，存在一定的规律性，西方学者总结归为五个阶段，即“认识——说服——决策——实施——证实”。根据这些阶段的特点，在推广新产品时可以采取以下几种策略：

1）市场导向策略，即新产品投放市场，促销活动重点应该是向消费者宣传和介绍产品的用途、性能、质量，其主要手段可采用报刊、广告、新闻媒体等，引导和说服消费者购买新产品。

2）技术领先型策略，即企业以掌握的先进技术，生产出科技含量较高的新产品，投入市场时着重展示产品的技术含量。

3）竞争性模仿策略，即新产品进入市场时可以借鉴或模仿成功品牌的经验，如外形、色彩、营销策略等。

4）综合型策略，即新产品投入市场可将市场导向、技术领先、竞争性模仿等策略结合使用。

7.3.2 价格策略

企业在为产品制订价格时，必须考虑影响定价的一些主要因素。这些因素包括：产品成本，产品需求和供给的价格弹性，市场竞争，中间商，政府干预和调控等。企业要通过这些因素与产品价格之间相互作用关系的分析和研究，为产品确定恰当的定价方法，制订产品的价格。企业定价的步骤主要包括选择定价目标，确定需求，估计成本，分析竞争者的产品和价格，选择定价方法，选定最终价格。

7.3.2.1 选择定价目标

定价目标是指企业要达到的定价目的。企业的定价目标从属于企业经营目标。企业的定价目标是以满足市场需要和实现企业盈利为基础的，它是实现企业经营总目标的保证和手段，同时又是企业定价策略和定价方法的依据。企业面临的市场环境和竞争条件不同，企业的目标也会有差别。不同的企业有不同的目标，就是同一企业在不同的发展时期也有不同的定价目标。企业的定价目标主要有以下几种：

(1) 利润目标。通常用投资报酬率表示。投资报酬率可以追求高利润率或“满意”利润率，可以追求短期或长期收回投资利润目标。

(2) 市场目标。市场目标包括增加销售量、提高市场占有率、强化市场渗透等目标。

(3) 竞争目标。根据市场竞争状况，可以选择市场竞争“领袖价格”“稳定价格”“适应性竞争价格”等。

企业的定价目标受到企业市场定位决策的制约。当企业选择了目标市场并进行了市场定位之后，价格策略也就明确了。如高铁上豪华软卧包厢，其目标顾客是高收入高消费阶层，因此虽然票价有时甚至超过飞机票价，但平均乘坐率仍高达80%以上。

7.3.2.2 确定需求

市场需求是影响企业定价的重要因素。当产品价格高于某一水平时，将无人购买，因此市场需求决定了产品价格的上限。一般地，市场需求随着产品价格的上升而减少，随着价格的下降而增加。但是也有一些产品的需求和价格之间呈同方向变化的关系，如能代表一定社会地位和身份的装饰品及有价值的收藏品等。确定需求需要考虑以下因素：

(1) 需求的价格弹性。价格会影响市场需求。在正常情况下，市场需求会按照与价格相反的方向变动。价格上升，需求减少；价格降低，需求增加，所以需求曲线是向下倾斜的。就声望高的商品来说，需求曲线有时呈正斜率。例如，香水提价后，其销售量却有可能增加。当然，如果提得太高，需求将会减少。企业定价时必须依据需求的价格弹性，即了解市场需求对价格变动的反应。价格变动对需求影响小，这种情况称为需求无弹性；价格变动对需求影响大，则叫作需求有弹性。

（2）价格弹性与产品定价。由于不同产品的需求弹性不同，同一产品在不同价格水平上的需求弹性也可能不同，因此，企业为产品定价时应该考虑需求的价格弹性，当需求富有弹性，即价格变动对需求影响大时，应该降低价格以刺激需求，扩大销售，增加收益。这时虽然由于价格下降，单位产品的销售收入减少，但由于需求增加的幅度大于价格下降的幅度，因此销售扩大而增加的收益在弥补由于价格降低减少的收益后还有剩余，企业的总收益会增加。对于需求富有弹性的产品，如果提高价格，反而会造成总收益的减少。当需求缺乏弹性时，企业可以适当提高产品售价，这时由于提价的幅度大于需求减少的幅度，会增加企业的总收益。对于需求缺乏弹性的产品，降价会减少企业的总收益。

7.3.2.3 估计成本

需求在很大程度上为企业确定了一个最高价格限度，而成本则决定着价格的下限。从长期来看，任何产品的价格都应高于所发生的成本费用，在生产经营过程中的耗费才能从销售收入中得到补偿，企业才能获得利润，生产经营活动才能继续进行。价格应包括所有生产、分销和推销该产品的成本，还包括对公司的努力和承担风险的一个公允的报酬。而成本类型有以下两种：

1）固定成本，是指在短期内不随企业产量和销售收入的变化而变化的生产费用，如厂房设备的折旧费、租金、利息、行政人员的薪金等，与企业的生产水平无关。

2）可变成本，是指随生产水平的变化而直接变化的成本，如原材料费、工资等，企业不开工生产，可变成本等于零。成本是企业收益的减项，降低成本是提高企业经济效益的有效途径之一。

7.3.2.4 分析竞争者的产品和价格

企业为产品定价时必须考虑竞争者的产品和价格。企业可以派出人员去市场上了解竞争者产品的价格，也可搜集竞争者的产品价目表或买回竞争者的产品进行分析研究。企业可以将竞争者的产品及其价格作为企业产品定价的参考。如果企业的产品和竞争者的同种产品质量差不多，那么两者的价格也应大体一样；如果企业的产品不如竞争者的产品，那么产品价格就应定低些；如果企业的产品优于竞争者的产品，那么价格就可以定高些。

7.3.2.5 选择定价方法

影响企业定价的因素有很多，其中最基本的因素是成本，它规定了价格的下限；市场需求或顾客对企业产品独特的特点的评价，它规定了价格的上限；竞争者产品的价格和替代品的价格，它确定了在最高价格和最低价格之间企业产品的标价点。另外，消费者心理因素也会给定价造成影响。企业在为产品定价时，主要是通过考虑这四种因素中的一个或几个来选择定价方法。因此，企业为产品确定具体的价格时可以采取的定价方法也可分为三类：成本导向定价法、竞争导向定价法和需求导向定价法。

1. 成本导向定价法

以产品成本为基础，加上预期利润并结合销售量等有关情况确定价格水平。这是企业最基本、最普遍的定价方法。在企业确定定价策略时，以成本导向的应用不同，有以下具体方法：

(1) 加成定价法。加成定价法是指企业根据所确定的加成率和单位产品总成本来制订产品价格的方法。由于毛利率确定的方法不同，加成定价法可分为成本加成定价法和售价加成定价法两种。

1) 成本加成定价法。它是指按照单位成本加上一定百分比的加成率来制订价格的方法。成本加成定价法中加成率的计算式是加成率 = 毛利/销售成本。产品单价的计算公式为

$$产品单价 = 单位产品总成本 \times (1 + 加成率)$$

例如，某皮鞋公司的单位成本为15元，加成率20%，则皮鞋的销售价格为18元。

这种方法的优点是计算简便。但是，这种定价方法是从企业的角度出发来考虑定价的问题的，忽视了市场需求、竞争情况、消费者的心理因素，因而制订的价格与顾客的评价相关性不大，不利于产品的销售。

2) 售价加成定价法。售价加成定价法中加成率的计算式是加成率 = 毛利/销售收入。产品单价的计算公式为

$$产品单价 = \frac{单位产品总成本}{1 - 加成率}$$

售价加成定价法的优缺点与成本加成定价法类似。但在售价相同的情况下，用这种方法计算出的加成率低于成本加成定价法的加成率，能给人以合理的感觉，更容易被接受。零售部门较多地采用售价加成定价法。

(2) 目标利润定价法（收益率定价法）。它是根据估计的总销售收入（销售额）和估计的产量（销售量）来制订价格的方法。产品单价的计算公式为

$$产品单价 = \frac{总成本 + 目标利润}{预计销售量}$$

假设企业的生产能力为100万个产品，估计未来时期80%的生产能力能开工生产，则可生产、出售80万个产品；生产80万个产品的总成本估计为1 000万元；若公司想达到20%的目标利润率，则目标利润为200万元；总收入为1 200万元，目标价格为15元。

这种方法计算简便，如果企业能按制订的价格实现预计的销售量，就能达到预定的利润目标。在产品销售情况比较稳定的条件下，可以采用这种方法。但这种方法没有考虑顾客的需求弹性和竞争者产品价格等因素对企业产品的影响。

2. 竞争导向定价法

市场竞争导向定价，其目的在于开拓、巩固和改善企业在市场上的地位，保持市场竞争的优势，其具体做法灵活多样。

3. 需求导向定价法

这是以市场对产品的需求强度作为定价基础，结合成本、收入变动关系，来确定产品价格。

7.3.2.6 选定最终价格

企业最终拟定的价格必须考虑以下因素：

(1) 最终价格必须同企业的定价政策相符合。企业的定价政策是指明确企业需要的定价形象、对价格折扣的态度以及对竞争者的价格的指导思想。

(2) 最终价格还必须考虑是否符合政府有关部门的政策和法令的规定。在我国，规范企业定价行为的法律和相关法规有《中华人民共和国价格法》《中华人民共和国反不正当竞争

法》《关于商品和服务实行明码标价的规定》《制止牟取暴利的暂行规定》《价格违法行为行政处罚规定》《关于制止低价倾销行为的规定》等。

(3) 选定最终价格时，还须考虑企业内部有关人员（如推销人员、广告人员等）对定价的意见，考虑经销商、供应商等对所定价格的意见，考虑竞争对手对所定价格的反应。

7.3.3 分销渠道策略

7.3.3.1 分销渠道的概念和类型

分销渠道是市场营销理论特有的概念，它是指产品的所有权从生产者向顾客转移过程中所经过的途径或通道。在这个流通过程中，生产者是分销渠道的起点，消费者是分销渠道的终点，分销渠道的中间环节一般由中间商组成。中间商是指处于生产者和消费者之间直接或间接参与商品销售活动的一切组织或个人，如进出口商、批发商、零售商、运输公司、保险公司、广告公司、销售咨询公司等。

在庞大的社会产品流通网里，分销渠道十分复杂繁多。

1. 传统分销渠道类型

传统分销渠道是指由独立的生产者、批发商、零售商和消费者组成的营销渠道。这种渠道的每一个成员均是独立的，他们都为追求自身利益最大化而与其他成员短期合作或展开激烈竞争，没有一个渠道成员能够完全或基本控制其他成员。传统分销渠道基本类型有以下三类：

(1) 按照商品在流转过程中是否经过中间商，分销渠道分为直接渠道和间接渠道。

1）直接渠道。直接渠道是指商品在从生产领域向消费领域转移的过程中不经过任何中间商，而是由生产商直接把商品卖给消费者或最终用户的营销渠道。例如，上门推销、邮购销售、制造商设立自销门市部、沿街设摊等都属于直接渠道。

2）间接渠道。间接渠道是指商品从生产领域向消费领域转移的过程中经过若干中间商的营销渠道。

(2) 根据商品在流通过程中所经过环节或层次的多少，分销渠道分为短渠道和长渠道。

1）短渠道。短渠道是指商品在从生产领域向消费领域转移的过程中没有或仅仅只有一道中间商的营销渠道，其基本形式是：生产者→消费者；生产者→零售商→消费者；生产者→批发商→产业用户；生产者→代理商→消费者或产业用户。短渠道的优点是：可以加快商品流转速度，从而使产品迅速进入市场；可以减少中间商分割利润，从而维持相对较低的销售价格；有助于生产者和中间商建立直接、密切的合作关系。其缺点是不利于产品在大范围内大批量销售，从而会影响其销售量。

2）长渠道。长渠道是指商品在从生产领域向消费领域转移的过程中利用两道及以上中间商的营销渠道，其基本形式有：生产者→批发商→零售商→消费者或用户；生产者→代理商→零售商→消费者或用户；生产者→代理商→批发商→零售商→消费者或用户。长渠道的优点是：可以减少生产企业的资金占用、交易成本和其他营销费用；有助于生产企业开拓市场，从而扩大商品销售量。其缺点是：会减慢商品流通速度，从而延缓商品上市时间；由于各个不同环节的中间商都要分割利润，从而会抬高商品售价。

(3) 根据分销渠道中每一层次中间商数目的多少，分销渠道分为窄渠道和宽渠道。

1）窄渠道。窄渠道是指商品在从生产领域向消费领域转移的过程中使用较少数目同种类型中间商的分销渠道。窄渠道的优点是：有助于增强厂商之间的关系；有助于生产企业控制营销渠道。其缺点是市场营销面较小，从而会影响商品销售量。

2）宽渠道。宽渠道是指商品在从生产领域向消费领域转移的过程中同时使用较多数目同种类型中间商的营销渠道。宽渠道的优点是：方便消费者购买，从而扩大商品的销售量；促进中间商竞争，从而提高销售效率。其缺点是不利于增强厂商之间的关系，并且生产企业几乎要承担全部推广费用。

2. 现代分销渠道类型

传统分销渠道是由制造商、批发商和零售商组成的松散网络，渠道上的各个成员各自为政，各行其是，他们为了获取利润而在市场上讨价还价，激烈竞争。这虽然保持了各个企业的独立性，但由于缺乏共同目标，内部矛盾较多，基础很脆弱，并影响整体效益。第二次世界大战结束后，特别是 20 世纪 70 年代以来，分销渠道出现了联合化的趋势：一方面，一些大企业为了控制和占领市场，采取前向一体化或后向一体化的经营方式，从而出现了垂直渠道系统；另一方面，一些中小企业纷纷组织起来，搞联合经营，从而出现了水平渠道系统。

（1）垂直渠道系统。垂直渠道系统是指由制造商、批发商和零售商组成的统一联合体，在一个系统内渠道成员之间采取不同程度的一体化经营或联合经营。垂直渠道系统的组建往往始于某一企业对相邻流通环节上的企业的接管或控股，这种渠道系统既可以由生产者支配，也可以由批发商或零售商支配。这种支配力的存在，可以使整个渠道系统形成专业管理的集中计划网络，具有一致的目标性、规模性和更高的效益，避免独立成员追求各自目标而引起的冲突。当前，垂直渠道系统在一些发达国家已成为消费品营销的主要形式，其中在美国通过垂直渠道系统销售的消费品占消费品市场的 70%～80%。

（2）水平渠道系统。水平渠道系统是指两家或两家以上独立公司通过某种形式的合作，共同开发新的市场机会而形成的渠道系统，目的是通过联合发挥资源协同作用和回避风险。在现实生活中，一些公司因资本、技术、营销资源不足而无力单独开拓市场机会，或不愿冒险，或者看到其他公司合作可以带来更大的效益，从而愿意组成水平渠道系统。他们可以暂时或永久合作，也可以联合建立新的经营单位。水平渠道系统可以发挥协同效应，实现优势互补；能够节省成本，避免重复建设；可以共享市场，实现互惠互利。

7.3.3.2 选择分销渠道的主要策略

1. 直接性分销渠道策略

直接性分销渠道策略是指企业在一定条件下，不利用任何中间商，直接将产品销售给消费者或用户。直接性分销渠道策略的优点是：可使商品及时、迅速地投放市场，减少损耗、变质等造成的损失；不经过中间环节，可相应地降低销售成本；直接与消费者或用户接触，有利于提高服务水平，树立企业形象，及时收集商品信息，为提高企业经营水平提供依据。

2. 间接性分销渠道策略

它主要有以下三种形式：

1）普遍性分销渠道策略，即生产者尽可能地通过许多适当的批发商、零售商推销其产品，以便及时地满足消费者需要，争取更多的批发商和零售商销售本企业产品。在通常情况下，日用消费品、工业生产中的标准件等宜采用此策略。

2）选择性分销渠道策略，即生产者在某一地区仅仅通过少数几个经过精心挑选的比较合适的中间商来推销其产品。消费品中的选购品、工业生产用的零配件等宜采用此策略。

3）专营性分销渠道策略，即生产者在一定地区、一定时间内，只选择一家中间商推销其产品，企业和中间商双方通过协商签订独家经营合同，规定中间商不得再销售其他竞争者的产品。消费品中的特殊品、工业品中的机械产品多采用这种策略。

7.3.4 促销策略

企业需要控制其在市场上的形象，设计并传播有关的外观、特色、购买条件以及产品给目标顾客带来的利益等方面的信息，即进行促销活动。

促销组合是指企业根据促销的需要，对广告、销售促进、宣传与人员推销等各种促销方式进行的适当选择和综合编配。促销策略主要包括广告、人员推销、销售促进三个方面。

7.3.4.1 广告

1. 广告的含义

广告是由明确的发起者以公开支付费用的做法，以非人员的任何形式，对产品、服务或某项行动的意见和想法等的介绍。

2. 广告设计策略

（1）广告创意。根据产品生命周期的不同阶段，分为以下四种：

1）投入期的广告设计技巧。投入期的广告属开拓性广告，广告对象是少数创新者，即收入高、有冒险精神、乐于接受新事物的顾客群。广告设计应努力塑造产品的形象，重在对产品新观念的介绍、新观念的培养和新用途的发展。此阶段广告宜采用独特销售主张创意法，即在策划广告创意时，先进行产品分析找出产品无可取代的特点，依次作为创意表现的诉求主题，最后转化为消费者关心的产品利益，以消费者的语言说出。

2）成长期的广告设计技巧。成长期的广告属竞争性广告或说服性广告，广告对象是早期购买者，即紧跟创新者的易于接受新观念和收入较高的顾客群，重在诱发消费者对产品的爱好和兴趣，宜采用情景式创意。

3）成熟期的广告设计技巧。成熟期的广告属提示性广告或维持性广告，广告对象是社会大众，重在宣传产品的优越性和市场特殊性，宜采用情景式创意，给人以一种温馨、回味的感觉，也可以采用公益式广告创意，给人以关心、爱心感。

4）衰退期的广告设计技巧。衰退期的广告属加强性广告，广告的对象是少数落伍者，重在理性诉求，力图提醒用户可能在最近的将来需要这种产品。

（2）选择广告媒体。媒体主要有国际互联网、电视、报纸、杂志、直接邮寄、广播、户外广告等。企业媒体计划人员在选择媒体时需要考虑以下四个因素：

1）目标沟通对象的媒体习惯。

2）产品特性。不同的媒体在展示、解释、可信度等方面分别有不同的说服能力。

3）信息类型。

4）成本。选择不同媒体所需的成本也是一个重要的决策因素。

7.3.4.2 人员推销

1. 人员推销的特点

所谓人员推销，是指企业通过派出销售人员与一个或一个以上可能成为购买者的人交谈，作口头陈述，以推销商品，促进和扩大销售。人员推销的特点主要有：

(1) 销售的针对性。有利于顾客同销售人员之间建立友谊，针对性强，无效劳动少。

(2) 销售的有效性。销售人员可以根据顾客情绪及心理的变化酌情改进推销陈述和推销方法，以适应各个顾客的行为和需要，促进最终交易的达成。

(3) 增强买卖双方关系。大多情况下能实现潜在交换，达成实际销售。

(4) 信息传递的双向性。有利于企业了解市场，提高决策水平。

2. 人员推销的基本形式

(1) 上门推销。外勤推销人员进行旅行推销，上门访问顾客。

(2) 柜台推销。

(3) 会议推销。

7.3.4.3 销售促进

销售促进是指企业运用各种短期诱因，鼓励购买或销售企业产品或服务的促销活动。销售促进主要包括：针对消费者的促销，如折价券等；针对产业用品的促销，如折扣等；针对中间商的促销，如购买折让和商品推销津贴等及针对促销人员的促进，如红利等。

企业的销售促进战略包括确定目标、选择工具、制订方案、预试方案、实施和控制方案，以及评价效果等内容。

7.4 市场营销的组织、实施和控制

7.4.1 市场营销组织

市场营销活动是企业一项重要的职能活动，为了使这项活动能有效进行，必须有专门的部门对这项活动负责，这就形成了企业的市场营销组织。本文所讨论的营销组织指的是静态意义上的营销组织，即指企业的市场营销部门。

建立市场营销部门组织的基本方法有以下六种：

1. 职能组织法

职能组织法是指按照需要完成的工作来组织营销部门的方法，它强调市场营销的各种职能的重要性。一般地说，企业设立一名营销副总经理管理营销事务，下设一名营销行政事务经理主管营销日常工作与产品促销工作，销售经理主管推销人员的招募和管理，市场研究经理主管市场调查、分析与预测等工作，新产品经理主管新产品的开发与研制工作。

这种组织适合于小规模企业或只有一种或少数几种产品的情况，每个职能部门只对各自负责的环节负责。但随着产品品种的增多和市场的扩大，这种组织暴露出了发展不平衡和难以协调的问题，没有一个部门能对某产品的整个市场营销活动负全部责任，难免会产生疏忽个别产品或细分市场的情况，特别是部门经理为使本部门争取到更多的预算、决策权力和重要地位，容易产生部门之间争权夺利的现象，降低营销工作的效率。

2. 产品组织法

产品组织法是指在企业内部建立产品经理组织制度，以协调职能型组织中的部门冲突。在企业所生产的各产品差异大、产品品种多，以致按职能设置的市场营销组织无法处理的情况下，建立产品型组织制度是适宜的。这种方法是由专人负责某种具体产品或某一产品线的系列营销工作。负责某一品牌产品的人员称为品牌经理，负责一条或几条产品线的人员称为

产品经理。其基本做法是，由一名产品营销经理负责，下设几个产品经理，产品经理之下再设几个品牌经理去具体负责各个品牌。产品组织法在实际应用中是与职能组织法相配合的，只不过是在产品的开发与管理方面增加了层次。

产品组织法的主要特征是突出了产品营销经理的重要性。该组织形式的优点是能够有效地协调各种市场营销职能，对市场变化做出积极反应。但该组织形式存在缺乏整体观念、部门容易冲突、接受多头领导等缺陷。一般来说，生产食品、化妆品、洗涤用品、化工产品等的企业适宜采用产品组织法来组建自己的营销部门，例如，美国宝洁公司就是采用这个方法。

3. 市场组织法

市场组织法是指由不同人员或部门负责不同类型市场营销业务的组织方法。例如，钢铁公司的钢铁既可卖给汽车公司，也可卖给建筑公司和公用事业部门，那么，钢铁公就可设立三个市场经理分别负责上述三个市场。

许多企业都在按照市场类型来安排其市场营销组织，使市场成为企业各职能部门服务的中心，一般是设立一名市场主管经理，下设几名市场经理。市场经理的职责是制订所辖市场的长期计划和年度计划、分析市场动向及企业应该为市场提供什么新产品等。他们的工作成绩常用市场占有率的升降情况来判断。

市场型组织形式的优点在于企业的市场营销活动是按照满足各类不同顾客的需求来组织和安排的，这最能体现企业“以顾客为中心”的经营思想，有利于企业加强销售和市场开拓。市场型组织形式的主要缺点是存在权责不清和多头领导的矛盾。尽管市场组织法存在一些不足，但有越来越多的企业按照这种方法组织其营销部门。

4. 地理组织法

地理组织法是指企业按照地理区域设置其市场营销部门的方法。如果企业的营销服务范围较广，则可以采取这个方法。该方法的一般做法是在各销售区域分别设立销售部门，区域内再划分若干地区，地区内再划分更小范围，每个小范围也都设立销售部门。

地理组织法的优点在于能够通过区域销售网络使产品迅速打入各地市场；其不足之处是营销队伍庞大，营销费用开支较大。所以只有企业的生产规模和营销规模达到一定程度后，才适宜采取这种方法来建立营销部门。

5. 矩阵组织法

矩阵组织法是指同时设立产品经理和市场经理的矩阵式组织方法。矩阵型组织是职能型组织与产品型组织相结合的产物，它是在原有的按直线指挥体系组成垂直领导系统的基础上，又建立一种横向的领导系统，两者结合起来就组成一个矩阵。

在市场营销管理实践中，矩阵型组织的产生大体分两种情形：一种是在一定时间内，为完成某个跨部门的一次性任务从各部门抽调人员组成的部门；另一种是企业要求个人对于维持某个产品或商标的利润负责，把产品经理的位置从职能部门中分离出来并固定化，同时，由于经济和技术因素的影响，产品经理还要借助于各职能部门实施管理，这就构成了矩阵。矩阵组织法的优点在于能加强企业内部之间的协作，能集中各种专业人员的知识、技能，又不增加人员的编制，组建方便，适应性强，有利于提高工作效率；其缺点主要表现在双重领导，过于分权化，稳定性差和管理成本较高，这些缺陷抵消了一部分营销效率。

6. 事业部组织法

事业部组织法是指为每一类产品组建一套职能部门和服务部门的方法。它是对产品组织法的一个改进，加大了产品经理的权力。事业部组织法的通常做法是将企业营销职能的执行主体由企业下放到各个类别的产品层次。

在实际经济运行中，有以下四种基本的方法：

1）企业总部一级不设立营销部门，企业的营销活动全部由各事业部负责承担。

2）企业总部一级保留适当的营销部门，承担着全面评价企业的营销机会、向事业部提供咨询、帮助各事业部解决营销方面的问题、改变各职能部门的营销观念的任务。

3）企业总部一级保留适当的营销部门，除执行上述2）中的各项职能外，还向各事业部提供各种营销服务，包括专门的广告服务、促销服务、调研服务、销售行政服务等。

4）企业总部一级设立规模较大的营销部门，深入参加各事业部营销活动的规划与控制。

当然，在企业运行过程中，市场营销部门也必须处理好与各个部门的相互关系，密切配合、共同协作来实现企业的总目标。

7.4.2 市场营销实施

市场营销实施是将市场营销计划转化为行动方案的过程，并保证这种任务的完成，以实现计划的既定目标。

1. 市场营销实施过程中的问题及其原因

企业在实施市场营销计划过程中，可能面临主要问题及原因如下：

(1) 计划与实际相互背离。市场营销计划通常是由上层的管理人员制订的，而执行则需要依靠其他市场营销人员，如果这两类人员之间缺乏必要的沟通和协调，就会导致下列问题的出现：计划的制订者只考虑了总体的战略目标而忽略了计划执行过程中的细节问题，使计划过于笼统和流于形式，从而难以实施；计划的执行人员在没有完全理解营销计划的情况下盲目地加以执行；脱离实际的战略导致计划人员和执行人员相互对立和不信任。

(2) 长期目标和短期目标相互矛盾。市场营销计划着眼于企业的中、长期目标，通常涉及今后三五年的经营活动；而具体执行这些计划的市场营销人员则通常着眼于短期的目标，如销售量、市场占有率或利润率等。因此，市场营销计划通常存在长期目标与短期目标相互矛盾的问题。企业如果能有效地平衡两种目标，那么市场营销计划的执行人员就不会选择短期行为，而使其目标与市场营销计划制订人员的目标相一致。

(3) 缺乏具体明确的执行方案。还有一些市场营销计划，由于计划人员没有制订明确、具体的执行方案，使得执行人员无所适从，导致整个计划失败。

2. 市场营销计划实施的过程

(1) 制订企业的行动方案。为了使营销计划得以有效执行，企业必须制订详细的行动方案，包含具体的时间安排和人员安排。

(2) 建立相应的组织结构。为了有效执行企业的营销计划，企业必须调整并建立相应的组织结构。也就是说，企业的组织结构必须同企业的战略相一致，必须同企业面临的营销环境相适应。由于现代企业面临的营销环境变化迅速，很多企业选择了更加灵活的组织结构，现代企业的组织结构出现了扁平化和虚拟化的发展趋势。敏捷企业和虚拟企业的出现很好地说明了这一点。

(3) 开发企业的人力资源。企业所有市场营销计划都要靠企业的员工来执行。因此，企业必须合理、有效地开发企业的人力资源。开发企业的人力资源则包括了企业人员的考核、选拔、安置、培训和激励等内容，而其中最主要的是开发企业的人力资本。所谓人力资本，主要是指这样的两类人：一是技术创新者，二是职业经理人。企业的人力资本比人力资源更加重要。

(4) 培育和建设企业文化。现代企业需要解决的三个基本问题是企业制度的建设、企业战略的选择和企业文化的塑造。企业文化是指一个企业内部全体人员共同持有和遵循的价值标准、基本信念和行为准则。企业文化对企业经营思想和领导风格，对职工的工作态度和作风，均起着决定性的作用。企业文化包括企业环境、价值观念、模范人物、仪式、文化网五个要素。

7.4.3 市场营销控制

市场营销控制是指市场营销管理者经常检查市场营销计划的执行情况，看看计划与实绩是否一致，如果不一致或没有完成计划，就要找出原因所在，并采取适当措施和正确行动，以保证市场营销计划的完成。主要控制内容为：

1. 月度计划控制

月度计划控制由业务人员按制度提出工作报告，一线管理者认真审核并给出处置意见。报告类型包括月度工作计划、月度计划执行进度、费用、新增顾客、失去老顾客、区域或营业点的定期情况、其他专题报告等。

2. 年度计划控制

要达成全年目标，在过程中应制订月份或者季度目标，还要对市场计划的执行情况进行全面的监督，及时纠偏。年度计划控制可以通过销售分析、市场份额分析、营销费用与销售额分析、财务分析以及审核分析五种工具有效地检查计划的执行情况。

3. 盈利控制

盈利控制是指对各种产品、地区、顾客群、销售渠道、合同额等方面的获利能力进行评价、控制。

4. 战略控制

战略控制的具体做法是由主要市场营销管理者采取一系列行动，使实际市场营销工作与原规划尽可能一致，在控制中通过不断评审和信息反馈，对战略加以修正。

5. 营销审计

它是对企业或战略业务单位的营销环境、目标、战略和营销活动诸方面进行独立的、系统的、综合性的定期审查，以发现营销机会、找出问题、提出改善营销工作的计划和建议。市场营销审计的基本内容包括市场营销环境审计、市场营销战略审计、市场营销组织审计、市场营销系统审计、市场营销盈利能力审计和市场营销职能审计。

进入20世纪90年代以来，市场营销环境发生了巨大变化。电子计算机、网络技术及无线电通信的不断进步，全球性竞争的日趋激烈，消费者购买经验的日益丰富，服务性企业的迅速发展等，都要求企业重新考虑选择适合企业自身特点的市场营销组织形式和营销控制方法，以不断提升企业的整体市场竞争能力，从而使企业能在更加激烈、残酷的竞争中，一次次地击退竞争对手发起的猛攻，保持市场占有率和销售额持续快速的增长势头，赢得主动权。

本章小结

(1) 市场营销是指企业通过有计划地组织整体销售、实现企业的目标市场、产品开发、产品定价、渠道选择、促销和提供服务等一系列与市场有关的企业业务经营活动。而市场营销管理则是对营销方案所作的分析、计划、实施和控制。

(2) 市场营销的观念随着市场经济的发展而不断演变：从生产观念和产品观念发展到销售观念、市场营销观念、社会营销观念、未来营销观念。

(3) 企业市场营销的活动从编制营销计划开始。企业市场营销计划的编制包括确定编制原则、分析营销现状、分析机会和威胁、确定营销目标、确定营销战略、落实行动方案、编制预算表以及组织实施和检查控制八个步骤。

(4) 企业可按照一定的标准，辨别和区分对同一产品具有不同需要的消费者群体进行市场细分，并依据企业任务及目标需求对细分市场进行定位，即目标市场的定位。

(5) 市场营销组合要素即4P：产品（Product）、定价（Price）、渠道（Place）、促销（Promotion），是企业市场营销战略的重要组成部分。

(6) 企业的市场营销活动是涉及众多因素的系统工程。要保证其目标得以实现，就必须对市场营销的全过程实施有效的组织、实施与控制，使企业的各个部门、各种资源相互协调、有机配合，适应千变万化的市场环境。

习　题

1. 市场营销观念的演变大致分为哪几个阶段？
2. 依据市场细分的理论，对某品牌的儿童营养牙膏进行市场细分。
3. 目标市场定位对企业有什么意义？包括哪些程序？
4. 什么是产品组合？它包括哪些形式？
5. 在产品生命周期的不同阶段，分别采取哪些营销策略？
6. 一个企业应如何有效地运用市场营销组合策略？去有关企业进行实地调查。

[本章综合案例]

三九企业集团营销战略的转变与思考

三九企业集团（以下简称“三九”）从1985年筹建其前身南方制药厂，经过16年的努力，已发展成为一个大型的医药企业集团，连续几年销售额、利税、利润三项指标在全国医药行业都雄居第一，但与世界著名药业企业比仍有巨大差距。新世纪伊始，三九总裁赵新先就提出三九要在10年内成为亚洲制药业第一的目标，这意味着要达到30亿美元以上的年销售额。而1999年三九的年销售额也仅有74亿元人民币，还不到10亿美元，国内市场占有率仅4.1%。就是说，三九要实现亚洲制药业第一的宏伟目标，必须进行战略调整，做出新的决策。

三九首先着眼于营销战略的转变，主要是目标市场的转变、市场定位的转变、营销模式的转变。

1. 把目标市场由国内拓展到国际的转变

三九的跨国经营战略，就是要通过传播中医药产品和服务，创造出一个全球性的中医药市场。当然，三九实施跨国经营存在着许多不可忽视的障碍，如人才、资金、跨国营销经验、贸易壁垒、文化冲突等。对于如何克服这些障碍，三九提出了自己的创新模式：向国外推广中医中药连锁经营营销策略，建立起像“麦当劳”模式的中医中药连锁经营网。

10年来，三九已逐渐摸索出一些经验：以进入障碍较低的地区为突破口，如东南亚等华人较多的国家和地区，以及德国等本身有自己的植物药和草药的国家；以中医药学术交流为先导推广中医药文化，通过并购或联营的方式建立中医连锁医院，从而创造和引导市场需求；通过并购或合营方式在当地建立生产基地或分销机构，突破进入障碍；通过实行中药生产现代化、标准化，使中药产品西药化，以满足进入国际市场要求；通过建立中医药连锁店形成规模化、网络化、标准化经营；采用属地化管理模式，等等。

三九还借鉴日本及中国台湾地区在国际市场上推广中医药的成功经验，率先进行中药生产改革和创新，将传统中医药理论与现代化制药工艺相结合，研制出“中药电子调配中心”和与之配套的“单味中药浓缩颗粒剂项目”，由此解决传统中药长期无法走向世界的技术难题。

中医药进入欧美主流市场最主要的困难还是来自文化和观念的冲突。西药技术和市场高度发达，其在国际市场上的统治地位已深深融入人们的观念，影响人们的行为方式，加上来自当地医疗体制和政策的保护，导致三九的中医药国际市场拓展困难重重，需要一个漫长和艰苦的积累过程。

2. 把企业定位由医药生产厂家向生命健康服务集团转变

为了顺应新经济时代的发展要求，“三九”也适时开始转变经营理念，由单一的药品生产转化为全方位的健康服务，确立了“生命健康产业”的发展方向。企业突出“健康就是幸福”的主题，以“优质服务”为核心，除了药品、保健品、医疗器械外，还综合以医疗服务、产品服务、医疗信息服务等方式，全方位、立体化满足市场需求。

围绕生命健康主题，三九将产业由医药扩展到体育、娱乐、饮食、影视等多个领域，为消费者提供多样化的产品和服务，全方位满足消费者生命健康需求。三九兴建了多个高尔夫球场，使消费者在欣赏田园风光的同时，享受健康生活的快乐；三九投资和管理着越来越多的文化娱乐场所，满足人们健康文化娱乐的需求，提高人们的生活质量；三九发展有特色的饮食业，积极投身影视领域的发展，满足消费者的多方面需求。这些领域的拓展努力，不仅使消费者的各种需求得到满足，也使三九获得了很好的声誉和经济效益。

当然，三九在其主业领域的全方位健康服务成绩更加显著。三九通过自主开发和并购方式获得了上千种药品的生产经营权，在三九的统一生产和质量管理体系下，为消费者提供更安全有效的产品；三九积极顺应国家医疗体制改革和消费者的要求，率先多次降低自己的医药产品价格，获得了极高的赞誉；三九计划三年内投资13亿元建立10 000家以上的药品连锁店，通过连锁店为消费者提供产品服务、健康咨询和医疗服务；三九自主开发的中药电子调配中心和中药免煎颗粒剂是“863”科研成果产业化项目，已通过国家验收，三九计划将其免费向全国中医院或中药房推广，从而推动中药现代化进程，为医生和患者提供全新方便的中医药服务。三九的健康服务项目还包括中医远程诊疗网和对生物医药、诊断试剂、医疗器械的开发等项目。目前，三九正在把全心全意为消费者服务的观念融入企业文化之中，贯彻到三九员工具体的经营行为之中，从而真正完成向服务集团的转变。

3. 把营销模式由传统的销售渠道向网络营销转变

为了配合向网络营销转变的战略要求，三九利用网络技术，结合自身的资源优势，在已有的商业销售网的基础上，建立了三九健康网，并加紧建立三九连锁药店网、三九中医远程诊疗网，从结构和功能上保证向网络营销模式转变。

三九在以往十多年的经营中已建立了庞大且强有力的商业销售网，遍布全国，下辖100多个分销机构，1 600多名销售人员，业务连接着全国几乎所有的县级以上医院和医药销售公司。为顺应国家医疗体制改革，在原商业网的基础上，三九着手建立连锁药店网。连锁药店网利用原商业网的实体分配渠道将产品和服务送达最终消费者（患者），因此成为三九价值链的终端和直接面向消费者的窗口。

建立三九健康网的目的则是承载和管理消费者和企业间的信息流，将其最终打造成为管理三九经营活动的神经系统。第一，企业可以利用互联网，突破地域和时空的限制，进行全球化网络营销；第二，用户可以进行网上咨询、购买，并利用互联网互动沟通，对三九的产品或服务提出意见和建议；第三，让健康网这一平台带动满足顾客需求的经营活动，引导企业的资源配置和目标设定；第四，通过健康网与各个内部网联网，可以进行更有效率的企业内部管理，促进资源共享，降低管理成本。

建设中的三九中医诊疗网，通过网络技术、远程通信技术等手段，利用互联网资源，目标是形成创新性的虚拟医疗服务平台。它由实体网和远程诊疗网构成。实体网是三九与国内著名医院通过各种方式合作建立的三九医院体系。远程诊疗网对医生、患者两大医疗核心资源进行合理组织，彻底突破医患之间的时空障碍，改变传统医疗服务方式，实现网上就医和会诊，患者只要拥有计算机和相关视听传输设备就可以足不出户享受24小时医疗服务。

三九通过上述“四网”合并，建成国内最大的服务网络，实现向以消费者需求为中心的网络营销转变。

（资料来源：虎网医药网，http：//www. tignet. cn/Info/3261. html，2006-3-18。）

思考题：

1. 三九企业营销战略经历了怎样的转变？
2. 如何进行营销计划的编制？
3. 结合案例，理解企业市场营销观念的发展。

第 8 章

企业财务管理

财务管理是现代企业管理的一个重要组成部分，是市场经济条件下企业最基本的管理活动之一。如果说资金是企业的血液，现金流是企业的血脉，那么财务就是企业的“心脏”。财务在企业中具有“显示器”“监控器”“纽带”“参谋”“创造价值”的功能。从社会经济发展的趋势来看，不懂财务管理的管理者将很难把握企业发展的脉搏，不能成为一个真正成功的管理者。

8.1 企业财务管理概述

8.1.1 财务管理的概念

1. 企业财务

财务一般是指与钱物有关的事务，即理财的事务。商品货币经济是财务产生和发展的客观基础。企业财务是指企业在生产经营过程中的财务活动及其与有关各方发生的财务关系。

企业财务活动，即企业的资金运动，是与商品经济的存在和发展分不开的。如图 8-1 所

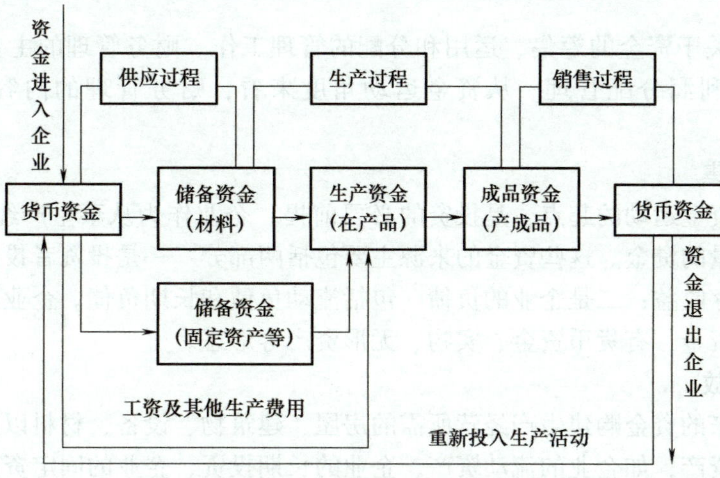

图 8-1 制造业企业资金运动

示，就制造业企业而言，企业资金从货币资金形态开始，顺序通过供应、生产、销售三个阶段，分别表现为货币资金、储备资金、生产资金、成品资金等各种不同形态，然后又回到货币资金的运动。企业取得营业收入，使资金完成了从货币形态开始，经过形态变化，又回到货币形态这一资金循环。这一循环过程，称为资金周转。

企业财务关系，即企业财务活动中与有关各方面发生的一定的经济关系，如企业与投资者、企业与债权人、企业与债务人、企业与税务机关、企业与被投资单位、企业内部各部门之间以及企业与员工之间的经济关系。但从实质上考察，它体现了人与人之间的关系。

2. 财务管理

简言之，财务管理就是对企业财务的管理，是组织企业财务活动、处理企业财务关系的经济管理工作。具体来说，财务管理是以价值形式对企业的生产经营活动进行综合管理，它利用资金、成本费用、收入、利润等价值形式来反映企业经济活动中的劳动占用量、劳动消耗量和劳动成果，进而反映出企业经济效益的好坏。

财务管理的萌芽在西方最早可以追溯到15世纪末，1897年，美国著名的财务学家格林（Green）出版了专著《公司财务》，标志着财务管理理论的初步形成。19世纪50年代以后随着股份公司这种典型的企业组织的迅速发展，专业化的财务管理应运而生。经济越发展，竞争越激烈，财务管理越重要。20世纪50年代以后，财务管理的中心已由资本筹集和资本运用转向风险投资决策。管理的核心是决策，在现代市场经济中，财务管理已贯穿于企业生产经营的方方面面，它是企业制订决策、实施决策的基础和依据。

21世纪是数字信息和财经主导的时代，财务管理已成为企业生存和发展的重要环节，也是提高经济效益的重要途径。具体来说，财务管理的意义主要表现在以下两个方面：①财务管理中的各项价值指标，为企业提供了全面、系统的经济信息，是企业经营决策的重要依据。②通过加强财务管理工作，可以使企业做到合理筹集资金，有效使用资金，以尽可能少的占用、消耗取得尽可能多的生产经营成果，从而实现提高经济效益这一财务管理的最终目标。

8.1.2 财务管理的内容

财务管理是关于资金的筹集、运用和分配的管理工作。财务管理的主要内容是投资管理、融资管理和利润分配管理。从资金运动角度来看，财务管理的内容包括以下五个方面：

1. 资金的筹集

资金筹集是资金运动的起点，是投资的必要前提。企业作为从事生产经营的经济组织，必须拥有一定数量的资金。这些资金的来源主要包括两部分：一是投资者投入的资本金以及资本公积金和留存收益；二是企业的负债，包括流动负债和长期负债。企业从投资者和债权人那里筹集来的资金，有货币资金、实物、无形资产等形态。

2. 资金的投放

企业用筹集来的资金购建生产经营所需的房屋、建筑物、设备、材料以及技术投资，形成了企业的各项资产，如企业的流动资产、企业的长期投资、企业的固定资产、企业的无形资产，以及企业递延资产和其他资产等。

3. 资金的耗费

资金耗费是指企业在生产经营过程中所发生的以价值形式表现的消费，具体表现为产品的制造成本、企业的销售费用、管理费用和财务费用等。

4. 资金的回收

资金回收是资金运动的重要环节。企业筹集和运用资金的目的是为了取得理想的收入，即所取得的收入不仅能补偿生产经营中资金的耗费，而且还能带来利润。收入是指企业在销售商品、提供劳务及让渡资产使用权等日常活动中形成的经济利益的总流入。

5. 资金的分配

资金的分配包括两个方面的内容：①企业的营业收入扣除成本、费用和各种流转税及附加税费后，补偿生产经营中资金的耗费，形成资金的初次分配。②企业的营业利润，再加（减）营业外收支净额，构成企业的利润总额。利润总额扣除所得税费用后形成净利润。企业的净利润可以在投资者之间进行分配，这是资金的二次分配。

8.1.3 财务管理的目标和任务

财务管理目标（Goals of Financial Management）是企业进行财务活动所要达到的根本目的，是企业财务活动的出发点和归宿，决定着整个企业财务管理过程的发展方向。人们对财务管理目标的认识，随着社会和经济的发展而有所不同。目前，主要有以下几种观点：

1. 利润最大化

利润最大化（Profit Maximization）观点认为，利润代表了企业新创造的财富，利润越多表明企业的财富增加得越多，越接近企业的目标。以利润最大化作为财务管理的目标是有一定道理的，实务界大都赞同以利润最大化作为财务管理的目标。但是，这种观点既没有考虑所获利润与投入资本额的关系，也没有考虑利润取得的时间，对利润与所承担的风险大小的关系也欠分析，忽略了资金的时间价值和风险价值。

2. 股东财富最大化

按照现代委托代理理论，股东和经营者的代理关系是一种契约关系。在这种关系下，企业的日常财务管理工作由受托的经营者负责，作为代理人的经营者应最大限度地为股东谋求利益，而股东的利益目标是提高投资回报。这一理论框架的核心就是实现股东财富最大化，实现股东财富最大化也就是财务管理的根本目的。股东财富（Stockholder Wealth）可以以股票市价、权益资本增值率等来衡量。

3. 企业价值最大化

企业在追求股东价值的同时，也要承担起必要的社会责任。兴起于20世纪80年代的利益相关者理论认为，比起债权人、管理者和公司其他雇员等给公司贡献出特殊资源者来说，股东只是公司诸多相关利益者之一，而不是公司唯一的所有者。或者说，股东只是拥有公司股份，而不是拥有公司。所有相关利益者的利益都具有内在价值。相关利益者理论的最终目的是要把相关利益者的思想引入到企业的决策中，支持以企业价值（Company Value）最大化为公司财务管理的目标。企业价值包含股票价值和负债价值两部分，其衡量标准是出资者出售企业可得现金。有两种计算方法：未来企业报酬贴现值和资产评估值。

围绕财务管理的目标，企业财务管理的基本任务是：做好各项财务收支的计划、控制、核算、分析和考核工作，依法合理筹集资金，有效利用企业各项资产，努力提高经济效益。

8.1.4 财务管理的原则

在市场经济条件下，工商企业面临着日益广泛的资金运动和复杂的财务关系，这就需要企业财务管理人员正确地、科学地加以组织和处理。财务管理的原则就是组织调节资金运动和协调处理财务关系的基本准则。在企业财务管理工作中应遵循以下原则：

1. 资本金保全原则

资本金保全原则是指企业要确保投资者投入企业资本金的完整，确保所有者的权益。从国际惯例来看，各国在企业财务管理中，一般都实行资本金保全原则。其原因在于，企业资本金是企业进行生产经营活动的本钱，是所有者权益的基本部分，也是企业向投资者分配利润的依据。企业的经营者可以自主使用投资者依法投资的任何财产，有责任使这些财产在生产经营中充分得到利用，实现其保值和增值。投资者在生产经营期间，除在相应条件和程序下依法转让资本金外，一般不得抽回投资。

2. 价值最大化原则

企业财务管理的目标之一是使资产所有者的财富最大化。价值最大化原则应贯彻到财务管理工作的各个环节中。在筹资决策阶段，要根据这一原则，对各种筹资渠道进行分析、比较，选择资金成本最低、风险最小的筹资方案。在进行投资决策时，也要贯彻这一原则，在长期投资和短期投资之间进行合理选择。短期投资有利于提高企业的变现能力和偿债能力，能减少风险；长期投资会给企业带来高于短期投资的回报，但风险较大。通过对不同投资项目进行可行性研究，选择一个收益最大的方案。

3. 风险收益均衡原则

在市场经济条件下，企业的生产经营活动具有不确定性，企业的生产量、销售量都将随着市场需求的变化而变化。因此，企业生产经营的风险是不可避免的，其资金的筹措、运用和分配的风险也是客观存在的，所以财务管理人员应意识到风险，并通过科学的方法预测各种生产经营活动及资金筹集运用和分配方案风险的大小。风险越大，其预期收益越高；风险越小，其预期收益越低。要做到风险与收益的平衡。

4. 资金合理配置原则

资金的合理配置是由资源的有限性和企业追求价值最大化所决定的。在企业财务管理中通过合理配置资金体现这一原则，即在筹集资金时，要考虑负债总额与全部资产总额之比，做到既能举债经营、提高资金利润率，又能防止举债过多、加大企业财务风险；在运用资金时，要考虑资产结构，即各类资产在全部资产总额中所占比重，防止出现某类资产占用过多而另一类资产却占用不足的情况。企业要把有限的资金用在“刀刃”上，并经常考核其资金配置结构的合理性和有效性。

5. 成本效益原则

企业在生产经营过程中，为了取得收入，必然会发生相应的成本费用。例如，筹资会发生资金成本；生产产品会有直接材料、直接人工、制造费用的支出；销售商品会有商品购进成本和经营费用支出；从事生产经营管理工作，会发生管理费用，等等。在收入一定的情况下，成本费用越多，企业利润越少。因此，降低成本费用是企业提高经济效益、增加利润的有效途径。但是，企业的收入随着成本的增加而增加，随着成本的减少而减少，此时按成本效益原则，在充分考核成本的基础上，如收入的增加大于成本的增加，则提高企业的效益；

反之则使企业的效益下降。

8.2 资金的筹集与资本结构优化

8.2.1 资金筹集

企业资金筹集是资金循环的起点。资金筹集对于企业的创建、生存、发展乃至企业财务管理目标的实现都有着重要的意义。在企业资金筹集过程中，需要在预测、衡量企业各项资金的需要量的基础上，确定相应的筹资渠道和方式，筹集企业所需要的资金。

1. 筹资渠道

筹资渠道是指企业资金来源。我国企业资金来源的渠道主要有以下几种：

（1）国家财政资金。国家对企业的投资是我国全民所有制企业的主要资金来源，对于大中型国有企业而言，国家投资占有重要地位。

（2）银行资金。银行对企业的贷款也是企业重要的资金来源。目前我国有各家专业银行提供基建借款、流动资金借款、专项借款等借款，财力雄厚，企业可以根据自己的需要灵活选择。

（3）非银行金融机构。除专业银行外，企业还可以选择信托投资公司、保险公司、租赁公司等非银行金融机构，这些非银行金融机构资金力量比专业银行小，但资金供应灵活方便，而且能提供其他方面的服务，给企业提供了更多的选择机会。

（4）其他企业资金。企业在生产经营过程中，往往有部分暂时闲置的资金，甚至可以较长时间地腾出部分资金，在企业之间调剂使用。主要包括联营、入股、负债、商业信用等。

（5）个人资金。企业职工和城乡居民的投资都属于个人资金渠道，在动员闲置的消费基金方面具有重要作用。

（6）企业内部形成资金。它主要是指企业税后利润在一定条件下转化为生产经营资金。按照规定，企业在缴纳所得税后应提取盈余公积和公益金，形成企业的留存收益。留存收益在一定条件下可转化为企业的经营资金，是稳定的资金来源，在企业资金中占有较大的比重。

（7）外商资金。它是指吸收的外商投资。吸收外资不仅可以弥补企业资金的不足，而且可以引进先进的技术和管理经验，促进企业技术和产品的进步。

2. 筹资方式

筹资方式是指企业取得资金的具体形式。企业根据资金需要情况来确定筹资的方式。目前主要有以下几种筹资方式：吸收直接投资、发行股票、留存收益、银行借款、利用商业信用、发行公司债券和融资租赁。其中前三种方式筹集的资金为权益资金，后几种方式筹集的资金是负债资金。

（1）吸收直接投资。企业吸收投资的来源主要是国家投资和其他企事业单位联营投资。其特点是联营合同或协议一般规定税后分利的方法，有的还规定还本方式与期限。

（2）发行股票。股票是股份公司为筹集资金而发行的有价证券，是持股人拥有公司股份的凭证。它代表持股人在公司中拥有的所有权。股票持有人即为公司的股东，拥有企业所有权、经营决策权和盈利分配权等，并承担企业亏损。发行股票使得大量社会游资得到集中和运用，并把一部分消费资金转化为生产资金，是企业筹集长期资金的一个重要途径。

（3）留存收益。留存收益是指企业从历年实现的利润中提取或留存于企业的内部积累，它来源于企业的生产经营活动所实现的净利润，包括企业的盈余公积和未分配利润两个部分，其中盈余公积是有特定用途的累积盈余，未分配利润是没有指定用途的累积盈余。

（4）银行借款。银行借款是企业按照与银行等金融机构签订的借款合同借入款项的一种融资方式，是筹集负债资金的重要形式。这种方式适用于各类企业，既可以筹集长期负债资金，也可以筹集短期负债资金，具有灵活、方便的特点。

（5）利用商业信用。商业信用是指商品交易中以延期付款或预收货款的方式进行购销活动而形成的借贷关系，是企业与企业之间的直接信用行为，或者说是一种“自然的融资方式”，包括应付账款、应付票据、预收账款等。

（6）发行公司债券。企业发行的债券又叫公司债券，是企业为取得长期债务而发行的有价证券，是持券人拥有公司债权的证书，代表持券人同公司之间的债权债务关系。企业要按时偿还本息，债权人不享有盈利分配权，也不承担企业亏损。发行债券是企业筹集资金的又一重要途径。

（7）融资租赁。融资租赁是由租赁公司按要求出资购买资产，在较长的合约期内提供给承租单位使用的信用业务，是以融通资金为主要目的的租赁。一般的借贷对象是资金，而融资租赁的对象是实物。融资租赁是融资与融物相结合、带有商品销售性质的租赁活动，是企业筹集资金的一种重要方式。

筹资渠道和筹资方式之间有密切的关系。一定的筹资方式可以适用于多种筹资渠道，也可能只适用于某一特定的筹资渠道；同一渠道的资金也可能采取不同的筹资方式取得。因此，企业筹集资金时，必须将两者结合在一起，研究两者的合理配合。

8.2.2 资本结构

资本结构（又称筹资结构或资金结构）（Capital Structure）是指企业全部可运用的资本的构成及其比例关系，包括：企业债务资本与权益资本的比例；债券、优先股、普通股之间的比例；长期债务与短期债务之间的比例。企业资金来源从大类上分可以分为所有者权益和负债两大类，这两类资金对企业的优劣势互补。资本结构中最重要的比例关系是债务资本与权益资本的比例关系。

1. 权益资金

（1）资本金。企业资本金是指企业在工商行政管理机关登记的注册资金，即企业开办时的本钱。对股份制企业而言，资本金就是股本。资本金按照投资主体分为国家资本金、法人资本金、个人资本金及外商资本金。企业筹集资本金的方式可以是多种多样的，既可以吸收货币资金的投资，又可以吸收实物、无形资产等形式的投资，企业还可以发行股票来筹集资本金。

发行股票筹集资本金是股份公司最常用的一种融资手段。股票是股份公司为筹集资本金而发行的。股份公司发行股票筹资是一种很有弹性的筹资方式，股票无到期日，公司无须为偿还资金担心，而且，当公司经营不佳或资金短缺时，可以不发股息和红利。因此，发行股票筹资风险低。但是，由于投资者承担的风险较大，他们只有在股票的报酬高于债券的利息收入时，才愿意投资于股票，加之股息和红利要在税后利润中支付，使股票的筹资成本大大高于债券。另外，增发普通股会降低原有股东的控制权。

（2）资本公积金。资本公积金是一种资本储备形式，或者说是一种准资本，可以按照法定程序转化为资本金，是所有者权益的构成部分之一。其主要来源包括以下几个方面：

1）资本溢价。资本溢价是指有限责任公司重组前新投资者出资额中按双方协议、合同约定作为资本公积金的部分。有限责任公司投资者的出资额在资本金中的份额是投资者对企业享有权利和承担风险的依据，将新投资者的部分出资额作为资本溢价处理，是为了维护原有投资者的权益。因为企业创办者在企业初创时期垫付的资本金带来了公司重组时高于初创时期的获得能力，所以新加入的投资者要获得与原有投资者相同的投资比例和权利，必须付出大于原有投资者的出资额。另外，企业留存收益在未转化为资本金前在性质上也属于原有投资者的权益，新加入者要分享这部分收益，就必须付出相应的代价。

2）股票溢价。股份公司以发行股票的方式筹集资本金，其股票发行价格与股票面值可能一致，也可能不一致。按超出股票面值的价格发行为溢价发行；按低于股票面值的价格发行为折价发行；按与股票面值相同的价格发行为面值发行。企业如果采用溢价发行股票，其取得的收入，相当于股票面值的部分作为资本金，超出面值的部分在扣除发行股票所支付的佣金、手续费等支出后，即股票溢价净收入作为资本公积金。

3）法定资产重估增值。按照国家法律、法规，企业实行股份制改造、吸收外商投资、对外联营投资、企业合并、兼并、改组、拍卖以及国家统一组织的清产核资等，均应进行资产重估，其重估价值大于账面净值的差额，即法定资产重估增值作为资本公积金。

4）资本汇率折算差额。企业收到投资者的外币投资额，需要折合为记账本位币金额。资本汇率折算差额是由于资产账户与实收资本账户采用的折合汇率不同而产生的折合记账本位币差额。

5）企业接受捐赠的财产。企业接受捐赠，是指赠予方给企业的一种无偿赠予，不同于接受投资，应作为资本公积金。

（3）留存收益。留存收益是指企业生产经营活动所取得净收益的积累。它是所有者权益的一个组成部分，也是企业的一个重要资金来源。它一般包括以下几个方面：

1）盈余公积金，是指企业按照规定从税后利润中提取的积累资金。盈余公积金可以按照法定程序转增资本金，可以用于弥补企业以前年度亏损，还可按规定用于分配股利。

2）公益金，是指企业按规定从税后利润中提取的专门用于企业职工集体福利设施的准备金。

3）未分配利润，是指企业实际利润和已分配利润的差额，在分配前形成企业资金的一项来源。

2. 债务资金

企业负债是指企业承担的能够以货币计量，并需要以资产或劳务偿付的债务。在市场经济条件下，企业借入资金是企业筹集资金的重要方式。企业负债一般按其偿还期限的长短分为流动负债和长期负债。

流动负债是指可在一年或超过一年的一个营业周期内偿还的债务，包括短期借款、应付账款、应付票据、预收账款、应付职工薪酬、应交税费、应付利息、其他应付款等。

长期负债是指偿还期限在一年或超过一年的一个营业周期以上的债务，包括长期借款、应付债券、长期应付款等。

案例

环球网络公司的筹资情况

2018年初，张平和王成文开始了创业之路，各出资200 000元（计400 000元），注册了“环球网络公司”。为经营需要，从银行借款330 000元，作为流动资金。1月2日购买了200m² 的房屋作为机房，价值400 000元，购买了80台计算机，1台打印机、1台复印机，价值300 000元。购入各种材料价值8 000元。剩余资金（22 000元），除留下2 000元作为零用现金外，其余资金（20 000元）存入银行。

环球网络公司积极开拓业务，不断提高服务水平，开业当年，取得上机收入300 000元，打印、复印收入50 000元。公司加强内部管理，特别是成本管理，严格控制成本，开业当年，支付水电费40 000元，营业税22 500元，房屋及设备折旧80 000元，人员工资40 000元，消耗各种材料30 000元，其他杂费5 000元。经过努力，公司开业当年取得了一定的成果，创业成功有望。

此案例值得我们思考的问题是：企业筹资是企业资金运动的起点，筹资的方式和渠道有哪些？筹集的资金应该如何运用呢？

8.2.3 资金成本与筹资结构优化分析

1. 资金成本

资金成本是指企业为筹集和使用资金而付出的代价，包括资金筹集费用和资金占用费用两部分。资金筹集费用是指资金筹集过程中支付的各种费用，如发行股票和债券支付的印刷费、律师费、公证费、担保费及广告宣传费。资金占用费用是指占用他人资金应支付的费用，或者说是资金所有者凭借其对资金所有权向资金使用者索取的报酬，如股东的股息、红利、债券及银行借款支付的利息。

资金成本通常用相对数来表示，即支付的报酬与获得的资金之间的比率。根据不同情况，资金成本可以有不同的表现形式，如银行借款资金成本率、债券资金成本率、股票资金成本率等。其基本计算公式为

$$资金成本=\frac{每年的用资费用}{筹资总额-筹资费用}$$

资金成本是财务管理中的重要概念，是企业的投资者（包括股东和债权人）对投入的资本所要求的收益率，也是投资项目的机会成本。在筹资决策中，资金成本是确定筹资总额、资金来源、筹资方式、最优资本结构的重要依据。在投资决策中，资金成本是计算净现值指标的折现率，也是利用内部收益率指标决策的基准收益率。资金成本还是衡量企业的经营成果的标准，经营利润率应高于资本成本，否则表明业绩欠佳。

2. 筹资结构优化分析

企业需要拟订不同资金来源的筹资方案，进行筹资结构优化分析，以期选出经济合理、效益最好的方案，从筹资结构的总体上，可以使总资金成本最低，实现最优资本结构。最优资本结构是企业在一定时期使其综合资本成本最低，同时企业价值最大的资本结构。

筹资结构优化的方法主要有比较资金成本法、每股收益无差别点法等方法。当各项资金

成本率已确定，但资金来源比例未定时，可以采用比较资金成本法。现举例说明。

例8-1 某公司经研究，决定从申请银行借款、发行债券和股票三个方面筹集资金，其各自资金成本率已确定，从四种资金来源不同比例的方案中，选出最优方案，有关资料见表8-1。

表8-1 筹资方案数据

资金种类	资金成本	筹资比例			
		第一方案	第二方案	第三方案	第四方案
银行借款	8%	20%	20%	30%	25%
债券	9%	30%	40%	30%	45%
股票	10%	50%	40%	40%	30%

根据表8-1的资料，各方案的总资金成本率计算如下：

第一方案：总资金成本率 $=0.2\times0.08+0.3\times0.09+0.5\times0.1=0.093$

第二方案：总资金成本率 $=0.2\times0.08+0.4\times0.09+0.4\times0.1=0.092$

第三方案：总资金成本率 $=0.3\times0.08+0.3\times0.09+0.4\times0.1=0.091$

第四方案：总资金成本率 $=0.25\times0.08+0.45\times0.09+0.3\times0.1=0.0905$

计算结果表明，第四方案的总资金成本率最低，只有9.05%。企业应进一步结合实际情况分析各筹资渠道的可行性，权衡利弊得失，择优定案。

8.3 资金运用管理

企业资金从占用形态上看，可以分为流动资金和固定资金两种基本形态。为了使企业的资金发挥最大的效力，应针对流动资金和固定资金的特点实施有效管理。

8.3.1 流动资金管理

1. 流动资金的概念

流动资金是流动资产的货币表现，主要包括现金、应收账款和存货。流动资金在周转中表现为储备资金、生产资金、成品资金、货币资金等占用形态。它的价值周转是一次全部进行的，经过一个生产周期就完成一次循环。资金的瞬间占用与周而复始的循环相结合是流动资金的主要特点。

流动资金管理的基本任务就是保证生产经营所需的资金得到正常供给，并在此基础上减少资金占用，加速资金周转。流动资金管理的好坏对企业资金周转是否顺畅，对企业的资产组合是否合理，对企业经营成果的好坏，都有重要影响。

2. 现金管理

现金有广义和狭义之分，狭义的现金即企业的库存现金，而广义的现金则包括企业的库存现金、各种形式的银行存款和银行本票、银行汇票。本文采用广义的现金概念。

现金是企业中流通性最强的资产，控制流动资金首先要从现金开始。企业缺乏必要的现金，将不能应付业务开支，使企业蒙受损失。但若置存过量的现金，又会因为这些资金不能投入周转无法取得盈利而遭受另外一些损失。因此，企业现金管理的目的，就是要在资产的流动性和盈利能力之间做出抉择，提高现金使用效率，以使企业获取最大的长期利润。

现金管理的内容主要有以下几个方面：

（1）编制现金预算或现金收支计划，以便合理地估计未来的现金需求。

（2）对日常的现金收支进行控制，力争现金流量同步。如果企业能使它的现金流入与现金流出发生的时间趋于一致，就可以使其所持有的交易性现金余额降到最低水平。

（3）使用现金浮游量。从企业开出支票，收票人收到支票并存入银行，至银行将款项划出企业账中，中间需要一段时间。现金在这段时间的占用量称为现金浮游量。现金浮游量是企业存款账户上存款余额和银行账簿上企业存款账户余额之间的差额，也是企业和银行之间的未达账项。在这段时间里，尽管企业已开出了支票，却仍可动用在活期存款账户上的这笔资金。不过，在使用现金浮游量时，一定要控制好使用时间，否则会发生银行存款的透支。

（4）力求加速收款，延缓付款。企业一方面应尽量缩短应收账款的时间，另一方面，在不影响自己信誉的前提下，应尽可能地推迟应付款的支付期，充分利用供货方所提供的信用优惠。

（5）用特定的方法确定理想的现金余额。当企业实际现金余额与理想余额不一致时，可采用短期融资策略或采用归还借款和投资于有价证券等策略达到理想状况。

3. 应收账款管理

应收账款是指企业因销售产品、材料和供应劳务等，应向购货单位收取的账款。随着市场经济发展、商业信用的推行，企业应收账款数额明显增多，因而应收账款已成为流动资金管理中一个日益重要的问题。企业进行应收账款管理的基本目标就是在充分发挥应收账款增加销售、减少存货功能的基础上，降低应收账款投资的成本，使提供商业信用、扩大销售所增加的收益大于有关的各项费用。

应收款赊销的效果好坏，依赖于企业实行的信用政策。信用政策主要包括：

（1）信用期间。信用期间是企业允许顾客从购货到付款之间的时间。信用期过短，不足以吸引顾客，在竞争中会使销售额下降；信用期过长，对销售额增加有利，但所得利益有时会被增长的费用所抵消，甚至造成利润减少。因此，信用期的确定，主要是分析改变现行信用期对收入和成本的影响，延长信用期，使收入和成本都增加。若收入大于成本，可以延长信用期，否则不宜延长。如果缩短信用期，情况与此相反。

（2）信用标准。信用标准是指顾客获得交易信用所应具备的条件。如果顾客达不到信用标准，便不能享受企业的信用或只能享受较低的信用优惠。企业在设定某一顾客的信用标准时，往往要先评估它赖账的可能性。

（3）现金折扣政策。现金折扣是企业对顾客在商品价格上所做的扣减。企业对顾客是否提供现金折扣，提供多大比例的现金折扣，要看采用此现金折扣政策后收入与成本的变化的综合结果对企业是否有利。

应收账款发生后，企业应采取各种措施，尽量争取按期收回款项，否则可能发生坏账。这些措施包括对应收账款回收情况的监督、对坏账损失的事先准备和制订适当的收账政策。

4. 存货管理

存货是指企业在生产经营过程中为销售或者耗用而储备的物资，通常包括原材料、委托加工材料、包装物、低值易耗品、在产品、产成品等。存货管理的目标在于恰当地控制存货水平，在保证销售和耗用正常进行的情况下，尽可能地节约资金、降低存货成本。为此，必须分析存货管理的成本，运用经济订购批量法、资金定额法进行存货管理，并加强存货的日常控制。

（1）存货管理的成本。在存货决策中，通常需要考虑以下几项成本：

1）订货成本。它是指取得订单的成本。按照其与订货次数的关系，订货成本可以分为变动性订货成本（差旅费等）和固定性订货成本（采购机构的基本开支，用 F_1 表示）。若 D 表示存货年需要量，Q 表示每次进货量，K 为每次订货的变动成本，则变动性订货成本总额为 $(D/Q)\cdot K$。

2）采购成本。它等于采购单价（用 U 表示）乘以采购数量，即采购成本为 DU。注意，在一定时期进货总量既定的条件下，无论企业采购次数如何变动，存货的采购成本通常保持相对稳定（假定物价不变且无采购数量折扣），因而属于决策的无关成本。

3）储存成本（TC_C）。储存成本是指企业为保持存货而发生的成本。按照其与储存数额的关系，可以分为变动性储存成本（用 K_C 表示）和固定性储存成本（用 F_2 表示）。其中，前者属于决策的相关成本，后者属于决策的无关成本。

4）缺货成本（TC_S）。缺货成本是指因存货不足而给企业造成的损失，包括直接损失和间接损失。若允许缺货，则缺货成本与存货数量反向相关，属于决策的相关成本。若不允许缺货，则缺货成本为 0。

（2）经济订购批量的确定。经济订购批量的确定是存货日常管理的重要手段。订购批量是指每次订购存货的数量。在某种存货全年需求量已定的情况下，降低订购批量，必然增加订货批次。一方面，使存货的储存成本（变动性储存成本）随平均储存量的下降而下降；另一方面，使订货成本（变动性订货成本）随订购批次的增加而增加。反之，减少订购批次必然要增加订购批量，在减少订货成本的同时储存成本将会增加。存货决策的目的，就是确定使这两种成本合计数最低时的订购批量，即经济订购批量。参见图 8-2。

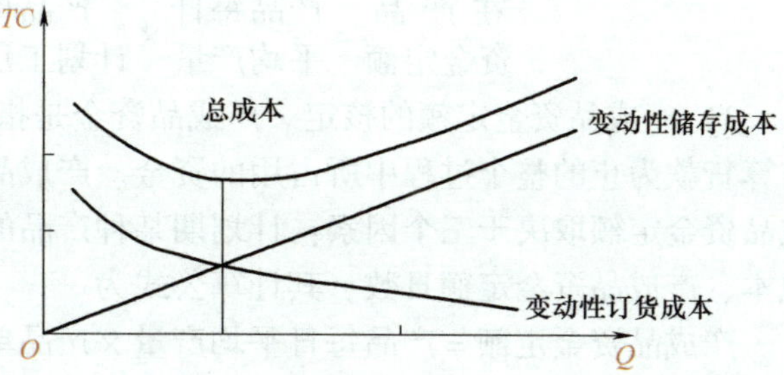

图 8-2　变动性储存成本、变动性订货成本与总成本的关系

假设不允许缺货，而且企业不会因现金短缺而影响进货，总成本（TC）的公式可以简化为

$$TC = F_1 + \frac{D}{Q}K + DU + F_2 + K_C\frac{Q}{2}$$

当 F_1、K、D、U、F_2、K_C 为常量时，TC 的大小取决于 Q。为了求出 TC 的极小值，对其求导，可得出经济订货量（Q^*）公式为

$$Q^* = \sqrt{\frac{2KD}{K_C}}$$

这一公式称为经济订货量基本模型，求出的每次订货批量，可使 *TC* 达到最小值。

例 8-2 某公司的一种新型产品的促销很成功，估计年平均销量为 1 000 个，每个售价为 750 元，每个存货的年储存成本是 100 元，每次订货成本为 80 元，该新型产品的每个购买价格为 500 元，则公司该产品的经济订货量为多少？

根据上述资料计算经济订货量为

$$经济订货量 = \sqrt{\frac{2\times 1\ 000\times 80}{100}}个 = 40 个$$

在实际工作中，由于各种因素的影响，需要对前述基本模型进行扩展，以确定不同状况下的经济订购批量，降低成本。

（3）存货资金定额的核定。主要包括以下三个方面：

1）储备资金定额的核定。储备资金是占用在原材料、辅助材料、燃料、修理用备件、低值易耗品等存货项目上的资金。储备资金定额取决于三个因素：计划期原材料每日平均耗用量、原材料计划价格、储备资金定额日数。其计算公式为

储备资金定额 = 原材料每日平均耗用量 × 原材料计划价格 × 储备资金定额日期

2）生产资金定额的核定（在产品资金定额的核定）。在产品资金是指从原材料投入生产开始，直到产品制成入库为止的整个过程中所占用的资金（这里在产品资金就广义而言，其中包括自制半成品资金）。在产品资金定额应当按照各种产品分别核定。在产品资金定额取决于四个因素：计划期某种产品的每日平均产量、某种产品的单位计划工厂成本、在产品成本系数、生产周期。其计算公式为

$$\frac{在产品}{资金定额} = \frac{产品每日}{平均产量} \times \frac{产品单位}{计划工厂成本} \times \frac{在产品}{成本系数} \times \frac{生产}{周期}$$

3）产成品资金定额的核定。产成品资金是指从产品制成入库，直到销售，取得货款或结算贷款为止的整个过程中所占用的资金。产成品资金定额应当按照各种产品分别核定。产成品资金定额取决于三个因素：计划期某种产品的每日平均产量、某种产品的单位计划工厂成本、产成品资金定额日数。其计算公式为

产成品资金定额 = 产品每日平均产量 × 产品单位计划工厂成本 × 产成品资金定额日数

（4）存货的日常控制。存货的日常控制是指在日常生产经营过程中，按照存货计划的要求，对存货的使用和周转情况进行的组织、调节和监督。存货控制的方法主要有以下几种：

1）存货的分级归口控制。财务部门对资金实行统一管理，实行存货资金的归口管理和分级管理。

2）建立、健全存货的检验、收发、领退、保管的清查盘点制度，保证存货的安全完整；合理确定存货量，节约使用资金；提高存货的利用效果，加速存货周转。

3）运用 ABC 法控制。其具体做法是：价值较高的存货归为 A 类，应进行严格控制；价值相对低的存货归为 C 类，进行比较简单的控制；B 类则介于这两类之间。

8.3.2 固定资金管理

8.3.2.1 固定资产的概念

固定资金是固定资产的货币表现。固定资产是指使用期限超过一年的房屋、建筑物、机

器、机械、运输工具以及其他与生产经营有关的设备、器具、工具等。不属于生产经营主要设备的物品，单位价值在2 000元以上，并且使用年限超过两年的，也应当作为固定资产。

8.3.2.2 固定资产的分类

固定资产按其经济用途，分为生产用固定资产和非生产用固定资产。生产用固定资产是指直接参加生产过程或直接服务于生产过程的各种固定资产。非生产用固定资产是指不参加或不直接服务于生产过程的固定资产。

固定资产按其使用情况，分为使用中的、未使用的和不需用的固定资产。使用中的固定资产是指正在使用中的生产用和非生产用的固定资产。由于季节生产和修理等原因暂时停止使用，以及存放在车间备用的机器设备等，仍属企业生产所需，也应列为使用中的固定资产。未使用的固定资产是指尚未使用的新增固定资产，购入尚未安装的固定资产，进行改建、扩建的固定资产，以及经批准停止使用的固定资产。不需用的固定资产是指不适合本企业生产需要，或者超过本企业当前需要，已经报请上级并等待处理的固定资产。

固定资产按其所属关系，分为自有固定资产和融资租入固定资产。自有固定资产是指产权属于企业所有的固定资产。融资租入固定资产是指企业以融资租赁方式租入的机器设备。在租赁期内，融资租赁固定资产应视同企业自有固定资产管理。

8.3.2.3 固定资产折旧管理

1. 固定资产折旧的概念

固定资产在使用过程中，它的价值逐渐转移到所生产的产品上去，以折旧费的形式构成产品成本和费用的一部分，通过产品销售的实现，从产品销售收入中得到补偿。固定资产因损耗而转移到产品上去的那部分价值，叫作固定资产折旧。

固定资产的损耗有有形损耗和无形损耗两种形式。固定资产的有形损耗，是指固定资产由于使用和自然力的作用而逐渐丧失其物理性能。包括两种情况：①由于固定资产投入生产过程中的实际使用而发生的物质磨损。②由于自然力的作用而发生的自然损耗。固定资产的无形损耗，是指由于劳动生产率提高和科学技术进步所引起的固定资产价值的损耗。考虑无形损耗后所确定的折旧年限，称为固定资产的经济折旧年限。固定资产的经济折旧年限比物理折旧年限短。

2. 固定资产折旧的计提范围

总的来说，使用中的固定资产应计提折旧，未使用和不需用的固定资产不应计提折旧。应计提折旧的固定资产包括：房屋及建筑物（无论使用与否均应计提折旧）；在用的机器设备、仪器仪表、运输车辆等；季节性停用和大修理停用的设备；以融资租赁方式租入的固定资产和以经营租赁方式租出的固定资产。

不应计提折旧的固定资产包括：房屋及建筑物以外的未使用和不需用的固定资产；以经营租赁方式租入的固定资产和以融资租赁方式租出的固定资产；建设项目交付生产使用前的固定资产；已提足折旧继续使用的固定资产；破产、关停企业的固定资产以及过去已经估价单独入账的土地等。此外，提前报废的固定资产也不再补提折旧，而是将其未提足折旧的净损失列作营业外支出。

3. 固定资产折旧的计算方法

（1）直线折旧法。直线折旧法包括平均年限法和工作量法等，其基本含义是，固定资产在每一会计期间或每一单位产量上的价值损耗相同。

1）平均年限法。采用平均年限法计算固定资产折旧额，是根据固定资产的原始价值、清理费用和残余价值，按照其折旧年限平均计算的折旧额。其计算公式为

$$固定资产年折旧额=\frac{原始价值+清理费用-残余价值}{折旧年限}$$

$$=\frac{原始价值\times(1-预计净残值率)}{折旧年限}$$

$$月折旧额=\frac{年折旧额}{12}$$

在实际工作中，为了反映固定资产在一定时期内的损耗程度并简化核算，各期折旧额一般根据固定资产原值乘以该期折旧率计算确定。

$$固定资产年折旧率=\frac{固定资产年折旧额}{固定资产原值}$$

$$=\frac{1-预计净残值率}{折旧年限}$$

$$月折旧率=\frac{年折旧率}{12}$$

$$月折旧额=固定资产原值\times月折旧率$$

例 8-3 某企业有一设备，原价值为 100 000 元，预计可使用 20 年，按照有关规定，该设备报废时的净残值率为 4%。该设备的折旧率和折旧额计算为

年折旧率 =（1 −4%）/20 =4.8%

月折旧率 =4.8%/12 =0.4%

月折旧额 =（100 000 ×0.4%）元 =400 元

平均年限把固定资产的全部损耗价值在其经济使用年限内平均计提折旧，计算简便，易于理解。凡是在使用年限内无论使用与否都要发生损耗的固定资产，以及常年均衡使用或基本上均衡使用的固定资产，都可以采用平均年限法，如房屋、建筑物和不受季节影响的动力、传导、加工和维修设备等。

2）工作量法。它是以固定资产折旧总额除以预计使用期内可以完成的总工作量（如总行驶里程或总工作小时），求得单位工作量折旧额的方法。使用这种方法时，单位工作量的折旧额是相同的。根据各个时期完成的工作量，即可计算出该时期应计提的折旧额。其计算公式为

$$单位工作量折旧额=\frac{原始价值+清理费用-残余价值}{预计总工作量}$$

$$=\frac{原始价值\times(1-预计净残值率)}{预计总工作量}$$

例 8-4 某企业一台仪器原价值 60 000 元，预计可使用 40 000 小时，该仪器残值率为 5%，本月工作 600 小时。其月折旧额计算方法为

单位小时折旧额 =[60 000 ×（1 −5%）÷40 000]元/小时 =1.425 元/小时

本月折旧额 =（600 ×1.425）元 =855 元

（2）加速折旧法。我国的会计制度允许对国民经济中具有重要地位、技术进步快的电

子生产企业、船舶工业企业、生产“母机”的机械企业、飞机制造企业、汽车制造企业、化工生产企业和医药生产企业以及其他经财政部批准的特殊行业的企业的机器设备，可以采用双倍余额递减法和年数总和法计提折旧。

1）双倍余额递减法。这种方法根据年初固定资产折余价值乘以双倍余额递减法折旧率，确定年折旧额。随着固定资产折余价值的逐年减少，每年计提的折旧额亦随之减少。其计算公式为

$$双倍余额递减法年折旧率 = \frac{2}{折旧年限 \times 100\%}$$

例8-5 某台设备原始价值800 000元，预计净残值为80 000元，折旧年限为5年，采用双倍余额递减法计算折旧，每年的折旧额计算如表8-2所示。

表8-2 折旧额计算 （单位：元）

折旧年份	各年折旧额	折旧累计额	折余价值
1	800 000 × 40% = 320 000	320 000	480 000
2	480 000 × 40% = 192 000	512 000	288 000
3	288 000 × 40% = 115 200	627 200	172 800
4	(172 800 − 80 000) /2 = 46 400	673 600	126 400
5	(172 800 − 80 000) /2 = 46 400	720 000	80 000

企业财务制度规定，实行双倍余额递减法的固定资产，应该在其固定资产折旧年限到前两年内，将固定资产折余价值扣去净残值后的净值平均推销。

2）年数总和法。这种方法是根据折旧总额乘以递减分数（折旧率）确定年度折旧额。折旧总额为原始价值减去残余价值后的余额。递减分数的分母，为固定资产使用年限的各年年数之和，即年数总和，如使用年限为5年，则年数总和为1+2+3+4+5=15。递减分数的分子，为固定资产尚可使用的年数，如第1年为5，第2年为4，以后各年依次为3，2，1。年数总和法的固定资产折旧率和折旧额的计算公式为

$$固定资产年折旧率 = \frac{折旧年限 - 已使用年数}{折旧年限 \times (折旧年限 + 1) /2}$$

$$固定资产月折旧率 = \frac{年折旧率}{12}$$

$$固定资产月折旧额 = 固定资产折旧总额 \times 月折旧率$$
$$= (固定资产原始价值 - 预计净残值) \times 月折旧率$$

例8-6 某固定资产原值为50 000元，预计使用年限为5年，预计净残值为2 000元。采用年数总和法计算折旧，请问各年应计提折旧多少元？

第一年应计提折旧额 = (50 000 − 2 000)元 × 5/15 = 16 000元

第二年应计提折旧额 = (50 000 − 2 000)元 × 4/15 = 12 800元

第三年应计提折旧额 = (50 000 − 2 000)元 × 3/15 = 9 600元

第四年应计提折旧额 = (50 000 − 2 000)元 × 2/15 = 6 400元

第五年应计提折旧额 = (50 000 − 2 000)元 × 1/15 = 3 200元

8.3.2.4 固定资产投资项目管理

1. 固定资产需要量的确定

应根据企业生产任务、经营规模、生产经营发展方向，正确测定固定资产需要量，合理

配置固定资产。核定生产设备需要量的基本方法，是将生产设备的生产能力和企业确定的计划生产任务进行比较，在此基础上平衡生产设备的需要量。其计算公式为

$$某项生产设备需要量=\frac{计划生产任务(实物量或台时量)}{单台设备生产能力(实物量或台时量)}$$

2. 固定资产的投资决策

与流动资产相比，固定资产具有投资数量大、投资回收期长、投资影响大等特点。为了获得固定资产投资的最佳经济效果，要在投资项目落实之前，论证投资项目技术上的可行性、先进性和经济上的合理性、效益性，通过比较，选择最佳方案。

（1）现金流量。对固定资产投资项目分析的基础是固定资产投资的现金流量。现金流量是现代理财学中的一个重要概念，是指企业在一定会计期间按照现金收付实现制，投资项目产生的现金流入、现金流出及其总量情况的总称。现金流入量减去现金流出量就是净现金流量。从投资项目角度看，现金流量包括：

1）初始现金流量。初始现金流量是指开始投资时发生的现金流量，一般包括固定资产上的投资、流动资产上的投资和其他投资费用。

2）营业现金流量。营业现金流量是指投资项目投入使用后，在其生命周期内由于生产经营所带来的现金流入和流出的数量。这种现金流量一般以年为单位进行计算。这里现金流入一般是指营业现金收入，现金流出是指营业现金支出和交纳的税金。如果一个投资项目的每年销售收入等于营业现金收入，付现成本（指不包括折旧等非付现的成本）等于营业现金支出，那么，每年净现金流量（Net Cash Flow，简称 NCF）的计算公式为

$$\begin{aligned}每年净现金流量&=营业收入-付现成本-所得税\\&=营业收入\times(1-所得税率)-付现成本\times(1-所得税率)+折旧\times所得税率\\&=净利+折旧\end{aligned}$$

3）终结现金流量。终结现金流量是指投资项目完结时所发生的现金流量，主要包括：固定资产的残值收入或变价收入、原有垫支在各种流动资产上的资金的收回、停止使用的土地的变价收入等。

（2）投资决策分析方法

1）投资利润率（Return On Investment，简称 ROI）。投资利润率是指生产期正常年度利润或年均利润占投资总额的百分比，又称投资报酬率。其计算公式为

$$投资利润率=\frac{正常年度利润或年均利润}{投资总额}\times100\%$$

2）投资回收期（Payback Period，简称 PP）。投资回收期又叫作全部投资回收期或投资返本期，简称回收期，是指以投资项目经营净现金流量抵偿原始总投资所需要的全部时间。

3）净现值（Net Present Value，简称 NPV）。净现值是指在项目计算期内，按行业基准折现率或其他设定折现率计算的各年净现金流量现值的代数和。净现值是一个折现的绝对值正指标，即在进行长期投资决策分析时，应当选择净现值大的项目。其计算公式为

$$净现值=\Sigma（第\ t\ 年的净现金流量\times第\ t\ 年复利现值系数）$$

4）获利指数（Present Value Index，简称 PVI）。获利指数又称为现值指数，是指投产后按行业基准折现率或设定折现率折算的各年净现金流量的现值合计与原始投资的现值合计之比。其计算公式为

$$获利指数=\frac{投资后各年净现金流量的现值合计}{原始价值的现值合计}$$

5）内部收益率（Internal Rate of Return，简称 IRR）。内部收益率是指项目投资实际可望达到的报酬率，即能使投资项目的净现值等于零时的折现率，又称为内含报酬率或内部收益率。

其中，投资利润率和投资回收期两个指标没有考虑资金的时间价值，因此被称为静态投资决策指标，而净现值、获利指数和内部收益率指标则考虑了资金的时间价值，被称为动态投资决策指标。

8.3.2.5 固定资产日常管理

在进行固定资产价值核算的同时，还要进行固定资产的实物管理。企业财务部门应与固定资产管理部门和使用部门相配合，严密组织固定资产的收发、保管工作，正确、及时、全面地反映各项固定资产的增减变化，定期进行实物清查，以保证固定资产完整无缺；加强固定资产的维护、修理工作，使之处于良好的技术状态并充分发挥作用，从而提高固定资产的利用效果。

案例

梅雁集团的投资选择

广东梅雁集团在企业发展中科学合理地使用资金，进行最佳投资选择，使企业经营业绩稳定、持续增长。公司在进行决策时，以利润为中心，同时考虑眼前利益与长远利益相结合，从而确定公司的投资方向。投资已成为公司追求经济利益的经营行为，也正是一次次最佳的投资选择带来了公司的成功。仔细分析其投资选择，具有以下特点：

1. 选准项目

对拟投资的项目，公司的经营机构本着有利于公司产业结构的调整，着重于高新技术的发展的原则，进行严谨的科学的可行性论证，然后交董事会决策。“梅雁”于1992年改制为股份有限公司，募集了5 000多万元资金后，怎样使其尽快发挥出较大的效益，给股东以较高的回报率，是“梅雁”决策者面临的问题。经过科学分析和慎重考虑，董事会决定，坚持按公司招股说明书的规定，把资金投到早已瞄准的高科技产业上。在充分的可行性论证基础上，“梅雁”成立了南海汽车配件有限公司，引进国内外先进设备，生产汽车液压顶杆、免维修蓄电池等高质量的出口汽车配件；同时还走出家门向外拓展，先后到珠海等地办实业。公司紧扣决策和经营管理各个环节，努力使这些科技含量高、前景广泛、效益好的项目陆续上马。通过这样的投资选择，“梅雁”成功地避免了因投资房地产而积滞资金的局面，确保了新项目有足够的资金按期完成投资，建成投产，发挥效益。

2. 巧用资金

公司在把握好资金投向后，决策者们精打细算，努力做到了资金活用，从而获取最大的经济效益。“梅雁”在同外商合作兴办南华汽车配件有限公司和珠海力佳液压件有限公司时，抓住外汇市场开放前夕的有利时机，用募集的股金调剂了一笔美元，用于对两家公司的投资，巧妙地运用了资金。

“梅雁”在珠海西兴建客都宾馆，按计划需投资5 000万元，但他没有按常规去投资建设，而是在短期内集中了3 000多万元，在完成土建工程以后，先完善第一层6 600多平方米的客房、餐厅和营业门市装修，然后将第一层的门市租赁出去，把回收的资金再用来装修其他部分。做到边基建，边装修，边回收资金，使宾馆建得快，收效快，少占用1 000多万元的投资资金。由于“梅雁”的精打细算，原需1亿多元投资的南华汽车配件公司、珠海客都宾馆、液压顶杆厂等主要项目，他们只用了近5 000万元。

3. 把握时机

翻开“梅雁”10多年的发展历史可以看到这样的现象，即公司在经济发展过程中，每一次向新台阶跳跃都发生在全国经济发展的降温时期，人们把它称为“梅雁现象”。解释这种“梅雁现象”，可以概括为：善察经济风云，敢于逆流搏击，选准最佳投资时机。这已成为“梅雁”领导班子把握经济发展时机的“温度计”。

“梅雁”认识到，国家对经济实行宏观控制是根据国情而定，“梅雁”不能随大流束缚自己发展的步伐，应加速发展自己，做到“冷时不冷，热时不热”。据此，“梅雁”十分注重观察国内外经济风云的变化，抓住各次经济潮落时机，避实就虚，逆风搏击前进，创造了投入越快越好的小气候和经济跳跃发展的机会。在1989年和1990年治理整顿期间，“梅雁”组建起企业集团公司，统一调配使用集团公司内部资金，通过向社会发行公司债券和向银行租赁等方式，多方筹集资金，乘建材价格下降之机，兴建起2万多平方米的宾馆、厂房、办公楼和住宅楼宇；同时，新办起灰砂砖厂，大型现代化养殖场、客都商场等企业，增购顺风客运公司的车辆，扩展了营业线路，为集团公司在全国经济发展时期的发展，打下了坚实的基础，积聚了强大的后劲。1991年“梅雁”又乘人们的发展注意力集中在深圳的股市和地产之机，在珠海西区以较低价格，购买了1万m^2的土地使用权。根据某会计师事务所投资评估，“梅雁”在三年经济治理整顿时期，所兴建的房屋和所购置的土地使用权，价值总额达2 900多万元。所有这些成功的投资决策，都是“梅雁”善于把握良好时机的硕果。

（资料来源：中国企业国际化管理课题组，《企业财务国际化管理案例》，中国财政经济出版社，有改动。）

点评：

一定数量的资金，可能有多种投资机会，这就需要进行投资决策。投资决策以产品的可行性为基础，以实现最高资金利润率为前提，以经济效益与社会效益最佳化为标准，对投资的时机和项目进行科学的可行性分析，最后加以权衡敲定。只有做出正确的最佳投资选择，即投资决策科学合理，企业才能取得最佳经济效益，否则会因资金使用不当而导致企业经营出现问题。“梅雁”的一系列投资行为便可以称得上是中国企业投资的经典之作，其在进行投资决策的时候，力求在现有约束条件下使公司整体战略利益最大化，对瞬息万变的投资机会反应敏锐，时刻把握着市场脉搏。并且，在确定好投资方向之后，对所投资的资金灵活运用，精打细算，最终取得了巨大的成功。

8.4 成本和利润管理

8.4.1 成本管理

1. 成本的概念

产品成本是指企业在一定时期内为生产和销售一定的产品而发生的全部费用的总和。从财务管理与分析的角度讲，产品成本也是企业在一定时期内为生产和销售一定的产品所发生的资金耗费量。企业生产经营中发生的全部费用可分为制造成本和期间费用两大类。广义的产品成本包括制造成本和期间费用，狭义的产品成本则是指制造成本。

2. 成本的构成

（1）制造成本。制造成本是工业企业生产过程中实际消耗的直接材料、直接人工、其他直接支出和制造费用。

1）直接材料。它包括企业生产经营过程中实际消耗的原材料、辅助材料、备品配件、外购半成品、燃料、动力、包装物以及其他直接材料等。

2）直接人工。它包括企业直接从事产品生产人员的工资、奖金、津贴和补贴，以及职工福利费等。

3）制造费用。它是指企业在生产车间范围内为生产产品和提供劳务而发生的各项间接费用，包括车间管理人员工资和福利费、折旧费、修理费、办公费、水电费、机物料消耗、劳动保护费、季节性及修理期间的停工损失等。

直接材料、直接人工等直接费用直接计入制造成本，制造费用等间接费用则需要按一定的标准分配计入制造成本。

（2）期间费用。期间费用是企业为组织生产经营活动发生的、不能直接归属于某种产品的费用，包括管理费用、财务费用和销售费用三个部分。

1）管理费用。它是指企业行政管理部门为组织和管理生产经营活动而发生的各项费用，包括工资和福利费、工会经费、职工教育经费、劳动保险费、待业保险费、研究开发费、业务招待费、房产税、土地使用税、技术转让费、技术开发费、无形资产摊销、坏账损失等。

2）财务费用。它是指企业为筹集资金而发生的各项费用，包括利息支出、汇兑净损失、金融机构手续费以及为筹资发生的其他费用。

3）销售费用。它是指企业在销售产品、自制半成品和提供劳务等过程中发生的各项费用以及专设销售机构的各项经费，包括应由企业负担的运输费、装卸费、包装费、保险费、展览费、广告费、销售服务费用、销售部门人员工资、职工福利费和其他经费等。

期间费用直接计入当期损益，从当期收入中补偿。

3. 成本管理的概念及构成

成本管理就是指对企业的成本费用进行预测、计划、控制、核算、分析与考核，并采取降低成本费用措施等管理工作。

成本预测是成本管理的起点。成本预测就是通过对企业成本的形成进行事先的估计和预测，并与国内外、行业内外、企业内外进行对比分析，从而确定出企业的成本目标、成本降低目标以及相关的保证条件。成本预测既是成本控制的目标，又是成本分析与考核的依据。

成本控制是指从技术、生产、经营各个角度对产品成本的形成过程，采用一定的标准进行经常的监督，发现问题，及时采取措施，对产品成本进行全面管理，以达到降低成本、求得最佳经济效益的目的。首先，对材料成本控制，应严格执行材料消耗定额，实行限额领料制度，降低采购成本，并做好修旧利废工作。其次，对工资成本控制，应充分利用工时，控制工作时间，提高劳动生产率。再次，对制造费用控制，应编制弹性预算，采取费用包干，归口负责。最后，对期间费用控制，企业应根据《企业财务通则》和行业财务制度的要求，正确确定费用开支范围以及各项目的开支标准，对实际支出和耗费的各项费用进行计量、监督和限制，使其数额与预定的经营目标相一致。

成本分析是指根据成本核算资料及其他有关资料，全面分析了解成本费用变动情况，系统研究影响成本费用升降的各种因素及其形成原因，挖掘企业内部潜力，寻找降低成本费用的途径。

8.4.2 利润管理

利润是企业在一定时期内生产经营活动的最终财务成果，是企业生产经营活动的效率和效益的最终体现，包括收入减去费用后的净额、直接计入当期利润的利得和损失等。利润分为营业利润、利润总额和净利润三个层次。企业的净利润可以在投资者之间进行分配。

1. 利润的形成

（1）利润总额的构成。企业的利润总额包括营业利润和营业外收支净额两大部分。其计算公式为

利润总额 = 营业利润 + 营业外收入 − 营业外支出

式中　营业利润——企业生产经营活动取得的利润，是企业的营业收入扣除成本、费用和各种流转税及附加税费后的数额，包括产品（商品）销售利润、其他业务利润和投资净收益，是利润总额的主要来源。其计算公式为

营业利润 = 营业收入 − 营业成本 − 营业税金及附加 − 销售费用 − 管理费用 − 财务费用 + 投资净收益

式中　投资净收益——企业对外投资取得的收益减去对外投资损失后的余额；营业外收入——包括固定资产盘盈净收入、出售固定资产净收益、对方违约的罚款收入、教育费附加返还款，以及因债权人原因确实无法支付的应付款项等；营业外支出——固定资产盘亏、报废、毁损和出售的净损失，非季节性的非大修理期间的停工损失、非常损失、公益救济性捐赠、赔偿金、违约金等。

（2）净利润的形成。净利润又称税后利润，是指企业缴纳所得税后形成的利润，是企业进行利润分配的依据。其计算公式为

净利润 = 利润总额 − 所得税费用

2. 利润分配

（1）利润分配的顺序。企业实现的利润总额，要在国家、企业所有者和企业法人之间分配，形成国家的所得税收入、分给投资者的利润和企业的留存收益（包括盈余公积金、公益金和未分配利润）等不同项目。企业所得税后利润分配顺序为：

1）用于抵补被没收财产损失，支付各项税收的滞纳金和罚款。

2）弥补以前年度亏损。

3）按税后利润扣除前两项后的10%提取法定盈余公积金。

4）提取公益金。

5）向投资者分配利润，其中股份公司要进行股利分配。

以前年度未分配利润可以并入本年度分配。

（2）股利分配政策的类型。主要分为以下五种类型：

1）不分配股利政策。不分配股利政策是指不论公司年末是否有净利，都不向股东支付

股利的一种股利政策。这一政策的主要优点是公司将盈余全部留存到企业内部而不进行分配，有利于公司净资产的稳定增长和扩大再生产的顺利进行。这一政策的主要缺点是由于公司长期不分配股利，致使投资者的投资没有回报，对其信心是巨大的打击。

2）固定或稳定增长股利政策。这一股利政策是将每年发放的股利固定在一定水平上并在较长时期内不变，只有当公司认为未来现金流量将会显著地、不可逆转地增长时，才会提高年度的股利发放。此政策的主要目的是避免出现由于经营不善而削减股利的情况。

3）固定股利支付率政策。该政策是指公司每年按固定股利支付率从税后净利中支付股利。这一政策的优点是保证公司的股利支付与公司的盈利状况之间保持稳定，股利额随盈利额的变动而相应变动，能使股利支付与公司的盈利得到很好的配合。该政策的主要缺点是由于每年股利随盈利状况而频繁变动，传递给股票市场的是公司经营不稳定的信息。盈利多而股利额高时，股票价格将提高；当出现相反的情况时，则股价将出现波动或下降。

4）剩余股利政策。按照剩余股利政策，公司在满足资本投资项目的基础上，如果还有剩余的税后盈利，则可将此用于发放现金股利。无疑，按照这一程序确定公司的目标股利支付率，将会导致股利支付率的上下波动。但这一政策的最大优势，是可以保持公司的目标资本结构，从而有助于企业价值的最大化。

5）低正常股利加额外股利政策。此政策是公司一般每年向股东支付固定的、数额较低的股利，当公司盈利有较大幅度的增加时，再根据实际情况向股东加付一部分额外股利。这种股利政策在一定程度上弥补了剩余股利政策、固定股利支付率政策的不足。当公司盈利较少或投资所需现金较多时，可维持较低的设定的正常股利；而当公司盈利有较大幅度增加时，则加付额外股利。这种股利政策既能保持股利的稳定性，又能实现股利与盈余之间较好的配合，因而为许多有限公司所采用。

8.5 企业经济效益分析与评价

8.5.1 经济效益的内涵

经济效益就是经济活动中产出与投入之间的比例关系。换句话说，经济效益就是要以尽量少的劳动消耗和资源占用，取得更多的符合社会需要的有用成果。其中：

(1) 劳动消耗。它包括物化劳动消耗和活劳动消耗。物化劳动消耗是指经济活动中实际消耗的燃料、原材料、机器设备的磨损等。活劳动消耗是指在劳动力使用过程中，脑力劳动和体力劳动消耗的总和。

(2) 资源占用。它是指生产过程中所占用的人力、物力、财力等各种资源，主要是物化劳动的占用，如使用的房屋、机器设备以及为保证劳动正常进行所需要的其他劳动条件和必要的物资储备。资源占用还包括占用的人力、占用的土地和自然资源等。

(3) 有用成果。在物质生产部门，它表现为符合社会需求的各种产品和劳务。

8.5.2 企业经济效益评价的标准

评价企业经济效益的标准有质和量的规定性。所谓质的规定性，是指企业生产的产品要适销对路，满足社会需要。所谓量的规定性，有以下五种评价标准：①与上一年同期实际水平相比较。②与本企业历史最高水平相比较。③与同行业的平均水平相比较。④与同行业的先进水平相比较。⑤与国际同行业先进水平相比较。这五种评价标准由低到高一共五个档次，在实际工作中应结合起来进行评价。

8.5.3 企业经济效益评价的指标

企业经济效益的评价指标有三类，即生产经营成果指标、消耗及消耗效果指标、资金占用及占用效果指标。每一类指标又包括若干具体的绝对指标与相对指标。

1. 生产经营成果指标

它包括资产报酬率、所有者权益报酬率、销售利润率、销售收入及其增长率、税前利润及其增长率、税金及其增长率、人均销售收入及其增长率、人均税前利润及其增长率、人均税金及其增长率。

2. 消耗及消耗效果指标

它包括成本利润率、单位产品成本、单位产品人工成本率、单位产品材料成本率、单位产品费用成本率等。

3. 资金占用及占用效果指标

它包括总资产周转率、固定资产周转率、流动资产周转率、资产报酬率、存货周转率及应收账款周转率等。

8.5.4 企业经济效益综合分析

分析企业经济效益可以从企业收益性、流动性、安全性、成长性、生产性五方面进行。

1. 收益性比率

收益性指标主要是指反映企业的获利状况和获利能力的指标，它也是一个全面反映与评价企业经营状况的综合性指标。其主要指标有以下几个：

（1）销售利税率。它是用来衡量企业销售收入的收益水平的。其计算公式为

$$销售利税率=\frac{利税总额}{净销售收入总额}$$

（2）资产报酬率。它又称为资产收益率或投资报酬率，是指企业运用全部资产的收益率，反映企业对所有经济资源的运用效率。其计算公式为

$$资产报酬率=\frac{利润总额}{资产平均占用额}$$

在市场经济比较发达，各行业间竞争比较充分的情况下，各行业的资产报酬率将趋于一致。如果某些企业资产报酬率偏低，说明该企业资产利用效率较低，经营管理存在问题，应调整经营方针，加强经营管理。

（3）所有者权益报酬率。该指标简称权益报酬率，用来反映企业每投入一元资本所赚取的净收益。其计算公式为

$$所有者权益报酬率=\frac{净利润}{所有者权益平均占用额}$$

（4）销售毛利率。它是企业的毛利额与净销售收入的比率，其计算公式为

$$销售毛利率=\frac{销售毛利额}{净销售收入总额}$$

式中　毛利额——企业净销售收入与销售成本的差额，没有扣除三个期间费用。毛利率越大，说明在净销售收入中销售成本所占比重越小，企业通过销售获取利润的能力越强。

（5）销售净利率。它是净利润与净销售收入的比率，其计算公式为

$$销售净利率=\frac{净利润}{净销售收入}$$

销售净利率表明企业每一元销售收入可实现的净利润是多少，数值越高，说明企业的获利能力越强。

（6）成本费用利润率。它是企业利润总额与成本费用总额的比率。其计算公式为

$$成本费用利润率=\frac{利润总额}{成本费用总额}$$

成本费用是企业为了取得利润而付出的代价。成本费用利润率越高，说明企业为获取利润而付出的代价越小，企业的获利能力越强。因此，通过这个比率不仅可以评价企业获利能力的高低，也可以评价企业对成本费用的控制能力和经营管理水平。

（7）每股收益。它也称每股利润，主要是针对普通股股东而言的。每股收益是指股份公司发行在外的普通股每股所取得的利润，它可以反映股份公司获利能力的大小。其计算公式为

$$每股收益=\frac{净利润-优先股股利}{平均流通在外的普通股股数}$$

或

$$每股收益=\frac{净利润-优先股股利}{年末流通在外的普通股股数}$$

（8）每股股利。它又称每股股息，是指普通股每股获得的现金股利。其计算公式为

$$每股股利=\frac{普通股股利总额}{流通在外的普通股股数}$$

（9）股利发放率。它是每股股利与每股收益的比率。股利发放率表明股份公司在净收益中有多少用于股利的分派。其计算公式为

$$股利发放率=\frac{每股股利}{每股收益}$$

（10）股利报酬率。它是普通股每股股利与每股市价的比率。股利报酬率可以反映股票投资在股利方面所获得的报酬。其计算公式为

$$股利报酬率=\frac{每股股利}{每股市价}$$

（11）市盈率。它又称价格盈余率或价格与收益比率，是指普通股每股市价与每股收益的比率。其计算公式为

$$市盈率=\frac{每股市价}{每股收益}$$

市盈率是反映股份公司获利情况的一个重要财务比率，无论是企业管理当局还是投资者，对这个比率都十分关心。

2. 流动性比率

分析企业流动性指标的目的在于观察企业在一定时期内的资金周转状况，是对企业资金活动的效率分析，为此要计算出各种资产的周转率或周转期，分别讨论其运用效率。这是企业资金的动态分析，其主要指标如表8-3所示。

表 8-3 流动性指标表

序　号	指标名称	计算公式
1	应收账款周转率	应收账款周转率 = 赊销净额/平均应收账款余额
2	存货周转率	存货周转率 = 销售成本/平均存货
3	流动资产周转率	流动资产周转率 = 销售收入净额/流动资产平均占用额
4	营运资金周转率	营运资金周转率 = 销售收入净额/平均营运资金
5	总资产周转率	总资产周转率 = 销售收入净额/平均资产余额

3. 安全性比率

安全性指的是企业经营的安全程度，或者说是资金调度的安全性。分析企业安全性指标的目的在于观察企业在一定时期内的偿债能力状况。企业收益性好，安全性也高，但在有的情况下，收益性高，资金调度却不顺利。安全性比率的主要指标如表 8-4 所示。

表 8-4 安全性指标表

序　号	指标名称	计算公式
1	流动比率	流动比率 = 流动资产/流动负债
2	速动比率	速动比率 = 速动资产/流动负债 其中， 速动资产 = 流动资产 − 存货 − 待摊费用 − 预付费用
3	现金比率	现金比率 = 现金类资产/流动负债 其中， 现金类资产 = 速动资产 − 应收账款
4	资产负债率	资产负债率 = 负债总额/资产总额
5	负债权益比率	负债权益比率 = 负债总额/所有者权益总额
6	利息保障倍数	利息保障倍数 = （利润总额 + 利息费用）/利息费用
7	长期负债与营运资金比率	长期负债与营运资金比率 = 长期负债/营运资金 其中， 营运资金 = 流动资产 − 流动负债

4. 成长性比率

分析企业成长性指标的目的在于观察企业在一定时期内经营能力发展的状况。一个企业如果收益性高，但成长性不好，就不能得到很高的评价。成长性分析就是从量和质的角度评价企业发展情况及将来的发展趋势。成长性比率的指标是将前期指标作为分母，本期指标作为分子，求得增长率。具体指标如表 8-5 所示。

表 8-5 成长性指标表

序　号	指标名称	计算公式
1	销售收入增长率	销售收入增长率 = （年末销售收入 − 年初销售收入）/年初销售收入
2	净利润增长率	净利润增长率 = （年末净利润 − 年初净利润）/年初净利润
3	所有者权益增长率	所有者权益增长率 = （年末所有者权益 − 年初所有者权益）/年初所有者权益
4	总资产增长率	总资产增长率 = （年末资产总额 − 年初资产总额）/年初资产总额
5	固定资产成新率	固定资产成新率 = 平均固定资产净值/平均固定资产原价
6	现金再投资比率	现金再投资比率 = （经营活动净现金流量 − 现金股利）/（固定资产 + 长期投资 + 其他资产 + 营运资金）

5. 生产性比率

分析企业生产性指标的目的在于查明企业在一定时期内人均生产经营能力、生产经营水平和生产成果的分配问题。其主要指标如表8-6所示。

表8-6 生产性指标表

序 号	指标名称	计算公式
1	人均销售收入	人均销售收入=销售收入/平均职工数
2	人均利润率	人均利润率=净利润/平均职工数
3	人均资产总额	人均资产总额=资产总额/平均职工数
4	人均工资	人均工资=工资总额/平均职工数

当然，单独看这些指标是没有多大意义的，需要进行横向比较趋势分析、纵向比较趋势分析或财务比率趋势分析。

本章小结

财务管理是组织企业财务活动，处理企业财务关系的经济管理工作。从资金运动角度来看，财务管理的内容包括资金的筹集、资金的投放、资金的耗费、资金的回收与资金的分配等。在企业财务管理工作中，应遵循资本金保全、价值最大化、风险收益均衡、资金合理配置和成本效益原则。要搞好企业财务管理，管理者必须充分认识和运用企业资金运动中的规律。

企业资金的筹集是资金循环的起点，也是企业财务管理的首要问题。在企业整个资金筹集过程中，需要预测和衡量企业各项资金的需要量，进行筹资结构优化分析，并按一定的筹资渠道和方式筹集资金，实现各种资金的最优组合，使资金成本总额最低。

企业生产经营中发生的全部费用可分为制造成本和期间费用两大类。制造成本是工业企业生产过程中实际消耗的直接材料、直接人工、其他直接支出和制造费用。管理费用、销售费用和财务费用构成期间费用。成本管理就是对企业的成本费用进行预测、计划、控制、核算、分析与考核，并采取降低成本费用措施等管理工作。利润有营业利润、利润总额和净利润之分，应加强利润的形成和分配管理。

企业资金从占用形态上看，可以分为流动资金和固定资金两种基本形态。为了使企业的资金发挥最大的效力，应针对流动资金和固定资金特点实施有效管理。

需要从质和量的规定性上来评价企业经济效益。企业经济效益的评价指标有三类，即生产经营成果指标、消耗及消耗效果指标、资金占用及占用效果指标。

习 题

1. 什么是企业财务管理？财务管理的内容有哪些？
2. 企业可以从什么渠道以什么方式筹资？如何优化筹资结构？
3. 如何进行流动资产管理和固定资产管理？
4. 成本由哪些内容构成？怎样加强成本管理？
5. 利润是如何形成和分配的？
6. 如何评价企业的经济效益？

[本章综合案例]

"秦池"为何昙花一现

1. 背景资料

1996年11月8日下午，中央电视台传来一个令全国震惊的新闻：名不见经传的秦池酒厂以3.2亿元的"天价"，买下了中央电视台黄金时间段广告，从而成为令人炫目的连任二届"标王"。1995年该厂曾以6 666万元夺得"标王"。

秦池酒厂是山东省临朐县一家生产白酒的企业。1995年，临朐县人口88.7万，人均收入1 150元，低于山东省平均水平。1995年厂长赴京参加第一届"标王"竞标，以6 666万元的价格夺得中央电视台黄金时段广告"标王"后，大大出乎人们意料，引起轰动效应，秦池酒厂一夜成名，秦池白酒也身价倍增。中标后的一个多月时间里，秦池就签订了4亿元销售合同；头两个月秦池销售收入就达2.18亿元，实现利税6 800万元，相当于秦池酒厂建厂以来前55年的总和；至6月底，订货已排到了年底；1996年秦池酒厂的销售额也由1995年的7 500万元一跃为9.5亿元。事实证明，巨额广告投入确实带来了"惊天动地"的效果。对此，时任厂长十分满意。

然而，新华社1998年6月25日报道："秦池酒厂目前生产、经营陷入困境，今年亏损已成定局……"

2. 仔细推敲，昙花一现为哪般？

秦池酒厂为什么在这么短的期间就风光不再而陷入困境？从现代企业理财的角度看，秦池酒厂在企业理财的运作上有以下几个方面值得认真推敲：

（1）巨额广告支出使经营杠杆作用程度加大，给企业带来更大的经营风险。

企业利润的高低在很大程度上取决于产品销售量的大小。而产品销售量的大小，又在一定程度上取决于产品的市场份额。当同类产品很多而又难分上下的情况下，树立企业产品的品牌是争取市场份额的较好途径，甚至是唯一有效的捷径。在某种特定的情况下，品牌、市场份额和利润三者之间关系可以表现为：品牌 = 市场份额 = 利润。因而在中国"泰斗"级的媒介——中央电视台展开角逐，奋力夺取"标王"，在"好酒也怕巷子深"的白热化竞争环境下，不能不谓是树立产品品牌从而提高企业产品市场份额的较佳方案。问题是做广告、树品牌必须具备两个条件：一流的品牌必须以一流的质量作保证；做广告必须有长时间承受巨额广告支出的能力。否则，企业的市场份额会很容易随风飘走。我们知道，巨额广告支出作为一项固定性期间费用，它本身不受企业产品销售量变动的影响。但巨额广告支出将改变企业原有的成本结构，使固定成本在产品成本中的比例增大，由此使企业的经营杠杆作用程度也随之增大。经营杠杆对企业的作用也是双方面的：当销售量增加时，企业的利润因经营杠杆的正面作用而大幅度提高；而当销售量减少时，企业的利润也将因经营杠杆的负面作用而大幅度下降。由此可见，"标王"不仅增加了企业的巨额广告负担，更重要的是它加大了企业经营杠杆的作用程度，从而也加大了企业的经营风险。只要企业产品市场稍有风吹草动，就会使企业的经营陷入困境。

秦池酒厂以 6 666 万元的价格第一次夺得广告“标王”后，广告的轰动效应，使秦池酒厂一夜成名，“秦池”的品牌地位基本确立，市场份额也相应增加。1996 年秦池酒厂销售量的大幅度增加使经营杠杆产生积极（正面）作用，企业利润也以更大幅度增加。但这种局面并没有维持多久，1997 年秦池酒厂能否可持续发展已经成为十分突出的问题。其原因在于：①4 万余家白酒生产企业使白酒的生产量远大于销售量（约有 50% 的产量过剩）；同时洋酒的进入使白酒在酒业消费中的比例下降。到 1997 年白酒销量“滑坡”的势头更加严重，秦池白酒的市场份额面临着严峻的考验。②一流的品牌没有一流的产品质量做保证。1996 年 12 月《××参考报》4 篇关于秦池酒厂沿川藏公路两侧收购散酒勾兑“秦池”的报道，不仅使秦池酒厂陷入巨大的媒体危机之中，而且使刚树立的“秦池”形象遭受了损害，因而在一定程度上影响了其市场份额。③1997 年 3.2 亿元巨额广告费用对秦池酒厂来说是一个巨大的包袱。它一方面使秦池酒厂的现金流动产生困难，另一方面大大地放大了企业利润对销售量的依赖程度。1997 年和 1998 年的市场竞争和秦池酒厂自身问题使其市场份额产生了波动。正是波动不定的市场份额使秦池酒厂陷入了严重而难以自拔的经营风险之中。1997 年秦池酒厂在中央电视台播出的广告时间折算成货币为 1.5 亿元左右，而秦池酒厂实际支付仅为 4 800 万元。

（2）资产结构的失衡，导致盈利能力与流动能力矛盾恶化。

企业理财原理告诉我们，企业资产的盈利性与流动性之间存在着矛盾。企业流动资产具有变现能力强、流动性高但盈利能力低的特点；而企业的固定资产等长期性资产属于盈利性资产，可以为企业带来利润，但变现能力低，流动性差。由此，要求企业在盈利性与流动性之间加以权衡，并根据企业自身的特点做出相应的选择，以保证企业盈利性与流动性的适度平衡，从而确保企业的健康稳定发展。

秦池酒厂成名之前作为一个县级企业，其总资产规模和生产能力有限。面对“标王”之后滚滚而来的订单，它不可能弃之不管，但仅凭其现有生产能力又难于应付。其出路只有两条：

1）加大资金投入力度，对现有厂房设备进行更新改造或扩建新的厂房设备，以此提高企业生产能力。但这种做法受两个因素制约：①资金制约。巨额广告投入已使企业现金流动能力受到较大影响，企业扩大生产能力所需大量资金的来源更成问题。企业只有依靠银行贷款解决这问题，而贷款将使企业的资产负债比例提高，还贷压力加大。同时，生产规模的扩大，也会使企业总资产中固定资产比例提高，而流动资产比例下降，由此使企业的流动能力和变现能力受到影响，企业资产结构失去平衡。②生产周期的制约。即使企业完全有能力扩大生产规模、提高生产能力，但无论是厂房设备的购建，还是白酒的酿造，都需要一定的周期，也难于在较短的期间内立即满足眼前的客户订单。

2）面对上述两个因素的制约，秦池酒厂要在短时间内满足客户订单需求，其另一条可能的出路是与周边地区的白酒企业横向联合或收购其他企业的白酒进行勾兑。但无论是横向联合还是勾兑，两者都很难保证产品的质量。如果产品质量出现问题，不仅会影响其品牌和市场份额，而且还会影响其销售产品的资金回笼。因而，其品牌和市场份额的维持更需要一流的质量作保证。

上述两条出路使当时的秦池酒厂陷入了提高企业盈利能力和维持一定现金流动能力相互矛盾的境地，但面对客户订单，它必须做出选择。不管秦池酒厂最后选择了哪条路，其结果都将使企业的经营风险不断加大。

（3）财务资源有限性制约企业持续发展。

按照企业理财的基本原理，企业持续发展需要有持续的财务资源的支持。其基本前提是：①资产结构与资本结构的有机协调。②现金流动上形成良性的“造血”功能机制，即生产经营活动所产生的现金流入量与现金流出量在时间、数量和速度上保持有机协调。秦池酒厂一方面扩大生产规模、提高生产能力，从而提高固定资产等长期性资产比例，使流动资产在总资产中的比例相应下降，由此降低了企业的流动能力和变现能力。另一方面，巨额广告支出和固定资产上的投资所需资金要求企业通过银行贷款解决，按当时的银行政策，此类贷款往往为短期贷款，这就造成了银行的短期贷款被用于资金回收速度比较慢、周期较长的长期性资产上，由此使企业资产结构与资本结构在时间和数量上形成较大的不协调性，并因此而形成了“短贷长投”的资金缺口压力。在此情况下，如果企业有比较健全的“造血”功能机制——良好的经营活动现金流动机制，此种资金缺口通过健全的现金预算安排和合理的资金调度可以化解其部分压力。而此时秦池酒厂所面临的现实问题是：在流动资产相对不足从而使企业现金流动能力产生困难的同时，年内到期的巨额银行短期贷款又要求偿还，从而陷入了“到期债务要偿还而企业又无偿还能力”的财务困境。

思考题：

1. 现代企业财务管理包括哪些内容？
2. 从现代企业理财的角度看，“秦池”在企业理财的运作上存在什么问题？
3. “秦池”案例带来怎样的启示？我们应该吸取什么教训？

第 9 章

企业人力资源管理

人力资源管理是一门新兴的学科，兴起于 20 世纪 70 年代末。人力资源管理的历史虽然不长，但人事管理的思想却源远流长。因为从古至今，“人”是组织中最重要的资产，也是竞争力的关键因素，做好人力资源管理是完成各项工作的前提和保障。企业的发展，人才为根本，建设高素质的人才队伍是实现企业可持续发展、管理水平不断提高的基础。

9.1 人力资源管理概述

9.1.1 人力资源

从宏观意义上来看，人力资源是以国家或地区为单位进行划分和计量的；从微观意义上来看，人力资源则是以部门或企事业单位进行划分和计量的。人力资源的构成要素：身体、劳动能力、劳动态度。

1. 人力资源的含义

人力资源（Human Resource，简称 HR）是指一定时期内组织中的人所拥有的能够被企业所用，且对价值创造贡献作用的教育、能力、技能、经验、体力等的总称。

人力资源包括几个要点：①人力资源的本质是人所具有的脑力和体力的总和，可以统称为劳动能力。②这一能力要能够对财富的创造起到贡献作用，成为社会财富的源泉。③这一能力还要能够被组织所利用，这里的“组织”可以大到一个国家或地区，也可以小到一个企业或作坊。

2. 人力资源的分类

人力资源分为人力资源规划、人员招聘与配置、培训开发与实施、绩效考核与实施、薪酬福利、员工关系管理、职业生涯管理和人事管理八大模块。

北大纵横管理咨询公司认为人力资源模块包括：集团企业组织架构设计；企业组织岗位优化设计；企业人力资源规划制订；企业人员聘用体系设计；人力资源全面诊断分析；岗位职系职级体系设计；绩效管理考核体系设计；薪酬管理体系设计；福利管理体系设计；培训管理体系设计；岗位胜任能力模型设计；员工职业生涯体系设计；高绩效员工激励方案设计；高管薪酬及股权激励方案设计。

3. 人力资源的特点

人力资源具有以下一些特点：

(1) 一定的时效性（其开发和利用受时间限制）。

(2) 能动性（不仅为被开发和被利用的对象，且具有自我开发的能力）。

(3) 两重性（是生产者也是消费者）。

(4) 智力性（智力具有继承性，能得到积累、延续和增强）。

(5) 再生性（基于人口的再生产和社会再生产过程）。

(6) 连续性（使用后还能继续开发）。

(7) 时代性（经济发展水平不同的人力资源的质量也会不同）。

(8) 社会性（文化特征是通过人这个载体表现出来的）。

(9) 消耗性。

9.1.2 人力资源管理

1. 人力资源管理的含义

人力资源管理是指根据企业发展战略的要求，有计划地对人力资源进行合理配置，通过对企业中员工的招聘、培训、使用、考核、激励、调整等一系列过程，调动员工的积极性，发挥员工的潜能，为企业创造价值，确保企业战略目标的实现。它是企业的一系列人力资源政策以及相应的管理活动。这些活动主要包括：企业人力资源战略的制订；员工的招募与选拔、培训与开发；绩效管理；薪酬管理；员工流动管理；员工关系管理；员工安全与健康管理等。也就是企业运用现代管理方法，对人力资源的获取（选人）、开发（育人）、保持（留人）和利用（用人）等方面所进行的计划、组织、指挥、控制和协调等一系列活动，最终达到实现企业发展目标的一种管理行为。

根据定义，可以从以下两个方面来理解人力资源管理：

(1) 对人力资源外在要素——量的管理。对人力资源进行量的管理，就是根据人力和物力及其变化，对人力进行恰当的培训、组织和协调，使二者经常保持最佳比例和有机的结合，使人和物都充分发挥出最佳效应。

(2) 对人力资源内在要素——质的管理。这主要是指采用现代化的科学方法，对人的思想、心理和行为进行有效的管理（包括对个体和群体的思想、心理和行为的协调、控制和管理），充分发挥人的主观能动性，以实现组织目标。

2. 企业人力资源管理的基本职能与内容

人力资源管理关心的是“人的问题”，其核心是认识人性、尊重人性，强调现代人力资源管理“以人为本”。在一个组织中，要关心人本身、人与人的关系、人与工作的关系、人与环境的关系、人与组织的关系等。

目前比较公认的观点是：现代人力资源管理就是一个人力资源的获取、整合、保持与激励、控制与调整及开发的过程。通俗点说，现代人力资源管理主要包括求才、用才、育才、激才、留才等内容和工作任务。一般说来，现代人力资源管理主要包括以下几大系统：

1）人力资源的战略规划、决策系统。

2）人力资源的成本核算与管理系统。

3）人力资源的招聘、选拔与录用系统。

4）人力资源的教育培训系统。

5）人力资源的工作绩效考评系统。

6）人力资源的薪酬福利管理与激励系统。

7）人力资源的保障系统。

8）人力资源的职业发展设计系统。

9）人力资源管理的政策、法规系统。

10）人力资源管理的诊断系统。

为了科学、有效地实施现代人力资源管理各大系统的职能，从事人力资源管理工作的人员有必要掌握以下三方面的知识：

1）关于人的心理、行为及其本性的一些认识。

2）心理、行为测评及其分析技术，即测什么、怎么测、效果如何等。

3）职务分析技术，即了解工作内容、责任者、工作岗位、工作时间、怎么操作、为什么做等方面的技术。

这是从事人力资源管理工作的前提和基础。

具体说来，现代人力资源管理主要包括以下一些具体内容和工作任务：

1）制订人力资源计划。

2）人力资源成本会计工作。

3）岗位分析和工作设计。

4）人力资源的招聘与选拔。

5）雇佣管理与劳资关系。

6）入厂教育、培训和发展。

7）工作绩效考核。

8）帮助员工的职业生涯发展。

9）员工工资报酬与福利保障设计。

10）保管员工档案。

9.2 企业岗位分析

9.2.1 岗位分析的含义

岗位分析又称为工作分析（Job Description，JD），作为全面了解一项岗位的管理活动，岗位分析是对该项岗位的工作内容和岗位规范（任职资格）的描述和研究过程，即制订岗位说明和岗位规范的系统过程。

岗位分析是现代人力资源管理所有职能，即人力资源获取、整合、保持与激励、控制与调整、开发等职能工作的基础和前提，只有做好了岗位分析与设计工作，才能据此有效完成以下具体现代人力资源管理工作：制订企业人力资源规划；核定人力资源成本，并提出相关的管理决策；让企业及所有员工明确各自的工作职责和工作范围；组织有效招聘、选拔、使用所需要的人员；制订合理的员工培训、发展规划；制订考核标准及方案，科学开展绩效考核工作；设计出公平合理的薪酬福利及奖励制度方案；为员工提供科学的职业生涯发展咨询；设计、制订高效运行的企业组织结构；提供开展人力资源管理自我诊断的科学依据。

开展岗位分析，应搜集以下信息：工作内容是什么（What）；责任者是谁（Who）；工作岗位及其工作环境条件等（Where）；工作时间规定（When）；怎样操作（How）及操作工具是什么；为什么要这样做（Why）；对操作人员岗位职责与任职资格，如生理、心理、技能要求是什么（What）；与相关岗位工作人员的关系要求是什么（What）。

通过进行岗位分析所获得的信息，实际上成为具有内在联系的几种人事管理活动的基础。岗位分析所获得信息的运用可以通过图 9-1 表示出来。

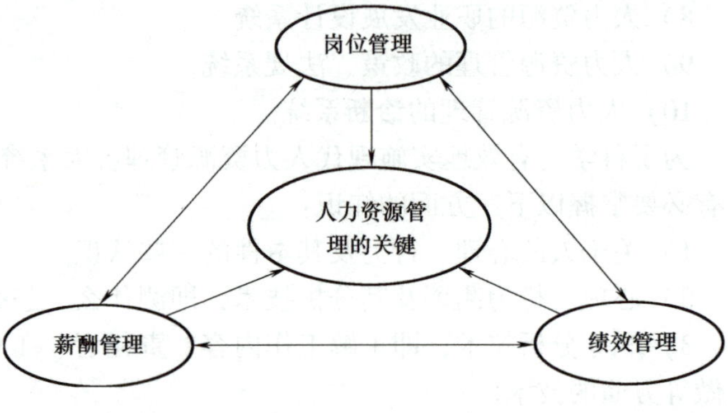

图 9-1 几种人事管理活动的联系图

9.2.2 岗位分析的程序

岗位分析是一个全面的评价过程，这个过程可以分为四个阶段：准备阶段、调查阶段、分析阶段和完成阶段，这四个阶段关系十分密切，它们相互联系、相互影响。

1. 准备阶段

准备阶段是岗位分析的第一阶段，主要任务是了解情况，确定样本，建立关系，组成工作小组。具体工作如下：

1）明确岗位分析的意义、目的、方法、步骤。

2）向有关人员宣传、解释。

3）与岗位分析有关工作的员工建立良好的人际关系，并使他们做好心理准备。

4）组成工作小组，以精简、高效为原则。

5）确定调查和分析对象的样本，同时考虑样本的代表性。

6）把各项工作分解成若干工作元素和环节，确定工作的基本难度。

2. 调查阶段

调查阶段是岗位分析的第二阶段，主要任务是对整个工作过程、工作环境、工作内容和工作人员等主要方面做一个全面的调查。具体工作如下：

1）编制各种调查问卷和提纲。

2）灵活运用各种调查方法，如面谈法、问卷法、观察法、参与法、实验法、关键事件法等。

3）广泛收集有关工作的特征以及需要的各种数据。

4）重点收集工作人员必需的特征信息。

5）要求被调查的员工对各种工作特征和工作人员特征的重要性和发生频率等做出等级评定。

3. 分析阶段

分析阶段是岗位分析的第三阶段，主要任务是对有关工作特征和工作人员特征的调查结果进行深入全面的分析。具体工作如下：

1）仔细审核收集到的各种信息。

2）创造性地分析并发现有关工作和工作人员的关键特征信息。

3）归纳、总结出工作分析的必需材料和要素。

4. 完成阶段

完成阶段是岗位分析的最后阶段。前三个阶段的工作都是以达到此阶段作为目标的，此阶段的任务就是根据规范和信息编制“工作规范”和“岗位说明书”。岗位说明书是对有关工作职责、工作活动、工作条件以及工作环境等工作特性方面的信息所进行的书面描述。工作规范则是全面反映工作对从业人员的品质、特点、技能以及工作背景或经历等方面要求的书面文件。岗位说明书和工作规范可分成两份文件来写，也可以合并在一份岗位说明书之中。

9.2.3 岗位分析的方法

目前岗位分析的方法有很多种，这里只介绍几种比较常用的方法。

1. 访谈法

访谈法是访谈人员就某一岗位与访谈对象，按事先拟订好的访谈提纲进行交流和讨论。访谈对象包括：该职位的任职者；对工作较为熟悉的直接主管人员；与该职位工作联系比较密切的工作人员；任职者的下属。为了保证访谈效果，一般要事先设计访谈提纲，事先交给访谈对象准备。

访谈法的优点是可以得到标准和非标准的、体力与脑力工作以及其他不易观察到的多方面信息。其不足之处是访谈对象对访谈的动机往往持怀疑态度，回答问题时有所保留，且访谈对象易从自身利益考虑而导致信息失真。因此，访谈法一般不能单独使用，最好与其他方法配合使用。此外，访谈人员的观点会影响对工作信息的正确判断；访谈人员会问些含糊不清的问题，影响信息收集。

该方法适用于不可能实际去做某项工作，或不可能去现场观察以及难以观察到某种工作的情况；既适用于短时间的生理特征的分析，也适用于长时间的心理特征的分析；既适用于对文字理解有困难的人，又适用于脑力职位者，如开发人员、设计人员、高层管理人员等。

2. 问卷调查法

问卷调查法就是根据岗位分析的目的、内容等，事先设计一套岗位问卷，由被调查者填写，再将问卷加以汇总，从中找出有代表性的回答，形成对岗位分析的描述信息。

问卷调查法的具体实施过程是：岗位分析人员首先要拟订一套切实可行、内容丰富的问卷，然后由员岗位行填写。正式进行岗位分析前，考虑各部门的工作内容及可行时间，先行拟订进度表，若不可行，则可弹性调整。

问卷调查法在岗位分析中使用最为广泛，其优点是费用低、速度快，调查范围广，尤其适合于对大量工作人员进行岗位分析，调查结果可实现数量化，进行计算机处理。它免去了长时间观察和访谈的麻烦，也克服了进行岗位分析的工作人员水平不一的弱点。但这种方法对问卷设计要求较高，设计比较费工，也不像访谈那样可以面对面地交流信息，因此，不容易了解调查对象的态度和动机等较深层次的信息。问卷法还有三个缺陷：①不易唤起被调查对象的兴趣。②除非问卷很长，否则就不能获得足够详细的信息。③问卷需经说明，否则会理解不同，产生信息误差。

3. 观察法

观察法就是岗位分析人员在不影响被观察人员正常工作的前提下，通过观察将有关工作的内容、方法、程序、设备、工作环境等信息记录下来，最后将取得的信息归纳整理为适合使用的结果的过程。利用观察法进行岗位分析时，应力求观察的结构化，根据岗位分析的目的和组织现有的条件，事先确定观察的内容、观察的时间、观察的位置、观察所需的记录单等，做到省时高效。

应用观察法要注意所观察的工作应具有代表性；岗位分析人员在观察时尽量不要引起被观察者的注意；观察前应确定观察计划工作，计划工作中应含有观察提纲、观察内容、观察时刻、观察位置等；观察时思考的问题应结构简单，并反映工作有关内容，避免机械的记录；在适当的时间应将岗位分析人员用适当的方式介绍给员工，使之能够被员工接受。

一般来说，观察法适用于外显特征较明显的岗位工作，如生产线上工人的工作、会计员的工作等，不适合于长时间的心理素质的分析，不适合于工作周期很长的、脑力劳动的工作，偶然性、突发性的工作也不易观察，且不易获得有关任职者要求的信息。

4. 关键事件法

关键事件法要求岗位工作人员或其他有关人员描述能反映其绩效好坏的“关键事件”，即对岗位工作任务造成显著影响的事件，将其归纳分类，最后形成对岗位工作有一个全面的了解。关键事件的描述包括：导致该事件发生的背景、原因，员工有效的或多余的行为，关键行为的后果，员工控制上述后果的能力。采用关键事件法进行岗位分析时，应注意三个问题：①调查期限不宜过短。②关键事件的数量应能足够说明问题，事件数目不能太少。③正、反两方面的事件要兼顾，不得偏废。

5. 参与法

参与法是指岗位分析人员直接参与某一岗位的工作，从而细致、全面地体验、了解和分析岗位特征及岗位要求的方法。参与法的优势是可获得岗位要求的第一手真实、可靠的数据资料，获得的信息更加准确。但由于分析人员本身的知识与技术的局限性，该方法运用范围有限，只适用于短期内可掌握的工作和专业性不是很强的职位，不适用于需进行大量的训练或有危险性工作的分析。

6. 工作日志法

工作日志法是让员工以工作日记或工作笔记的形式记录日常工作活动而获得有关岗位工作信息资料的方法。

其优点在于，如果这种记录很详细，那么经常会提示一些其他方法无法获得或者观察不到的细节。工作日志法最大的问题可能是工作日志内容的真实性问题。

该方法适用于高水平、复杂工作的分析，可以显示出其比较经济与有效的功用。

7. 交叉反馈法

交叉反馈法的具体做法为：由岗位分析专家与从事被分析岗位的骨干人员或其主管人员交谈、沟通，按企业经营需要，确定工作岗位；然后由这些主管人员或骨干人员根据设立的岗位按预先设计的表式，草拟工作规范初稿；再由岗位分析专家与草拟者和其他有关人员一起讨论，并在此基础上起草出二稿；最后由分管领导审阅定稿。访谈对象最好是从事比所需要了解岗位高一个层次的岗位工作的人员或从事该项工作的关键人员，这样反映问题比较全面、客观。

这种方法适合于发展变化较快，或职位职责还未定型的企业。由于企业没有现成的观察样本，所以只能借助专家的经验来规划未来希望看到的职位状态。

9.2.4 岗位分析的结果

岗位分析的目的之一是为企业每个职位制订一份全面、正确而符合企业需要的岗位说明书，即工作说明书。岗位分析的目的之二是制订工作规范，即职位规范或工作要求。

工作说明书是对工作的地点、所属部门、职责范围、使用工具、危险程度以及任职人员的资格等方面的说明。工作说明书以“事”为中心，对工作岗位进行全面、系统、深入的说明，它为企业的人力资源管理提供依据。

工作规范是指对担任这一岗位的人员所应具有的学历、工作经验、知识及技能和个性特征等资格进行规范。工作规范是在工作说明书的基础上，解决“什么样的人员才能胜任本岗位的工作”问题，目的是为企业员工的招聘、培训、考核、晋升及任用提供标准。

工作说明书与工作规范两者既相联系，又存在一定的区别。首先，目的不同。工作说明书是对工作性质方面的说明，为人力资源管理提供依据；而工作规范是规范任职人员的资格，作为招聘、考核及培训、晋升的标准。其次，内容不同。工作说明书的内容范围比较广泛，既包括对工作岗位各项性质、特征等方面的说明，又包括对担任该项工作岗位人员要求的说明；而工作规范主要涉及人员任职资格条件等方面的问题，内容比较简单。严格说来，工作规范是工作说明书的一个重要组成部分。最后，形式不同。工作说明书不受标准化原则的制约，形式多样化；而工作规范是按标准化制订的。

工作说明书与工作规范体现了以事为中心的职务管理，是考核、培训、录用及指导职务工作人员的基本文件，也是职务评价的重要依据。通过岗位分析的一些方法，可以收集到企业各职位的有关工作信息，将这些信息资料加以汇总整理，就可以进行工作说明书和工作规范的编制工作。

1. 工作说明书的编写

工作说明书是对某一职位的内容、职责等作一概括性的叙述。一般包括以下各项：

1）工作识别，包括职位的名称、部门及岗位的编号等，便于工作内容描述和评定使用。

2）工作内容概要。概述工作的性质、任务及工作目的，如人力资源经理的工作可叙述为制订、执行与人事活动相关的各方面的政策与措施。

3）工作任务，包括员工工作的内容、工作的程序，即告诉员工该做什么、怎样去做。

4）工作关系。工作受谁监督，这项工作又监督谁；此工作可晋升、可转换的职位，可从哪些方面得到工作信息等。

5）工作条件与环境，包括工作场合、工作的危险性、工作时间、易患的职业病以及环境的舒适度。

6）使用机械设备。

7）资格要求，如知识要求、解决问题的能力、决策能力、个性特征与身体素质等。

图9-2是岗位分析结果的具体内容。

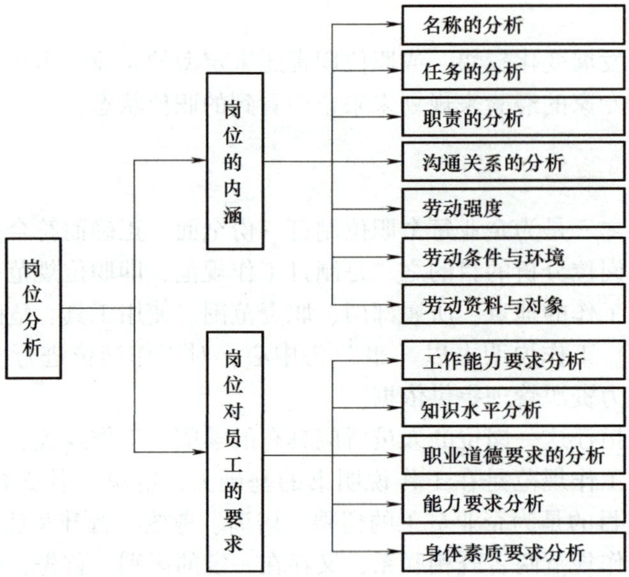

图 9-2　岗位分析说明内容

以下是经理工作说明书的书写格式。

总经理工作说明书

岗位名称：总经理 岗位编号 0101

所在部门：岗位定员 1

直接上级：董事会所辖人员

直接下级：市场总监、副总经理、财务部经理、总经理办

本职：

负责公司整体经营计划的制订、执行和监督工作，公司的日常经营管理工作，处理公司重大突发事件。

职责与工作任务：

(1) 职责一

1) 职责表述：组织制订公司年度经营实施计划，经董事长办公会议和董事会批准后，负责组织实施。

2) 工作任务：

负责公司整体经营计划和公司总目标的确定。

负责向董事会进行汇报，请示批准公司整体经营计划和公司总目标。

负责公司年度经营计划和公司总目标在各个部门内的工作，并进行审核。

(2) 职责二

1) 职责表述：主持公司日常经营管理工作。

2) 工作任务：

负责全面执行和检查落实董事长办公会议所作出的各项工作决定。

负责召集和主持总裁办公会议，检查、督促和协调各线业务工作进展。

负责代表经营班子向董事长办公会议建议并任命经营机构各有关部门和下属公司的正副经理。

负责签署日常行政、业务文件。

(3) 职责三

1) 职责表述：负责公司营销和工程方面的全局工作。

2) 工作任务：

负责公司项目策划和营销方面的各项工作。

负责公司项目工程设计与施工方面的各项工作。

负责审核项目阶段性策划方案和活动推广预算。

负责制订工程材料采购阶段性方案及预算。

(4) 职责四

1) 职责表述：负责处理公司重大突发事件。

2) 工作任务：

根据授权，处理特殊事项或重大突发事件。

向董事会汇报特殊事件解决方案，并请求授权。

事后对解决过程进行总结，向董事会进行汇报。

(5) 职责五

职责表述：由董事长授权处理的其他重要事项。

权力：

总体经营计划制订的建议和实施权。

解决特殊事件和重大突发事件的临时授权。

具体工作开展的决策权。

对部门计划执行结果的考核、奖惩的决策权。

对阶段性策划活动方案和费用预算的决策权。

工作协作关系：

内部协调关系：公司内所有部门。

外部协调关系：政府及其他相关部门。

任职资格：

受教育水平：大学本科以上学历。

专业：经济管理类专业、房地产管理专业及其他相关专业。

培训经历：市场策划培训、项目策划培训、财务培训、房地产业务培训及其他。

经验：三年以上相关工作经历。

知识：具备相应的管理学知识、经济学知识、房地产专业知识、市场策划知识、财务知识、法律知识等。

技能技巧：熟练使用 Microsoft Office 专业办公软件。

具有一定的领导能力、判断与决策能力、协调能力、人际沟通能力、影响力、计划与执行能力。

其他：

使用工具设备：计算机、一般办公设备、网络。

工作环境：办公场所。

工作时间特征：正常工作时间，根据工作情况加班。

备注：

总经理由董事会聘任，其工作对董事会负责。

2. 工作规范的编写

工作规范的内容包括学历、经验、培训、技巧能力、身体素质和心理素质等。在编写工作规范时，依据工作的性质、工作繁简难易程度以及责任轻重加以取舍、规范。

工作规范的编写应注意下列两项要求：①应列出与工作有关即切实的任职资格。工作的性质不同，工作内容有区别，责任的轻重不同，工作规范的内容也应不同。如对于一般性员工，工作规范的内容包括身体素质、心理素质、知识经验及职业品德等；对于管理工作岗位，工作规范的内容包括知识要求、能力要求、经历要求和职业道德要求四类，每一类又包括许多项目。②任职资格条件不能触犯法律条文。

以下是总经理工作规范的一个范例。

总经理工作规范

职务名称：总经理

隶　　属：董事会

教育程度：大学本科以上

专　　业：管理类专业，或者与经济管理相关的专业

培训经历：接受过 MBA 职业培训，以及财务、人事知识培训

经　　验：八年以上工作经验，五年以上本行业或相近行业管理经验，两年以上高层管理经验

知识要求：通晓企业管理知识；具备技术管理、财务管理、质量管理、法律、金融证券等方面的知识；了解领域的专业知识

技能技巧：掌握 Microsoft Office 办公软件的使用方法，具备基本网络知识，具备一定的英语应用能力

个人素质：具有很强的领导能力、判断与决策能力、人际沟通能力、影响力、计划与执行能力以及客户服务能力

9.3　企业员工招聘与培训

9.3.1　员工招聘的含义

招聘是指安置、确定和吸引有能力的申请者的活动过程。成功的招聘能给企业带来许多好处，如提高成本效率，吸引到企业需要的合格人选，通过提供现实的工作预览来降低流失

率，帮助公司创建一支文化多元的队伍。

9.3.2 员工招聘的来源

招聘分为企业内部招聘和外部招聘。

1. 内部招聘

企业现有的员工是企业管理岗位最大的招聘来源。根据调查，90%以上的管理岗位都是由企业内部提拔起来的人担任的。内部招聘对象主要来源有：

（1）内部晋升。从内部提拔一些合适的人员来填补职位空缺是企业常用的方法。这种提拔建立在比较了解的基础上，往往更注重员工的能力，而不是学历。内部晋升给员工提供了发展的机会，能培养员工的奉献精神，对增强企业的凝聚力非常有利。但由于人员选择范围小，特别是那些规模较小的企业，可能选不到合适的人员到需要的岗位上。所以，当关键的岗位出现空缺时，往往采取内外同时招聘的方法。

（2）工作调换。工作调换是指员工在同级职务之间的调动，其职务级别不发生变化，工作的岗位发生了变化。这是组织内部人员配置的方法。在晋升岗位有限的情况下，工作调换也是激励人员的一种办法。通过调换岗位，使员工保持对岗位的新鲜感，进而对岗位产生新的动力。工作调换能促使员工对内部职位有较广泛的了解，提供员工从事组织内多个相关工作的机会。工作调换要注意用人所长，将其调换安排到更合适的岗位，避免因安排不妥而影响员工的工作积极性。

（3）工作轮换。它是指员工工作岗位的轮换。工作轮换有阶段性和时间性。工作轮换是为使员工晋升高一级职务而有目的地在同级不同工作岗位上轮换任职，积累经验，熟悉组织内部的更多领域和管理活动，从而为晋升做准备。同时能保持任职者对新任职务岗位的工作热情和积极性，避免在某一岗位上任职过久而产生惰性。

（4）内部人员的再聘。它是指将企业临时解聘或离职待聘人员重新召回组织内部工作的过程。内部人员的再聘可以为企业省去大量的培训时间和培训费用，迅速地满足企业人力资源的需求。企业由于市场和战略发展等原因暂时解聘员工后，应与这些员工保持较好的联系，以便企业在需要人员时可以及时再聘他们。

2. 外部招聘

企业员工需要经常不断地从外部招聘，特别是当企业处于高速成长期或需要大量用人之际。企业外部招聘常用的方法有以下几种：

（1）广告招聘。它是指通过在媒体刊登招聘启事向公众发送公司的就业信息。这是最常用的一种招聘方法。招聘广告的内容包括以下几个方面：

1）广告标题，一般是“公司招聘”“高薪诚聘”等。

2）招聘岗位，说明岗位名称、任职资格、工作职责等。

3）公司简介，包括公司的全称、性质、主营业务等。

4）人事政策，包括公司薪酬政策、社会保险政策、福利政策、培训政策等。

5）联系方式，包括公司地址、电话、传真、网址、电子邮件地址、联系人等。

（2）招聘会。这种招聘方法的最大好处是可以在短时间内见到大量的求职者。招聘会的举办单位有政府、学校、职业介绍机构、商会等。

（3）校园招聘。它是指由企业派人到学校招聘毕业生中的求职者。最常见、最节省的校园招聘方法是派人到学校开设就业讲座，介绍企业的情况和政策，让学生对企业有更多的了解，吸引学生到企业来应聘。

（4）实习。这是一种特殊的招聘形式，它是指企业给学生安置一个临时性的工作，但不必承担永久聘用学生的义务，学生毕业后也不必接受企业的固定职位。例如，旅游景点的导游可以用旅游学校的学生，经常轮换。

（5）猎头公司。这是专门为企业招聘高中层经理人才和高级专业技术人才的职业介绍机构。企业通过猎头公司招聘时，无论每一次寻觅是否招聘到合适的人选，一般都必须向猎头公司支付费用。

（6）网上招聘。例如，通过国内知名的招聘网络，不少企业招聘到合适的员工。

9.3.3 员工招聘的程序

1. 人力需求诊断

人员招聘的原因一般有以下几种：新公司的成立；现有职位因种种原因发生空缺；公司业务不断扩大；调整不合理的职工队伍等。这一阶段的主要工作是准确地把握有关组织对各类人员的需求信息，确定人员招聘的种类和数量。具体步骤为：

（1）由公司统一的人力资源规划，或由各部门根据长期或短期的实际工作需要，提出人力需求。

（2）由人力需求部门填写“人员需求表”。每家企业可因具体的情况不同制订不同的人员需求表，但应依据职务说明书制订。“人员需求表”可包括如下内容：

1）所需人员的部门、职位。

2）工作内容、责任、权限。

3）所需人数以及何种录用方式。

4）人员基本情况（年龄、性别等）。

5）要求的学历、经验。

6）希望的技能、专长。

7）其他需要说明的内容。

（3）人力资源部审核。对人力需求及资料进行确认，综合平衡，并对有关费用进行估算，提出是否受理的具体建议，报送主管总经理审批。

2. 制订招聘计划

经主管总经理批准的人员需求表，列入人力资源部招聘工作计划，人力资源部着手制订招聘方案，明确对应聘人员的资格、要求标准。

（1）制订计划的意义。人员招聘录用计划是组织人力资源规划的重要组成部分，其主要功能是通过定期或不定期地招聘录用组织所需要的各类优秀人才，为组织人力资源系统充实新生力量，实现企业内部人力资源的合理配置，为企业扩大生产规模和调整生产结构提供人力资源上的可靠保证，同时弥补人力资源的不足。

更重要的是，人员招聘录用计划作为组织人力资源规划的重要组成部分，为组织人力资源管理提供了一个基本的框架，为人员招聘录用工作提供了客观的依据、科学的规范和实用的方法，能够避免人员招聘录用过程中的盲目性和随意性。

（2）计划的主要内容。人员招聘录用计划主要包括以下几个方面：

1）录用人数以及达到规定录用率所需要的人员。确定出计划录用的员工总数。为确保企业人力资源构成的合理性，各年度的录用人数应大体保持均衡。录用人数的确定还要兼顾录用后员工的配置、晋升等问题。此外，还要根据以往的招聘经验，确定为了达到规定录用率至少应吸引多少人员前来应聘。

2）从候选人应聘到雇用之间的时间间隔。有效的招聘计划还应该注意另外一种信息，即精确地估计从候选人应聘到雇用之间的时间间隔。随着劳动力市场条件的变化，这些数据也要相应地发生变化。

3）录用基准。录用基准即确定录用人才的标准。除个人基本情况（年龄、性别等）外，录用人才的标准可以归结为以下五个方面：与工作相关的知识背景、工作技能、工作经验、个性品质、身体素质。这里要明确一点：哪些素质是职位要求所必需的，哪些是希望应聘者具有的。

4）录用来源。确定从哪里录用人才。确定录用来源有助于企业有效地把时间花费在某一劳动力市场上。费用最高的来源通常是猎头公司，其代理费大约为个人年薪的1/3，企业招聘高级管理人才时比较适用；而一般人员的招聘可到网络上寻求，费用较低。组织应根据成本及时间间隔数据定期收集、评价招聘来源信息，对各种信息来源进行分类，选择那些最快、性价比最高地提供适当人选的信息来源。

5）招聘录用成本计算。一般来讲，雇用一个人所需要的费用可以用招聘总费用除以雇用人数得出：

$$每雇用一人所需费用=\frac{招聘总费用}{雇用人数}$$

除此之外，下列的成本计算也是必不可少的：①人事费用，包括工资、福利及加班费。②业务费用，包括电话费、专业费及服务费、信息服务费、广告费、物资及邮资费用等。③企业一般管理费，包括租用临时设备、办公用具设备等的费用。

（3）应注意的问题。在制订和实施人员招聘录用计划时，必须注意以下问题：

1）不同的企业，处于不同发展阶段的同一企业，在编制人员招聘录用计划时，应区别对待，突出重点。

2）人员招聘录用计划不仅要规划未来，还应反映目前现有员工的情况，如员工的调入、调出、升迁等。

3）从录用方式看，人员招聘录用计划包括定期录用、临时录用、个别录用等，应明确区分，分类规划安排。

4）企业处于多变的经济环境中，人员招聘录用计划应不断地根据实际情况的变化调整计划，绝不能一劳永逸。

5）编制和实施人员招聘录用计划时，还必须注意到社会成员价值观念的取向、政府的就业政策和有关劳动法规。如在录用员工时，不应出现性别歧视。

另外，还要从应聘者的角度设置合理的招聘计划。应聘者通常会关心就业安全感、工资、股票期权、参与授权、培训和技能开发、发展的机会等。

3. 人员招募

（1）组织内部人员调整。组织进行人员招聘录用工作时，组织内部调整应先于组织外招聘，尤其对于高级职位或重要职位的人员选聘工作更应如此。因为这可以发挥组织中现有人员的工作积极性；利用已有人事资料简化招聘、录用程序，减少人力、财力等资源的消耗；便于上岗人员迅速适应；控制人力成本，减少培训费用。

（2）外部选聘，发布招聘信息及广告。如果没有适宜的内部应聘者，或者内部人力不能满足招聘人数的需要，则可由外部进行招聘。通过有效的招聘方式吸引各方人才前来应聘，是人员招聘录用工作的关键环节之一。招聘方法的类型有：

1）委托各种劳动就业机构。委托各类学校的毕业生分配部门推荐，利用各种网站招聘，委托猎头公司招聘等。

2）自行招聘录用。利用同事、亲属关系介绍，个别募集聘用；利用招聘广告募集，包括网站广告、报纸广告、杂志广告、电视广告、电台广告、广告传单等。

企业应全面权衡各种招聘方法的优缺点。同时要充分考虑到企业的自身条件，如知名度、经营规模、业务内容、员工规模等。另外，还必须考虑可能的应聘者的价值观念、职业观、就业观等。在对上述这些方面进行全面分析比较的基础上选择适合本企业的招聘方法是比较稳妥的。

通过组织策划招聘活动，既可以录用到合格的人才，同时也是对本企业的一次宣传。一些企业为招聘不惜斥巨资制作气度不凡的广告，其目的也在于提高企业知名度。

招聘信息发布后，求职者通常会寄来个人简历。个人简历可靠性不高，为了保证提供信息的规范性，企业在人员招聘活动开展时，都预先设计好“求职人员登记表”，供求职人员填写。

对“求职人员登记表”及个人简历的初审及评价是招聘录用系统的重要组成部分。这种初审的目的是挑选有可能的求职者，在其他选拔过程中再收集有关该求职者的更详细的情况，这个程序被称为“筛选”。该程序用于为招聘录用系统后续程序筛选求职人员，它通过迅速地从求职人员信息库中排除明显不合格者来保证招聘录用系统有效运行。

筛选“求职人员登记表”可依据人员录用标准来进行，如与工作相关的知识背景、工作技能、工作经验、个性品质、身体素质等。

4. 招聘测试与面试

招聘测试与面试是人员招聘录用工作程序的重要组成部分，也是招聘录用工作的进一步展开。这一阶段共包括六个步骤：

（1）组织各种形式的考试和测验。考试和测验内容应根据岗位的不同要求进行设计和取舍。一般而言，此项工作涉及下述几个方面的内容：专业技术知识和技能考试；能力测验；个性品质测验；职业性向测验；动机和需求测验；行为模拟；评价中心技术等。通过对应聘者施以不同的考试和测验，可以对他们的知识、能力、个性品质、职业性向、动机和需求等方面加以评定，从中选出优良者，将其列入面试候选人的范围。

（2）面试过程的实施。这一阶段是面试工作程序中最主要的环节，它依靠面试考官的面试技巧有效地控制面试的实际操作。实际上，面试过程的操作质量直接影响着人员招聘与录用工作的质量。

（3）分析和评价面试结果。这部分工作主要是针对应聘者在面试过程中的实际表现做出结论性评价，为录用人员的取舍提供建议性依据。

（4）确定人员录用的最后人选，如有必要进行体格健康检查。主要包括以下两个方面：

1）做出录用决策。在经过笔试、面试或心理测试后，招聘录用工作进入了决定性阶段。这一阶段的主要任务是对甄选评价过程中产生的信息进行综合评价与分析，确定每一位应试者的素质和能力特点，根据预先确定的人员录用标准与录用计划进行录用决策。

测评数据资料的综合分析是通过专门的人事测评小组或评价员会议进行的。测评小组共同讨论每个评价维度的行为表现，得出对某一求职者有关这方面情况的一致评价意见。在对每一评价维度都进行了类似的综合后，评价员们就要考虑并勾画出该求职者在所有评价维度上的优势和弱势，然后做出最后的录用决策。这里需要注意的是：如果人事部门与用人部门在人选问题上意见有冲突，应尊重用人部门的意见；组织应该尽可能地选择那些与企业精神、文化相吻合的个性特点的应聘者，即使他们没有相应的知识背景和工作经验，因为这些是可以通过培训而获得的，相对来讲，一个人的个性品质是难以改变的。

2）决策的准确性。个人差异为人员选择提供了理论基础，选择过程的目标在于利用个人差异挑选那些更具有某种特性的人，这些特性被看作是干好工作的重要因素。工作分析是整个选择过程的基础。在此基础上，选择一个或一个以上敏感、相关、可靠的效标；同时，选择一个或一个以上与效标有某种关系的预测因子（如个性、能力、兴趣的量度）。对预测因子的选择应以工作分析信息为依据，这种信息可提供哪一种预测因子最有可能准确地预测标准绩效的线索。当把预测因子作为决策的依据时，可从正确决策的比例评价预测因子的作用。

这一模式简单、易懂，它只要求把根据预测因子所做的决策划分为两个或两个以上相互排斥的类型，对效标数据也做类似的分类，然后对两组数据进行比较。

（5）面试结果的反馈。人员选聘与录用工作的每个环节都包含两个方面的结果：录用过程和辞谢过程。录用过程是指应聘者在应聘过程中逐步被组织接纳，而辞谢过程则是指招聘录用过程中的淘汰，两者是同时延续和完成的。

面试结果的反馈有两条线路：一是由人事部门将人员录用结果反馈到组织的上级和用人部门；二是逐一将面试结果通知应聘者本人，对录用人员发布“试录用通知”，对没有被接受的应聘者发布“辞谢书”。

（6）面试资料存档备案。最后，将所有面试资料存档备案，以备查询。至此，招聘测试与面试工作全部完成，重新回到人员招聘与录用的程序之中。

5. 录用人员岗前培训

（1）培训内容。培训内容包括：熟悉工作内容、性质、责任、权限、利益、规范，了解企业文化、政策及规章制度，熟悉企业环境、岗位环境、人事环境，熟悉并掌握工作流程、技能。

（2）培训周期。培训周期一般为三天至一星期，特殊岗位的培训可以适当延长。

（3）对不合格者的规定。培训合格者方可上岗工作，培训不合格者给予机会再行培训，如仍不合格者，应予以辞退。

6. 试用员工上岗试用

（1）试用目的。这一阶段的主要目的是为了通过工作实践考察试用员工对工作的适宜性，同时，也为试用员工提供了进一步了解组织及工作的机会。事实上，这一阶段是组织与员工的双向选择，彼此双方不受任何契约的影响。

（2）试用周期。培训合格者上岗试用，试用周期一般为三个月；特殊岗位的试用期可为六个月。试用期工作优异者，经部门推荐、考核通过，可提前结束试用期，正式录用。

（3）对不合格者的规定。试用期违反公司规章、工作程序、规范者，因其对新环境的不熟悉，应本着教育的原则予以纠正和帮助。

9.3.4 员工培训

1. 培训的含义

培训是人力资源管理的一个重要内容。任何组织都不能忽视对员工的培训。所谓培训，就是根据组织和个人在某一时期的发展和工作需要，运用现代培训技术和手段，提高员工绩效和增强组织竞争力的过程。

现代培训比传统的培训增加了新的内涵，主要体现在以下几方面：

1）现代培训更注重激发员工的学习动机，强调员工的积极性和主观能动性。

2）现代培训更注重把培训目标与公司的长远目标、战略目标联系在一起。

3）现代培训更注重以人为本，更注重人的生理与心理。培训不单纯是为了提高技能，培训也是对员工的一种承认和激励。

4）现代培训已突破了岗位技能的范围，更注重提高人的胜任能力。

由于现代培训的含义从深度上和广度上都大大不同于传统的培训，因此培训的内容和对象也有了很大的发展和变动。内容包括基本技能、专业技能、创造技能以及领导与管理的技能等，对象也从内部向外部延伸，很多公司把培训延伸到相关子公司或关联客户、上下游企业等。

2. 员工培训的意义

1）员工培训有利于提升员工的能力，增强企业竞争力。

2）员工培训有利于满足员工实现自我价值的需要，稳定员工队伍。在信息时代，“终身学习”和建立“学习型组织”已成为个人和企业在激烈竞争中立于不败之地的必然要求。通过系统的员工培训，实现人力资源的整体保值增值，既是调动广大员工工作积极性的需要，也是维护和提高企业市场竞争力的重要环节。

3）员工培训有利于改善企业的工作质量，增加利润。培训使员工素质、职业能力提高并增强，将直接提高和改善企业工作质量；培训能改进员工的工作表现；培训可以增加员工的安全操作知识；培训能增强员工的岗位意识，增强员工的责任感；培训能够提高管理者的管理水平，降低成本等。

4）员工培训是员工最大的福利。英国科学家詹姆斯·马丁（James Martin）曾预测：人类的科学知识在19世纪每50年增长一倍，20世纪中叶每十年增长一倍，20世纪70年代每八年增长一倍。目前，专家估计每三年增长一倍。因此加强员工培训，是企业生存的需要，也是员工发展的需要。

3. 员工培训的方法

职业培训中常用的方法有讲授法、演示法、研讨法、视听法、角色扮演法、案例研究法和模拟与游戏法等。各种方法具有各自的优缺点，为了提高培训质量，往往需要将各种方法配合运用。

（1）讲授法。它就是培训师通过语言表达，系统地向受训者传授知识，期望这些受训者能记住其中的重要观念与特定知识。

其要求是：讲授内容要有科学性，这是保证讲授质量的首要条件；讲授要有系统性，条理清晰，重点突出；讲授时语言要清晰，生动，准确，必要时运用板书；培训师与受训者要相互配合，这是取得良好讲授效果的重要保证。

其优点是：有利于受训者系统地接受新知识；容易掌握和控制学习的进度；有利于加深理解难度大的内容；可以同时对许多人进行培训。

其缺点是：讲授内容具有强制性；学习效果易受培训师讲授的水平影响；只是培训师讲授，没有反馈；受训者之间不能讨论，不利于促进理解；学过的知识不易被巩固。

(2) 演示法。这是运用一定的实物和教具，通过实地示范，使受训者明白某种工作是如何完成的。

其要求是：演示前准备好所有的用具，搁置整齐；让每个受训者都能看清示范物；演示完毕，让每个受训者试一试；对每个受训者的试做给予即时的反馈。

其优点是：有助于激发受训者的学习兴趣；可利用多种感官，做到看、听、想、问相结合；有利于获得感性知识，加深对所学内容的印象。

其缺点是：适用范围有限，不是所有的学习内容都能演示；演示装置移动不方便，不利于培训场所的变更；演示前需要一定的费用和精力做准备。

(3) 研讨法。这是指通过培训师与受训者之间或受训者之间的讨论以解决疑难问题。研讨形式有演讲、小组讨论、沙龙、集体讨论、委员会式、系列研讨式等。

其要求是：每次讨论要建立明确的目标，并让每一位参与者了解这些目标；要使受训者对讨论的问题发生内在的兴趣，并启发他们积极思考；在大家都能看到的地方公布议程表（包括时间限制），并于每一阶段结束时检查进度。

其优点是：受训者能够主动提出问题，表达个人的感受，有助于激发学习兴趣；鼓励受训者积极思考，有利于能力的开发；在讨论中取长补短，互相学习，有利于知识和经验的交流。

其缺点是：讨论课题选择的好坏将直接影响培训的效果；受训者自身的水平也会影响培训的效果；不利于受训者系统地掌握知识和技能。

(4) 视听法。就是利用幻灯片、电影、录像片、录音片、计算机等视听设备进行培训，多用于新进员工培训。其要求是：播放前要清楚地说明培训的目的；依讲课的主题选择合适的视听教材；以播映内容来发表各人的感想或以“如何应用在工作上”来讨论，最好能边看边讨论，以增强理解；讨论后培训师必须作重点总结或将“如何应用在工作上”的具体方法告诉受训人员。

其优点是：由于视听培训是利用人体的五种感觉（视觉、听觉、嗅觉、味觉、触觉）去体会的一种培训，所以比讲授或研讨给人更深的印象；教材内容与现实情况比较接近，不单单是靠理解，而且是借助感觉去理解；生动形象且给受训者以亲近感，所以也比较容易引起受训者的兴趣；视听设备可反复使用，从而能更好地适应受训者的个别差异和不同水平的要求。

其缺点是：视听设备和教材的购置需要花费较多的费用和时间；选择合适的视听教材不太容易；受训者受视听设备和视听场所的限制。

(5) 角色扮演法。设定一个最接近现在状况的培训环境，指定受训者扮演某种角色，借助角色的演练来理解角色的内容，从而提高主动地面对现实和解决问题的能力。

其要求是：宣布练习的时间限制；强调受训者实际作业；使每一事项都成为一种不同技巧的练习；确保每一事项均能代表培训计划中所教导的行为。

其优点是：有助于训练基本动作和技能；提高人的观察能力和解决问题的能力；活动集中，有利于培训专门技能；可训练态度仪容和言谈举止。

其缺点是：人为性；强调个人；容易影响态度、不易影响行为；角色扮演设计的合理性需要花费较多的精力和时间；角色扮演的实施过程较为复杂。

（6）案例分析法。这是利用书或影片，将实际或想象的情况，用相当详细的方式描述出来。它的重点是对过去所发生的事情做诊断或解决特别的问题，它比较适合静态地解决问题。

其优点是：提供了一个系统的思考模式；在个案研究的学习过程中，接受培训可得到另外一些有关管理的知识与原则；活动集中，有利于培训专门技能；有利于使受训者参与企业实际问题的解决；正规案例分析使受训者得到经验和锻炼机会；容易养成积极参与和向他人学习的习惯；这种方法较直观。

其缺点是：案例过于概念化并带有明显的倾向性；案例的来源往往不能满足培训的需要；需时较长，对受训者和培训师要求较高。

（7）模拟与游戏法。

其要求是：游戏涉及竞争；必须有一定的游戏规则；有一定的结局。

其优点是：激发受训者的积极性；改善人际关系；理解深刻；可使受训者联想到现实的后果。

其缺点是：简单化；使人缺少责任心；比较费时；模拟游戏的有效性并没有得到证实；后勤问题难以得到保障。

（8）自学法。这一方式适合于一般理念性知识的学习，成人学习具有偏重经验与理解的特性。

其优点是：让具有一定学习能力与自觉性的学员自学，是既经济又实用的方法。

其缺点是：监督性差。

不同培训方法的效果比较如表 9-1 所示。

表 9-1　不同培训方法的效果比较

序号	培训方法	知识		态度		分析能力		人际关系		学员接受		知识保留	
		名次	平均值	名次	平均值	名次	平均值	名次	平均值	名次	平均值	名次	平均值
1	讲授法	5	3.10	8	1.99	8	2.01	8	1.81	8	2.74	8	2.47
2	演示法	6	3.00	5	2.73	2	3.58	5	2.50	3	3.78	6	3.26
3	研讨法	3	3.33	3	3.54	4	3.26	3	2.21	1	4.16	5	3.42
4	视听法	4	3.16	6	2.50	7	2.24	6	2.19	5	3.44	7	2.67
5	角色扮演法	7	2.93	2	3.56	3	3.27	2	3.68	4	3.56	4	3.37
6	案例分析法	2	3.56	4	3.43	1	3.69	4	3.02	2	3.80	2	3.48
7	模拟与游戏法	8	2.77	1	3.96	5	2.98	1	3.95	6	3.33	3	3.44
8	自学法	1	4.03	7	2.22	6	2.56	7	2.11	7	3.28	1	3.74

案例

NLC化学有限公司招聘

NLC化学有限公司是一家跨国企业。随着生产规模的扩大，为了对生产部门的人力资源进行更为有效的管理开发，2018年年初，分公司总经理希望在生产部门设立一个处理人事事务的职位，主要任务是协调生产部与人力资源部的工作。总经理希望通过外部招聘的方式寻找人才。

在招聘渠道的选择上，人力资源部经理建华设计了两种方案。第一种方案是在本行业专业媒体中作专业人员招聘。有利条件是：对口的人才比例高，招聘成本低。不利条件是：企业宣传力度小。第二种方案是在大众媒体上刊登招聘启事。有利条件是：企业影响力度很大。不利条件是：非专业人才的比例很高，前期筛选工作量大，招聘成本高。初步选用第一种方案。总经理看过招聘计划后，认为公司在中国大陆处于初期发展阶段，不应放过任何一个宣传企业的机会，于是选择了第二种方案。

在一周的时间里，人力资源部收到了800多份简历。人力资源部在800多份简历中初步筛选出了70份有效简历，经进一步筛选后，留下五人。于是他来到生产部门经理于欣的办公室，将此五人的简历交给了于欣，并让于欣直接约见面试。部门经理经过筛选后认为可从两人中做选择：李楚和王智勇。

他们将所了解的两人资料对比如下：

李楚，男，企业管理学士学位，32岁，有八年一般人事管理及生产经验，在此之前的两份工作均有良好的表现，可录用。

王智勇，男，企业管理学士学位，32岁，有七年人事管理和生产经验，以前曾在两个单位工作过，第一位主管评价很好，没有第二位主管的评价资料，可录用。

从以上的资料可以看出，李楚和王智勇的基本资料相当。但值得注意的是：王智勇在招聘过程中，没有上一个公司主管的评价。公司通知俩人，一周后等待通知。在此期间，李楚在静待佳音，而王智勇打过几次电话给人力资源部经理。

于欣与建华商谈何人可录用。建华说："两位候选人看来似乎都不错。"于欣："两位候选人的资格审查都合格了，唯一存在的问题是王智勇的第二家公司主管给的资料太少。"

建华说："很好，于经理，显然你我对王智勇的面谈表现都有很好的印象，人嘛，有点圆滑，但我想我会很容易与他共事，相信在以后的工作中不会出现大的问题。"

于欣："既然他将与你共事，当然由你做出最后的决定。"于是，最后决定录用王智勇。

王智勇来到公司工作了六个月，在工作期间，经观察发现：王智勇的工作不如期望的好，指定的工作他经常不能按时完成，有时甚至表现出不胜任其工作的行为。所以引起了管理层的抱怨：显然他对此职位不适合，必须加以处理。然而，王智勇也很委屈：在来公司工作了一段时间，招聘所描述的公司环境和各方面情况与实际情况并不一样；原来谈好的薪酬待遇在进入公司后又有所减少；工作的性质和面试时所描述的也有所不同，也没有正规的工作说明书作为岗位工作的基础依据。

点评：

此次招聘显然是不成功的，不仅招聘的费用比较高，更为糟糕的是新聘人员的工作表现与公司的预期有比较大的差距。招聘不成功主要有两个原因：一是人力资源部没有为用人部门决策提供应聘者足够的客观资料，从而使用人部门的主管不能全面、准确地评价应聘者；二是用人部门的主管决策时依据直觉做出的判断被后来员工的表现证明是错误的。

王某工作表现不能达到公司对该职位的要求，可能有两个原因：一是对该职位的考核标准过高，在公司现有的条件下达到这个标准困难相当大，甚至是不太可能的，无论王某如何努力，都将完不成任务；二是职位的设置、考核标准是比较科学的，但是由于工作态度有问题或工作技能、知识等有缺陷或是兼而有之，导致工作表现不合格。

以上两个原因都与工作分析有关。

9.4 企业员工绩效考核与激励

9.4.1 员工绩效考核

1. 绩效考核的含义

员工的工作绩效，是指他们那些经过考评的工作行为、表现及其结果。对组织而言，绩效就是任务在数量、质量及效率等方面完成的情况；对员工而言，则是上级和同事对自己工作状况的评价。企业通过对其员工工作绩效的考评，获得反馈信息，便可据此制订相应的人事决策与措施，调整和改进其技能。影响工作绩效的因素主要有四种，即员工的激励、技能、环境与机会，其中前两项属于员工自身的主观性影响因素，后两项则是客观性影响因素。可用公式表示如下：

$$P = F(\mathrm{S}, \mathrm{O}, \mathrm{M}, \mathrm{E})$$

式中 P——绩效；

S——技能；

O——机会；

M——激励；

E——环境。

此式说明，绩效是技能、机会、激励与环境四变量的函数。

绩效考核就是运用科学的标准、方法和程序，对组织或员工的业绩、成就和实际作为作尽可能准确的考评。绩效考核是绩效管理的核心，通过考核提供员工绩效方面的信息，鼓励和促进员工之间的公平竞争，有助于集体监督，还可以诊断组织中的问题并提出针对性的改进措施，从而推动工作效率和服务质量的提高。

可以从不同角度，将绩效考核分为不同的类型。从考核的组织活动形式上看，可分为正式考核和非正式考核；从考核的时限上看，可分为短期考核、中期考核和长期考核；从考核的指标上看，可分为定量考核和定性考核。

2. 绩效考核的标准

进行绩效考核的前提是明确考核标准。所谓考核标准，就是对各类人员绩效考核的标准和尺度。绩效考核的标准通常包括绝对标准、相对标准和客观标准三种。

（1）绝对标准。就是建立员工工作的行为特质标准，然后将达到该项标准列入考核范围内，而不在员工相互间作比较。

（2）相对标准。就是将员工间的绩效表现相互比较，也就是以相互比较来评定个人工作的好坏，将被考核者按某种向度作顺序排名，或将被考核者归入先前决定的等级内，再加以排名。

（3）客观标准。就是考核者在判断员工所具有的特质，以及其执行工作的绩效时，对每项特质或绩效表现，在评定量表上每一点的相对基准上予以定位，以帮助考核者作评价。

绩效考核标准的总原则：工作成果和组织效率。依据组织的战略，可制订个人或群体的工作行为和工作成果标准。标准尽管可有多项，每一项也有很详细的要求，但衡量绩效的总的原则只有两条：一是是否使工作成果最大化；二是是否有助于提高组织效率。例如，评估一名银行信贷员的工作。这项工作的行为标准可能包括“及时为客户准备好各种信贷文件”，而从工作成果的角度看，绩效标准可能是“每月贷出低风险贷款五百万元”。这两条标准相比较，显然真正重要的是后者。如果该信贷员每月能贷出五百万元低风险贷款，他的工作仍然会受到上级的赏识；如果该信贷员每次都能够及时为客户准备好各种信贷文件但完不成工作成果的要求，则他的工作仍然是不能令人满意的。

3. 绩效考核的方法

绩效考核方法直接影响评估计划的成效和评估结果的正确与否。绩效考核的方法很多，根据统计有百种之多。下面就一些常用的考核方法做简单介绍。

（1）排序法。在排序法中，主管按绩效表现从好到坏的顺序依次给员工排序。这种绩效表现既可以是整体绩效，也可以是某项特定工作的绩效。

（2）两两比较法。两两比较法是指在某一绩效标准的基础上把每一个员工都与其他员工相比较来判断谁更好，记录每一个员工和任何其他员工比较时被认为更好的次数，根据次数的高低给员工排序。

（3）业绩评定表法。这种方法也称为等级分配法。这是一种广泛采用的绩效考核方法，这种方法能够克服上述两种方法的弊病。这种方法由考核小组或主管先拟定有关的考核项目，按考核项目对员工的绩效做出粗略的排序。因为它是在一个等级表上根据所限定的因素对员工进行业绩判断和记录，所以被称为业绩评定表。通常等级被分为几类（用数字 5 ~ 7 表示），并采用诸如“优秀”“一般”或“较差”这种形容词来定义。

（4）工作标准法。它是指将员工的表现同企业预先确定的标准（劳动定额）或期望的产出水平相对照，从而评定员工的业绩。标准反映着一名员工按照平均速度操作而取得的一般产出。这种方法主要用于生产工作中。

（5）量表评级法。这种方法的特点是使用了定量分析和数据对比，首先确定一批业绩相关要素，包括工作数量、工作质量、专业知识、合作精神、诚实性、守时性、主动性和沟通能力等特点，考核人员对有关要素一一考虑，并为被评分者打分。

（6）关键事件法。这种方法要求主管人员将每一位下属在工作活动中所表现出来的非同寻常的好行为或坏行为记录下来，然后在评价时，主管人员根据所记录的特殊事件来评价员工的工作业绩。关键事件的记录可以确保主管在对下属人员的绩效进行考察时，所依据的是员工在整个考评期间的表现，而不仅是员工在最近一段时间的表现。记录的关键事件是考评的主要依据，但不是唯一依据，主管一定要避免以某一事件的好坏来决定员工在整个考评期间的综合绩效。

（7）目标管理法（MBO）。目标管理法是使用非常普遍的一种测评方法。MBO 是一个设置和评价目标的过程，是一种管理过程。在这一过程中，通过使主管人员和下属共同参与追求双方达成一致的目标、目的，使组织的目标得到实现。目标管理法要求制订的目标是详细的、可测量的，并受时间控制，而且结合于一个行动计划中。

（8）360°评估。这种方法的评估者可能是管理者、同事、组织内部和外部的客户及其他人。从这种全方位的与自己发生工作关系的所有主体那里获得关于本人绩效信息反馈的过程被称为360°评估。

以上介绍的评估方法，在具体操作过程中往往不是单纯地使用其中的任何一种，而是几种方式混合在一起使用。选择哪种方法，主要是根据员工具体的工作特性和工作性质，以及企业文化氛围和管理思想来决定。

4. 绩效考核的原则

员工在企业工作，希望自己的工作成绩得到企业的认可，得到应有的待遇；希望通过个人的努力取得事业上的进步；更希望得到上级对自己努力方向的指点。为了满足员工渴望公正评价的要求，在绩效考核中应确立以下基本原则：

（1）明确化、公开化原则。企业的人事考评标准、考评程序和考评责任都应当有明确的规定，而且在考评中应当遵守这些规定。同时，考评标准、程序和对考评责任者的规定在企业内部应当对全体员工公开，这样才能使员工对人事考评工作产生信任感，对考评结果也易持理解、接受的态度。

（2）客观考评的原则。人事考评应当根据明确规定的考评标准，针对客观考评资料进行评价，尽量避免掺入主观性和感情色彩。也就是说，首先要做到“用事实说话”，考评一定要建立在客观事实的基础上。其次要做到把被考评者与既定标准作比较，而不是在人与人之间进行比较。

（3）单头考评的原则。对各级员工的考评，都必须由被考评者的直接上级实施。直接上级相对来说最了解被考评者的实际工作表现（成绩、能力、适应性等），也最有可能反映真实情况。间接上级（即上级的上级）对直接上级做的考评评语，不应当擅自修改。

（4）反馈的原则。考评的结果（评语）一定要反馈给被考评者本人，否则就起不到考评的教育作用。在反馈考评结果的同时，应当向被考评者就评语进行说明解释，肯定成绩和进步，说明不足之处，提供今后努力方向的参考意见等。

（5）差别的原则。考核的等级之间应当有鲜明的差别界限，针对不同的考评评语在工资、晋升、使用等方面应体现明显差别，使考评带有刺激性，激励员工的上进心。

当然，对考评承担者进行充分培训，使其尽量排除主观因素，并能够对考评标准有准确的、统一的理解，也是非常重要的。

5. 绩效考核标准的制订

进行绩效考核评估的前提是明确评价标准。一般采取量化和非量化两种方式。量化的方式是用具体的数值进行区分，而非量化的方式往往是采取描述的方式来区分。

（1）描述性考核标准。描述性考核标准可以是针对某一特定要素的，如工作成绩、能力或态度，也可以是针对整体职责的。

（2）量化考核标准。在描述性考核标准中，由于不同的考评者对表中同一描述性词汇有时理解不同造成绩效考评结果的出入，给绩效评估带来了困难。为解决这一问题，可以采用量化评价标准，这种考评标准引入等级记分法，采用级别和分数来表达评语。等级记分法中的等级标准和记分标准就是所谓的“考核尺度”。

9.4.2 员工激励

1. 激励的内涵和特点

激励，就是激发鼓励的意思，是指利用某种外部诱因调动人的积极性和创造性，使人产生一股内在的动力，朝向所期望的目标前进的心理过程。从激励的定义中，可以看出激励具有以下三个特征：首先，必须有被激励的对象，并且被激励对象具有从事某种活动的内在愿望和动机；其次，激励是一个内在的变量，被激励的动因的强弱不是固定不变的；再次，激励的结果只能是增强被激励人的自觉性、主动性和创造性，从而保持较好的工作业绩。

2. 激励的类型

激励的类型是指对不同激励方式的分类。从激励内容角度可以将激励分为物质激励和精神激励，从激励作用角度可分为正向激励和负向激励，从激励对象上可分为他人激励和自我激励，从激励产生的原因可以分为外附激励和内滋激励。

(1) 物质激励和精神激励。物质激励和精神激励有不同的内涵，可以满足人们不同的需要及不同人的需要。例如，奖金可以满足人们的物质需要，但不能满足人们的荣誉感；而职位晋升可以满足人们的成就感，但不能满足人们的物质需要。

(2) 正向激励和负向激励。正向激励是一种通过强化积极意义的动机而进行的激励，负向激励是通过采取措施抑制或改变某种动机。负向激励也是一种激励，是通过影响人们的动机来影响行为。

(3) 他人激励和自我激励。对他人激励是调整他人动机。自我激励是对自己进行激励，是调整自己的动机。自我激励也应从需要、目标着手，通过分析自己的需要，选择合理的目标并实现这些目标。

在大多数激励过程中，被激励者是受到外在力量控制的，即必须接受他人的控制或鼓励。很显然，在这样的情况下，要使受激励者能产生持续的积极性，就应该不断地施加激励措施。然而，这种靠不断激励而产生的积极性，与更高的目标和实现目标的自觉性相比较，无疑会有它的局限性。实际上，真正的动力绝不是来自外力，而是依靠自身，即自我激励。因为，“人是不可能真正地被其他人激励的”，人的行为是由他们自己控制的，“他们需要在能使他们自我激励、自我评价和自信的环境中工作，而不是外界的激励”。

(4) 外附激励和内滋激励

美国管理学家道格拉斯·麦克雷戈把激励分为外附激励和内滋激励两类。

外附激励是指掌握在管理者手中，由经理运用，对被激励者来说是外附的一种激励。以下几种外附激励的方式是行之有效的：

1) 赞许。这是一种常用的激励方式，当面称赞、当众夸奖、通报表扬等都属于赞许，即客观上对受赞许者的行为给予肯定，因而有强化其动机的作用。

2) 奖赏。奖赏也是一种赞许和鼓励，但它的激励作用要大得多。奖赏既可以是物质的，也可以是精神的，还可以是物质奖赏和精神奖赏同时并用。

3) 竞赛。一般人都有好胜的心理，特别是有高度成就感的人，其好胜的心理更为强烈。因此，竞赛有激励上进的作用。但必须注意竞赛要事先公布评比的标准，使大家明白争夺的目标以及胜败的后果。标准要具有可比性，竞赛的结果要公布，许诺的奖励要兑现。

4) 考试。对职工的录用、选拔、晋升，采用考试的办法，有较好的激励作用，而且可以在一定程度上避免拉关系、走后门的弊端。

5）评定职称。学位、职衔以及其他技术职称的授予，已经成为一种国际现象，相当多的人正在为之奋斗。如果引导得当，评定合理，可以产生重要的激励作用。

内滋激励是指被激励对象自身产生的发自内心的一种激励力量，包括学习新知识和技能、责任感、光荣感、成就感等。内滋激励有助于员工“开发自己”，使自己始终保持“一种良好的舞台激情”。它主要表现在以下两个方面：

1）认同感。一个人对组织目标有了认同感以后，就会产生一种肯定性的感情和积极态度，从而迸发出一种为实现组织目标而奋斗的驱动力。

2）义务感。这是人们的一种内在要求。人们往往把自己愿意承担的种种义务，看成是“应该做的”，因此义务感就能对自己的行为产生一种自觉的精神力量。

3. 员工激励的原则

激励政策与其他人力资源政策的不同之处在于：激励政策有更大的风险性，如果它不给公司带来正面的影响，就很可能带来负面的影响。所以，在制订和实施激励政策时，一定要谨慎。下面是一些关于激励的原则，如果在制订和实施激励政策时能够注意这些原则，可能会很大地提高激励的效果。

（1）要因人而异。由于不同员工的需求不同，所以，相同的激励政策起到的激励效果也会不尽相同。即便是同一位员工，在不同的时间或环境下，也会有不同的需求。由于激励取决于内因，是员工的主观感受，所以，激励要因人而异。在制订和实施激励政策时，首先要调查清楚每个员工真正需要的是什么，将这些需要整理、归类，然后制订相应的激励政策，以帮助员工满足这些需求。

（2）奖惩要适度。奖励和惩罚不适度都会影响激励效果，同时增加激励成本。奖励过重会使员工产生骄傲和满足的情绪，失去进一步提高自己的欲望；奖励过轻则起不到激励作用，或者让员工产生不被重视的感觉。惩罚过重会让员工感到不公平，或者失去对公司的认同，甚至产生怠工或破坏的情绪；惩罚过轻会让员工轻视错误的严重性，从而可能还会犯同样的错误。

（3）体现公平性。公平性是员工管理中一个很重要的原则，员工感到的任何不公平都会影响他的工作效率和工作情绪，并且影响激励效果。取得同等成绩的员工，一定要获得同等层次的奖励；同理，犯同等错误的员工，也应受到同等层次的处罚。如果做不到这一点，管理者宁可不奖励或者不处罚。

（4）奖励正确的事情。如果奖励错误的事情，错误的事情就会经常发生。这个问题看起来虽很简单，但在具体实施激励时往往被管理者所忽略。管理学家米切尔·拉伯夫（Michael Lebocuf）经过多年的研究，发现一些管理者常常在奖励不合理的工作行为。他根据这些常犯的错误，归结出应奖励和避免奖励的十种工作行为：①奖励彻底解决问题，而不是只图眼前利益的行动；②奖励承担风险而不是回避风险的行为；③奖励善用创造力而不是愚蠢的盲从行为；④奖励果断的行动而不是光说不练的行为；⑤奖励多动脑筋而不是一味苦干；⑥奖励使事情简化而不是使事情不必要地复杂化；⑦奖励沉默而有效率而不是喋喋不休；⑧奖励工作有质量而不是匆忙草率；⑨奖励忠诚而不是跳槽；奖励团结合作而不是互相对抗。

4. 员工激励的方法

激励是对员工需求的满足。员工的需求是多种多样的，所以激励的途径也是多种多样的。可以根据激励的性质不同，把激励分为四类：成就激励、能力激励、环境激励和物质激励。

（1）成就激励。随着社会的发展，人们生活水平的提高，越来越多的人在选择工作时已经不仅仅是为了生存。对知识型员工而言，工作更多的是为了获得一种成就感。所以成就激励是员工激励中一个非常重要的内容。根据作用不同，可以把成就激励分为组织激励、榜样激励、荣誉激励、绩效激励、目标激励和理想激励六个方面。

1）组织激励。在公司的组织制度上为员工参与管理提供方便，这样更容易激励员工提高工作的主动性。管理者首先要为每个岗位制订详细的岗位职责和权利，让员工参与到制订工作目标的决策中来。在工作中，让员工对自己的工作过程享有较大的决策权。这些都可以达到激励的目的。

2）榜样激励。群体中的每位成员都有学习性。公司可以将优秀的员工树立成榜样，让员工向他们学习。虽然这个办法有些陈旧，但实用性很强。就像一个坏员工可以让大家学坏一样，一位优秀的榜样也可以改善员工的工作风气。

3）荣誉激励。为工作成绩突出的员工颁发荣誉称号，代表着公司对这些员工工作的认可。让员工知道自己是出类拔萃的，更能激发他们工作的热情。

4）绩效激励。在绩效考评工作结束后，让员工知道自己的绩效考评结果，有利于员工清醒地认识自己。如果员工清楚公司对他工作的评价，就会对他产生激励作用。

5）目标激励。为那些工作能力较强的员工设定一个较高的目标，并向他们提出工作挑战。这种做法可以激发员工的斗志，激励他们更出色地完成工作。这种工作目标挑战如果能结合一些物质激励，效果会更好。

6）理想激励。每位员工都有自己的理想，如果他发现自己的工作是在为自己的理想而奋斗，就会激发出无限的热情。管理者应该了解员工的理想，并努力将公司的目标与员工的理想结合起来，实现公司和员工的共同发展。

（2）能力激励。为了让自己将来生存得更好，每个人都有发展自己能力的需求。公司可以通过培训激励和工作内容激励满足员工这方面的需求。

1）培训激励。培训激励对青年人尤为有效。通过培训，可以提高员工实现目标的能力，为承担更大的责任、更富挑战性的工作及提升到更重要的岗位创造条件。在许多著名的公司里，培训已经成为一种正式的奖励。

2）工作内容激励。用工作本身来激励员工是最有意思的一种激励方式。如果能让员工从事其最喜欢的工作，就会产生这种激励。管理者应该了解员工的兴趣所在，发挥各自的特长，从而提高效率。另外，管理者还可以让员工自主选择自己的工作。通过这种方式安排的工作，工作效率也会大大地提高。

（3）环境激励。它包括以下两个方面：

1）政策环境激励。公司良好的规章制度等都可以对员工产生激励。这些政策可以保证公司员工的公平性，而公平是员工的一种重要需要。如果员工认为他在平等、公平的公司中工作，就会减少由于不公平而产生的怨气，提高工作效率。

2）客观环境激励。公司的客观环境，如办公环境、办公设备、环境卫生等都可以影响员工的工作情绪。在“高档次”的环境里工作，员工的工作行为和工作态度都会向“高档次”发展。

（4）物质激励。物质激励的内容包括工资奖金和各种公共福利。它是一种最基本的激励手段，因为获得更多的物质利益是普通员工的共同愿望，它决定着员工基本需要的满足情况。同时，员工收入及居住条件的改善，也影响着其社会地位、社会交往，甚至学习、文化娱乐等精神需要的满足情况。

经典范例：

美国首席执行官（CEO）的业绩评估

CEO肩负着广泛的工作职责，拥有很大的控制权，具有高度的决策权。因此，对他们业绩的评估如果进行得恰当并且持续不断的话，不仅可以帮助他们个人成长，使他们的工作更加出色，甚至可为进行持续的、有意义的关于业绩的讨论提供一个机制。本报告勾画出了一些在评估CEO的业绩时需要考虑的重要问题，并提供了一些实用的指导准则。当然，不是所有的公司都需要一个从头至尾的完整程序，随着公司经验的积累，可以对评估的标准和程序加以补充和改进，每一个公司的情况都不同，所以公司的评估程序可以采取不同的形式。

任何经理都可以从业绩评估中获益匪浅，特别是当评估者就是成功的、经验丰富的经理本人时。然而，在很多公司里，CEO的业绩并未得到正式的评估，在十分紧急的情况下进行的业绩评估通常已经太迟，没有任何建设性作用。

评估高层管理人员的业绩是董事会的一项基本职责。大多数州的相关法令都规定公司必须由董事会或在董事会指导下管理。在大多数情况下，董事们必须将管理经营权授予专业的经理们，但这仅仅是他们责任的开始。董事们对管理上的疏忽负有责任，因而对管理层的业绩评估也负有责任。

然而为什么很多公司对几乎所有的员工进行业绩评估，而对那些位居公司最高层的人除外呢？有的董事会可能会认为刺激性的报酬方案足以满足对高层管理者业绩评估的需要，或认为董事会同管理层之间已就业绩广泛地、持续不断地沟通而没有必要进行正式的评估，更有甚者将对担负董事会职责的执行人员的业绩评估看作是不合适的。

要创造出一种有促进CEO业绩评估的董事会气氛，不是靠少数几个董事的热情，而要靠整体的投入。理想的情况下，应该由CEO自己启动这一过程。

不论CEO对此的积极性如何，正式的业绩评估都是有必要的。我们相信CEO业绩评估不是只对经验不足的CEO和面对困难的公司的CEO有用，而是对所有CEO都有用。但在这一程序本不存在的情况下开始对CEO的业绩评估既耗时又费力。

1. 对CEO进行业绩评估的好处

如果实施恰当，CEO业绩评估可以：

1）方便董事会与CEO之间就公司和CEO长期和短期的业绩期望进行交流。

2）方便董事会与CEO之间就实际业绩评估进行交流。

3）帮助CEO认识到自身的优点和缺点以及发扬优点改正缺点的方法。

4）及时为CEO和董事会提供潜在问题的报警信号。

5）提供清晰的CEO薪酬决策准则，包括刺激性报酬的方案和何时取消这些方案。

6）协助培养CEO与董事会之间的团队合作观念。

7）增加在危急关头董事会支持CEO的可能性。

8）提供一个明确的信号给股东和行政管理者：董事会一直在监督和评估CEO与高层管理人员的行动。

无疑，评估还有其他好处。及时处理董事会和CEO的问题有着极大的价值。理论上，不管一个正式的评估过程是否存在，有了问题就应进行讨论。但实际上，这样的讨论却未能进行，特别是关于一些敏感的问题，例如CEO的更换、领导风格或公司愿景等。一个正式的CEO业绩评估过程可以名正言顺地提供一个论坛，用于就有关公司领导层和管理层的重要事项直接交换意见。

2. 职位说明：角色、职责、关键责任

成功的业绩评估取决于对业绩期望清晰的、共同的理解。建议每个董事会都考虑制订一套CEO的职位说明。业务总监和董事长（如果与CEO非同一人）的职位说明应该由在任者制订。董事会在众多的职位说明中选择最适合的一个。这个过程的步骤包括：

(1) 明确CEO真正做些什么。有COO吗？CEO是否只管理企业与外部的关系，而将内部运营的职责交给COO？是CEO掌管董事会还是由一名无行政职务的董事长掌管董事会？董事会认为CEO现在应该做些什么？

(2) CEO是否明确表述他工作的关键职责是什么。董事会是否与之一致？如果不一致，讨论直至达成共识。

(3) 达成共识后，确认COO和董事长（如果他们与CEO非同一人）也同意。CEO的职位说明可以为设定业绩目标、制订恰当的业绩评估方法与标准提供依据。职位说明可有多种形式。一份CEO的职位说明可以是仅仅基于几条对CEO主要职责笼统的、简短的陈述，也可以是一个完整的描述并附以对每一条笼统陈述的详细说明。一旦制订职位说明，每年不应该改变太多，但是应该定期审议，以决定是否需要进行修改。

3. 业绩目标

业绩目标应当由CEO和董事会共同认可，并在每一财政年度前制订。理想的状况是，这些目标应与企业的年度业务计划和长远规划相联系。

CEO业绩目标可能包括以下一些或全部定性和定量的业绩要素，尽管这一目标不可能穷尽，而且不同的要素在不同的情况下权重也有所不同。

(1) 正直。其他的因素都相同时，唯独合乎道德标准的领导才可以长期有利于股东财富的最大化。没有这样的领导，一个公司即使在最有利的环境中也可能失败。因此，董事会需要问：CEO是否通过示范高度伦理观、诚实、公平和勇气的一致价值奠定公司的基调？CEO的行为是否与CEO这一职位相称？

(2) 愿景。CEO是否已经明确地提出富有商业意义的公司愿景？这个愿景是否为开展业务提供一个坚实的基础？运营计划是否反映了这一愿景？

(3) 领导水平。CEO的领导风格是什么？它符合公司的需要吗？CEO是否已经组建了一个强有力的管理班子？管理层是否像团队一样工作？CEO是否及时撤换能力不够的经理？

(4) 达到公司业绩目标的能力。虽然公司的财务业绩不是衡量CEO业绩的唯一方法，但这两者是不可辩驳地相互联系着的。CEO在实现公司长期和短期的财务及运营目标中做得怎样？CEO实现战略计划的目标（包括研究开发的目标）的能力如何？股东价值最大化的目标和竞争性业绩因素是否被考虑？定量的业绩评估方法是否被设立并能进行追踪？

(5) 继任计划。CEO是否提出了一个合理的继任计划？继任候选人是否有潜质并被董事会所接受？

(6) 与股东的关系。CEO是否鼓励公司与股东之间的公开沟通？CEO是否对股东正当关注的问题有所反应？

(7) 与利益相关人的关系。CEO是否领导公司与所有的利益相关人（包括雇员、顾客和社会）建立有效的联系？

4. 评估程序

任何CEO的业绩评估程序都必须符合雇用该CEO的公司的需要。一些公司比较喜欢一个正式而书面化的过程，因为这样有章可循且清晰明白；而另一些公司则更喜欢一个非正式的、口头的过程，因为这比较灵活。还有些公司则把两者结合起来，比如在很多时候，正式的评估是通过一些非正式的会谈进行的。在任何情况下，CEO业绩评估都应该是一个保密的过程。

评估过程可以以各种不同的方式有效地进行。企业文化、风格和环境是决定何种方式最适合各个公司的关键因素。一个可采取的模式按如下方式进行：

(1) 董事会任命一个或几个独立董事担任CEO业绩评估程序的领导。在很多时候，指定的董事是不兼任执行职责的董事长、治理委员会、报酬委员会或类似的由独立董事组成的委员会的主要成员。

(2) CEO按提出的目标，包括与年度计划和在分析的年份实施的长期战略方案相联系的目标，评价其自身在这一年（或近几年）的业绩。这个业绩评估在大多数情况下每年进行一次，涵盖了CEO职位说明中列出的每一项业绩目标、主要职责和责任。

(3) CEO经自我评估之后，外部董事们单独开会讨论这一评估结果。

(4) 外部董事进行评估，并把每个人的评估结果交给指定的董事进行意见汇总，或者由董事组成的委员会准备一份联合评估。

(5) 外部董事审查并通过综合后的评估。

(6) 指定的一个或几个董事与CEO私下会谈，讨论综合后的评估。

(7) CEO与外部董事见面，反映对评估的意见并讨论适当的后续步骤。

有的公司采用第三方协助的方法对CEO进行业绩评估。任何被选出的协助者都需要对相关的公司治理实务，包括CEO和董事会的角色和责任有相当的了解，这位人士若是一个经验丰富的公司董事或是现任的或曾经担任过CEO者，则更好。

5. 对CEO参与董事会的限制

一方面，每个公司都应制订一项关于其CEO服务于其他董事会的政策。董事会事务所要求的时间增加带来这样一个问题：CEO在完成公司各项核心任务的同时能服务于多少个董事会？很少公司能负担其CEO承担太多外部责任。正如CEO们都期望他们的员工极大限度地将工作时间花在本职工作上一样，公司董事会对其CEO的期望也一样。

另一方面，从股东的角度来看，也可以找到强有力的论据支持在任的CEO就任于另一家公司的董事会，因为这样的任职可以就相关问题和情形提供有用的见解和经验，从而帮助CEO和其公司避免被孤立；也可以为CEO提供一个从董事角度体验公司治理动态过程的机会。建议CEO就任的其他公司的董事会不超过一个，虽然在非常情况下董事会可能同意背离这项政策。

现实地说，不应期望甚至建议在CEO参与董事会的实践方面有迅速的、大范围的改变。相反，这个变化会随时间逐步展开。不过，由于这涉及CEO的业绩，董事会对此进行监控是明智之举。

本章小结

人力资源是指一定时期内组织中的人所拥有的能够被企业所用，且对价值创造贡献作用的教育、能力、技能、经验、体力等的总称。

人力资源管理是指对人力资源进行有效开发、合理配置、充分利用和科学管理的制度、法令、程序和方法的总和。它贯穿于人力资源的整个运动过程，包括人力资源的预测与规划，工作分析与设计，人力资源的维护与成本核算，人员的甄选录用、合理配置和使用，还包括对人员的智力开发、教育培训、调动人的工作积极性、提高人的科学文化素质和思想道德觉悟等。

岗位分析是现代人力资源管理中的一项重要工作，它是人力资源管理其他所有职能工作的基础和前提。岗位分析过程可以分为四个阶段：准备阶段、调查阶段、分析阶段和完成阶段。这四个阶段关系十分密切，它们相互联系、相互影响。

招聘是指安置、确定和吸引有能力的申请者的活动过程。人员招聘有内部招聘和外部招聘之分。

所谓培训，是根据组织和个人在某一时期的发展和工作需要，运用现代培训技术和手段，提高员工绩效和增强组织竞争力的过程。职业培训中常用的方法有讲授法、演示法、研讨法、视听法、角色扮演法、案例研究法和模拟与游戏法等。

员工的工作绩效是指他们那些经过考评的工作行为、表现及其结果。对组织而言，绩效就是任务在数量、质量及效率等方面完成的情况；对员工而言，则是上级和同事对自己工作状况的评价。影响工作绩效的因素主要有四种，即员工的激励、技能、环境与机会。

绩效考核就是运用科学的标准、方法和程序，对组织或员工的业绩、成就和实际作为做尽可能准确的考评。通过考核提供员工绩效方面的信息，鼓励和促进员工之间的公平竞争，有助于集体监督，还可以诊断组织中的问题并提出针对性的改进措施，从而推动工作效率和服务质量的提高。

进行绩效考核的前提是明确考核标准，通常包括绝对标准、相对标准和客观标准三种。绩效考核中需遵守的基本原则：明确化、公开化原则，客观考评的原则，单头考评的原则，反馈的原则，差别的原则。

激励是指利用某种外部诱因调动人的积极性和创造性，使人产生一股内在的动力，朝向所期望的目标前进的心理过程。从激励内容角度可以将激励分为物质激励和精神激励，从激励作用角度可分为正激励和负激励，从激励对象上可分为他人激励和自我激励，从激励产生的原因可以分为外附激励和内滋激励。

在制订激励政策时必须注意要因人而异、奖惩要适度、体现公平性、奖励正确的事情。激励的途径也是多种多样的，可以分为四类：成就激励、能力激励、环境激励和物质激励。

习　题

1. 什么是人力资源管理？如何理解人力资源管理？
2. 什么是岗位分析？岗位分析需要搜集哪些资料？
3. 内部招聘的主要来源有哪几方面？
4. 员工激励的原则与方法有哪些？

[本章综合案例]

Nike：最好的品牌要最优秀的人才

2005年，街头篮球争霸赛正在火热招募高手，主办者就是世界著名的运动用品品牌公司Nike（耐克）。这个公司的标志——飞天勾勾也被称为“飕飕声”，是速度、年轻、时尚、品质、运动的象征。那么光彩背后的制造者又是怎样对待人才的呢？

1. 用品牌魅力吸引优秀人才

当大部分HR都强调招聘是招最合适的人，而非最优秀的人时，Nike上海联络处的人力资源经理却直截了当地告诉大家，耐克的招聘就是要招最优秀的人才。而且耐克要以良好的工作环境和独一无二的企业文化来吸引最好的人才、发展最好的人才、锁住最好的人才，也就是用品牌的魅力吸引优秀的人才。耐克招聘大部分是通过猎头公司，当然也用刊登招聘广告等方式，可见其网罗的人才为最优秀的绝非虚言。

2. 给最优秀人才最好的环境

耐克提供的薪酬待遇有相当的竞争力，一般高于同行业的平均水平。但是对最优秀的人才来说，这肯定是不够的。它还为优秀的人才提供了非常好的企业文化和良好的工作环境。企业文化和工作环境能使一个优秀的人才把有限的精力投入到做实事、提升自我上；人与人之间互相信任，而不用浪费在处理复杂的人际关系、应付人为的烦琐的流程报告上；不是制订空洞、无用的留才措施或者政策，更多的是通过良好的工作环境与企业文化“锁住”员工。这致使耐克的员工流失率一直以来是非常低的。很多在耐克工作十几、二十几年的员工，为什么能在耐克待这么久？回答都是企业文化独特，喜欢！尽管有的员工可能在同一个职位上干好几年，但是并不厌倦，因为总有新的知识可以学习，让员工充满新鲜感。

3. 倡导工作与生活平衡

好的企业文化造就了良好的工作环境，体现于日常工作中的点点滴滴，如“弹性工作制”。作为一家运动用品品牌公司，耐克希望自己的员工健康，倡导的是工作与生活的平衡，所以不提倡加班。耐克认为，如果员工总是加班，说明管理层在是否用对人、人员配置和工作量的把握上出了问题。耐克希望员工能自我调节，很好地平衡工作与生活，公司并不要他们牺牲生活提供服务。

4. 提倡简单方法做最正确的事

“Simplify and Go”和“Do the Right Thing”是耐克两大理念：用最简单的方法做正确的

事并达成目标是耐克人的追求。例如，有时候，一件事情涉及好几个部门，每个部门都有各自的意见，几个来回的讨论都无法达成共识，这时候，耐克人习惯于在往来的邮件签名下方附上简短的小句子，提醒自己和他人不要再纠缠在不同意见中，赶紧求大同、解决问题。这种自觉的意识帮助耐克提高工作效率，“生命太短暂，竞争太激烈，没时间去毫无意义地争辩”。再如，耐克所偏好的面试，不像其他公司分成几轮：HR 把关看素质，业务部门经理看专业能力，而是一次完成。当然，为了保证客观全面，面试官由 HR、业务主管、该部门员工、老板组成。

做正确的事情则体现了耐克给员工发挥创造力的最大空间。在耐克，不会有人说：“你不在这个位置上，这事你不要做。”只要员工认为这事是正确的，那么他就可以大胆提出建议，积极参与和承担责任。耐克专注于员工卓越的想法和实践，鼓励员工自己做决定，激发其创造性和无穷潜能。耐克的上级在给下级任务后，不会过分干预或监督员工做事，下级大可以发挥主动性独辟路径完成，甚至提出意见，找到更好的途径获得更佳的结果，而上级会在适当的时候提供支持和帮助。

5. 给员工一个“探险旅程”

在耐克，有一个名为“探险旅程”的新鲜词语。每年年初，员工和他的主管找机会坐下来面对面谈未来发展，设定年度目标；年中，主管会和员工一起做回顾，对员工的表现给予指导和反馈；年终，主管再和员工一起做回顾，憧憬来年发展目标。

“探险旅程”的主要目标不单单是考核员工的业绩，而是希望给员工不断提高和充分发挥自我才能的机会，这个过程就像探险队员接受挑战、迎难而上，充分享受探险途中的无穷乐趣，所以用“探险”来形容。公司的各项规章和政策则是“探险应遵守的游戏规则”。“探险”过程中，主管对员工的辅导不仅仅是年初、年中、年终三次，而是贯穿始终。耐克希望这样通过一个“探险”过程，帮助员工与公司共同发展。

“在耐克，绝对不会设定一个目标后就把员工晾在一边，而是不断关注他，帮助他成长。”为此，耐克专门给主管进行各种管理培训，如“情景领导培训”，告诉主管用不同的方法辅导员工，“什么样的员工用支持的方法，什么样的员工用指导的方法。举个简单例子，可能经验丰富的员工该用支持的方法，刚毕业的大学生用指导更合适”。

6. 寻找有想象力和创造力的员工

耐克更喜欢用“多元化”来形容耐克的人员构成以及招聘时的偏好，“耐克希望员工的组成能多元化，员工的年龄层次不同，背景不同，有不同的工作经历，来自不同的地方。”

唯有多元化才能富有生命力。“所以，尽管我们品牌给人的感觉很年轻、时尚，但完全不排斥年长的员工，他们的经验和稳妥的处事能力是宝贵的财富。更不会因为缺乏经验和社会关系而忽略大学毕业生，创新能力、想象力、热情这些特质都是耐克看重的，而且他们有很强的学习能力，可塑性极高。”光有专业素质自然不够，还得符合耐克的价值观。“作为运动用品品牌公司，热爱运动是不可或缺的条件。耐克崇尚变革创新，所以需要的员工一定是富有想象力和创造力的，同时充满激情。当然，团队合作精神、有效率地沟通和做事、在压力下发挥工作能量、对自己永不满足、勇于承担责任等，这些都是耐克用来衡量人才潜质的标准”。

（资料来源：陈国生，《现代企业管理案例精析》，对外经济贸易大学出版社，有改动。）

思考题：

耐克公司的人才招聘和挽留策略是如何发挥作用的？

第 10 章

企业文化管理与建设

个人没有文化就是文盲，企业没有自己的文化就没有社会竞争力。那么什么是企业文化？企业文化具有什么特点呢？学习本章，有助于理解企业文化的重要作用。本章首先介绍了企业文化的内涵、构成要素与基本特点；然后探讨了企业文化的结构与功能；进而分析了企业形象与企业文化的关系；最后阐述如何建设新经济时代的企业文化。

10.1 企业文化的内涵、构成要素与基本特点

10.1.1 企业文化的内涵

企业是社会的一部分，企业文化是社会文化的一种，是社会文化不可分割的构成要素。要理解企业文化的概念，必须从“文化”说起。

10.1.1.1 文化的概念

“文化”一词是一个歧义极大的名词，源于拉丁文“Culture”，原意是指耕作、培养、教育发展出来的事物，即用人造出来的事物，这是与自然存在的事物相对的概念。在我国，文化的概念很早就有，《周易》说：“观乎人文，以化成天下”。这里的“人文”即含有文化的意思。西汉刘向指出：“圣人之治天下也，先文德而后武力，凡武之兴，为不服也，文化不改，然后加诛。”这里把“文化”和“武力”对立起来，文化被理解为文治教化。可以看出，东西方对文化的理解，在词源上尽管有很大的差异，但有一点却是共同的，即文化不是先天的行为，也不是一切生物所具有的行为，而是人后天的习得和创造。

1871 年，英国文化人类学家泰勒（E. B. Tylor）在《原始文化》一书中，第一次给文化下了明确的定义，他认为：“文化或文明是一个复杂的整体，包括知识、信仰、艺术、道德、法律、风俗和作为一个社会成员的人通过学习而获得的任何其他能力和习惯。”泰勒肯定文化是人后天的习得和创造，是一个有机的整体。美国文化人类学家亨根斯（F. H. Hankins）、维莱（M. M. Willey）等人对泰勒的文化定义进行修正，把它定义为“文化是复杂体，包括实物、知识、信仰、艺术、道德、法律、风俗，以及从社会上学得的能力与习惯。”这些文化的定义所包含的内容，对于构建科学的文化概念具有一定积极的意义。

10.1.1.2 企业文化的概念

企业文化作为一种管理实践虽有久远的历史，但作为一种理论形态无论对于中国人还是外国人来说都是一种新东西，人们对它有着不同的理解。

1. 中外学者对企业文化概念的理解

（1）威廉·大内也许是较为明确、集中而完整地给出企业文化概念的第一人。他在 1981 年出版的《Z 理论》一书中提出："一个公司的文化由其传统和风气所构成。此外，文化还包含一个公司的价值观，如进取性、守时，灵活性——即确定活动、意见和行动模式的价值观。经理们从雇员们的事例中提炼出这种模式，并把它传达给后代的工人。"

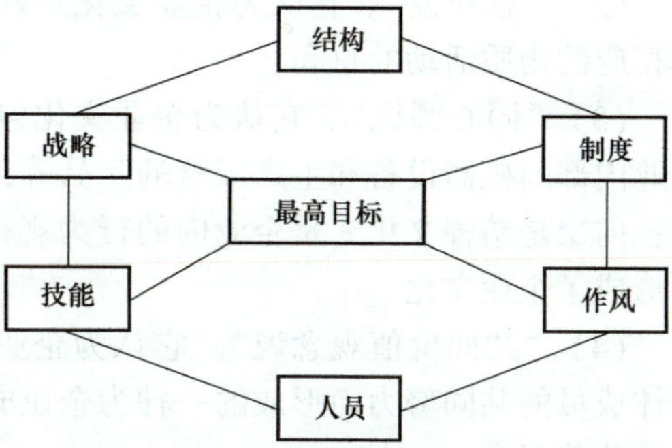

图 10-1 企业文化的 7S 模型

（2）哈佛大学工商管理学院的理查德·帕斯卡尔（Richard Tanner Pascale）与斯坦福大学商学院的安东尼·阿索斯（Anthony Athos）共同写就的《日本企业管理艺术》一书中提出了著名的 7S 模型理论。通过对美、日两国企业管理风格的对比，分析 7S 对企业的影响，他们用图 10-1 来表达这一思想。

7S包括结构（Structure）、制度（System）、作风（Style）、人员（Staff）、技能（Skill）、战略（Strategy）、最高目标（Super Ordinate Goals）。结构是指组织特征，即职能和权力的使用；制度是指程序化的报告和会议形式等，包括各种信息在企业内部的传递形式；作风是指企业人的行为方式，包括企业传统的精神风貌；人员是指企业内重要人员类型"履历方面"的描述；技能是指企业人员所表现出来的才干与能力；战略是指企业的资源分配和获取资源的计划与行动；最高目标是指统领和凝聚员工的指导思想和价值目标。

美国企业在管理过程中侧重于"硬 S"——战略、结构与制度；日本企业则在"硬 S"基础上兼顾其他"软 S"，因此具备了更为优势的竞争力。

（3）《追求卓越》的作者托马斯·彼得斯（Thomas J. Peters）与罗伯特·沃特曼（Robert H. Waterman）把 7S 框架中的最高目标替换为共同价值观（Shared Value），并认为结构、战略、制度、技能均属硬件变量，在 20 世纪 70 年代得到普遍重视；而人员、作风、价值观是软件变量，在 80 年代文化管理兴起后备受关注。只有硬件与软件相互结合，才能取得最好的管理效果和经济效益，连接两者的纽带就是共同价值观。共同价值观看似无形，却具有强大的约束、凝聚和统领作用。

（4）学习型组织是 20 世纪 90 年代以来，在管理理论和实践中发展起来的一种全新的、被认为是新世纪管理模式的理念。学习型组织是美国麻省理工学院斯隆管理学院教授彼得·圣吉在 1990 年写的管理学著作《第五项修炼——学习型组织的艺术和实务》中提出的。学习型组织是一种不同凡响的、更适合人性的组织模式，由伟大的学习团队形成社群，有着崇高正确的核心价值、信念与使命，具有强劲的生命力与实现梦想的力量，不断创造、持续蜕变。彼得·圣吉指出了企业成为学习型组织所必须经历的"五项修炼"，即建立共同愿景、自我超越、改善心智模式、团体学习、系统思考。其实，这五项修炼的经历过程也就是企业文化的形成过程。建立学习型组织本身就是培育一种适合变革时代与知识经济的企业文化，这是当前最具有时代特征、最符合发展方向的企业文化。

2. 国内学者对企业文化概念多视角的界定

中国学术界迄今为止对于企业文化的定义也没有统一的认识，也难以统计企业文化共有多少种解释，归纳一下主要有以下几种：

(1) “企业管理新理论说”。它认为企业文化是以人本管理为主体，以企业精神为中心，以群体行为为基础，以追求最理想的经济效益为目标的企业管理新理论。

(2) “总和说”。它认为企业文化是社会文化的组成部分，是企业所特有的意识形态及其相应的物质活动的总和。

(3) “同心圆说”。它认为企业文化包含着三个同心圆；外层同心圆为物质文化，是指企业内部的机器设备和生产经营的产品等；中间层为制度文化，包括人际关系、企业领导制度；内层是精神文化，是企业内的行为规范、价值观念等。物质、制度、精神三者相结合，便形成了企业文化。

(4) “共同价值观念说”。它认为企业文化是企业在长期生产和经营活动过程中，通过全体成员的共同努力而形成的一种为企业成员普遍遵守和奉行的，能够调适企业内外关系的一种价值观念。

(5) “文化现象及管理思想说”。它认为企业文化是以人为中心，以文化引导为手段，以激发职工的自觉行为为目的的、独特的文化现象和管理思想。

(6) “群体竞争意识说”。它认为企业文化是在各种活动及其结果中所努力贯彻并实际体现出来的以文明取胜的群体竞争意识。

(7) “五层次说”。它认为企业文化包括企业价值观、企业家经营管理文化、职工素质与娱乐文化、企业的社会责任文化和企业家参与宏观决策等五个层次的文化。

10.1.1.3 社会文化与企业文化

企业文化作为社会文化的一种，它不仅反映出在生产、经营、管理活动中所形成的具有企业特点的群体意识，以及相适应的价值观念和行为规范，而且体现了企业所在的国家、员工所属的民族，以及企业所处的时代的道德风尚、文化传统和文明程度。可见，企业文化不仅属于一定社会文化系统，而且为一定社会文化系统的性质所制约，是一种亚文化现象。社会文化对企业文化的影响具体表现在以下几个方面：

1. 民族文化对企业文化的影响

中国和日本同属于儒家文化圈。作为中国主流文化的儒家学说所极力推崇和诠释的社会文化哲学是家族伦理，在中国，家族伦理这种注重血缘亲情的文化进一步放大成较为发达的人情文化，使中国的企业管理文化注重感情关系。在日本，家族伦理发展、延伸出对整个国家、民族和团体的“忠”——忠孝合一，受之影响，日本企业也注意建立体现家族主义文化精神的管理方式和手段，如年序工资制、终身雇用制等。

2. 地域文化对企业文化的影响

独具特色的地域文化直接影响企业文化的诞生。如风筝文化构成了潍坊源远流长的文化传统，改革开放后许多以生产风筝为主业的企业在“风筝之都”应运而生。企业文化有助于提高企业产品的文化含量，提升企业形象，帮助创立产品名牌。譬如山东曲阜的孔府家酒集团，在圣人文化的浸润下生产出名扬中外、曲阜出口量第一的孔府家酒。有人戏称“喝孔府家酒，不是喝酒而是喝文化”。

3. 时代文化对企业文化的影响

任何企业都是时代的产物，它的文化特质不能不受时代文化和时代精神的制约。我国20世纪五六十年代，艰苦创业是当时的一种时代最强音，一种时代精神。正是这种文化氛围产生了大庆的“三老四严精神”和“铁人精神”。在当前知识经济和经济全球化时代，知识创新已成为企业得以在激烈的市场竞争中生存和发展的必要手段。作为一个由亏损企业发展壮大成为中国家电行业的“巨人”，创新不仅成为海尔集团的奋斗目标，而且铸成了海尔的企业精神。海尔紧紧围绕市场，不断进行自我否定。为了保证创新的实现，海尔加大资金的投入，注重人才的开发利用，和国内外著名高校、企业进行联合研究。显然，海尔的创新机制既是市场竞争的压力造成的，也是适应时代对创新精神急切期盼的产物。同市场相结合的创新，使海尔实现了超常规发展。

企业文化不仅受民族文化、地域文化和时代文化的影响，像外域文化、社区文化及其他企业的文化均是企业文化形成和发展的社会因素。可见，作为亚文化的企业文化与社会文化有着密不可分的内在联系。

10.1.1.4 企业文化本质内涵的界定

文化的本质是什么？马克思主义哲学从人的活动的独特性和社会性出发，科学地说明了文化的本质，认为文化是人的本质和人的本质对象化结果的总和，凡是人先天所不具有的、后人创造和习得的，在人的对象化活动中所产生的一切凝结社会性的产物，均从属于文化。故马克思主义哲学意义下的企业文化指的是：“企业借助于某种文化观念、历史传统、共同价值标准、道德规范和生产活动观念等意识形态因素，增强企业员工的凝聚力、向心力、持久力、创业心等，将企业各种力量统一于既发展企业又发展个人的共同方向。”

对企业文化的概念认识应从两方面入手：①企业文化是贯穿整个企业管理内容的企业价值观、管理哲学、企业精神等的集合；②企业文化是以企业的价值观为指导形成的企业的制度、对内对外的行为规范以及由此而形成的企业的外在形象。企业文化应是一个动态的系统概念，是在一定的社会经济背景条件下形成的企业自身的思想和行为规范，是企业的做事原则，是企业对待事物的态度。

10.1.2 企业文化的构成要素

一般常见的企业文化构成要素是由美国的阿伦·肯尼迪（Allan A. Kennedy）和特伦斯·迪尔（Terrence E. Deal）提出的，主要包括以下五个要素：

1. 环境条件

环境条件是指企业的性质、经营方式及企业与外界的联系等。一方面，它是影响企业文化的重要因素，直接决定着企业文化的特色和行为特点。另一方面，环境条件也是企业文化的外在表现，一个企业的文化总是首先从它的环境上体现出来，好的企业环境往往和企业强有力的文化息息相关。

2. 价值观

价值观是指企业内部人员判断事物、行为的统一标准，是企业文化的核心。一套完整、科学的价值观可以向人们展示企业所坚持的理念，告诉人们企业如何达到自己的经营目的。管理者应时刻注意确保企业的价值观与企业的内外环境相适应，并且保证将企业的价值观传达给企业中的每一个成员。

3. 英雄人物

这是企业价值观的人格化或缩影。他往往是企业的创始人、模范或者优秀员工，是他人效仿的榜样和敬重的对象，对企业文化的形成和强化起着非常重要的作用。

4. 文化仪式

文化仪式指的是一些与企业文化有关的活动，它通过把企业中的一些事情戏剧化、形象化、程式化，生动地宣传和体现企业的价值观，使员工通过这些活动来领会企业文化的内涵，由此使企业文化表现为一种有形的、可见的东西。

5. 文化网络

它是企业内非正式的信息传递渠道，它与企业正式的沟通渠道不同，主要是传播文化信息。它往往由某种非正式的组织和个人构成，所传递的信息经常是针对员工的愿望和心态。有效的管理者应花大量的时间来了解和培植这种非正式的渠道。

10.1.3 企业文化的基本特点

1. 隐性性

如果将身边的企业都一一考察，我们会发现并不是每一个企业都有确定的、表露出来的文化内涵，但是，作为作用于人的一种隐性的思想与理念，企业文化会沉积在每一个人的心中，并指导每个人的行动。即使某个企业并没有对文化做出具体规定，企业的内外环境也会潜移默化地对企业成员形成一种无形的约束，促使他按照合乎企业行为规范的要求来进行活动。

2. 稳定性

既然企业文化的核心是精神文化，是企业的价值观念，是内化在员工灵魂深处的一种信仰，它就不会因人事的变动而随便发生改变，具备一定的稳定性和惯性。有鉴于此，那些具有好的文化传统的企业能长久稳定地发展；那些企业文化不适应外界环境发展的企业，只有通过各种变革，彻底改变人们原有的思想观念和行为规范，重新形成一种适应环境变化的企业文化，才有可能找到新的发展方向和动力。

3. 可塑性

企业文化的形成一般有两条基本途径：①企业在长期经营中逐渐积淀而成。②通过企业的创造者或者榜样塑造出来。现实中的企业文化往往都是通过两种途径融合铸就的。特别是那些文化管理出色的企业，基本上都离不开人为的塑造。企业的高层管理者，主要是企业的一把手将自己的经营理念结合企业和市场的实际情况形成企业的价值观念，然后通过制度建设、员工培训以及高层的表率作用使企业文化逐步渗透到企业的成员心中，最终达到个人利益与集体利益、个人目标与企业目标的高度统一。

4. 不可模拟性

企业文化与制度、技术等不同，它不具有通用性，也就是说任何两个企业的文化都不可能是完全一致的，任何一个企业都无法简单地照搬套用其他企业的文化。因为每一个企业都有自己独特的背景、环境、管理方式和人员素质，在此基础上形成的企业文化在企业内部体现出共性特征，而在企业外部则更多地体现为个性、特殊性，所以企业文化很少有固定的模式和统一的内涵，也很难量化成某个具体的指标，更不要说在不同的企业之间通用。

10.2 企业文化的结构、功能与地位

10.2.1 企业文化的结构

研究企业文化的结构是把企业文化作为一种独特的文化现象来探讨。如图10-2所示，可以从物质层、行为层、制度层和精神层四个层面对企业文化进行深入的剖析。

1. 企业文化的物质层

企业文化的物质层也称为企业物质文化，它是由企业职工创造的产品和各种物质设施构成的器物文化，是一种以物质形态为主要研究对象的表层企业文化。

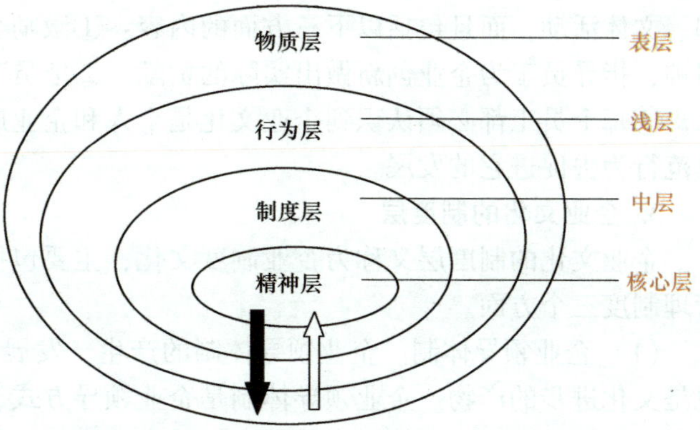

图10-2 企业文化结构示意图

（1）产品是企业物质文化的首要内容。现代意义的产品不仅是指产品特定的物质形态和具体用途，还包括企业向市场提供的能满足消费者某种需求的有形产品和无形服务。现代产品的整体概念由核心产品、形式产品、期望产品、延伸产品和潜在产品五个基本层次所构成。

（2）企业环境和企业容貌是企业物质文化的重要组成部分。企业环境主要是指与企业生产相关的各种物质设施、厂房建筑以及职工的生活娱乐设施。企业容貌是企业文化的表征，是体现现代企业个性化的标志，包括企业的名称、企业象征物和企业空间结构、布局等。

（3）企业生产环境的优劣，直接影响企业员工的工作效率和情绪。优化企业的生产环境，为企业员工提供良好的劳动氛围，是企业重视人的需要、激发人的工作积极性的重要手段。

（4）企业的文明程度与技术、设备的现代化水平密切相关。技术、设备是企业形成物质文化的保证，也是企业进行生产经营活动的物质基础。企业生产效率和经济效益在很大程度上取决于技术、设备的现代化水平。

2. 企业文化的行为层

企业文化的行为层又称为企业行为文化。如果说企业物质文化是企业文化的最外层，那么企业行为文化可称为企业文化的第二层。企业行为文化是指企业员工在生产经营、教育宣传、人际关系活动、文娱体育活动中产生的文化现象。它是企业经营作风、精神面貌、人际关系的动态表现，也是企业精神、企业价值观的折射。从人员结构上划分，企业行为包括企业家的行为、企业模范人物的行为和企业员工群体行为。

（1）企业家的行为。企业家是企业经营的主角，是具有卓越才能的人。企业家是整个企业的统帅，既要决策，又要指挥。企业家在制订决策时必须注重宏观性、预见性、创新性、联想性和韧性的统一。企业家要学会宏观性的思维方式，只有有所不为，才能有所为。企业家既要“多谋”，又要“善断”。所谓“多谋”，是指企业家除了自己开动脑筋外，还要集思广益，吸收广大员工的智慧；所谓“善断”，就是对许多谋略进行正确的筛选，要

“断”得正确，“断”得及时。

（2）企业模范人物的行为。企业模范人物的行为集中地体现了企业价值观和企业精神的某个方面，和企业的理想追求相一致。模范人物的所作所为离常人并不遥远，是普通人也能做到的，所以模范人物可以成为人们仿效的对象。对企业模范不能求全责备，不能指望企业员工从某一企业模范身上学到所有的东西。一个企业中所有模范人物的集合体构成企业模范群体。企业模范群体的行为是企业精神的化身，是企业价值观的综合体现。

（3）企业员工群体行为。企业员工群体行为决定企业整体的精神风貌和文明程度，是企业文化建设的重要组成部分。它不仅包括企业员工的政治学习、规章制度学习、科技培训、文体活动，而且包括以下三方面的内容：①激励全体员工的智力、向心力和勇往直前的精神，指导员工为企业创新做出实际的贡献。②把员工个人的工作同自己的人生目标联系起来。③每个员工都必须认识到企业文化是个人和企业成长不可缺少的精神财富，并以个人的模范行为去促进它的发展。

3. 企业文化的制度层

企业文化的制度层又称为企业制度文化，主要包括企业领导体制、企业组织机构和企业管理制度三个方面。

（1）企业领导体制。企业领导体制的产生、发展、变化，是企业生产发展的必然结果，也是文化进步的产物。企业领导体制是企业领导方式、领导结构、领导制度的总称，其中最主要的是领导制度。企业的领导制度，受生产力和文化的双重制约。随着生产力水平的提高和文化的进步，领导体制也会发生相应的变化。企业领导体制是企业制度文化的核心内容。卓越的企业家应当善于建立统一、协调、通畅的企业领导体制。

（2）企业组织机构。企业组织机构是企业文化的载体，它是指企业为了有效实现企业目标而筹划建立的企业内部各组成部分及其关系。组织机构是否适应企业生产经营管理的要求，对企业的生存和发展有很大的影响。不同的企业文化，有着不同的组织机构。影响组织机构的不仅包括企业制度文化中的领导体制，而且包括企业环境、企业目标、企业生产技术及企业员工的思想文化素质等要素。组织机构形式的选择，必须有利于企业目标的实现。

（3）企业管理制度。企业管理制度是企业在进行生产经营管理时所制订的、起规范保证作用的各项规定或条例，包括企业的人事制度、生产管理制度、民主管理制度等一系列规章制度。

企业制度文化是一定精神文化的产物，它必须适应精神文化的要求；制度文化又是精神文化的基础和载体，并对精神文化起反作用。一定的企业制度的建立，将影响人们选择新的价值观念，成为新的精神文化的基础。企业文化总是沿着精神文化→制度文化→新的精神文化的轨迹不断发展、丰富和提高。物质文化是制度文化存在的前提，一定的物质文化只能产生与之相适应的制度文化。现代化的生产设备要求形成一套现代化的管理制度，制度文化还要随着物质文化的变化而变化。企业的制度文化也是企业行为文化得以贯彻的保证。

4. 企业文化的精神层

企业文化的精神层又称为企业精神文化，相对于企业物质文化和行为文化来说，企业精神文化是一种更深层次的文化现象，在整个企业文化系统中处于核心的地位。企业精神文化是指企业在生产经营过程中，受一定的社会文化背景、意识形态影响而长期形成的一种精神成果和文化观点，是企业物质文化、行为文化的升华，是企业的上层建筑。企业精神文化包括企业精神、企业经营哲学、企业价值观等内容。

(1) 企业精神。企业精神是现代意识与企业个性相结合的一种群体意识，它往往以简洁而富有哲理的语言形式加以概括，往往通过厂歌、厂训、厂规、厂徽等形式形象地表现出来。企业精神作为企业内部员工群体心理定式的主导意识，是企业经营宗旨、价值准则、管理信条的集中体现，它是构成企业文化的基石。企业精神具有以下基本特征：

1）它是企业现实状况、现实生产经营方式、员工生活方式的反映。离开这一点，企业精神就不会具有生命力，也发挥不了它应有的作用。

2）它是全体员工共同拥有、普遍掌握的理念。企业的绩效取决于企业精神在企业内部的普及程度。

3）它是稳定性与动态性的统一。企业精神所反映的内容和表达的形式都具有稳定性，但形势的变化又促使企业精神不断趋于完善。

4）它具有独创性和创新性。每个企业的企业精神都应有自己的特色和创造精神，这样才能让企业精神发挥统率作用。

5）它要求务实精神和求精精神。所谓务实精神，就是从实际出发，切忌凭空设想和照搬照抄。所谓求精精神，就是要求企业经营高标准、严要求，不断致力于企业产品质量、服务质量的提高。

6）它具有时代性。企业精神是时代精神的体现，是企业个性和时代精神相结合的具体化。

(2) 企业经营哲学。它是指企业在经营管理过程中提升的世界观和方法论，是企业在处理人与人、人与物关系中形成的意识形态和文化现象。企业经营哲学一方面与民族文化传统有关，另一方面与特定时期的社会生产、经济形态及国家经济体制有关。英、美国家的企业受其文化传统的影响，崇尚个人的价值，在管理中比较强调“理性”管理。东方文化圈的企业更强调“人性”的管理，强调集体的价值和以人为本。两种文化传统形成鲜明的对比，从而也形成两种不同的企业哲学。

(3) 企业价值观。它是指企业在追求经营成功过程中所推崇的基本信念和奉行的目标。以人为本的企业价值观，就是把人视为管理的主要对象和企业的最重要的资源。股东有投资增值的需要，管理者有权力、地位、成就感和取得相应报酬的需要，顾客有获得质量高的产品和优质服务的需要。企业如果不能满足这些需要，就无法生存。企业只有持续地以人为本、不断创造解决人的需要的新途径，才能不断地创造出更高的效率和效益。在企业内部，以人为本的核心是解决员工和企业的关系问题，即如何看待企业员工的权力和需要的问题。在企业文化中，人的自我实现的价值在于创造而不在于权力，在于工作而不在于等级。知识和能力将构成新的价值基础，对级别和地位的竞争将逐渐淡化。以人为本的价值观，能使各类人才都在自己选择的专业和道路上不断实现自我价值，不断获得他应有的经济、社会和自我需求的满足。

10.2.2 企业文化的功能

1. 导向功能

企业文化中凝结的价值观、精神和宗旨等意识形态的内容不但是企业经营的哲学指导，指引企业经营的方向，而且对员工来说也是一面无形的旗帜，引导员工的行为，把员工的目标和行为引向与企业目标一致的轨道上来。

2. 凝聚功能

人作为一个复杂的生物体，具有多元追求，单纯靠规章制度来约束，只能形成统一的行为规范，却无法形成向心力和创造力。企业只有通过文化的力量来沟通内部人员的思想，形成对企业的自豪感、认同感和归属感，才能将分散的个体力量凝聚成整体力量，使员工共同为实现企业的发展目标而集思广益、同心同德地努力工作。

3. 激励功能

企业文化具有强大的感召力，能够激励广大员工为实现企业的战略目标而奋斗。当然，企业文化的激励作用有正面的和负面的。优秀的企业文化往往强调人的重要性，强调创新，在企业内部形成一种宽松的、积极上进的文化气氛。在这种环境下，企业文化产生正面的激励作用，激发绝大部分员工以实现企业的长远发展为使命，努力发挥个人的积极性、主动性和创造性，顺应环境的变化，推动企业的持续生存与发展。相反，消极的企业文化则往往忽视人的重要性，催化群体的自负感、保守意识和官僚作风。在这种环境下，企业文化产生负面的激励作用，员工看不到自己的发展前途，对企业的发展前途也漠不关心，整个企业处于一种停滞的、散漫的状态，无法适应外界环境的变化，最终会被市场所淘汰。

4. 约束功能

企业是人的集合体，其经营活动、经营效果和外部的社会形象完全通过企业成员的日常行为积淀而成。企业文化除了发挥对企业所有成员的导向作用、凝聚作用和激励作用外，还对所有成员产生约束功能，规范和制约员工按照企业的经营哲学办事，绝不能我行我素，各自为政，脱离企业文化的约束。在特定的文化氛围里，一个员工的行为只有合乎企业文化的要求才会获得企业内外群体的承认和称赞，否则，他将遭到群体的批评、抵制和排斥，并产生失落感和挫折感。企业文化的约束功能使企业的正气得以弘扬，歪风得以消除。

5. 辐射功能

企业文化作为一种文化形态，是民族的社会文化系统中的一个子系统，每一种企业文化都深刻反映它所在的环境文化。因此，研究任何企业文化都不能脱离对它所在环境的社会、经济和文化背景的分析；反过来，每一个企业的文化不但会对本企业的经营发展产生深远影响，也会在一定条件下影响它所在的大环境。如果一个地区的企业文化氛围以开拓进取为特点，就会影响整个地区人们的心态，促使该地区形成一种奋发向上的气氛；相反，假如一个地区的企业文化不利于企业和人的发展，势必会通过员工传染给他们周边的亲属朋友，从而导致整个地区价值观念的扭曲，不利于该地区经济社会的整体发展。

10.2.3 企业文化在企业管理实践中的地位

1. 企业文化是企业的灵魂

一个完整的企业文化体系，几乎包容了企业经营管理的所有理念，这些理念囊括了企业运营的每个关键环节与步骤；企业文化的四个层面也是企业生存与发展的四个决定性因素：精神文化为企业指引方向；制度文化为企业提供制度保障；行为文化为企业建立行为规范；物质文化为企业生产的产品、设备、厂房注入文化血液，让它们也充满了灵性与魅力。在这个更加人性化的时代，企业也被赋予了生命，它的灵魂就是它特有的企业文化。

2. 企业文化是企业活力的内在源泉

企业的活力来自于体制与创新。体制表现为结构与制度。结构是由人组织构成的，制度是由人制订执行的。创新包括管理创新、技术创新、产品创新等。人是创新的主体，人的知识与技能是创新的源泉，所以企业的活力最终还是来自人，来自人的积极性。人的积极性被充分调动起来，企业的活力才会被激发出来。企业文化作为员工信奉的价值理念和遵循的行为方式，是调动员工积极性的最有效的管理工具，是企业活力的内在源泉。

3. 企业文化是培养企业核心竞争力的基础环境

拥有核心竞争力是企业保持长期竞争优势的关键。核心竞争力建立在企业核心资源的基础上，是企业的智力、技术、产品、管理、文化的综合优势在市场上的反映。具备某种优势固然重要，但使企业获得竞争优势所需要的能力组合，才能称得上真正的竞争力。企业文化是整合企业核心竞争力的工具，原因有二：

（1）企业文化本身就是一种核心竞争力。核心竞争力的三个基本特征与企业文化的特点是一致的：①用户价值，即能为用户提供根本性的好处或效用；②独特性，企业的任何专长要成为核心竞争力必须独树一帜；③延续性，核心竞争力犹如一个“创新源”，能为企业延伸出一系列相关的领先产品或服务。

（2）企业文化是培育核心竞争力的基础要素。核心竞争力的培育不是孤立的，文化是企业核心竞争力培育的基础。企业从事生产经营活动的前提是拥有资源，包括有形的物质资源和无形的规则资源。物质资源本身不能有序运作，必须与规则资源结合，才能发挥生产要素的功效，如用企业制度、战略来规范企业各种投入要素的结合方式。但有形的物质资源与无形的规则资源都是企业载体性构成要素，唯有蕴藏在这些要素中的企业文化，才是企业形成长期竞争优势的基础要素。我们从表面上看到的企业拥有的比竞争对手更加卓越的从事生产经营活动和解决问题的能力，以及组织结构、技术优势等，追本溯源都是企业的文化优势发挥作用的结果。

案例

猴子吃香蕉

科学家将四只猴子关在一个密闭房间里，每天喂食很少食物，让猴子饿得吱吱叫。几天后，实验者在房间上面的小洞放下一串香蕉，一只饿得头昏眼花的大猴子一个箭步冲向前，可是当它还没拿到香蕉时，就被预设机关所泼出的滚烫热水烫得全身是伤，当后面三只猴子依次爬上去拿香蕉时，一样被热水烫伤。于是众猴只好望“蕉”兴叹。

几天后，实验者换进一只新猴子进入房内，当新猴子肚子饿得也想尝试爬上去吃香蕉时，立刻被其他三只老猴子制止，并告知有危险，千万不可尝试。实验者再换一只猴子进入，当这只新猴子想吃香蕉时，有趣的事情发生了，这次不仅剩下的两只老猴子制止它，连没被烫过的半新猴子也极力阻止它。实验继续，当所有猴子都已被换之后，没有一只猴子被烫过，热水机关也取消了，香蕉唾手可得，却没有猴子敢前去享用。

这就是企业文化的力量。

10.3 企业形象设计与企业文化

10.3.1 企业形象设计

CIS（也称CI）即英文Corporate Identity System的简称，意即企业形象识别系统，CI系统理念的实质就是指企业通过自觉的形象系统策划活动使社会公众认知、认同企业的经营理念及经营行为的系统策略。

10.3.1.1 企业形象设计的含义、目标及功能

1. 企业形象设计的含义

企业形象设计是一个社会组织（企业）为了塑造组织（企业）形象，通过统一的视觉设计，运用整体传达沟通系统，将组织（企业）的经营理念、企业文化和企业经营活动传递出去，以凸显企业的个性和精神，与社会公众建立双向沟通的关系，从而使社会公众产生认同感和共同价值观的一种战略性的活动和职能。

2. 企业形象设计的目标

企业形象设计是为塑造组织（企业）形象服务的。CI 最主要的目的是塑造良好的企业形象，使企业赢得公众，立于不败之地。运用 CI 这种最佳的方法和手段，企业可以将自己的理念、精神及物质经由企业的活动和行为，通过整体的视觉设计来塑造企业的良好形象，提高企业的知名度和完善度，使公众加强对企业的认同、理解和支持。

3. 企业形象设计的功能

任何一个企业要在社会中生存和发展，一定要努力创造一个最佳的社会环境，处理好企业与公众的关系。而处理好与公众之间关系的关键是使企业的经营理念、企业文化和经营活动符合时代的要求和社会发展的大趋势，要有社会使命感，要与社会公众利益相一致。只有利益一致才能有认同感和共同的价值观，企业形象才能在公众心目中树立起来，这是搞好 CI 活动的基础和前提。企业形象设计的功能就是在同行业激烈的竞争中通过卓越管理、卓越经营、优质服务、独特的个性手段，全方位、不同层次地体现企业整体形象，提高企业在社会公众中的知名度和美誉度，从而达到提高社会效益和经济效益的目的。

10.3.1.2 企业形象设计的基本特征

1. 社会性

企业是整个社会机器中的一个齿轮，是社会的一分子，是社会系统的一个有机组成部分，企业的生存和发展，离不开社会的理解、支持和合作，企业的根本利益和社会整体利益是一致的。企业对社会做出卓越贡献，它必然会得到加倍的回报，在本质上它们是不矛盾的。作为一个企业，它的宗旨和目标应有强烈使命感和社会责任感，因此企业的 CI 必然具备社会性特征。

2. 战略性

CI 的战略性是指必须从企业全局和发展的长远目标上考虑，即坚持从战略上着眼，密切注重长期效益，因此企业的 CI 建设必须持久开展，并且方方面面、时时刻刻表现 CI 思想。

3. 客观性

CI 的导入和推广必须实事求是，从企业的实际出发，才有坚实可靠的基础。CI 设计一定要抓好企业形象调查这一环节，对原有的企业形象进行深入的调查分析和科学评估，这样，CI 的策划等概念的形成和企业形象的定位，才会符合企业的实态。CI 是一种信息传递的象征和符号，而非企业形象和个性本身。CI 导入产生的效果在相当程度上取决于企业自身的实际状况和企业长期形成的个性形象。企业导入 CI 的目的，是实现自我、改善自我和超越自我。

4. 系统性

导入 CI 是一项有机的系统工程。CI 是软件系统（包括理念识别、行为识别）和硬件系统（视觉识别）的集合，是基本系统和应用系统的集合。CI 工程各部分都必须在企业统一的宗旨、目标、精神、文化等指导下规范化、标准化地表达这一个系统整齐划一的形象，这是 CI 工程的使命所在。在强调 CI 的视觉或包装性质时，不能忘记它的成功开发和实施实际上是与企业的内在结构、运转机制和精神文化最紧密相关的。CI 工程的策划针对企业，也针对开发机构，它为 CI 工程提供信息目标、概念、框架和工作进度等各种指标，为视觉系统向企业内部和外部的条件因素接近提供条件；它将 CI 工程的各个部分有机组合，形成整体。这使人们更清楚地看到，企业与开发机构应该保持高度的沟通和共识，真正地把 CI 工程作为一项改革工程、管理工程、经营工程和文化工程，并使其成为企业发展的驱动力。

5. 独创性

只有独创的、有个性的东西，才有存在的价值，才有生命力；相反，雷同的东西没有存在的价值，缺乏生命力。可以说，个性化是 CI 的灵魂和生命，CI 的个性化是 CI 功能支持的重要条件。所以企业在实施 CI 工程时，要注意形象识别的独创性。CI 工程策划是实施企业形象识别的关键，即无论理念精神，还是行为规范、视觉识别，都要注意表现出与众不同的、让人易于识别的良好形象。

6. 差异性

美国战略研究专家迈克尔·波特认为，差异性就是企业在全产业范围内树立起一些具有独特性的东西，如设计名牌形象、技术特点、性能特点、顾客服务、商业网络及其他方面的特性。企业形象通过差异性设计以后，不仅有利于公众的识别和认同，也有利于表现本企业与其他企业在产品或服务上的差异，从而使企业差异性战略形成一个统一的强有力的整体，避开竞争者的锋芒，击败对手，保持信用，赢得顾客的信赖和支持。

CI 的根本目标是全方位塑造鲜明形象，它归根结底是一种差异性的战略。创造与企业对手之间的差异，是取得 CI 成功的关键。在当今竞争激烈、对手如林的环境中，如果企业不能标新立异，就可能被淘汰。

7. 整体性

CI 的整体性特征表现在两个方面。一方面，CI 包括理念识别、行为识别、视觉识别，CI 应以企业理念为灵魂、精髓、核心，向行为规范、视觉传达设计扩展，三者相辅相成，形成一个有密切内在联系的不可分开的整体。但是一些企业在导入 CI 的过程中，只注意外观设计，如统一标志、采用标准字、标准色等，而忽视企业经营活动和企业文化建设，这样的 CI 使企业个性定位和外在包装错位，削弱了 CI 的生命力。另一方面是企业内外活动的整体性。因为 CI 导入的过程，是对企业形象进行调整和再创造的过程，它使企业文化客观化、感性化、视觉化，使企业理念外在为企业行为和视觉传达，必然引起企业内思想观念的更新，企业理念的重新整合和定位。CI 的导入必须取得员工的理解、支持和合作，并依靠他们积极向社会传播，最终获得社会公众的广泛理解、支持和认可，使企业以整体性形象矗立在公众的心目中。

8. 稳定性

CI 的导入和实施过程是一个开放系统，它处在稳中求变的动态发展之中。在这个发展过程中，企业所处的环境、经营规模以及消费者的认识结构都会有所改变。企业形象的内涵也在不断发展、充实或者发生微妙变化。如何在变与不变之中寻求平衡点，达到内外、前后的对应和统一，正是CI策划与设计的一个微妙之处。CI总概念和各个识别系统一旦形成，并纳入整体规划，制订成推进手册之后，就会具有一定的稳定性。

9. 竞争性

人们生活在一个日益开放的社会，交往日益频繁，关系日趋复杂，竞争日益激烈。特别是在市场经济运作的过程中，谁能够在对手如林的竞争中脱颖而出，谁就能够占领市场，获得丰厚的利润，而CI便是在竞争中获胜的法宝和利器。

10.3.1.3 企业形象的构成

1. 企业理念识别

企业理念识别（Mind Identity，MI）的含义如下：理念，顾名思义就是企业经营的观念，也称为指导思想，它属于思想意识的范畴，包括企业文化、企业道德、企业伦理等方面的内容。识别，包括企业理念的统一性和独立性。统一性，即企业内外、上下都必须一致；独立性，即企业的理念要能区别于其他企业的特性，只有具有独立性才能达到识别的目的。

企业理念识别可以从以下三个方面来理解：

（1）理念识别是得到社会普遍认同、体现企业个性特征、促使并保持企业正常运作及长远发展而构建的反映整个企业明确的经营意识的价值体系。

（2）理念识别是企业信息传播的识别性的内核，不仅是要求企业内部员工明了掌握的行为准则，而且是通过传媒向社会公众宣传，并希望得到社会公众认同的识别内容。

（3）理念识别作为CI系统日益完善的过程中形成的一个重要概念，将会不断吸取我国文化精髓，并适应我国高速发展的经济形势，形成有中国民族工业特点的企业信息传播的识别理念。

2. 企业行为识别

企业行为识别（Behavior Identity，BI）是一种动态的识别形式，企业的各种活动，要充分体现出企业理念，才能塑造出良好的企业形象，才能使企业形象具有统一的内核。行为识别在理念识别的统摄指导和制约下进行。理念是行为识别的基础和原动力，它规划着企业内部的管理、教育以及企业在社会上的一切活动。

企业行为识别的特点有：

1）行为识别具有统一性。首先，企业的一切行为要与企业的理念保持高度一致，不能与企业的经营理念相违背；其次，企业的一切行为应当做到上下一致，全体员工及企业各部门所开展的一切活动都要围绕一个中心，为塑造企业良好形象服务，任何与这一目的相违背的行为都会有损或者破坏企业形象的统一性。

2）行为识别具有独特性。企业要在对手如林的商战中取胜，就应当在企业理念的指导下，使企业行为识别体现出与其他企业不同的个性。这种独特的个性，正是社会公众识别企业的基础，否则企业就容易陷入无差别的境界，淹没在商品的海洋之中，所以企业应当注意创立企业活动的独特性，因为广大消费者正是通过这种独具个性的活动来认识企业的。

3. 企业视觉识别

企业视觉识别（Visual Identity，VI）是将企业理念与价值观通过静态的具体化的视觉传播形式，有组织、有计划地传达给社会，树立企业统一识别形象的过程。也就是使企业的精神、思想、经营方针、经营策略等主体性内容通过视觉的方式得到外化，使社会公众能一目了然地掌握企业的信息，并产生认同感，达到企业识别的目的。视觉识别系统并非简单的视觉表现手段，它是建立在视觉传播理论、视觉传达设计和视觉传播媒体控制管理的基础上的一项系统科学而又复杂的传播工程。将企业的信息概括、提炼、抽象并顺利转换成企业视觉符号，是整体传播工程的关键。

企业识别系统应以建立企业的理念识别为基础。也就是说，视觉识别的内容必须反映企业经营思想、经营方针、价值观念和文化特征，并广泛应用在企业的经营活动和社会活动中，进行统一的传播。现代科学证明，视觉传达是企业形象传播的主要信息途径，一个人在接受外界信息时，经由视觉接受的信息占全部信息的83%，11%的信息来自听觉，3.5%的信息来自嗅觉，1.5%的信息来自触觉，1%的信息来自味觉。所以在企业识别战略中，如何建立一个统一的、多层次的、有机的视觉识别系统，并最大限度地发挥它的功能，具有相当重要的意义。

10.3.2 企业形象与企业文化的关系

在塑造企业形象的过程中，有一些企业误以为企业形象与企业文化毫不相干，把两者完全割裂开来，这是不正确的。另外，由于企业形象与企业文化建设存在某种内在的必然联系，因此又有不少人把两者混为一谈，这也是错误的。

实际上，企业形象是企业文化的外化，是企业文化在传播媒介上的映射，企业文化则是企业形象的核心和灵魂，企业形象与企业文化是标本关系。导入CI进行企业形象塑造，就是企业文化的建设过程。

1. 企业形象是企业文化在传播媒介上的映射

（1）企业形象与企业文化的层次一一对应。从企业形象的构成来看，它的三个层次——理念形象、行为形象、视觉形象，与企业文化的精神层、制度层和行为层、物质层之间存在着对应关系，如图10-3所示，这种对应关系是由它们自身的内涵和外延决定的。企业文化的物质层是企业文化的外在表现和载体，是制度层、行为层和精神层的物质基础；制度层和行为层则约束和规范着物质层和精神层的建设，没有严格的规章制度，企业文化建设无从谈起；精神层是形成物质层、行为层和制度层的思想基础，也是企业文化的核心和灵魂。

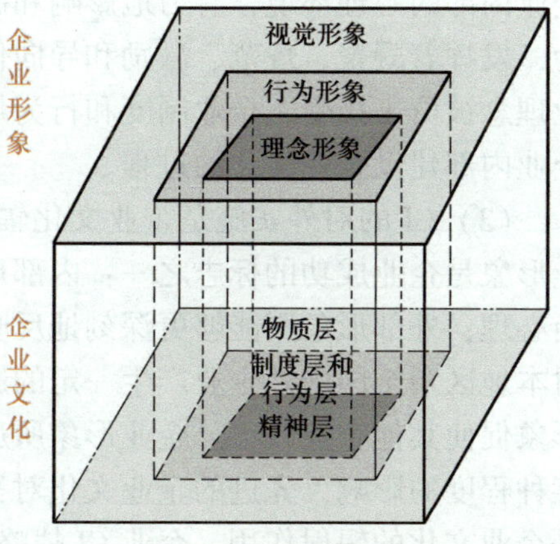

图 10-3 企业文化与企业形象的层次对应关系

（2）企业形象不等于企业文化。企业文化是一种客观存在，是人类认识的对象本身，而企业形象则是企业文化在人们头脑中的反映，属于人类的主观意识。企业文化是企业形象的根本前提，企业文化决定企业形象。

（3）企业形象是企业文化在传播媒介上的映射。从认知的过程来看（如图10-4所示），客观对象要转化为可传播信息才能通过媒介被人认知，这种在媒介上反映出的企业文化信息就构成了企业形象。而企业文化是企业形象的源泉，企业形象就是企业由内及外对企业的整体感受、印象和认知，是企业状况的综合反映。所以企业形象的建立过程是一个从主观能动性到客观性的过程，它是通过传播媒介或者其他接触过程形成的。

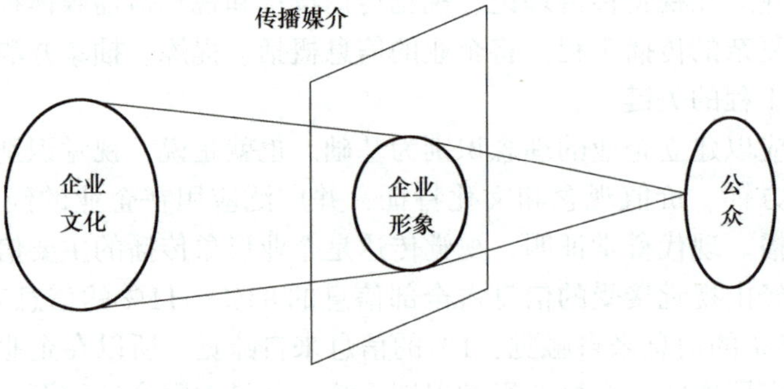

图 10-4　企业文化在传播媒介上形成企业形象

2. 企业形象设计是企业文化建设的重要内容

建设独具特色的企业文化是塑造个性鲜明的企业形象的唯一选择。CI 理论其实是完全建立在企业文化理论体系的基础上的，是企业文化理论的一个重要组成部分。CI 策划不是孤立的企业行为，而是企业文化建设的一项重要内容。

（1）CI 策划设计了目标企业文化模式。企业文化的建设和更新，建立在充分认识并分析现实企业文化的基础上，并要根据社会发展要求和企业的发展战略制订出目标企业文化模式，作为今后建设和努力的方向。CI 策划的关键步骤就是要设计出包括企业目标、企业哲学、企业宗旨、企业精神、企业道德、企业风气在内的企业理念，并以此为指导设计企业的行为形象、视觉形象，其结果便是形成了完整的目标企业文化模式。

（2）CI 的内部实施过程是企业文化的建设过程。企业文化作为微观的文化气氛，构成企业内部的心理环境，有力地影响和制约企业管理者和员工的理想、追求、道德、感情和行为，发挥着凝聚、规范、激励和导向作用。而 CI 在企业内部的发布到实施的过程，就是企业理念被员工接受、企业制度和行为规范被员工遵守、企业视觉形象被员工认同的过程，即企业内部建设企业文化的过程。

（3）CI 的对外实施是企业文化辐射作用的体现。企业文化塑造着企业形象。优良的企业形象是企业成功的标志之一：内部形象可以激发全体员工对本企业的自豪感、责任感和崇尚心理；外部形象则能够更深刻地反映企业文化的特点和内涵。企业形象通过企业活动必然对本地区乃至国内外企业产生一定的影响。良好的企业形象促使其他企业效仿，不良的企业形象促使其他企业改善。企业形象所反映的企业文化观念、规范等内容也同时会对公众产生某种程度的影响，先进的企业文化对社会文化的发展有积极推动作用。这种对社会的影响就是企业文化的辐射作用，企业 CI 战略的实施就是辐射作用的贯彻和体现。

10.3.3　运用企业文化，塑造企业形象

企业形象的塑造，作为一个系统工程不是孤立的，它涉及企业建设的各个方面，任何孤立的做法对于整个企业形象的塑造是产生不了多大作用的。企业形象塑造应从多方面入手，包括物质因素和精神因素，其中主要是人的因素。人的价值观、精神状态等是企业文化的本质反映。塑造企业形象虽然是企业文化的一个重要内容，但它不可能脱离企业的物质因素。作为塑造企业形象战略体系的组成部分，物质因素和精神因素都不可缺少。因此，在探讨这

个问题的时候应做全面分析。

10.3.3.1 塑造企业形象的原则

1. 有的放矢原则

企业形象包括很多内容和因素，而且不同的人对企业认识的侧重点也不一样，因此，要针对不同的人与企业发生联系的不同方面，区别不同的对象，做好企业形象的塑造工作。

2. 永远谦让原则

对于企业来说，社会公众是企业的一面镜子，社会公众永远是正确的，因此面对社会公众，企业员工必须永远谦让。

3. 小题大做原则

社会公众总是从他们与企业打交道的那个交叉点来认识企业，仅凭这一点他们就有权做出对企业的评判。因此，企业对自身的任何小缺陷都不能放过。

4. 主动在先原则

企业形象最终虽然通过人的认识反映出来，但是如何塑造企业形象还需由企业自己来掌握。因此企业应积极主动，在产品质量和服务等因素上下工夫，将可能导致社会公众不满的因素消灭在萌芽状态。

10.3.3.2 企业形象塑造的内容

塑造良好的企业形象，要从以下方面着手：

1. 塑造良好的产品形象和服务形象

企业的基本功能是向社会提供产品和服务，企业存在的价值主要是由企业所提供产品和服务的价值所决定的。良好的产品形象和服务形象，取决于消费者满意程度。明智的企业无不将顾客的需求和满意放在首位考虑，将顾客的潜在需求作为开发产品的源头，并且在产品功能及价格设定、建立营销及促销环节、完善售后服务等方面，以方便顾客为原则。对企业来讲，服务产生效益，服务带来利润。

树立良好的产品形象和服务形象：一要不断提高装备技术水平，依靠科技进步，增加产品的科技含量；二要严格控制产品质量，创造优质品牌；三要完善全方位服务，树立良好的产品形象。

2. 树立良好的企业管理者形象和企业员工形象

“千军易得，一将难求”，企业管理的好坏在很大程度上取决于管理者的能力和素质。优秀的企业家形象，无疑会在企业内部形成凝聚力和向心力，在企业外部产生竞争力和感召力。现代的企业领导者应具有强烈的爱才和开拓精神。同时，一个企业的成功，除了要有优秀的管理者外，还必须有高素质的员工。

提高员工素质，树立良好的员工形象：一要提高员工思想素质，树立爱岗敬业思想，培养员工的主人翁精神；二要提高员工道德素质，树立员工文明形象；三要提高员工科学文化素质，树立业务技术能力形象。

3. 树立良好的环境形象

环境形象是指企业内部生产、生活条件的建设状况和总体表现，包括厂房设施、各种建筑、厂容厂貌、场所环境、生活环境等，是企业必要的硬件。它不仅是员工进行正常生产和生活的必备条件，而且会给社会公众以直接的外观感受，形成独特的印象。

一般来讲，树立良好的环境形象，一要在厂房设施、建筑物等实体设计上下工夫，要尽可能地传达企业视觉形象，清楚地表明企业的行业特点、敬业方针及企业文化特色；二要引进新技术，在综合治污方面下工夫，维护良好的生态环境，这一点对污染严重的企业尤其要注意。

4. 树立良好的公共关系形象

公共关系形象也是企业形象的一个重要组成部分。企业要根据不同的目标，开展定期或不定期的有效公关活动：一是开展服务性公关活动，如企业向消费者提供各种优质服务活动，包括售后服务活动，消费指导活动，产品咨询活动，利民、便民服务活动等；二是开展社交性公关活动，如企业举办各种招待会、茶话会、走访活动、庆贺活动等，使公众直接感受到企业的诚意，进而引起对企业的好感；三是开展公益性公关活动，对社会福利事业、慈善事业、体育事业、文化教育事业、生态环保事业等给予赞助和支持；四是开展宣传性公关活动，如出版简报、举办记者招待会、新闻发布会等。

10.4 我国企业文化

10.4.1 建设我国企业文化的指导思想

1. 以民族传统文化底蕴为基础

企业文化是社会文化的组成部分。成功的企业文化建设应该得到员工和顾客的广泛支持，这就要求企业文化建设建立在民族传统文化土壤的基础上。一般来说，只有在全民族共同认可的风俗习惯的范围内选择并培养企业精神、构建企业文化，才能得到公众认可。

(1) 中国古代的生产文化。几千年来，中华民族在生产实践过程中形成了本民族的文化传统和伦理价值观念，中国传统文化不但非常强调积极入世、“力”与“强”，而且在人与自然的相互关系问题上，主张“天人合一”，强调人与自然和谐，对于可持续发展条件下的企业文化建设、保护生态环境、服务社会公众，有积极的借鉴意义。

(2) 中国古代的交换文化。我国传统的交换文化，一方面提倡“诚信无欺，市不豫贾”，强调诚实经商、童叟不欺；另一方面提倡商人在进行商业活动时，不要为眼前短暂的小利所迷惑，而应赢得顾客信任。古代商人在经商道德方面，强调“货真量足”。

(3) 海外华人企业家的企业文化思想。海外华人在企业文化建设中的成功之处表现在四个方面：①勤俭敬业的创业精神。②锐意进取、坚忍不拔的企业精神。③诚信不欺、一诺千金的职业道德。④事业成功之后，热心公益，乐善好施，兴办教育，回报祖国。

2. 借鉴外国先进企业文化的精华

当今世界是一个开放的世界，任何一个民族只有和其他民族不断交流，才不至于被淘汰。企业文化作为理论概念是美国学者最先提出的，就其实践运用来说，却是日本企业最先实践成功的。因此，我们认为，在开放世界中形成的企业文化，是多民族文明的融合。我们应该在此认识的基础上，借鉴国外企业界先进的理论和实践，构建我国的企业文化。外来的企业文化主要有两种模式：以美国为主的西方企业文化模式和以日本为主的东方企业文化模式。

3. 贯彻“以人为本”的思想

人是企业发展的根本。马克思主义经济学认为，在生产力诸要素中，人是最活跃的因素。企业文化建设中最重要的就是尊重人，充分发挥人的主动性、积极性和创造性，并创造一个和谐的组织气氛，是“以人为本”的核心。企业中的“人”已不单单包括员工，还应包括顾客和股东。要做好顾客的工作，协调好与股东的关系，确立以股东为外围、以员工为核心、以顾客为目标的“人本”思想。

（1）注重企业家的作用。要培养一批具有市场观念、竞争观念、风险和创新观念、效率观念、人本观念和文化制胜观念，并能适应企业所面临的全新内外环境的企业家，使其成为企业文化建设的主要领导者和参与者。

（2）协调好与股东的关系。新型的企业文化“人本”思想，必须考虑企业外围——股东的需要。企业应按照有关法律法规的要求，并以与股东精诚合作的精神，履行对股东应尽的义务，及时、正确地披露信息，合理分配股利，按时召开股东大会。一旦企业因突发事件遭到打击、陷入经营困境，应主动向股东解释，寻求支持和理解，以便企业度过难关。

（3）使员工愿意以正规团队的形式参与工作。在构建以人为本的企业文化时，要真正做到善待员工，需要为员工提供以下服务：

1）提供良好的工作环境。

2）给予合理的工资报酬。

3）积极培训员工。

4）实行民主决策。

（4）以服务顾客为目标。顾客是企业生存和发展的基础，没有顾客就没有企业。企业文化的目标应指向顾客，为顾客提供优良的产品和服务，才能最终显示企业文化建设的成效。

满足顾客多层次的需求，企业必须全方位强化服务意识。一般来讲，构建企业文化时，以顾客满意为目标的企业应做到：①服务战略化，把为顾客服务提到战略的高度去策划实施，使服务意识深入到员工的思想和行动；②服务超前化，从满足需求向创造需求转化，向顾客提供期望以外的、意料不到的服务；③服务情感化，企业的经营理念和实际行动都要体现“一切为了顾客的利益与方便”，使企业与顾客之间的关系建立在和谐融洽的基础上；④服务多样化，不局限于过去那种销售人员直接面向顾客提供服务的方式，而是从方便顾客、满足顾客需求着想，提供全方位服务，变单向服务为多向服务；⑤服务信息化，使服务向更高层次、更个性化方向发展。

10.4.2 我国企业文化的建设与创新

构建适合知识经济时代的崭新的企业文化不仅是一种思想的培养，更是这种思想在具体操作领域的体现。企业文化建设是一个动态的、长期的过程。一般分为调查分析企业文化现状、制订企业文化发展的目标、采取具体措施培育企业文化、评价和完善企业文化建设效果四个阶段。

1. 调查分析企业文化现状

调查分析企业文化现状是具体到一个企业开展企业文化建设的第一步，要求配备专门的人员，确定调查的内容，选择调查的方法，并最终对企业现有的文化形态进行准确的评价与判断。

为探寻企业现有的各种文化要素，一般需调查以下几个方面的内容：

1）调查企业的员工构成和组织机构，包括员工的性别构成、文化素质、岗位构成、机构设置等，由此了解企业现有文化是否适应企业的内外环境。

2）调查企业最高管理层的经营思想和价值观念，从中了解企业主导价值观念中的企业哲学。

3）调查英雄模范人物，分析什么样的人才能成为企业里的典型，员工对他们有何评价，从中了解企业精神。

4）调查企业员工，了解他们的精神状态和对企业的感觉，尤其要了解员工之间的沟通方式和渠道、他们对企业的态度等。

5）调查顾客和公众，了解顾客对企业所提供服务的满意程度，以及在公众中的形象与知名度。

6）调查企业如何开展对外公共关系，以了解企业形象。

2. 制订企业文化发展的目标

企业文化发展的目标包括：树立企业精神或调整、重塑企业精神（包括根据企业经营战略的要求，确立新观念和新意识，调整价值观体系等）；确定对职工科学文化和专业能力的培养目标；提出企业形象应达到的水平；确立保障企业文化建设顺利开展的组织与制度的调整方案和要达到的目标；规划企业各类文化活动的发展规模、水平以及相应文化设施的建设目标。

企业制订的目标应在以下方面突出企业主体个性：

（1）行业特点。中国石油天然气集团公司的庞大员工队伍，常年在野外作业，生活十分艰苦，树立正确的苦乐观成为企业文化建设的主旋律。他们确立的企业精神是“管道为业，四海为家，野战为乐，艰苦为荣”。华北制药集团有限责任公司作为制药行业中的一员，几代人树立了“好药治病，劣药致命”的质量观，并根据行业特点培育和形成了以“人类健康至上，质量永远第一”的企业精神。

（2）企业特点。企业文化作为企业全体员工共同信守的价值观念，不可能面面俱到，但应抓住本企业的主要矛盾，具有鲜明的针对性。

（3）产品特点。企业将企业文化目标与企业产品品牌或企业产品原料挂钩，使员工感到亲切、形象，便于理解、认同和接受。株洲硬质合金集团有限公司生产“钻石牌”硬质合金，其产品的特点是“硬”，其企业精神是这样表达的：“追求过硬、进取无限”。

（4）市场特点。在确立企业文化发展目标时，企业必须考虑顾客群的特点。某化妆品公司提出：“比女人更了解女人。”我国台湾一家孕妇保健食品生产厂家说：“一人吃，两人补。”这种注重市场特点的企业文化建设目标，更便于执行和实现。

3. 采取具体措施培育企业文化

企业文化体现为一种群体价值观，是企业领导和员工共同信守的观念和规则。企业文化发展目标只有变为企业行为，内化在每一位员工头脑中，才算获得成功。这就需要采取措施，培育具有本企业特色的企业精神和价值观体系。

（1）借助于规章制度，反复强化。规章制度是企业制订的行为规范，对企业领导和全体员工都具有强制性，可用于体现并强化企业精神和价值观，对于模范遵守制度的人进行奖励，是对企业精神的正强化；对违反制度的人进行惩罚，是对企业制度的负强化。采取这一措施的关键在于必须使规章制度与企业哲学、企业精神、企业价值观相一致，并且便于有效地发挥强化作用。执行规章制度必须一丝不苟，“严是爱，松是害”；但也要注意奖惩有度，坚持人本思想，要调查员工的困难，满足其合理需要，坚持以奖励为主、以惩罚为辅的原则，防止造成企业与员工的对立。

（2）树立良好的风气，形成企业精神。企业风气是一种慢慢形成的行为规范和氛围，它不同于有形的规章制度，却时时发挥着无形的规范作用。对企业领导与员工行为中的闪亮点，进行大力的宣传和推广，有助于形成一种良好的风气。逐渐地，这种风气就会作为企业精神文明建设的良好环境，成为一种强大的心理定式，使与之一致的行为频繁出现。例如，康佳集团在培育爱岗敬业的康佳精神时，全面开展了以“整理、整顿、清洁、服务、修养”为主要内容的争做文明康佳人活动，并将相关内容印制成册，在员工中广为宣传强化，还举办“如何做一个敬业的康佳人”的讲座，使爱岗敬业精神深入人心。

（3）借助于模范人物，实现企业精神人格化。企业精神高度抽象概括的结果，往往变成一句话或几个词，并非所有员工都能确切把握和了解，这就要借助于模范人物，使其人格化、直观化。我国工业企业树立的典型例子，是王进喜的“铁人精神”；商业企业树立的典型例子，是张秉贵的“一团火精神”。

（4）通过创意的群体活动和仪式，实现企业精神情景化。精神是环境的产物，人的思想感情往往受外来环境的感染和熏陶。创意地设计一些恰当的仪式，举办一些如集体婚礼等集体活动，可以使企业精神文化目标变成可感、可见性的东西，加深员工对群体价值观的认同。

（5）从基础抓起，做好员工培训工作。高质量的服务依靠高素质的员工队伍，培训是做好这一工作的必由之路。培训不仅仅是技巧的传授，更是思想的交流，这种上下之间、横向之间的交流越经常、越直接，就越容易达到步调一致、增强向心力和凝聚力的目的。企业只有不断地推出一个又一个培训项目，在千人一态的规范培训中教会员工在本职岗位上“应该做什么”“怎样做得更好”，同时将企业文化观念灌输给员工，才能真正造就强有力的员工队伍。华为是一家致力于通信技术研究和设备制造的高科技企业，每年的增长速度都明显高于市场平均值，其成功的秘诀在于强调人力资本不断增值的目标优先于财务资本增长的目标。为帮助员工不断超越自我，掌握更多的文化技术知识，培养每一个人的自我批判精神和责任意识，公司建立了各种类型的培训中心，让企业员工接受良好的培训。在华为公司，每一位员工一年之中平均有9%的时间在接受培训，足见培训对于提高员工素质、建设优秀企业文化的重要性。

（6）注重物质建设，抓企业形象塑造。企业形象文化是企业文化最为表层的一个组成部分，它实质上是广大消费者与公众对于企业整体所持的看法和所作评价。在塑造企业形象的具体操作过程中，需要调动各种因素，运用各种手段，充分实现共性和个性的融合。

4. 评价和完善企业文化建设效果

为了更加有效地进行企业文化建设效果评价，必须制订可以作为评价依据的评价标准。一般来说，这些评价标准应该包括：

1）降低物资和能源损耗，降低废品率，提高产品质量。

2）对资源进行更好的分配。

3）增加销售额，减少销售支出。

4）实现主要的工作指标。

5）降低工程技术人员和熟练操作工人的调离率。

6）通过培训提高员工技术水平。

7）在企业范围内形成良好的团队精神。

8）增加信息沟通。

9）改善与协作厂商的关系。

10）让用户参与企业产品的设计和生产。

11）建立起更为完善的服务用户体系，提高用户满意率。

12）解决与企业目标相关的冲突和分歧。

必须认识到，企业文化建设是一个动态的过程，这就要求企业不能满足现有已取得的成绩，而要根据环境的要求，不断充实和完善企业文化的内容，同时对企业文化与环境不相符的环节进行及时的调整和完善。

本章小结

马克思主义哲学意义下的企业文化指的是："企业借助于某种文化观念、历史传统、共同价值标准、道德规范和生产活动观念等意识形态因素，增强企业、员工的凝聚力、向心力、持久力、创业心等，将企业各种力量统一于既发展企业又发展个人的共同方向。"

常见的企业文化，由环境条件、价值观、英雄人物、文化仪式、文化网络五个要素构成。企业文化具有隐性性、稳定性、可塑性、不可模拟性等基本特点。

企业文化的结构可分为物质层、行为层、制度层和精神层等层面。

企业文化具有导向功能、凝聚功能、激励功能、约束功能、辐射功能等基本功能。

企业形象设计具有社会性、战略性、客观性、系统性、独创性、差异性、整体性、稳定性、竞争性等基本特征。

企业形象由企业理念识别、行为识别、视觉识别构成。

企业形象是企业文化在传播媒介上的映射，也是企业文化建设的重要内容。

运用企业文化，塑造企业形象，要坚持有的放矢、永远谦让、小题大做及主动在先的原则。同时要塑造良好的产品形象和服务形象，树立良好的企业管理者形象和企业员工形象、良好的环境形象以及良好的公共关系形象。

新经济时代建设我国企业文化要以民族传统文化底蕴为基础，借鉴国外先进企业文化的精华，并贯彻"以人为本"的宗旨。在企业文化建设的调查分析企业文化现状、制订企业文化发展的目标、采取具体措施培育企业文化、评价和完善企业文化建设效果四个阶段中，要有创新的操作方案。

习　题

1. 什么是企业文化？企业文化有何特点？
2. 简述企业文化在企业管理实践中的地位。
3. 中、日民族文化对企业文化的影响有何不同？
4. 什么是企业形象设计？企业形象设计有何特征？
5. 企业形象与企业文化有何关系？
6. 结合实际，谈如何运用企业文化才能塑造良好企业形象。
7. 企业文化建设中，如何贯彻"以人为本"的思想？

[本章综合案例]

西安杨森：文化是魂

西安杨森成立于 1985 年 10 月。合资中方以陕西省医药工业公司为代表，外方为美国强生公司的成员比利时杨森制药有限公司。总投资 1.9 亿元人民币，注册资本比例为外方占 52%，中方占 48%，合资期限 50 年。

1. 严格管理，注重激励

合资企业的工人和中层管理人员是由几家中方合资单位提供的。起初，他们在管理意识上比较涣散，不适应严格的生产要求。鉴于此，合资企业在管理上严格遵循比利时杨森制药有限公司的标准，制订了严格的劳动纪律，使员工逐步适应新的管理模式。

通过调查研究发现，在中国员工尤其是较高层次的员工中，价值取向表现为对高报酬和工作成功的双重追求。优厚的待遇是西安杨森吸引和招聘人才的重要手段，而不断丰富的工作意义、工作的挑战性和成功的机会则是公司善于使用人才的关键所在。在创建初期，公司主要依靠销售代表的个人能力，四处撒网，孤军奋战，对员工采取的是个人激励。从“人员→职位→组织”匹配原则出发，选用那些具有冒险精神、勇于探索、争强好胜又认同企业哲学、对企业负责的人作为企业的销售代表，主要是医药类大学应届毕业生和已有若干年工作经验的医药代表。这两类人文化素质较高，能力较强，对高报酬和事业成就都抱有强烈的愿望。此时西安杨森大力宣传以“鹰”为代表形象的企业文化。他们自己这样解释：“鹰是强壮的，鹰是果敢的，鹰是敢于向山巅和天空挑战的，他们总是敢于伸出自己的颈项独立作战。在我们的队伍中，鼓励出头鸟，并且不仅要做出头鸟，还要做搏击长空的雄鹰。作为企业，我们要成为全世界优秀公司中的雄鹰。”

2. 注重团队建设

在 1996 年年底的销售会议中，他们集中学习并讨论了“雁的启示”：“……当每只雁展翅高飞时，也为后面的队友提供了‘向上之风’。由于组成 V 字队形，可以增加雁群 71% 的飞行范围。当某只雁离队时它立即感到孤独飞行的困难和阻力，它会立即飞回队伍，善用前面同伴提供的‘向上之风’继续前进。”所以，每一名员工都应该像大雁一样具有团队意识，在队伍中跟随带队者与团队同奔目的地。愿意接受他人的帮助，也愿意帮助他人。

经过大力的企业文化建设，员工的素质得到了不断的提高，对公司产生了深厚的感情，工作开展得更为顺利。

3. 充满人情味的工作环境

每逢过年过节，总裁即使出差、休假，也不会忘记邮寄贺卡，捎给员工一份祝福；员工过生日，总会得到公司领导的问候；员工生病休息，部门负责人甚至总裁都会亲自前去看望，或写信问候；员工结婚或生小孩，公司都会把这视为自己家庭的喜事而给予热烈祝贺，公司还曾举办过集体婚礼；公司有的活动，还邀请员工家属参加，一起分享大家的快乐；主办的内部刊物名字就叫《我们的家》，以此作为沟通信息、联络感情、相互关怀的桥梁。

经公司中外双方高层领导间几年的磨合，终于达成共识：员工个人待业、就业、退休保险、人身保险由公司承担，由部门专门负责；员工的医疗费用可以全部报销。在住房上，他们借鉴新加坡的做法，并结合中国房改政策，员工每月按工资支出25%，公司相应支出35%，建立员工购房基金。这已超过了一般国有企业的公积金比例。如果基金不够，在所购房屋被抵押的情况下，公司负责担保帮助员工贷款。

4. 加强爱国主义的传统教育

1996年11月22日，西安杨森的90多名高级管理人员和销售骨干，与来自中央和地方新闻单位的记者及中国扶贫基金会的代表一起，由江西省井冈山市茅坪乡向茨坪挺进，进行30.8km的“96西安杨森领导健康新长征”活动。他们每走30.8km，就拿出308元人民币捐献给井冈山地区的人民，除此以外个人也进行了捐献。公司还向井冈山地区的人民医院赠送了价值10万元的药品。1996年冬天的早晨，北京天安门广场上出现了西安杨森的一支身穿“我爱中国”红蓝色大衣的30多人的队伍，中国人、外国人都有，连续许多天进行长跑，然后观看庄严肃穆的升国旗仪式，高唱国歌。这是西安杨森爱国主义教育的又一部分。

前任美籍总裁罗健瑞说：“我们重视爱国主义教育，使员工具备吃苦耐劳的精神，使我们企业更有凝聚力。因为很难想象，一个不热爱祖国的人怎能热爱公司？而且我也爱中国！”

（资料来源：《东方烟草报》，2004-10-15。）

思考题：

1. 西安杨森的管理实践中用到了哪些管理方法？
2. 失去员工认同的经营理念会成功地得到贯彻吗？
3. 你认为本案例体现了西安杨森怎样的企业文化？

第 11 章

企业信息化管理

对于现代企业来说，信息资源是一个企业赖以生存的重要因素之一，企业要在激烈的市场竞争中抢占先机，必须要占有信息资源、管理信息资源和运用信息资源。企业信息化管理，就是指通过各种信息系统网络加工生成新的信息资源，提供给各层次的人们，使其洞悉、观察各类动态业务中的一切信息，以做出有利于生产要素组合优化的决策，使企业资源合理配置，以使企业能适应瞬息万变的市场经济竞争环境，求得最大的经济效益。

11.1 企业信息化概述

11.1.1 企业信息资源管理

1. 信息的含义

随着当代信息技术的发展与广泛应用，人类真正步入了信息时代，信息已经渗透到人类生活的每一个领域和每一个方面。可以说，信息是当今社会使用频率最广泛的词汇之一。然而，关于信息的含义，国内外学术界意见纷呈、众说纷纭，迄今仍没有一个公认的定义。

信息是信息论中的一个术语，常常把消息中有意义的内容称为信息。早在1948年，美国数学家、信息论的创始人仙农（Claude Elwood Shannon）在题为《通信的数学理论》的论文中指出："信息是用来消除随机不定性的东西"。同年，美国著名数学家、控制论的创始人诺伯特·维纳（Norbert Wiener）在《控制论》一书中指出："信息就是信息，既非物质，也非能量"，这一定义后来也普遍被学术界广泛引用。

我们认为，信息就是人类一切的生存活动和自然存在所传达出来的消息，是人类赖以生存、发展的基础。信息一般有四种形态：数据、文本、声音、图像，这些形态可以相互转换。

2. 企业信息资源管理的含义

当今，对企业信息资源的管理已经成为企业信息化的核心，是企业整个管理工作的重要组成部分，也是实现企业信息化的关键，在企业经营管理中占有重要的地位。因此，企业信息资源管理已经成为企业生存和发展的关键。这里所说的企业信息资源，是指企业在信息活动中积累起来的以信息为核心的各类信息活动要素（包括信息技术、设备、信息生产者等）的集合。

企业信息资源管理是指在企业范围内，利用计算机和网络等先进的信息技术和科学的手段开发、收集各种需要的信息，并将企业生成、收集和使用的信息组织化、系统化、数字化、网络化，研究信息资源在企业生产经营活动中被开发利用的规律，并依据这些规律来科学地对信息资源进行组织、建设、协调和调控的活动，以服务于企业的管理和发展战略，提高企业的市场竞争力。

企业信息资源管理的任务是有效地搜集、获取和处理企业内外信息，最大限度地提高企业信息资源的质量、可用性和价值，并使企业各部门能够共享这些信息资源。由于企业是以利润最大化为目标的经济组织，其信息资源管理的主要目的在于发挥信息的社会效益和潜在的增值功能，为完成企业的生产、经营、销售工作，提高企业的经济效益，同时也为提高社会效益。

3. 企业信息资源管理的重要意义

企业信息资源管理是企业整个管理工作的重要组成部分，也是实现企业信息化的关键，这对企业保持核心竞争优势具有战略性的意义。

（1）企业信息资源管理是增强企业竞争力的基础和手段。当今社会信息资源已成为企业的重要战略资源，它同物质、能源一起成为推动企业发展的支柱。加强企业信息资源的管理，使企业及时、准确地收集、掌握信息，开发、利用信息，为企业发展注入新鲜血液。一方面为企业做出迅速灵敏的决策提供了依据；另一方面使企业在激烈的市场竞争中找准了自己的发展方向，抢先开拓市场、占有市场，及时有效地制订竞争措施，从而增强企业竞争力。

（2）企业信息资源管理是实现企业信息化的关键。随着全球经济一体化和市场经济体制的建立以及现代信息技术的突飞猛进，企业生存和竞争的内外环境发生了根本的变化，企业信息化和信息管理也要和国际接轨。企业信息化是全方位的，不只是信息技术的延伸，更重要的是企业管理和组织的延伸。企业信息化的实质就是在信息技术的支持下，管理者及时利用信息资源，把握市场机会，及时进行决策。故企业信息化不但要重视技术研究，更要重视信息资源的集成管理，避免信息资源的重复、分散、浪费和综合效率低下，从而实现资源的共享。因而，企业信息资源的开发和利用是企业信息化建设的核心，也是企业信息化的出发点和归宿。

（3）企业信息资源管理是提高企业经济效益的根本措施和保障。提高经济效益是企业生产经营的目的。企业之间除了在生产资料、生产技术、产品价格的竞争外，更重要的是对信息的竞争。谁抢先占有信息，谁就能把握市场动向，优先占有市场，提高企业经济效益。因而，占有和利用信息的能力已成为衡量一个企业是否具有市场竞争力的关键指标。

11.1.2 企业信息化

1. 企业信息化的含义

随着信息技术的广泛运用，20 世纪 90 年代以来，以计算机为代表的信息技术在企业的经营管理、生产、设计与制造得到越来越广泛的应用，特别是企业业务流程重组（Business Process Reengineering，BPR）、并行工程（Concurrent Engineering，CE）、精益生产（Lean

Production，LP）、敏捷制造（Agile Manufacturing，AM）等新的管理模式的提出和实践，对提高企业市场竞争能力起到了巨大的促进作用。因此，企业信息化的概念也应运而生。

企业信息化是企业在其生产、经营及管理各项活动中充分利用现代化先进信息技术和信息设备，辅助以网络技术和网络设备以及自动控制技术和现代化通信系统等手段对企业进行全方位、多角度、高效和安全的改造，以实现信息资源的充分开发和信息技术的有效利用来提高企业的生产能力和经营管理水平，增强企业在国内外市场的竞争能力。一般来说，企业信息化的主要内容表现在以下几个方面：

（1）生产过程的信息化。它是指在生产过程采用先进的信息技术和最新的科研成果来提高生产的自动化水平，增强产品的市场竞争力，包括产品开发和设计的信息化、生产环节的信息化、生产过程的综合信息化。

（2）流通过程的信息化。它是指企业在采购和销售过程中利用先进的信息技术，重组企业物资流程，以信息流带动物资周转，减少流通费用的过程。

（3）管理信息化。它主要是指管理手段的信息化，即运用信息技术和计算机、电子化设备构建管理信息系统（Management Information System，MIS）来发挥计划、组织、领导、协调和控制等各项管理职能和管理内容的信息化，即将管理的重点放在以信息资源为核心的管理上。

（4）组织结构信息化。它是指组织内不同部门的界面在信息化过程中逐渐模糊，并由静态的递阶结构向动态的网络结构过渡，建立扁平式立体管理组织结构。

（5）生产要素的信息化。它有两层含义：一方面，它是指信息这种要素在生产要素中的作用越来越大，突出信息管理职能，使信息成为创造力、利润力的源泉；另一方面，它是指传统生产要素的信息化，促使劳动力、劳动对象和生产工具等诸要素通过信息化的功能来释放最大价值。

从以上五个方面可以看出，企业信息化的目的就是为改善企业的运营效率、提高企业对知识的依赖程度、增强企业的核心竞争能力。而这一切的实现，并非一个信息系统所能奏效的，而是建立在充分且高效利用企业信息资源，并整合信息系统的基础之上的。这一过程并不仅是一个技术的过程，而是涉及经济、人文等诸多问题的。因此，必须清楚地认识到，企业信息化是一个综合化的系统工程，并非企业的信息系统建设。它涉及企业管理思想创新、业务流程重组、信息系统提升、信息资源整合等诸多方面。

2. 企业信息化建设的实施步骤

企业要在激烈的市场竞争中夺取竞争优势，就必须利用信息技术提升本身，加强企业信息化建设，制订企业信息化发展建设战略。企业信息化建设在时间上的跨度一般是三到五年。企业每年要根据面临的新环境、企业的新发展和技术上的新趋势等因素对其做出调整和完善。一般而言，企业信息化建设的实施步骤如下：

（1）企业环境分析。对企业所处的环境进行分析是信息化建设必不可少的工作，它是建设的依据。在这部分工作中，需要深入分析企业所处的国内外宏观环境、行业环境、企业具有的优势与劣势、面临的发展机遇与威胁等。首先，要分析行业的发展现状、发展特点、发展动力、发展方向，以及信息技术在行业发展中起的作用；其次，要分析并掌握信息技术本身的发展现状、发展特点和发展方向；最后，要了解竞争对手对信息技术的应用情况，包括具体技术、实现功能、应用范围、实施手段，以及成果和教训等。

（2）企业战略分析。企业信息化是为企业战略目标的实现服务的。为了进行企业信息化建设，在这部分，要明确企业的发展目标、发展战略和发展需求，明确企业各个关键部门要做的各种工作，同时还要理解企业发展战略在产业结构、核心竞争力、产品结构、组织结构、市场、企业文化等方面的定位。在此基础上，通过分析，明确上述各个要素与信息技术特点之间的潜在关系，从而确定信息技术应用的驱动因素，使信息化与企业战略实现融合。

（3）分析与评估企业现状。对企业现状的分析与评估包括两个方面：企业的业务能力现状和企业的信息化能力现状。企业的业务能力分析与评估是对企业业务与管理活动的特征、企业各项业务活动的运作模式、业务活动对企业战略目标实现的作用进行分析，揭示现状与企业远景之间的差距，确定关键问题，探讨改进方法。信息化能力现状分析与评估是诊断企业信息化的当前状况，包括基础网络、数据库、应用系统状况，分析信息系统对企业未来发展的适应能力，给出信息化能力评估。

（4）企业关键业务流程分析与优化。它是指分析并确定那些流程中不合理、效率低、与企业战略目标不符的流程及环节，发现能够在现有环境中实现企业战略目标，并使企业获得竞争力的关键业务驱动力以及关键流程，从而根据企业战略目标和外部环境，进一步优化流程。信息系统的特点如果能够和这些直接创造价值的关键业务流程融合，对信息技术投资回报的贡献是非常巨大的，也是信息化建设成功的一个衡量指标。

（5）企业信息化需求分析。它是指在企业战略分析和现状评估的基础上，按照优化流程的业务运作模式，指出信息化的需求。

（6）企业信息化战略的制订。制订和调整企业信息化的指导纲领，争取企业以最适合的规模，最适合的成本，去做最适合的信息化工作。首先是根据本企业的战略需求，明确企业信息化的愿景和使命，定义企业信息化的发展方向和企业信息化在实现企业战略过程中应起的作用。其次是起草企业信息化基本原则。基本原则是指为加强信息化能力而提出的基本的准则和指导性的方针。最后是制订信息化目标。目标是指企业在未来几年为了实现愿景和使命而要完成的各项任务。对于所形成的每一个业务构想，明确信息技术对其支持的理想状态，即信息技术战略目标。

（7）确定企业信息化的总体架构和信息技术标准。在企业发展战略目标的指导下，基于业务发展需求和对信息化的需求，首先从系统功能、信息架构和系统体系三方面对信息系统进行建设，确定信息化体系结构的总体架构；然后，拟定信息技术标准，这一部分涉及对具体技术产品、技术方法和技术流程的采用，它是对信息化总体架构的技术支持。

（8）企业信息化项目分解。分析整个信息化过程中的资源投入和工作重点中存在的问题，确定弥补差距所需要的行动；将整个信息化过程分解成为相互关联、互相支撑的若干子项目，定义每一个项目的范围、业务前提、收益、优先次序以及预计的时间、成本和资源；对项目进行分派和管理，选择每一项目的实施部门或小组，确定对每一项目进行监控与管理的原则、过程和手段。

（9）企业信息化保障分析。针对每个项目进行保障性分析，即按重要性排列优先顺序，进行评分，并根据结果初步取舍，形成路标建设，然后对项目进行财务分析，根据公司财力决定取舍。

11.2 企业资源计划

11.2.1 ERP管理产生的背景

现代企业在发展过程中，尤其是内部管理中，总可能会遇到以下一些问题：企业可能拥有卓越的销售人员推销产品，但是生产线上的工人却没有办法如期交货，车间管理人员则抱怨采购部门没有及时供应给他们所需要的原料；实际上，采购部门的效率过高，仓库里囤积的某些材料10年都用不完，仓库库位饱和，资金周转很慢；许多公司要用6~13个星期的时间，才能计算出所需要的物料量，所以订货周期只能为6~13个星期；订货单和采购单上的日期和缺料单上的日期都不相同，没有一个是确定的；财务部门不信任仓库部门的数据，不以它来计算制造成本。为了解决上述问题，企业一直在寻求有效的方法来保证生产的稳定性。

20世纪60年代前，盛行的方法是通过确定经济生产批量、订货点等方法来保证生产的稳定性，其中最重要的方法就是订货点法。

20世纪60年代后，制造业为了打破“发出订单，然后催办”的计划管理方式，设置了安全库存量，为需求与订货提前提供缓冲。

20世纪70年代，企业管理者认识到，真正的需要是有效的订货交货日期，因而产生了对物料清单的管理与利用，形成了物料需求计划（Material Requirement Planning，MRP）。在这一阶段，企业的信息管理系统对产品构成进行管理，借助计算机的运算能力及系统对客户订单、在库物料、产品构成的管理能力，实现依据客户订单、按照产品结构清单展开并计算物料需求计划，实现减少库存、优化库存的管理目标。

20世纪80年代，企业管理者认识到“要以生产与库存控制的集成方法解决问题，而不是以库存来弥补或以缓冲时间的方式去补偿”。这样形成了制造资源计划（Manufacturing Resources Planning Ⅱ，MRPⅡ）。该系统增加了对企业生产中心、加工工时、生产能力等方面的管理，以实现计算机进行生产运作的功能，同时也将财务的功能囊括进来，在企业中形成以计算机为核心的闭环管理系统，这种管理系统已能动态监察到产、供、销的全部生产过程。

20世纪90年代以来，传统的人工管理方式难以适应企业发展的要求，信息的集成度要求扩大到企业整个资源的利用和管理，因而产生了企业资源计划（Enterprise Resources Planning，ERP）。进入ERP阶段后，以计算机为核心的企业级的管理系统更为成熟，系统增加了包括财务预测、生产能力、调整资源调度等方面的功能，配合企业实现准时制（Just In Time，简称JIT）、全面质量管理和生产资源调度管理及辅助决策的功能，成为企业进行生产管理及决策的平台工具。

进入21世纪以来，消费者的需求特征发生了前所未有的变化，经济出现了全球一体化的特征，这些变化对企业参与市场竞争的能力提出了更高的要求，原有的管理思想已经不能完全满足新的竞争形势。新的竞争环境体现了企业竞争优势要素的改变，导致了企业管理模式的转变。在当前环境下，企业的竞争表现在如何快速响应市场要求、满足不断变化的多样性需求等方面。传统的企业竞争模式很难快速地组织生产资源，把产品送到用户手中，资源饥渴让企业感到无奈。在这种情况下，精明的企业率先摆脱“纵向一体化”的阴影，将资源延伸到企业以外的地方，借助其他企业的资源达到快速响应市场的目的，于是出现了“横向一体化”的管理模式。

总的来说，企业在上述不同阶段的发展态势如图 11-1 所示。

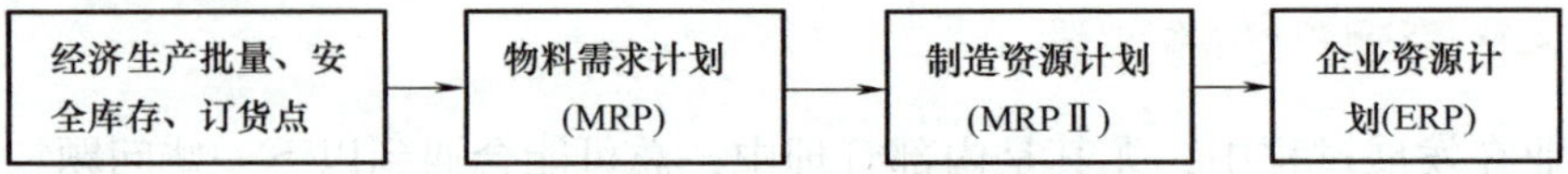

图 11-1 ERP 的发展

11.2.2 ERP 的概念与特点

1. ERP 的概念层次

ERP 是由美国 Gartner Group 于 1990 年提出来的一种管理理念。它是以不断发展的信息技术条件下的企业管理方式 MRPⅡ为基础的。ERP 是为了适应当前知识经济时代的特征——顾客、竞争、变化，整合了企业内部和外部的所有资源，使用信息技术，建立起来的面向供应链的管理工具。

ERP 对企业的业务流程进行了重新定义，用“流程制”取代了“科层制”管理模式，建立以顾客和员工为核心的管理理念。借助信息技术，使企业的大量基础数据共享，以信息代替库存，最大限度地降低库存成本和风险，并借助计算机，对这些基础数据进行查询和统计分析，提高决策的速度和准确率，体现了事先预测与计划、事中控制、事后统计与分析的管理思想。如图 11-2 所示，可以从管理思想、管理软件、管理系统三个层面给出定义：

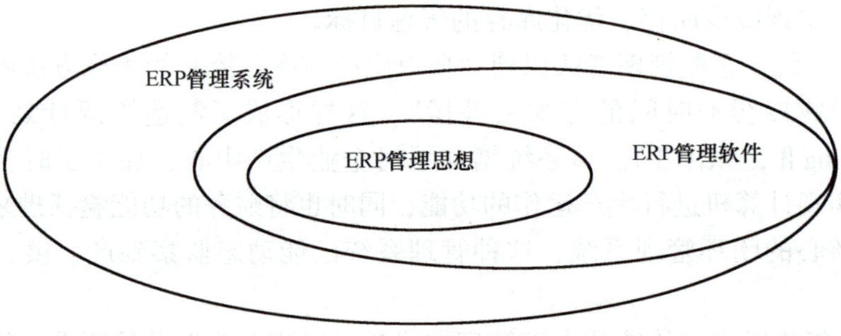

图 11-2 ERP 的概念层次

（1）ERP 是一种管理思想，它是由 Gartner Group 提出的一整套企业管理系统体系标准，其实质是在 MRPⅡ基础上进一步发展而成的面向供应链的管理思想。

（2）ERP 也是管理软件，是综合应用了 Client/Server 体系、关系数据库结构、面向对象技术、图形用户界面、第四代语言、网络通信等信息产业成果，以 ERP 管理思想为灵魂的软件产品。

（3）ERP 同时是一种管理系统，是整合了企业管理理念、业务流程、基础数据、人力和物力、计算机硬件和软件于一体的企业资源管理系统。

概括地说，ERP 是建立在信息技术基础上，利用现代企业的先进管理思想，全面地集成了企业所有资源信息，为企业提供决策、计划、控制与经营业绩评估的全方位和系统化的管理平台。

从上述 ERP 的概念层次可以看出，ERP 是一种融合了企业最佳实践和先进信息技术的新型管理工具，它扩展了 MRP、MRPⅡ的管理范围，给出了新的结构，将客户需求和企业内部的制造活动及供应商的制造资源整合在一起，体现了完全面向用户的管理思想。ERP 可对供应链上的所有环节进行有效管理，实现对企业的动态控制和各种资源的集成与优化，提升基础管理水平，追求企业资源的合理高效利用。

ERP 实质上仍然以 MRPⅡ为核心，但 ERP 至少在两方面实现了拓展：①将资源的概念扩大，不再局限于企业内部的资源，而是扩大到整个供应链的资源，将供应链内的供应商等外部资源也作为可控对象集成进来。②把时间也作为资源计划最关键的一部分纳入控制范畴，这使得决策支持系统被看作 ERP 不可缺少的一部分，将 ERP 的功能扩展到企业经营管理中的半结构化和非结构化决策问题。ERP 被认为是顾客驱动的、基于时间的、面向整个供应链管理的制造资源计划。ERP 是一个集成的信息系统，这种集成包括人力资源、财务、销售、制造、任务分派和企业供应链等各项管理业务。

ERP 是在 MRPⅡ的基础上通过物流和信息流和资金流，把客户需求和企业内部的生产活动以及供应商的制造资源整合在一起，体现完全按照用户需求进行经营管理的一种全新管理方法。其核心思想是：通过加强企业间的合作，强调对市场需求的快速反应、高度柔性的战略管理以及降低风险成本，实现高效率目标等优势，从集成化的角度管理供应链问题。

2. ERP 管理思想的特点

（1）ERP 体现了对整个供应链资源进行管理的思想。现代企业的竞争已经不是单一企业与单一企业间的竞争，而是一个企业供应链与另一个企业供应链之间的竞争，即企业不但要依靠自己的资源，还必须把经营过程中的有关各方如供应商、制造工厂、分销网络、客户等纳入一个紧密的供应链中，才能在市场上获得竞争优势。ERP 系统正是适应了这一市场竞争的需要，实现了对整个企业供应链的管理。

（2）ERP 体现了精益生产、敏捷制造的思想。一方面是“精益生产”的思想，即企业把客户、销售代理商、供应商、协作单位纳入生产体系，同他们建立起利益共享的合作伙伴关系，进而组成一个企业的供应链。另一方面是“敏捷制造”的思想。当市场上出现新的机会，而企业的基本合作伙伴不能满足新产品开发生产的要求时，企业组织一个由特定的供应商和销售渠道组成的短期或一次性供应链，形成虚拟工厂，把供应和协作单位看成是企业的一个组成部分，运用并行工程组织生产，用最短的时间将新产品打入市场，时刻保持产品的高质量、多样化和灵活性，这即“敏捷制造”的核心思想。

（3）ERP 体现了事先计划与事中控制的思想。ERP 系统中的计划体系主要包括：主生产计划、物流需求计划、能力计划、采购计划、销售执行计划、利润计划、财务预算和人力资源计划等，而且这些计划功能与价值控制功能已完全集成到整个供应链系统中。另外，ERP 通过定义事务处理相关的会计核算科目与核算方式，在事务处理发生的同时自动生成会计核算分录，保证了资金流与物流的同步记录和数据的一致性，从而实现了根据财务资金现状追溯资金的来龙去脉并进一步追溯所发生的相关业务活动的目标，便于实现事中控制和实时做出决策。

11.2.3 ERP 的基本原理

在理解 ERP 的基本原理前，必须要理解企业 ERP 能解决什么问题。不少企业在信息化建设上已自行开发了一些部门应用的单项业务系统，如工资管理、合同管理、库存管理、产品配套管理等，不少企业认为这就实现了信息化了。但是，这些系统往往缺少统一的整体建设，没有建立一套规范的管理基础，各个单项业务之间很难形成一个有机的整体，难以进行信息资源共享和业务流程优化。信息系统在一个部门可能用得非常得心应手，但是对整个企业并没有带来什么明显的效益，它们之间即使联网互通，也不能实现信息资源集成的要求，仍然是一群“信息孤岛”。只有实现信息集成的管理信息系统，才是市场竞争所需要的“利剑”。ERP 软件将一个企业的不同部门所使用的信息统一在一个整体的计算机系统当中，这意味着企业内部的不同部门不再使用不同的数据库来管理信息，如员工记录、客户数据、订货单和存货数量，而是依赖于同一个数据库来管理这些信息，这就使得企业内部不同部门的员工能够获得相同的信息。

1. MRP 的基本原理

任何一个企业在编制生产计划时，都必须回答以下四个问题，称之为制造业的通用公式：

1）要生产什么？（由主生产计划确定）

2）要用到什么？（由产品结构确定）

3）已经有了什么？（由库存记录确定）

4）还缺什么？什么时候下达计划？（由系统运算得出建议的加工和采购计划确定）

图 11-3 为 MRP 的逻辑流程图，图中有编号的四个方框解决了制造业通用公式提出的四个问题。

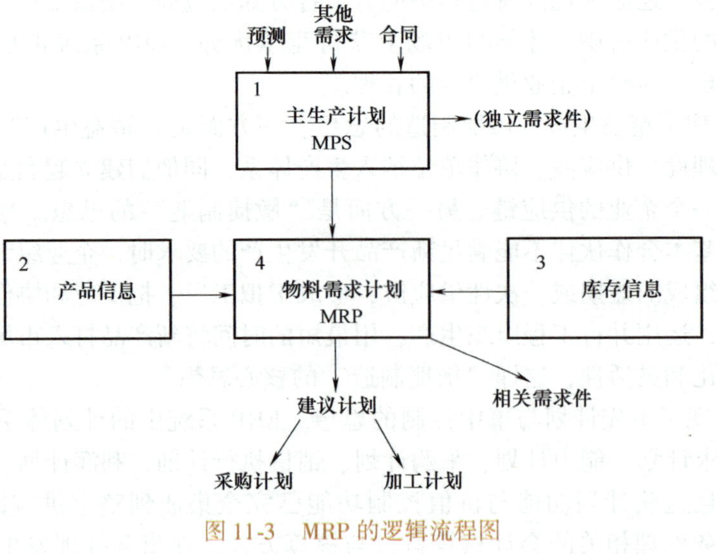

图 11-3 MRP 的逻辑流程图

2. MRP Ⅱ 的基本原理

20 世纪 80 年代，企业开始通过对整个内部供应链的监控和计划来指导生产，以面向市场为管理中心，随时了解和控制产品的最终成本，因此，MRP Ⅱ 应运而生。MRP Ⅱ 最主要的进步在于，它实现了业务数据同财务数据的集成，同时将 JIT 的运营模式和 MRP 的计划模式进行了整合，改变了财务信息严重滞后于生产信息的现象，并成为指导和修正生产活动的标准，从而达到企业整体盈利的总体目标。在 MRP Ⅱ 中，强调了对企业内部的人、财、物等资源的全面管理，把制造企业归类为不同的生产方式（如重复制造、批量生产、按订单生产等）来管理，每一种生产方式类型都对应一整套管理标准。

MRP Ⅱ涉及的企业主要业务有市场、销售、计划、生产、物料、成本、财务和技术等，它已经不是一群单项业务"信息孤岛"的组合，而是相关业务信息的集成。所以，MRP Ⅱ是以计划与控制为主线，实现企业整体效益的管理信息系统。图 11-4 为 MRP Ⅱ的逻辑流程图。

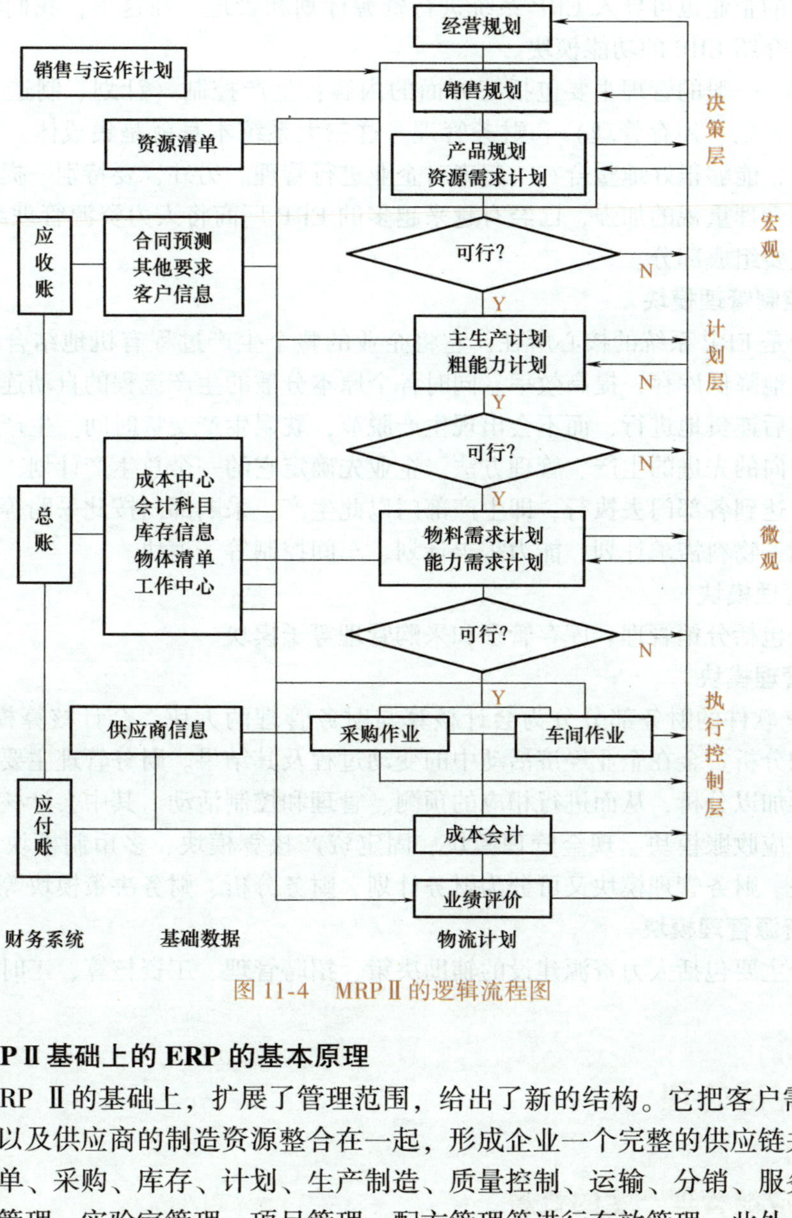

图 11-4　MRP Ⅱ的逻辑流程图

3. 在 MRP Ⅱ基础上的 ERP 的基本原理

ERP 在 MRP Ⅱ的基础上，扩展了管理范围，给出了新的结构。它把客户需求和企业内部的制造活动以及供应商的制造资源整合在一起，形成企业一个完整的供应链并对供应链上所有环节如订单、采购、库存、计划、生产制造、质量控制、运输、分销、服务与维护、财务管理、人事管理、实验室管理、项目管理、配方管理等进行有效管理。此外，随着信息技术的飞速发展，网络通信技术的应用，ERP 系统能实现对整个供应链信息进行集成管理，ERP 系统采用 Client/Server 体系结构和分布式数据处理技术，支持 Internet/Intranet/Extranet、电子商务（E-business、E-commerce）、电子数据交换（Electronic Data Interchange，EDI）

等。此外，还能实现在不同平台上的互操作。

11.2.4 ERP 的主要功能模块

ERP 是将企业所有资源进行整合集成管理，简单地说是将企业的三大流——物流、资金流、信息流进行全面一体化管理的管理信息系统。它的功能模块已不同于以往的 MRP 或 MRPⅡ的模块，它不仅可用于生产企业的管理，而且在许多其他类型的企业，如一些非生产、公益事业的企业也可导入 ERP 系统进行资源计划和管理。在这里，我们将仍然以生产企业为例子来介绍 ERP 的功能模块。

在企业中，一般的管理主要包括三方面的内容：生产控制（计划、制造）管理、物流管理（分销、采购、库存管理）和财务管理。这三大系统本身就是集成体，它们互相之间有相应的接口，能够很好地整合在一起来对企业进行管理。另外，要特别一提的是，随着企业对人力资源管理重视的加强，已经有越来越多的 ERP 厂商将人力资源管理纳入了 ERP 系统成为一个重要组成部分。

1. 生产控制管理模块

这一部分是 ERP 系统的核心所在，它将企业的整个生产过程有机地结合在一起，使得企业能够有效地降低库存，提高效率。同时各个原本分散的生产流程的自动连接，也使得生产流程能够前后连贯地进行，而不会出现生产脱节，耽误生产交货时间。生产控制管理是一个以计划为导向的先进的生产、管理方法。企业先确定它的一个总生产计划，再经过系统层层细分后，下达到各部门去执行，即生产部门以此生产、采购部门按此采购等。这一部分包括主生产计划、物料需求计划、能力需求计划、车间控制等子模块。

2. 物流管理模块

这一部分包括分销管理、库存管理和采购管理等子模块。

3. 财务管理模块

一般 ERP 软件的财务部分分为会计核算与财务管理两大块。会计核算模块主要记录、核算、反映和分析资金在企业经济活动中的变动过程及其结果。财务管理主要是基于会计核算的数据，再加以分析，从而进行相应的预测、管理和控制活动。其中会计核算模块又可分为总账模块、应收账模块、现金管理模块、固定资产核算模块、多币制模块、工资核算模块、成本模块。财务管理模块又可分为财务计划、财务分析、财务决策模块等。

4. 人力资源管理模块

这一部分主要包括人力资源建设的辅助决策、招聘管理、工资核算、工时管理和差旅核算等子模块。

11.3 供应链管理

11.3.1 供应链管理产生的背景

20 世纪 80 年代以来，由于新的制造技术和战略（如准时制、精益生产、全面质量管理等）的产生，企业的生产成本得到了大幅度的降低，竞争优势有了明显的提升，这些新的制造技术和战略在当时成为企业的重要利润源泉。于是，企业纷纷将大量的资源投资于实施这些战略。

20 世纪 90 年代以来，随着传统利润源的萎缩，为了进一步挖掘降低产品成本和满足客户需求的潜力从而寻找到新的利润源，人们开始将目光从管理企业内部生产过程转向产品的供应环节和整个供应链系统。供应链管理这一新的管理理念应运而生，并逐步得到发展和完善。供应链管理（Supply Chain Management，SCM），是基于全球经济一体化和信息社会高科技迅速发展、市场竞争日益激烈、客户需求不断变化而产生的一种新的管理思想和企业经营与运作模式。

一些企业通过有效的供应链管理已经能够大幅度地增加收益或降低成本。惠普、宝洁公司等世界著名大公司都已采用了这种管理新方法，并因此增强了国际竞争力。据宝洁公司透露，他们能够使其零售客户在一定时期内节约了数千万美元，其方法的实质在于制造商和供应商紧密地合作，共同创造商业计划来消除整个供应链中浪费的根源。

实践表明，供应链管理这一新的管理模式，可以使企业在最短的时间内找到最好的合作伙伴，用最低的成本、最快的速度、最好的质量赢得市场，受益的不只是一家企业，而是一个企业群体。供应链管理可以被认为是 21 世纪企业利润增长的新源泉。

11.3.2 供应链管理的概念与特征

1. 供应链的概念

供应链的概念经历了一个发展过程。早期的观点认为供应链是制造企业的一个内部过程，它是指将采购的原材料和收到的零部件通过生产的转换和销售等过程传递到企业用户的一个过程。传统的供应链概念局限于企业的内部操作，注重企业的自身利益目标。

随着企业经营的进一步发展，供应链的概念范围扩大到了与其他企业的联系，扩大到供应链的外部环境，偏向于定义它为一个通过链中不同企业的制造、组装、分销、零售等过程将原材料转换成产品到最终用户的转换过程，它是更大范围、更为系统的概念。

现代供应链的概念更加注重围绕核心企业的网链关系，如核心企业与供应商、供应商的供应商乃至与一切前向的关系，与用户、用户的用户及一切后向的关系。此时的供应链的概念已成为一个网链的概念，像丰田、耐克、尼桑和麦当劳等公司的供应链管理都是从网链的角度来实施的。

英国著名物流专家 Martin Christopher 教授在《物流与供应链管理》一书中对供应链做了如下定义：供应链是指涉及将产品或服务提供给最终消费者的过程和活动的上游及下游企业组织所构成的网络。例如，衬衣制造商是供应链的一部分，它的上游是化纤厂和织布厂，下游是分销商和零售商，最后到最终消费者。按此定义，这条供应链上的所有企业都是相互依存的，但实际上它们却彼此并没有太多的协作。这种供应链仍然是传统意义上理解的供应链。

全球供应链论坛（The Supply Chain Forum）的成员于 1994 年提出并于 1998 年修订的定义是“供应链是从最终用户到初始供应商的所有为客户及其他投资人提供价值增值的产品、服务和信息的关键业务流程的一体化”。这里的“业务流程”实际上包括了两个相向的流程组合：①从最终用户到初始供应商的市场需求信息的逆流而上的传导过程。②从初始供应商向最终用户的顺流而下且不断增值的产品和服务的传递过程。供应链管理就是对这两个核心业务流程实施一体化运作，包括统筹的安排、协同的运作和统一的协调。

我国于2006年发布实施的《物流术语》国家标准（GB/T 18354－2006）中对供应链的定义是：生产及流通过程中，涉及将产品或服务提供给最终用户活动的上游及下游组织所形成的网链结构。而供应链管理定义为：对供应链涉及的全部活动进行计划、组织、协调与控制。

美国供应链协会认为：供应链，目前国际上广泛使用的一个术语，涉及从供应商的供应商到顾客的顾客的最终产品生产与交付的一切努力。供应链管理包括贯穿于整个渠道来管理供应与需求、材料与零部件采购、制造与装配、仓储与存货跟踪、订单录入与管理、分销，以及向顾客交货。

通过对以上所述的分析，可以给出一个比较确切的供应链定义：供应链是围绕核心企业，通过对信息流、物流、资金流的控制，从采购原材料开始，制成中间产品以及最终产品，最后由销售网络把产品送到消费者手中的将供应商、制造商、分销商、零售商直到最终用户连成一个整体的网链结构和模式。它是一个范围更广的企业结构模式，它包含所有加盟的节点企业，从原材料的供应开始，经过链中不同企业的制造加工、组装、分销等过程直到最终用户。这个概念强调了供应链的战略伙伴关系，从形式上看，客户是在购买商品，但实质上客户是在购买能带来效益的价位。各种物料在供应链上移动，是一个不断采用高新技术增加其技术含量或附加值的增值过程。因此，供应链不仅是一条连接供应商到用户的物料链、信息链、资金链，而且是一条增值链。物料在供应链上因加工、包装、运输等关系而增加其价值，给相关企业都带来收益。

根据上述定义，供应链的网链结构可以用图11-5来表示。

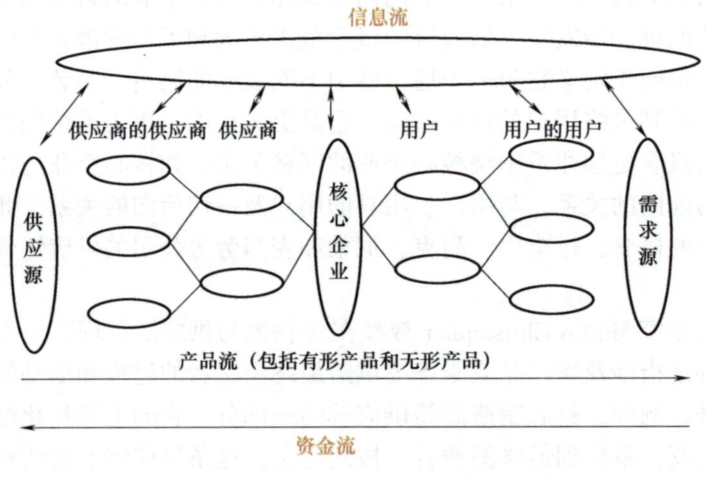

图11-5　供应链的网链结构模型

从图11-5可以看出，供应链由所有加盟的节点企业组成，其中一般有一个核心企业（可以是产品制造企业，也可以是大型零售企业，如美国的沃尔玛）。节点企业在需求信息的驱动下和信息共享的基础上，通过供应链的职能分工与合作（生产、分销、零售等），以资金流、物流或服务流为媒介实现整个供应链的不断增值。

2. 供应链的特征

由于供应链是一个网链结构，因此供应链具有以下特征：

（1）复杂性。因为供应链节点企业组成的层次不同，供应链往往是由多个、多类型甚至多国企业所组成，所以供应链结构模式比一般单个企业的结构模式更为复杂。

（2）动态性。因为企业战略和适应市场需求变化的需要，供应链中节点企业需要动态更新，使得供应链具有明显的动态性。

（3）面向用户的需求。供应链的形成、存在、重构，都是基于一定的市场需求。用户需求的拉动是供应链中信息流、物流和资金流运作的驱动源。

（4）交叉性。节点企业可以是多个供应链的成员，众多的供应链形成交叉结构，增加了协调管理的难度。

11.3.3 供应链管理的核心思想

供应链管理是一种系统的管理思想和方法，它执行供应链中从供应商到最终用户的物流的计划和控制等职能。供应链管理不仅是一种新型的管理模式，更是一种全新的管理思想。把握供应链管理，首先必须对供应链管理的核心思想有一个深刻、清晰和透彻的理解。因为其核心思想才是供应链管理的真正力量源泉。

供应链管理作为一种全新的管理思想，强调通过供应链各节点企业间的合作和协调，建立战略伙伴关系，将企业内部的供应链与企业外部的供应链有机地集成起来进行管理，达到全局动态最优目标，最终实现共赢的目的。由此我们可以看到供应链管理着重强调了三种思想：系统思想、合作思想和共赢思想。这是贯穿供应链管理始终的三个核心思想，也是其区别于传统管理模式的根本所在。

1. 系统思想

供应链本身就是一个系统，这个系统是由核心企业、供应商以及供应商的供应商、用户以及用户的用户所组成的，整个系统在信息共享的基础上实现物流和资金流的顺利流动，实现系统的增值。所以当我们对供应链进行管理的时候，首先要用系统的思想作为指导。系统观念的核心思想是不再孤立地看待各个企业及各个部门，而是考虑所有相关的内外联系体——供应商、制造商、销售商等，并把整个供应链看成是一个有机联系的整体。系统思想是供应链管理思想中的核心思想，是共赢思想和合作思想的基础。也就是说，只有当我们用系统的观念来思考供应链中的问题时，如盈利问题、产品研发问题、库存问题等，才能真正做到合作和共赢。

2. 合作思想

合作是供应链管理成功的最基本的要求和条件，是供应链管理的力量源泉，整个供应链竞争力的大小直接取决于供应链各节点企业间合作的程度。供应链管理中合作的含义较以往有了较大的扩展和延伸。供应链管理中的合作不仅要求在计划、生产、质量、成本等方面的信息沟通和在成本、质量改进上的互相帮助等，还要求在产品开发中的相互交流，双方在资金上的相互支援以及双方在人力资源上的相互交流等。也就是说，合作伙伴关系不仅是“风险分担、利益共享”，还包括“信用互守、信息共享、团结互助”等含义。它涉及了从物流、资金流到信息流，包含了整个供应链的所有节点企业，因此它是一种更深层次、更大范围的企业合作。这种全方位、深层次的合作要求供应链的各节点企业有强烈的合作意识和整体意识，把供应链的整体利益当作自身利益，以实现整体利益的最大化为目标。供应链管理的研究和实践表明：加强供应链节点企业间的联系和合作，提高信息共享程度，使整个供应链各个环节都能清楚地观察物流、资金流、信息流和工作流，以达到更好的协调，降低供应链成本，降低各个环节的延迟时间，清除信息扭曲的牛鞭效应（Bullwhip Effect），是实施供应链管理的关键。只有加强供应链节点企业间的联系和合作，在它们之间建立战略合作伙伴关系，才能使服务与顾客需求之间的缝隙越来越小，最终形成无缝隙供应链（Seamless Supply Chain）。无缝隙供应链的形成能够有效地减轻供应链中的牛鞭效应。

3. 共赢思想

在20世纪80年代，供应链中各节点企业通常都只注重企业内部的资源管理，它们的经营策略是一种零和博弈竞争的策略，即总利润一定，一方利润的增加则以另一方利润的减少为前提。因此，各节点企业通常都想方设法以减少对方的利润来提高自己的利润。进入20世纪90年代，企业逐渐发现通过合作能提高整个供应链的总利润。因此，它们改变其经营策略，采取合作竞争策略，强调通过企业间的合作达到整个供应链的绩效最优，以此来实现各节点企业对利润的追逐。因此共赢思想是系统思想和合作思想得以贯彻实施的保障。

11.3.4 实施供应链管理的战略意义

供应链管理模式是顺应市场形势的必然结果。供应链管理能充分利用企业外部资源快速响应市场需求，同时又能避免自己投资带来的建设周期长、风险高等问题，赢得产品在成本、质量、市场响应、经营效率等各方面的优势。供应链管理事实上就是一种资源的整合，借助链内企业的合力来提高经营绩效，尤其是目前许多企业已经尽可能地降低了制造成本，进一步增加利润和市场占有率的措施就必然在于有效的供应链管理。当然，供应链管理追求的是一种多赢的局面，不仅供应链核心企业受益，链内成员企业同样可以获利。供应链管理这一管理模式可以从以下几个方面增强企业的竞争力：

1. 供应链管理能提高企业间的合作效率

现代社会，大部分产品需要各种企业的分工协作才能完成。波音747飞机的制造需要400万余个零部件，可这些零部件的绝大部分并不是由波音公司内部生产的，而是由65个国家中的1 500个大企业和15 000个中小企业提供的。福特公司在马来西亚生产零部件后，要送至日本组装成发动机，然后再将发动机送至美国的总装厂组装成整车，最后汽车返回日本销售。我国一些运营良好的家电企业，在其生产经营过程中也把很多零部件生产任务外包给其他厂家。在这些合作生产的过程中，大量的物资和信息在很广的地域间转移、储存和交换，这些活动的费用构成了产品成本的重要组成部分。不仅如此，大量零部件的外包加工使企业的管理难度加大。众多的供应商、生产商、分销商、零售商构成了供应链的冗长而复杂的流通渠道。在这样的流通渠道中，消费者信息反馈缓慢而零乱，甚至出现失真，使供应无法协调，企业之间的合作效率极低。

供应链管理的实质是跨越分隔顾客、厂家、供应商的有形或无形的屏障，把它们整合为一个紧密的整体，并对合作伙伴进行协调、优化管理，使企业之间形成良好的合作关系。供应链管理消除了信息水平的波动，加强了企业的合作，提高了企业的管理效率。同时，良好的供应链企业间的合作还可以在进入新市场、开发新产品、开发新的分销渠道、改善售后服务水平等方面获得满意的效果。

2. 供应链管理可提高客户满意度

供应链从客户开始，到客户结束。供应链是真正面向客户的管理。从前的生产是大批量生产，但随着客户越来越个性化需求的出现，供应链管理把客户作为个体来进行管理，并及时把客户的需求反映到生产上，能够做到对客户需求的快速响应，因而不仅满足了客户的需求，而且还挖掘客户潜在的需求。例如，供应链管理中的客户关系管理，就可以根据客户的历史记录，分析客户的潜在需求，在客户想到之前把客户需求的产品生产出来。

3. 供应链管理是企业新的利润源泉

供应链管理思想与方法目前已在许多企业中得到了应用，并且取得了很大的成就。1997 年 PRTM 公司进行了一项关于集成化供应链管理（Integrated Supply Chain Management）（购买者、供应商和顾客的联盟以及他们共同努力达到一个具有竞争力的先进组织的过程）的调查，涉及六个行业的 165 个企业，其中化工行业占 25%，计算机、电子设备行业占 25%，通信行业占 16%，服务行业占 15%，工业行业占 13%，半导体行业占 6%。该调查表明，通过实施供应链管理，企业可以达到以下多方面的效益：供应链管理的总成本占收入的百分比降低 10% 以上，中型企业的准时交货率提高 15%，订单满足提前期缩短 25% ~35%，中型企业的生产率提高 10% 以上，绩优企业资产运营业绩提高 15% ~20%，中型企业的库存降低 3%，绩优企业的库存降低 15%，绩优企业在现金流周转周期上具有比一般企业少 40 ~65 天的优势。

11.4 客户关系管理

21 世纪，随着全球经济一体化进程的加快和竞争的加剧，企业已逐步由传统的以产品和规模为中心的粗放式经营管理模式向以客户为中心、服务至上、实现客户价值和达到企业利润最大化的集约化经营管理模式转变，良好的客户关系是企业求得生存与发展的重要资源。企业为获得满意的客户关系，重要的思路是通过实施客户关系管理项目来实现。

11.4.1 客户关系管理产生的背景

客户关系管理（Customer Relationship Management，CRM）这个概念最初由 Gartner Group 提出来。对 CRM 的定义，目前还没有一个统一的表述。但就其功能来看，CRM 是通过采用信息技术，使企业市场营销、销售管理、客户服务和支持等经营流程信息化，实现客户资源有效利用的管理软件系统。其核心思想是以“客户为中心”，提高客户满意度，改善客户关系，从而提高企业的竞争力。CRM 究竟是什么呢？还是先看看 CRM 的产生背景，以便更好地理解它。

现代 CRM 产生的原因可以归纳为以下三个方面：对客户资源价值的重视、需求的拉动、技术的推动，如图 11-6 所示。

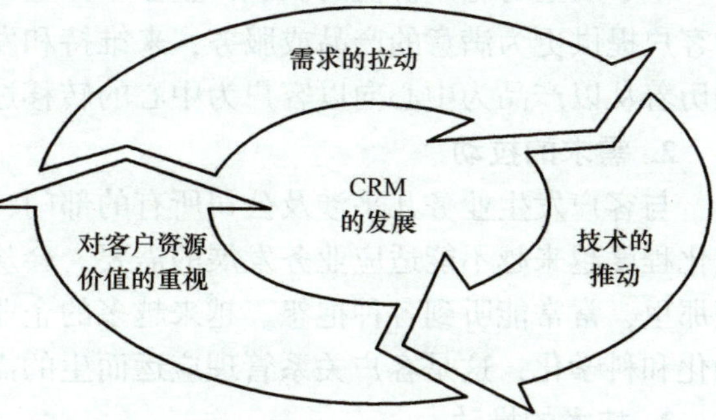

图 11-6 CRM 产生的原因

1. 对客户资源价值的重视

获得和维持竞争优势是企业生存与发展的基础。企业的竞争优势从内容看包括规模优势、绝对的低成本优势、差别化优势等。资源能力学派认为：在今天形成企业竞争优势和核心竞争力的，再也不是那些有形的机器设备、厂房、资本、产品等物质资源（因为这些资源很容易从市场中得到），而是管理、人才、技术、市场、品牌形象等无形资源。这些无形资源不易流动、不易被复制、交易频率低，其他企业不容易从市场中得到，具有相对的垄断作用，可以产生一定的垄断优势。客户资源就是这样一种重要的市场资源，它对企业具有重要的价值。

客户资源对企业的价值除了市场价值即客户购买企业的产品和服务、使企业的价值得以实现外，主要体现在以下几个方面：

（1）成本领先优势和规模优势。一方面，有事实表明，客户能够提供一个成本优势，从而也就提供收入优势。为新客户服务花费的费用，比起老客户来要昂贵得多。这是因为为新客户服务需要更高的初始化成本。如果公司能够增加回头客的比例，那么总成本会呈现出戏剧性的下降趋势。另一方面，如果企业的忠诚客户在企业的市场中占据相对较大的份额，那么就会为企业建立相应的壁垒，形成规模优势，也会降低企业的成本。一般客户从众心理很强，大量的客户群也会成为他考虑的重要因素。

（2）市场价值和品牌优势。从战略的角度讲，客户不仅是承兑收入流的资金保管者，而且是能够提高市场价值的宝贵财富。这主要是通过商标价值表现出来。商标价值是一个企业与其消费者或与起决定性作用的客户之间相互发生联系的产物，商标不能孤立地存在，它们因客户的认可而存在。没有客户作为出发点，企业便不能创造或维持商标的价值。

较大的市场份额本身代表着一种品牌形象。另外，客户的舆论宣传对企业的品牌形象也有重大的作用，特别是客户中的舆论领袖起的作用更大。不过，客户的舆论宣传有两种价值取向：①客户对企业的产品、服务很满意，就会正面宣传企业的品牌。②客户不满意企业的产品、服务，对企业进行负面宣传。两方面的影响都非常大。企业只有提供高质量的、令客户满意的产品服务，树立良好的企业形象，才能获取客户的正面宣传。

（3）信息价值。客户信息对企业来讲是最为重要的价值，它会直接影响企业的经营行为，以及对客户消费行为的把握。沃尔玛会通过对会员客户的购买行为、消费习惯等信息的分析，来制订面向该客户的产品服务组合和提供相应的企业关怀。亚马逊（Amazon）通过会员客户的资料、会员浏览网页的习惯和程序等信息分析客户的消费特点与个人爱好，并据此来制订服务不同客户的不同策略。

（4）网络化价值。客户的网络化价值是指某商业客户使用企业的产品/服务；该商业客户的客户为了便于与他进行商业行为，也会采用企业的产品/服务；该商业客户的客户的客户也可能采用企业的产品/服务，因此形成了一种网络化的消费行为。

基于以上对客户价值的认识，企业十分重视通过转变经营管理理念和利用现代科学技术为客户提供更为满意的产品或服务，来维持和发展与客户的关系。一些先进企业的重点正在经历着从以产品为中心向以客户为中心的转移过程。

2. 需求的拉动

与客户发生业务几乎涉及公司所有的部门，但在很多企业，销售、营销和服务部门的信息化程度越来越不能适应业务发展的需要，会从客户，从销售、营销和服务人员，从企业经理那里，常常能听到各种抱怨。越来越多的企业要求提高销售、营销和服务的日常业务的自动化和科学化，这是客户关系管理应运而生的需求基础。

3. 技术的推动

计算机、通信技术、网络应用的飞速发展，使得上述需求的实现不再停留在梦想阶段。

信息技术的发展使得信息在以下几个方面的应用成为可能：①企业的客户可通过电话、传真、网络等访问企业，进行业务往来；②任何与客户打交道的员工都能全面了解客户关系，根据客户需求进行交易，了解如何对客户进行纵向和横向销售，记录自己获得的客户信息；③能够对市场活动进行建设、评估，对整个活动进行360°透视；④能够对各种销售活动进行追踪；⑤系统用户可不受地域限制，随时访问企业的业务处理系统，获得客户信息；⑥拥有对市场活动、销售活动的分析能力；⑦能够从不同角度提供成本、利润、生产率、风险率等信息，并对客户、产品、职能部门、地理区域等进行多维分析。

上面的所有功能都是围绕客户展开的。办公自动化程度、员工计算机应用能力、企业信息化水平、企业管理水平的提高，都有利于客户关系管理的实现。通过互联网，可以以较低的成本开展营销活动，向客户销售产品，提供售后服务，收集客户信息。

客户信息是客户关系管理的基础。数据仓库、商业智能、知识发现等技术的发展，使得收集、整理、加工和利用客户信息的质量大大提高。

11.4.2 客户关系管理的含义与思想

1. 客户关系管理的不同含义

关于客户关系管理的含义，不同的研究机构有不同的表述，代表性的有以下四种：

（1）Gartner Group 认为，客户关系管理就是为企业提供全方位的管理视角，赋予企业更完善的客户交流能力，最大化客户的收益率。

（2）Carlson Marketing Group 认为，客户关系管理是指通过培养公司的每一个员工、经销商或客户对该公司更积极的偏爱或偏好，留住他们并以此提高公司业绩的一种营销策略。其主要的任务是：

1）搞清楚与某一笔生意相关的客户价值。

2）了解这些价值对于每一类客户的相对重要程度。

3）判断如果提供这些价值对公司利益能否产生积极影响。

4）以客户愿意接收信息的方式与客户进行交流，为每一类客户提供他们需要的价值。

5）测算结果、验算投资收益。

（3）Hurwitz Group 认为，客户关系管理的焦点是自动化，并改善与销售、市场营销、客户服务和支持等领域的客户关系有关的商业流程。客户关系管理既是一套原则制度，也是一套软件和技术。它的目标是缩短销售周期，缩减销售成本，增加收入，寻找扩展业务所需的新的市场和渠道，以及提高客户的价值、满意度、盈利性和忠诚度。客户关系管理应用软件将最佳的实践具体化并使用了先进的技术来协助各企业实现这些目标。客户关系管理在整个客户生命周期中都以客户为中心，这意味着客户关系管理应用软件将客户当作企业运作的核心。客户关系管理应用软件简化、协调了各类业务功能（如销售、市场营销、服务和支持）的过程并将其注意力集中于满足客户的需求上。客户关系管理应用软件还将多种与客户交流的渠道，如面对面、电话接洽以及 Web 访问协调为一体，这样，企业就可以按客户的喜好使用适当的渠道与之进行交流。

（4）IBM 所理解的客户关系管理包括企业识别、挑选、获取、发展和保持客户的整个商业过程。IBM 把客户关系管理分为三类：关系管理、流程管理和接入管理。

2. 客户关系管理的思想

综合所有 CRM 的定义，可以将其理解为理念、技术、实施三个层面。其中，理念是 CRM 成功的关键，它是 CRM 实施应用的基础和土壤；信息系统、信息技术是 CRM 成功实施的手段和方法；实施是决定 CRM 成功与否、效果如何的直接因素。三者构成 CRM 稳固的“铁三角”，如图 11-7 所示。

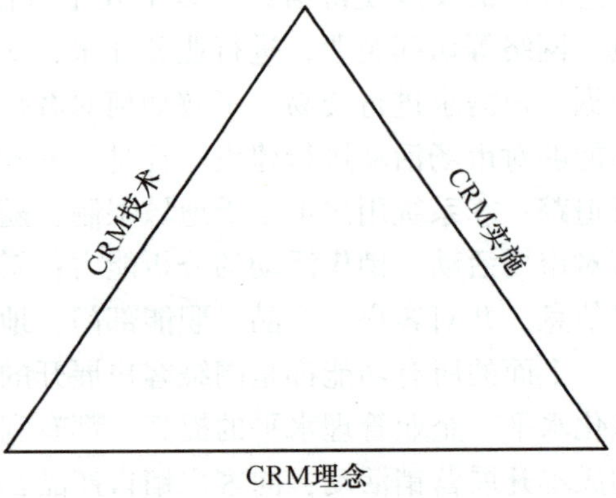

图 11-7　CRM 的“铁三角”

（1）CRM 理念源自关系营销学，其核心思想概括为“为提供产品或服务的组织找到、留住并提升价值客户，从而提高组织的盈利能力（经济效益、社会效益）并加强竞争优势”。因此，对于 CRM 理念的理解是组织能够向建立“以客户为核心，以市场为导向”经营管理模式转变的第一步。组织包括内部人员、业务单元、机构，无论心理、潜意识、工作习惯都有一个惯性冲力，需要逐步调整、转弯，需要适应期。但这个适应期又不能太长，愿不愿意接受、能否接受、如何接受 CRM 理念，不是每一个组织都能顺利过关的，要充分考虑到各层次人们的利益及需求，同时组织要有与改革配套的规章制度并真正能够长久地执行。对于 CRM 的万能论、无用论都是不可取的，应该考虑到组织所面对的市场主体及发展阶段，在适合的时间、适合的地点以适合的手段引入 CRM 理念。

（2）CRM 技术集合了很多当今最新的科技成果，包括互联网和电子商务、多媒体技术、数据仓库和数据挖掘、专家系统和人工智能、呼叫中心等。CRM 软件不等于 CRM 理念，它是先进理念的反映与体现，它吸纳了当今先进的软件开发技术、企业经营管理模式、营销理论与技巧。CRM 软件是将 CRM 理念具体贯彻到组织并实现其目标的有效、有形的工具与平台。CRM 软件提供的不一定都用到，或者还需要其他的软件、平台进行集成，同时 CRM 软件不是一种交付即用的工具，需要根据组织的具体情况进行 CRM 实施。

（3）CRM 实施是结合软件与组织状况，在调研分析的基础上做出的解决方案。实施之初就要确定实施的目标与范围，确保在限定的资源与时间内完成项目，规避风险或将风险降低到最低点。树立风险意识是 CRM 实施能否成功的重要保障，实施的目标不是越高越好，实施的范围也不是越大越好，风险意识是需要双方协调一致的。70% 的 CRM 项目最终以失败而告终，很大一部分原因就是风险机制的不健全。CRM 实施是一个艰苦而渐近的过程，立竿见影、拔苗助长、一蹴而就的做法都是危险和错误的，需要设定分阶段的目标，达成一阶段目标后再前行。建立信心、增加经验、扎实工作，就会使得 CRM“铁三角”完美无缺。CRM 的实施能力是许多厂商所缺乏的，而实施又是许多组织容易忽视的，他们在购买前期通过谨慎的选择、激烈的竞标，最终做出购买决定，但购买后却没有认真实施或是认为没有必要花费人力、物力实施，使得 CRM 软件没有经过多长时间就束之高阁，成为“食之无味、弃之可惜的鸡肋”。因此，准备引入 CRM 软件的组织不但要评价软件本身，还要从实施能力的角度进行考虑。厂商的实施能力需要经过大量实战的千锤百炼，并需要拥有专业、敬业的专家队伍，在软件与实施两方面俱优的厂商应是组织的首选。

企业客户关系管理中，理念、技术、实施，一个都不能少。只有借助先进的理念，利用发达的技术，进行妥善的实施，才能优化资源配置，在激烈的市场竞争中获胜。

本章小结

企业信息化是企业在其生产、经营及其管理各项活动中充分利用现代化先进信息技术和信息设备，辅助以网络技术和网络设备以及自动控制技术和现代化通信系统等手段，对企业进行全方位、多角度、高效和安全的改造，以实现信息资源的充分开发和信息技术的有效利用，来提高企业的生产能力和经营管理水平，增强企业在国内外市场的竞争能力。

企业资源计划是一种管理理念，可以从管理思想、管理软件、管理系统等三个层面给出定义。①ERP是一种管理思想，是在MRP Ⅱ基础上进一步发展而成的面向供应链的管理思想。②它是以ERP管理思想为灵魂的管理软件。③ERP同时是一种管理系统，是整合了企业管理理念、业务流程、基础数据、人力和物力、计算机硬件和软件于一体的企业资源管理系统。

供应链管理是一种系统的管理思想和方法，它执行供应链中从供应商到最终用户的物流的计划和控制等职能。供应链管理不仅是一种新型的管理模式，更是一种全新的管理思想。

客户关系管理是通过采用信息技术，使企业市场营销、销售管理、客户服务和支持等经营流程信息化，实现客户资源有效利用的管理软件系统。其核心思想是以“客户为中心”，提高客户满意度，改善客户关系，从而提高企业的竞争力。

习题

1. 什么是企业信息化？企业信息化有哪些实施步骤？
2. 企业资源计划是什么？它有哪些功能模块？
3. 供应链管理体现了哪些管理思想？
4. 客户关系管理的内涵是什么？
5. 有人认为，ERP、SCM和CRM被称为企业信息化的三大法宝，请说明三者在企业信息化方面的具体作用。

[本章综合案例]

海尔的企业信息化经验

海尔，这个享誉世界的家电王国，经过多年的发展，海尔品牌已成为世界最具有影响力的品牌之一。海尔能取得如此大的发展，其中一个重要因素是海尔的企业信息化建设作为海尔管理体系的支撑，在海尔的发展中起到了非常重要的作用。

在企业信息化建设中，海尔首先实施了业务流程重组BPR，也是国内率先实施BPR的企业之一。实施BPR之后，海尔的管理模式已由原来各产品事业部相对独立、自成一体的管理方式，转向以各大本部为核心的集中式网状管理结构，而信息框架则和“日清日毕”（Overall Every Control and Clear，OEC）管理模式一起成为新流程的两大基础平台。海尔实行的市场链流程体系，打破了原有的直线职能式的金字塔形结构，是实施信息化的基础。市场链流程就是通过信息化使企业与市场以最短的流程联结在一起，使流程不再被割裂，并使组织简化。流程的一端连着全球的供应链网络，另一端则连着全球的用户网络，中间是物流、商流和制造系统，这是主流程。原来的职能部门则不再具有职能的功能，而变成了支持流程。在海尔内部，企业的流程再造关键是观念的再造，所以流程再造的一个基础是海尔文化。另一个基础是计算机信息系统。海尔的 CEO 张瑞敏提出企业信息化并不仅仅是把企业内部的所有数据都用计算机来处理，它应该是一个系统工程，将企业和市场紧紧联系在一起的信息系统工程。

一、ERP 系统管理方面

2000 年 3 月，海尔开始进行企业自身的 ERP 改造，着手搭建 BBP（B2B Procurement）采购平台。从平台的交易量来讲，海尔可以说是中国最大的一家电子商务公司。张瑞敏在评价该物流中心时说："在网络经济时代，一个现代企业如果没有现代物流就意味着没有物可流。对海尔来讲，物流不仅可以使我们实现 3 个'零'的目标，即零库存、零距离和零营运资本，更给了我们能够在市场竞争取胜的核心竞争力。"在海尔，仓库不再是储存物资的水库，而是一条流动的"河"，"河"中流动的是按单来采购生产必需的物资，也就是按订单来进行采购、制造等活动，这样，从根本上消除了呆滞物资，消灭了库存。海尔每个月平均接到 6 000 多个销售订单，这些订单的定制产品品种达到 7 000 多个，需要采购的物料品种达 15 万余种。新的物流体系将呆滞物资降低了 73.8%，仓库面积减少了 50%，库存资金减少了 67%。

海尔通过整合内部资源，优化外部资源，使供应商由原来的 2 336 家优化至 978 家，国际化供应商的比例却上升了 20%，建立了强大的全球供应链网络，有力地保障了海尔产品的质量和交货期。不仅如此，更有一批国际化大公司已经以其高科技和新技术参与到海尔产品的前端设计中，参与产品开发的供应商比例高达 32.5%，实现三个 JIT，即 JIT 采购、JIT 配送和 JIT 分拨物流的同步流程。通过海尔的 BBP 采购平台，所有的供应商均在网上接受订单，并通过网上查询计划与库存，及时补货，实现 JIT 采购；货物入库后，物流部门可根据次日的生产计划利用 ERP 信息系统进行配料，同时根据看板管理 4 小时送料到工位，实现 JIT 配送；生产部门按照 B2B、B2C 订单的需求完成订单以后，满足用户个性化需求的定制产品通过海尔全球配送网络送达用户手中。另外，在企业外部，海尔 CRM 和 BBP 电子商务平台的应用架起了与全球用户资源网、全球供应链资源网沟通的桥梁，实现了与用户的零距离。在企业内部，计算机自动控制的各种先进物流设备不但降低了人工成本、提高了劳动效率，还直接提升了物流过程的精细化水平，达到质量零缺陷的目的。计算机管理系统搭建了海尔内部的信息高速公路，能将电子商务平台上获得的信息迅速转化为企业内部的信息，以信息代替库存，达到零营运资本的目的。

二、供应链管理方面

海尔也认为，21 世纪的竞争将不是单个企业之间的竞争，而是供应链与供应链之间的竞争。谁所在的供应链总成本最低、对市场的响应速度最快，谁就能赢得市场。一只手抓住用户的需求，一只手抓住可以满足用户需求的全球供应链，这就是海尔创造的核心竞争力。具体来说，海尔通过以下流程构建了供应链管理体系：

1. 通过内部资源整合，优化全球供应链资源网络

海尔通过内部资源的整合，获取更多的外部资源。业务流程重组前，海尔实施产业事业部制。采购与配送职能分散在事业部，这样就无法利用集团整体规模的优势。物流部门成立后，首先整合了内部的资源，成立了采购事业部、配送事业部与储运事业部。整合后，集团对所有的物资实施统一采购，利用集团整合的资源优势获得了巨大的经济效益，每年节约资金上亿元。

同时，通过整合内部资源也优化了外部资源，将原来 2 336 家供应商优化至 978 家，国际化供应商比原来翻了两倍，建立了强大的全球供应链网络，GE、爱默生、巴斯夫等世界 500 强企业都已成为海尔的供应商，有力地保障了海尔产品的质量和交货期。不仅如此，更有一批国际化大公司已经以其高科技和新技术参与到海尔产品的前期设计中。

2. ERP 信息系统与 B2B 电子商务平台的建设

海尔在内部实施 ERP 信息系统与 B2B 电子商务平台的建设，使信息流快速带动实物流的流动。经销商、顾客通过访问海尔网站，根据模块化的设计，下达 B2B 订单，订单数据直接进入后台的 ERP 系统，并通过 BBP 的采购平台，将采购订单下达给供应商。这使原来需要半个月才能处理完毕的工作在几个小时内就可以完成，加快了订单响应速度。通过海尔的 BBP 采购平台，所有的供应商均在网上接收订单，并通过网络查询计划与库存，及时补货，实现了 JIT 供货；供应商在网上还可接收图样与技术资料，使技术资料的传递时间大大缩短；通过网上进行招标竞价，使招标更加公平、公正；海尔与银行联合，与供应商实现网上货款的支付，一方面付款及时率与准确率均达到 100%，另一方面每年可节约供应商上千万元费用。海尔通过 BBP 采购平台加快了整个供应链的反应速度，获取了基于时间的竞争优势。

3. 三个 JIT——JIT 采购、JIT 材料配送和 JIT 分拨物流

海尔实施按订单采购，消灭库存，以三个 JIT 的速度实现同步流程。它采用过站式物流管理模式，仓库不再是储存物资的水库，而是一条流动的“河”，在河流中流动的是满足需求的“活水”——按单采购的物资。这样，从根本上消除了呆滞的物资、消灭了库存。

海尔通过 3 个 JIT，即 JIT 采购、JIT 材料配送和 JIT 分拨物流来实现同步流程。通过海尔的 BBP 采购平台，所有的供货商均在网上接受订单，并通过网上查询计划与库存，及时补货，实现 JIT 采购；货物入库后，物流部门可根据次日的生产计划利用 ERP 信息系统进行配料，同时根据看板管理 4 小时送料到工位，实现 JIT 配送；生产部门按照 B2B、B2C 订单的需求完成订单以后，满足用户个性化需求的定制产品通过海尔全球配送中心送到用户手中。

4. 与供应商建立战略合作关系

海尔变传统的买卖关系为战略合作伙伴关系，从采购管理向资源管理转变，与供应商实现公平、互动、双底的战略合作伙伴关系。对外实施日付款制度，保证对供应商付款及时率为 100%，加快了整条供应链的实物流与资金流的速度。实施并行工程由国际化供应商参与设计与开发，不但保证了海尔产品技术的领先性，增强了产品的技术含量，同时开发的速度也大大加快。

此外，海尔因与供应商建立了双点的战略合作伙伴关系，很快地推动了寄售模式的广泛应用。寄售模式一方面减少了供应商租赁、装卸与运输的费用，降低了自身的物流成本，另一方面避免了海尔由于原材料的供应不足而导致的停产，从而节约了库存管理的人力、物力和时间。

三、客户关系管理方面

海尔 CRM 始终坚持一种理念：客户关系是树根，信息技术是树干，销售结果是树叶。海尔认为，企业之间的竞争已经从过去直接的市场竞争转向客户的竞争。海尔 CRM 联网系统就是要实现端对端的零距离销售。传统的企业和商场是两个金字塔，企业基层员工和营销终端之间有无数职能造成的鸿沟，导致市场信息不能完全正确地传递，用户的需求也得不到最大的满足。海尔已经实施的 ERP 系统和正在实施的 CRM 系统都是要拆除影响信息同步沟通和准确传递的阻隔。ERP 是拆除企业内部各部门的“墙”，CRM 是拆除企业与客户之间的“墙”，从而达到快速获取客户订单，快速满足用户需求，缩短销售周期，降低销售成本的目的；使企业在最短的时间内了解客户在营销和使用产品过程中遇到的问题，帮助客户及时解决，从而大幅度提高销售业绩与客户满意度。海尔 CRM 管理系统围绕一个中心，面向两类用户，提供三种服务。一个中心是以订单信息流为中心，可实现客户对订单的下达、审核、跟踪的全过程服务；两类用户分别是外部客户用户和内部业务人员用户；三种服务分别是面向外部客户的网上财务对账、费用查询等在线服务，面向外部客户的管理咨询、客户投诉及面向内部业务人员的库存查询、日期查询、客户进销存查询、商业智能分析等在线系统服务，和企业文化、产品推介、促销活动等网上信息服务。海尔业务流程再造的目标是实现顾客满意度的最大化，而海尔 CRM 管理系统通过搭建与客户之间的统一高效的平台向客户提供更加个性化、专业化的服务。

思考题：

1. 海尔的企业信息化经验对企业管理者有什么启示？
2. 结合以上案例，谈谈企业信息化建设与企业核心竞争力的提升之间的关系。

参考文献

[1] 尤建新. 企业管理概论 [M]. 3 版. 北京：高等教育出版社，2006.
[2] 姚顺波. 现代企业管理学 [M]. 北京：科学出版社，2004.
[3] 金占明，等. 企业管理学 [M]. 2 版. 北京：清华大学出版社，2004.
[4] 邬适融. 现代企业管理——理念、方法、技术 [M]. 北京：清华大学出版社，2005.
[5] 姚顺波，王博文. 企业管理学 [M]. 北京：科学出版社，2009.
[6] 高海晨. 企业管理 [M]. 北京：高等教育出版社，2003.
[7] 斯图尔特·克雷纳. 管理百年 [M]. 邱琼，钟秀斌，译. 海口：海南出版社，2003.
[8] 周三多. 管理学 [M]. 2 版. 北京：高等教育出版社，2005.
[9] 刘燕娜，刘秀琴. 管理学 [M]. 北京：中国农业出版社，2007.
[10] 郎宏文，舒喆醒，袁峰. 企业管理学 [M]，北京：科学出版社，2009.
[11] 张满林. 管理学理论与技能 [M]，北京：中国经济出版社，2010.
[12] 路易斯·戈麦斯·梅西亚，戴维·鲍尔金，罗伯特·卡迪. 管理学——原理、案例与实践 [M]. 詹正茂，译. 北京：人民邮电出版社，2009.
[13] 谭力文，刘林青. 管理学 [M]. 北京：科学出版社，2009.
[14] 邵一明，刘兴国. 现代企业管理 [M]. 2 版. 上海：立信会计出版社，2009.
[15] 韩福荣，等. 现代企业管理教程 [M]. 北京：机械工业出版社，2009.
[16] 田建军. 现代企业管理与发展 [M]. 北京：清华大学出版社，2008.
[17] 刘珂，周广亮，等. 现代企业管理 [M]. 北京：经济科学出版社，中国铁道出版社，2009.
[18] 刘军跃，等. 现代企业管理 [M]. 北京：中国石化出版社，2009.
[19] 余敬，刁凤琴. 管理学案例精析 [M]. 武汉：中国地质大学出版社，2006.
[20] 芮明杰. 管理学 [M]. 2 版. 北京：高等教育出版社，2005.
[21] 司徒达贤. 战略管理案例解析——观念与实例 [M]. 北京：中国人民大学出版社，2005.
[22] 丁宁. 企业战略管理 [M]. 2 版. 北京：清华大学出版社，北京交通大学出版社，2009.
[23] 迈克尔·波特. 竞争战略 [M]. 陈小悦，译. 北京：华夏出版社，1997.
[24] 郑家亨. 中国乡镇企业管理百科全书 [M]. 北京：企业管理出版社，1990.
[25] 潘煜双. 企业经营计划学 [M]. 上海：立信会计出版社，1993.
[26] 宋克勤. 企业管理教程 [M]. 上海：格致出版社，2008.
[27] 巩维才. 现代企业管理教程 [M]. 徐州：中国矿业大学出版社，2008.
[28] 陈国生，等. 现代企业管理案例精析 [M]. 北京：对外经济贸易大学出版社，2006.
[29] 靳志宏，关志民. 运营管理 [M]. 北京：机械工业出版社，2007.
[30] 李艳娥. 现代企业管理学 [M]. 广州：广东人民出版社，2005.
[31] 于启武. 质量管理学 [M]. 北京：首都经济贸易大学出版社，2003.
[32] 张公绪，孙静. 新编质量管理学 [M]. 2 版. 北京：高等教育出版社，2003.
[33] 方青云，袁蔚，孙慧. 现代市场营销学 [M]. 上海：复旦大学出版社，2005.
[34] 冯丽云. 现代市场营销学 [M]. 3 版. 北京：经济管理出版社，2007.
[35] 费明胜，郝渊晓. 市场营销学 [M]. 广州：华南理工大学出版社，2005.
[36] 冯俊华. 企业管理概论 [M]. 北京：化学工业出版社，2006.
[37] 徐盛华，王兴明. 企业经营管理学 [M]. 北京：科学出版社，2005.
[38] 周胜保. 市场营销实务 [M]. 北京：华夏出版社，2005.

[39] 吕殿平，李晓静，余元冠．现代企业管理学［M］．北京：中国社会科学出版社，2005.
[40] 王庆成，郭复初．财务管理学［M］．北京：高等教育出版社，2000.
[41] 中国企业国际化管理课题组．企业财务国际化管理案例［M］．北京：中国财政经济出版社，2002.
[42] 宋献中，吴思明．企业财务管理［M］．广州：暨南大学出版社，2005.
[43] 王利平，黄江明．现代企业管理基础［M］．北京：中国人民大学出版社，1994.
[44] 葛素洁，杨洁．现代企业管理学［M］．北京：经济管理出版社，2001.
[45] 陈秋元．现代企业管理［M］．北京：经济科学出版社，2003.
[46] 王众托．企业信息化与管理变革［M］．北京：中国人民大学出版社，2001.
[47] 张志清．管理信息系统实用教程［M］．北京：电子工业出版社，2005.
[48] 马士华，林勇．供应链管理［M］．2 版．北京：机械工业出版社，2005.
[49] 马士华．供应链管理［M］．武汉：华中科技大学出版社，2010.
[50] 娄策群，胡海波．企业信息化与组织创新［J］．情报科学，2006.